Kunst-Reiseführer in der Reihe DuMont Dokumente

W0068004

Zur schnellen Orientierung – die wichtigsten Orte Siziliens auf einen Blick:

(Auszug aus dem ausführlichen Ortsregister S. 381 ff.)

In der vorderen Umschlagklappe: Karte von Sizilien

In der hinteren Umschlagklappe: Siziliens Lage im westlichen Mittelmeer

Silbermünze aus der Zeit der Herrschaft des Tyrannen Gelon mit Darstellung eines siegreichen Viergespanns und der schwebenden Siegesgöttin Nike (sowohl Gelon als auch Hieron waren bei den panhellenischen Spielen in Delphi und Olympia siegreich gewesen). Privatsammlung Zürich; Anfang 5. Jh. v. Chr. (s. dazu den Text S. 67)

Klaus Gallas

Sizilien

Insel zwischen Morgenland und Abendland

Sikaner/Sikuler, Karthager/Phönizier,
Griechen, Römer, Araber, Normannen und Staufer

DuMont Buchverlag Köln

Die Aufnahmen für die Schwarz-Weiß-Abbildungen 1–125 und für die Farbtafeln I–III, VII, VIII, X, XI, XVII–XXI, XXX–XXXIX, ebenso wie für die Umschlagbilder, stammen vom Verfasser und wurden mit einer Rollei SL 66 auf Ilford FP4 und Agfachrome 50 S aufgenommen.

Umschlagvorderseite: AGRIGENT sog. Concordia-Tempel (Tempel F); um 430 v. Chr. errichtet, im 6. Jh. n. Chr. zu einer christlichen Kirche umgebaut

Umschlaginnenklappe: Blick von der Westküste LIPARIS zur Insel VULCANO

Umschlagrückseite: PALERMO Normannen-Kirche S. Giovanni degli Eremiti (1132 von Roger II. gegründet).

Karten und Pläne: Kartographisches Atelier Milch, Lüdenscheid: Fig. 12, 14, 17, 21, 25, 26, 29, 32, 35, 37, 38, 55, 61, 64, 66–68

Illustrationen im Text: Eleonore und Lutz Siebert, München: Fig. S. 2; Fig. 1–5, 8, 10, 11, 13, 16, 24, 36, 39, 40, 53, 54, 56

CIP-Kurztitelaufnahme der Deutschen Bibliothek

Gallas, Klaus:
Sizilien : Insel zwischen Morgenland u. Abendland ;
Sikaner/Sikuler, Karthager/Phönizier, Griechen,
Römer, Araber, Normannen u. Staufer / Klaus Gallas. –
3. Aufl. – Köln : DuMont, 1979.
    (DuMont-Dokumente : DuMont-Kunstreiseführer)
    ISBN 3-7701-0818-3

© 1978 DuMont Buchverlag, Köln
Alle Rechte vorbehalten
Druck: Druckerei Gebr. Rasch & Co., Bramsche
Buchbinderische Verarbeitung: Boss-Druck, Kleve

Printed in Germany   ISBN 3-7701-818-3

Inhalt

Vorwort

Wollen Sie tatsächlich nach Sizilien, dem Ursprungsland der Mafia, der Insel mit so vielen motorisierten Räuberbanden, dem einzigen ›Entwicklungsland‹ Europas ...? Wollen sie tatsächlich in die Hölle von Randazzo, zu den Überschwemmungsgebieten der flachen Küstenausläufer Siziliens, zu dem seit Jahrtausenden mordenden ›Monster‹ Etna ...?

Das alles macht Sizilien aus, es ist aber nur *ein* Aspekt dieser von vielen fremden Kulturen geprägten Insel. Die Mafia gibt es tatsächlich, doch für den Reisenden erscheint sie nicht gegenwärtig. Die organisierten Räuber auf ihren flitzenden Motorrädern sind tatsächlich eine leidige Plage für viele Touristen, aber doch mehr für den leichtfertigen Fremden, der sie in den Ballungszentren des Tourismus (Palermo und die Küste von Taormina) durch seine Bedenkenlosigkeit geradezu zum Stehlen herausfordert. Trotzdem wollen Sie nach Sizilien? Ja? Dann haben Sie einen guten Entschluß gefaßt: Die Schönheit Siziliens, die sich in der Zartheit der Bucht von Taormina und der Herbheit des Etna offenbart, wird es Ihnen lohnen. Und dann das ›Museum Sizilien‹: es gibt nichts Gleiches auf der Welt; Meisterwerke aus allen Jahrhunderten der europäischen Kulturgeschichte sind hier vertreten: eindrucksvoll sind die Felsengräber von Pantálica, S. Angelo Muxaro und Thapsos aus der Bronzezeit; besser als in Griechenland läßt sich auf Sizilien (und in Unteritalien) griechische Tempelarchitektur studieren (in Selinunt, Agrigent, Segesta u. a. Orten); großartig sind die Architektur und die Mosaikkunst der normannisch-staufischen Epoche, hervorgegangen aus der Verschmelzung abendländischer und morgenländischer Kultur; von vornehmem Adel sind die Werke von Antonello da Messina, Fr. Laurana, Caravaggio, Fr. Camilliani u. a.; alle sind glänzende Vertreter der Renaissance- und Barockzeit auf Sizilien, ihre Werke sind in allen großen Museen der Welt zu bewundern.

Dieses Buch, lieber Leser, möchte Ihnen bei Ihrer Vorbereitung und auf der Sizilien-Reise selbst von Nutzen sein und auch zur Vertiefung des Gesehenen nach Ihrer Reise beitragen.

Vielen nicht Genannten, nicht zuletzt der gastfreundlichen sizilianischen Bevölkerung, schulde ich Dank für ihre hilfreiche Unterstützung meiner Arbeit. Ganz besonders sei an dieser Stelle L. B. Brea (Lipari) gedankt, der mir auch bisher unveröffentlichtes Forschungsmaterial zur Verfügung stellte. Großzügige Unterstützung bei meinen Reisen auf Sizilien gewährten mir Ippolito Vincenti-Mareri (Direktor des ENIT, München), Italo Somarriello (ENIT, München), Franc Adorno (Syrakus), Gerlando Gallo (Agrigent), Maria La Rosa (Tràpani), Nino Vullo (Piazza Armerina) und Heidi Weidner (ENIT, München). Dank für freundschaftlichen Rat sage ich Wilhelm Corzelius (Köln) und Almut Bauer (Berlin). Ich erinnere mich gern der Großzügigkeit von Viktor Kohn und anderen Mitarbeitern der Bayerischen Staatsbibliothek in München, ebenso der hilfreichen Unterstützung von Chr. v. Steiger (Burgerbibliothek Bern), die mir unermüdlich alle gewünschten Bücher beschafften.

München, im Januar 1978   K. G.

Atlant vom Tempel des Olympischen Zeus (Tempel B) in Agrigent. (Aus: Achille Étienne Gigault de la Salle, ›Voyage Pittoresque en Sicile‹, Bd. I; Paris 1822)(s. dazu den Text S. 132/133)

Mythologie

Eine ergiebige Quelle für das Geschehen auf Sizilien seit dem 11. Jh. v. Chr. sind die Mythen der Griechen, die durchaus auf vorgriechische, wie auch auf archaische, dorische und ionische Ursprünge zurückgehen; nicht zuletzt lassen sich auch intensive orientalische Impulse erkennen. Als Schöpfungen einer sprühenden Fantasie haben sie nichts mit Geschichtsschreibung im modernen Sinne gemein, auch wenn sich in ihren Erzählungen mitunter religiöse Bräuche, kultische Riten, Gesellschaftsformen, Herrschaftssysteme und geschichtliche Fakten widerspiegeln.

Mag die Verfolgung des Daidalos durch Minos von Kreta nach Sizilien noch so märchenhaft erscheinen, sie offenbart die einstige uneingeschränkte Seeherrschaft der Minoer und vermittelt Kunde von der minoischen Kolonisation auf Sizilien. Auch die sagenhaften Abenteuer des Heros Odysseus mit dem Kyklopen Polyphemos und den Ungeheuern Skylla und Charybdis berichten detailliert von den weitausgedehnten Handelsbeziehungen der Griechen während der mykenischen Epoche. Immer wieder werden wir im Verlaufe des Textes auch auf andere Mythen zu sprechen kommen; hier soll zunächst die Rede von den ruhmvollen Gestalten des Minos, Odysseus und Herakles sein.

Minos' Tod auf Sizilien

Wie ein wütendes Unwetter brach das Unheil über den minoischen Königshof auf Kreta herein; von Minos selbst durch Ungehorsam den Göttern gegenüber heraufbeschworen, verfolgte es ihn wie ein böser Dämon bis zu seinem Tode, der ihn, von Rache getrieben, bei der Verfolgung des Daidalos auf Sizilien ereilt. Im blühenden Zeitalter Kretas, als König Minos von den Göttern ein Zeichen seiner uneingeschränkten Macht ersehnt und dem Poseidon einen Altar errichtet hatte, erhörte dieser sein Gebet und sandte ihm einen prächtigen weißen Stier, den Minos den Göttern opfern sollte. Geblendet von der Schönheit des Tieres, ließ er es zu seiner Herde treiben und opferte an seiner Stelle einen anderen, minderen Stier. Erbost über diesen Frevel, sann Poseidon auf Rache, womit das unabwendbare Unglück König Minos' begann;

Poseidon ließ Pasiphaë, des Minos Gemahlin, in brennende Liebe zu dem göttlichen Stier verfallen und ihn körperlich begehren. In ihrem heißen Verlangen offenbarte sie sich Daidalos, des Königs bestem Baumeister, dessen Ahnenreihe direkt, über Erechtheus, auf den Gott der Schmiedekünste, Hephaistos, zurückgeht. Daidalos versprach ihr Hilfe, konstruierte eine hölzerne, hohle Kuh, die er mit einer Kuhhaut überspannte, in der sich Pasiphaë, versteckt, dem Stier des Poseidon nähern konnte.

So brachte Daidalos die hölzerne Kuh zur königlichen Herde, woraufhin sich der prachtvolle Stier mit Pasiphaë vereinte; voll dunkler Ahnung gebar die Königin darauf den in Leidenschaft gezeugten Minotauros, ein Mischwesen mit einem Stierkopf und der Gestalt eines Menschen.

Entsetzt über dieses Geschöpf und vor Schmach versteckte Minos seinen Stiefsohn Minotauros in einem Labyrinth nahe Knossos, das er eigens dafür von Daidalos hatte erbauen lassen.

Wegen seiner Handlung gegen den göttlichen Rat auf solche Weise von den Göttern gestraft, lebte Minos, sich selbst zerfleischend, in großer Einsamkeit und empfand auf die Nachricht hin, daß Daidalos es gewesen war, der Pasiphaë die Gelegenheit zur Untreue mit dem göttlichen Stier gegeben hatte, nur um so heftigeren Schmerz. Rasend vor Zorn ließ er Daidalos und dessen Sohn Ikaros in Ketten legen. Doch erbarmte sich Pasiphaë ihrer, befreite sie aus dem Kerker und verhalf ihnen zur Flucht.

Nach der geglückten Befreiung suchte der findige Daidalos nach einer Möglichkeit, den schnellen Schiffen des Königs zu entkommen, die ihn und seinen Sohn auf offener See erbarmungslos stellen würden. Dem Urenkel des göttlichen Hephaistos kam schnell die rettende Idee, wie die Vögel durch die Lüfte zu entfliehen. Mit Eifer und Geschick konstruierte Daidalos für sich und Ikaros zwei Paar Flügel mit riesiger Spannweite, deren Federn er mit Wachs zusammenfügte. Seinem Sohn sagte er in vorausschauender Besorgnis: »Sei gewarnt, mein Sohn! Fliege nicht zu hoch, damit die Sonne nicht das Wachs schmelze, noch lasse dich zu tief herab, damit die Federn nicht vom Meere benetzt werden! Folge mir dicht nach, und ändere die Richtung nicht!«

In großer Erwartung und mit klopfendem Herzen, die Verfolger im Nacken, erhoben sich Daidalos und Ikaros mit kräftigen Flügelschlägen von den nördlichen Gestaden Kretas, sie wagten den ersten Flug der Menschheit, der sie glücklich in Richtung zum griechischen Festland führte. Schon glaubten sie sich beide gerettet, flogen hinweg über Naxos, Paros und Delos, da überkam Ikaros der Übermut. Bei den Inseln Lebythos und Kalymnos vergaß er den Rat des Vaters, stieg voller Freude hoch in die Lüfte, der Sonne entgegen, die mit ihren brennenden Strahlen das Wachs der Flügel schmelzen ließ, so daß er hinunter ins tobende Meer stürzte. Unermüdlich suchte der Vater den Leichnam des Sohnes, fand ihn und bestattete ihn auf der Insel, die fortan nach Ikaros ›Ikaria‹ heißt.

Im tiefen Schmerz über den Tod seines Sohnes suchte Daidalos eine neue Heimat; er flog weiter nach Süditalien, wo er in Cumae dem Apollon dankbar seine Flügel weihte und zugleich dem Gott einen prachtvollen Tempel mit goldenem Dach errichtete, bis er endlich auf Sizilien von König Kakalos gastfreundlich aufgenommen wurde. Kakalos bewunderte schon lange die Erfindungsgabe des Daidalos, die in der ganzen antiken Welt Bewunderung fand und freute sich, den berühmten Baumeister in seine Dienste nehmen zu können.

Doch Daidalos sollte noch nicht zur Ruhe kommen, denn Minos überquerte mit seiner unbesiegbaren Flotte das westliche Mittelmeer, steuerte von Insel zu Insel, verbissen und hartnäckig auf der Suche nach Daidalos, den er für sein Unglück verantwortlich machte. Mit einer List versuchte er, Daidalos ausfindig zu machen: in der Gewißheit, daß nur Daidalos einen Faden durch eine Tritonmuschel würde fädeln können, versprach er demjenigen goldene Schätze, der dieses Kunststück vollbringe. Obwohl er sich über die Absichten des Minos keiner Täuschung hingab, empfing Kakalos den kretischen König in seinem Palast und löste, mit Daidalos' Hilfe, die schwierige Aufgabe: der ideenreiche Meister bohrte ein feines Loch durch die Muschelspitze, band einen Seidenfaden an eine Ameise und lockte diese mit Honig durch den Irrgang der Muschel, womit er seinem neuen König die versprochenen Schätze beschaffte. Nun erwies sich auch Kakalos seinem neuen Schützling erkenntlich, gemeinsam mit seinen beiden Töchtern plante er Minos' Tod, um Daidalos für immer von seinem Verfolger zu befreien. Die beiden Königstöchter boten ihrem Gast ein erquickendes Bad und verbrühten dabei König Minos mit heißem Wasser (andere erzählen: mit heißem Pech) zu Tode.

Mit tiefen Beileidsbekundungen und der Erklärung, Minos sei unglücklicherweise ins heiße Wasser gestürzt, übergab Kakalos den Kretern den Leichnam ihres Königs, die ihm mit großer Totenklage am Aphrodite-Tempel in *Kamikos* ein würdevolles Grabmal errichteten. Unentschlossen, ohne Führung und entzweit blieben viele Kreter auf der Insel, dies nicht zuletzt deshalb, weil die Sizilier inzwischen die minoische Flotte in Brand gesteckt hatten. So gründeten die Kreter an der Südküste Siziliens die Stadt *Minoa* und verehrten dort ihrem Brauch entsprechend vorwiegend weibliche Gottheiten, insbesondere die Fruchtbarkeits- und Muttergöttin.

Odysseus und die Meerenge von Messina

›Stretto di Messina‹ nennen die Italiener die gefahrvolle Meerenge zwischen der sizilischen Küste und dem kalabrischen Küstenausläufer des europäischen Festlandes.

Seit Jahrtausenden wird sie von Minoern, Phöniziern, Griechen, Römern und anderen Seefahrervölkern aufgrund ihrer unberechenbaren Strudel und reißenden Strömungen gefürchtet, Abenteurer aller Völker forderten hier ihr Schicksal immer wieder heraus, trotzten der urgewaltigen Gefahr und wagten die Fahrt durch die sich trichterförmig von Norden nach Süden ausweitende Meerenge.

Daß schon die Griechen während der mykenischen Epoche die Straße von Messina kannten und in wagemutigen Unternehmungen kleiner Gefolgschaften befuhren, um

Handel zu treiben, geht aus der dramatischen Schilderung Homers hervor, der zu berichten weiß, daß Odysseus in der Meerenge gnadenlos den unsterblichen Göttinnen Skylla und Charybdis ausgeliefert gewesen war. Ergreifend gelang es Homer, das Kräftespiel der Natur als unabwendbares, den Menschen von den Göttern auferlegtes und zu erleidendes Schicksal zu deuten. Homer personifiziert die Naturgefahren der Meerenge mit den beiden unsterblichen Wesen Skylla und Charybdis, erstere auf einem hohen Felsen an der europäischen Küste wohnend, letztere am nordöstlichsten Sporn Siziliens beheimatet.

Daß die Beschreibung der »bellenden Skylla« und der »wasserstrudelnden Charybdis« nicht annähernd der topographischen Situation der Meerenge von Messina entspricht, läßt sich leicht als dichterische Freiheit Homers erklären, der, um die drohende Gefahr der Naturgewalten ins Gewaltige steigern zu können, die beiden Felsen Kalabriens und Siziliens nur wenige Meter voneinander entfernt lokalisiert, obwohl sie in Wirklichkeit ca. 3 Kilometer Abstand haben. Natürlich wird daraufhin jeder Reisende, der die homerische ›Enge und Gefahr‹ des Stretto zu erblicken hofft, von der Diskrepanz zwischen Wirklichkeit und Dichtung verwirrt, was Goethe bei seiner Fahrt durch den ›Stretto di Messina‹ so schildert: »Nun der freie Blick in die Meerenge nord- und südwärts, bei einer ausgedehnten, an beiden Seiten schön beuferten Breite. Als wir dieses nach und nach anstaunten, ließ man uns links, in ziemlicher Ferne, einige Bewegung im Wasser, rechts aber, etwas näher, einen vom Ufer sich auszeichnenden Felsen bemerken, jene als Charybdis, diesen als Skylla. Man hat sich bei Gelegenheit beider, in der Natur so weit auseinander stehenden, von dem Dichter so nah zusammengerückten Merkwürdigkeiten über die Fabelei der Poeten beschwert und nicht bedacht, daß die Einbildungskraft aller Menschen durchaus Gegenstände, wenn sie sich solche bedeutend vorstellen will, höher als breit imaginiert und dadurch dem Bilde mehr Charakter, Ernst und Würde verschafft. Tausendmal habe ich klagen hören, daß ein durch Erzählung gekannter Gegenstand in der Gegenwart nicht mehr befriedige; die Ursache hiervon ist immer dieselbe: Einbildung und Gegenwart verhalten sich wie Poesie und Prosa, jene wird die Gegenstände mächtig und steil denken, diese sich immer in die Fläche verbreiten.«[1]

Doch hören wir dazu, wie Homer Odysseus durch Kirke warnen läßt:

»›Links nun ragen zwei Klippen, es strebt die eine mit scharfem
Scheitel zur Höhe des Himmels, und finstere Wolken umhüllen
Oben ihr Haupt, zerstreuen sich nie, das frühe und späte
Jahr hat nie den Gipfel in heiterer Helle gesehen.
Sterbliche könnten sie nie erklimmen oder besteigen,
Wenn sie auch zwanzig Hände und zwanzig Füße besäßen,
Denn die Klippe ist rings so glatt, als wär sie behauen.

Mitten in dem Fels ist eine umdunstete Höhle
Offen gen Westen, dem Erebos zu, da lenkt ihr am besten
Euer bauchiges Schiff vorüber, erlauchter Odysseus.
Auch ein rüstiger Mann vermöchte vom Innern des Schiffes
Nicht in den Bau der Höhle den Pfeil vom Bogen zu schnellen.
Und da drinnen haust die schrecklich heulende Skylla.
Zwar ihr Schreien gleicht dem Laut eines ebengebornen
Hündleins, doch ist sie selbst ein grauses Scheusal, und keiner
Würde des Anblicks froh, selbst wenn ihr Götter begegnen.
Denn die Skylla besitzt zwölf mißgestaltete Füße
Und sechs Hälse dazu, ganz überlange, auf jedem
Sitzt ein grausiges Haupt, darin drei Reihen von Zähnen,
Stark und dicht, umlauert von schwarzen Schatten des Todes.
Bis zur Mitte liegt sie im Bauch der Höhle verborgen,
Aber die Köpfe streckt sie heraus aus dem greulichen Schlunde.
Rings umspäht sie den Felsen und fischt mit schnappendem Rachen,
Ob sie Delphine erwische, Seehunde oder ein größtes
Untier, wie Tausende weiden im tosenden Meer Amphitrites.
Rühmen kann sich kein Schiffer, er habe da jemals das Fahrzeug
Heil vorübergerettet. Mit jedem Rachen erfaßt sie
Einen Mann und reißt ihn heraus aus dem dunkelen Seeschiff.
Niedriger wirst du, Odysseus, die andere Klippe erblicken,
Nahe der ersten; es trüge der Pfeil von einer zur andern.
Dort erhebt sich hoch ein Feigenbaum, üppig beblättert;
Unter ihm schlürft die hehre Charybdis das finstere Wasser,
Dreimal am Tage speit sie es aus, und dreimal – o Grauen –
Schlürft sie es ein. Und kommst du zur Zeit des Schlürfens, dann weh dir,
Denn es entrisse dich dann selbst nicht Poseidon dem Tode.
Nähere dich drum mehr dem Felsen der Skylla und treibe
Schnell dein Schiff vorüber, denn es ist immer noch besser,
Sechs Gefährten im Schiff als alle zusammen zu opfern.‹

Kirke sprachs, und ich begann und erwiderte also:
›Göttin, sage mir an und laß mich eines noch wissen,
Könnte ich nicht vielleicht der schlimmern Charybdis entgehen
Und der Skylla zugleich den Raub der Gefährten verwehren?‹
Also sprach ich, und gleich versetzte die heilige Göttin:
›O du Wilder, gelüstet es dich nach Kämpfen und Mühen
Wieder aufs neue, und willst du selbst den Göttern nicht weichen?
Skylla bezwingt kein Tod; sie ist ein unsterbliches Untier,
Grausig ist sie und wild, entsetzlich, unüberwindbar.

Abwehr gibt es da keine, und Flucht ist noch immer das Beste.
Wenn du kampfgerüstet zu lange zögerst am Felsen,
Fürchte ich, daß sie aufs neu mit all ihren Köpfen heranschießt,
Um dir ebenso viele von deinen Kriegern zu rauben.
Besser, ihr rudert drum eiligst vorbei und ruft die Kratiïs,
Skyllas Mutter, die jene zum Leid der Menschen geboren,
Und die wird dann Skylla am weiteren Wüten verhindern.‹«[2]

Herakles auf Sizilien

Herakles, Sohn des Göttervaters Zeus und der Königin Alkmene von Theben, verliert durch die Mißgunst der von Zeus betrogenen Hera die ihm durch Erbrecht zustehende Herrschaft über die Argolis. Hera hatte nämlich dafür gesorgt, daß nicht Herakles als erster Urenkel des Perseus das Licht der Welt erblickte, sondern Eurystheus, der damit Thronfolger von Mykene/Tiryns wurde. Infolge dieser göttlichen Fügung stand der Halbgott Herakles in Diensten eines Menschen und mußte zwölf Arbeiten für Eurystheus, den König von Mykene, verrichten, um die ersehnte Unsterblichkeit zu erlangen. Schließlich führte die zehnte Arbeit den Helden (nach Berichten von Homer und Aischylos) auch nach Italien und Sizilien, wo er für Eurystheus die Herden des Geryoneus rauben sollte, um sie zur Peloponnes zu treiben. Nach geglückter Tat, bereits auf dem Heimweg, begab sich Herakles im Augenblick höchster Erschöpfung in *Rhegion* an der kalabrischen Küste zur Ruhe. Plötzlich, mitten im tiefen Schlaf des Helden, bricht ein Jungstier aus der Herde aus und schwimmt durch die Meerenge von Messina nach Sizilien. Sofort nimmt Herakles mit seinem Freund und ständigem Begleiter Iolaos die Verfolgung auf, und während sie ebenfalls gerade die Meerenge überqueren, werden sie von der furchterregenden Skylla angegriffen, doch Herakles tötet sie in einem leidenschaftlichen Kampf.

Auf der Suche nach dem entlaufenen Jungstier zogen Herakles und Iolaos mit ihrer Herde an der Nordküste Siziliens entlang, verweilten einige Tage in *Himera,* um gestärkt ihre Verfolgung fortsetzen zu können. Doch schon bald mußten sie neue Gefahren bestehen, eine Bande Straßenräuber stellte sich ihnen in den Weg, verlangte die Herde und bedrohte die beiden Helden; doch diese schlugen im heiß entbrannten Kampf die Räuber in die Flucht und töteten ihren Anführer, nach dem später die an dieser Stelle errichtete Stadt *Solunto* benannt wurde.

Nahezu mutlos und ohne jede Hoffnung gelangte Herakles mit den Seinen auch nach *Segesta,* gerade im Begriffe, das Unternehmen aufzugeben. Doch noch einmal raffte er all seine Kräfte zusammen und zog weiter zum nahegelegenen Aphrodite-Heiligtum von *Eryx* und sah schon von weitem den entlaufenen Jungstier inmitten einer großen Herde außerhalb der Stadtmauer. Voller Freude eilte Herakles zu König Eryx und bat um Rückgabe des Tieres. Eryx verweigerte Herakles jedoch den prachtvollen Stier und forderte den Helden zum klassischen Fünfkampf, da er bisher als Faustkämpfer und Ringer unbesiegbar war; voller Siegesgewißheit wettete er sogar mit Herakles und setzte sein Königreich gegen den Stier.

Nun gingen die beiden Halbgötter voller Vehemenz in den Kampf, unerbittlich griffen sie einander an, ja, ihre gewaltigen Schläge dröhnten wie Donner durch die Lüfte; letztlich konnte Herakles seinen Gegner doch bezwingen und töten. Als neuer König über das Reich Eryx überließ Herakles vorerst den Bewohnern, ihr Geschick selbst zu bestimmen, bis er den Königsthron mit seinen Nachkommen besetzen konnte. Bevor er jedoch wieder nach Griechenland aufbrach, ehelichte er Eryx Tochter Psophis, die ihm die beiden Söhne Echephron und Promachos schenkte.

Ein letztes Mal noch zog Herakles über Sizilien, kam durch die Ebene von *Leontinoi* und weiter zu den Gestaden, wo später von Euryalos *Syrakus* gegründet wurde: hier opferte er der Quellgöttin Kyane, genau an jener Stelle, wo Hades Demeters Tochter Kore in die Unterwelt entführt hatte, und schließlich führte Herakles zum Dank für das Gelingen seines Zuges auf Sizilien für Demeter, Kore und Kyane alljährlich wiederkehrende Festspiele ein, die für immer in der antiken Welt unzertrennlich mit seinem Namen in Verbindung standen.

Nach diesen vielen sizilischen Abenteuern war es Herakles endlich vergönnt, die gestohlene Herde des Geryoneus zu seinem Widersacher Eurystheus zur Peloponnes zu bringen, um dort den Auftrag für seine elfte Arbeit entgegenzunehmen; nun sah er seine Unsterblichkeit schon greifbar nahe vor sich.

Vorgeschichte

Paläolithikum

Dunkles Schweigen hüllt die Vorgeschichte Siziliens und die der Äolischen (Liparischen) Inseln ein, die hier als gemeinsamer Kulturkreis betrachtet werden sollen. Ihre

Fig. 1 Hirschkuh aus der Grotta dei Genovesi auf der Insel Levanzo. Ritzzeichnung, ca. 20 cm hoch; Altsteinzeit

Fig. 2 Kleine sitzende Menschen-
gestalt aus der Grotta dei Genovesi
auf der Insel Levanzo. Malerei, ca.
26,5 cm hoch; Altsteinzeit

einzelnen Stationen lassen sich nur mühsam aus den archäologischen Funden rekon-
struieren, wobei das nebelhaft gewonnene Bild schon morgen durch neue Entdeckungen
grundlegend korrigiert werden kann.

Größte Schwierigkeiten bei der Erforschung der Vorgeschichte Siziliens bereitet den
Historikern die Tatsache, daß sich die antiken Quellen (Homer, Thukydides, Diodor,
u. a.) nur mühsam, teilweise widersprechend mit den archäologischen Befunden in Zusammenhang bringen lassen. Die wenigen und spärlichen Funde des Paläolithikums
zeigen vorwiegend kleinste Wohnsiedlungen, teils von unterschiedlichem Charakter,
an den flachen Küstenausläufern der Insel, bei denen eine relative Chronologie der
einzelnen Kulturschichten nur undeutlich erkennbar wird. Ja in den verschiedenen
Lehmablagerungen sind nicht einmal von Menschenhand geschaffene Produkte des
frühen Paläolithikums auffindbar, wohl aber große Mengen von Tierrückständen.
Diese vermitteln nun sehr detaillierte Kunde von der Fauna des paläolithischen Siziliens: Neben den großen Dickhäutern Nashorn, Nilpferd und Zwergelefant gab es auch
Löwen, Bären, Wildpferde u. a., damit fehlen aber ganz spezifisch afrikanische Tier-
arten, was den wichtigen Beweis liefert, daß Sizilien während des Quartär-Erdzeit-
alters nicht mit dem afrikanischen Kontinent verbunden war.

Am Ende des Paläolithikums werden dann auch erste Stein- und Knochenwerkzeuge,
sowie andere Gebrauchsgegenstände hergestellt, die gemeinsam mit den frühesten

Bestattungsfunden aus der *San Teodoro-Höhle,* westlich von Cefalù, eine vage Vorstellung vom Menschen der Altsteinzeit erlauben. Sensationell sind dagegen die frühen Kunstwerke dieser Menschen, die in ganz Italien ohne Beispiel sind. In der kleinen Grotte *Cala dei Genovesi* auf der Insel *Levanzo,* die wohl in früher Zeit mit Sizilien verbunden war, wurden großartige Felszeichnungen entdeckt, die vor allem durch ihren ausdrucksstarken Naturalismus bestechen. Zum einen beherrschten die Künstler meisterhaft die Technik der Felsritzzeichnungen, wovon in großartiger Weise die elegante Darstellung einer anmutsvollen Hirschkuh (s. Fig. 1) Zeugnis ablegt; zum anderen wurden Tiere und Menschen bereits mit Farben – wenn auch vornehmlich nur mit Rot und Schwarz – dargestellt; dies ist um so erstaunlicher, als die Künstler sich bereits zweier verschiedener ›Mal-Techniken‹ bedienten. Zwar erscheinen die gemalten Motive

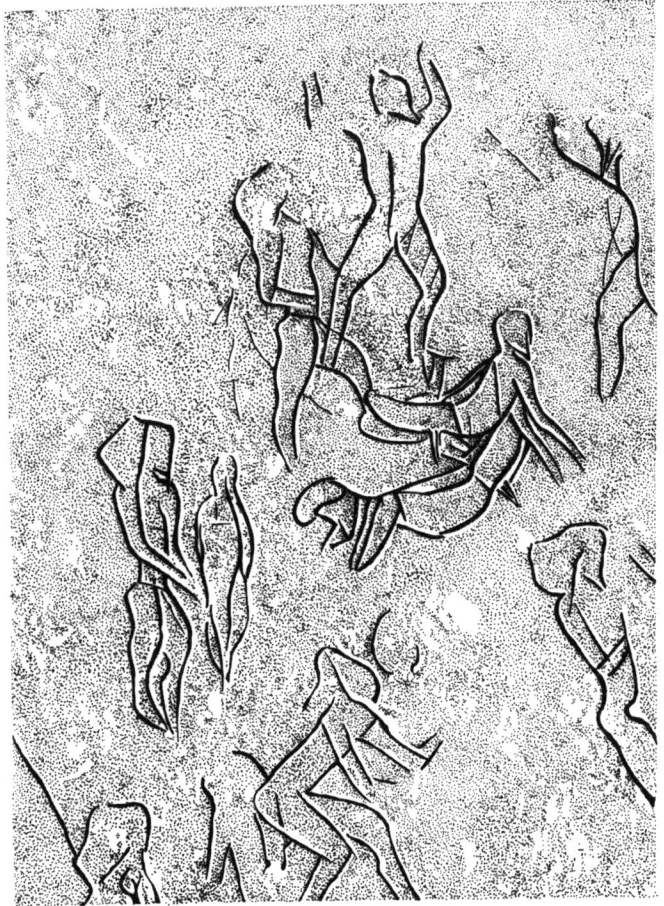

Fig. 3 ›Ritueller Tanz‹ (?) aus der Grotta dell'Addaura, westlich von Palermo, am nördlichen Hang des Pellegrino. Ritzzeichnung, Gesamthöhe der abgebildeten Darstellung ca. 70 cm; Altsteinzeit

weniger realistisch als die Ritzzeichnungen, da sie sehr schematisiert sind, dennoch sprühen sie geradezu von einer intensiven Lebendigkeit, wie es uns vortrefflich die kleine sitzende Menschengestalt von Levanzo zeigt (s. Fig. 2).

Von noch größerer Bedeutung als die Felszeichnungen von Levanzo sind für die paläolithische Epoche Siziliens die Entdeckungen der wohl etwas kunstvolleren und feineren Felszeichnungen aus der *Addaura-Höhle,* westlich von Palermo, an der Nordseite des Pellegrino. Waren auf Levanzo Menschen- und Gruppendarstellungen noch selten, so finden sich in der Grotta dell'Addaura gleichermaßen Tier- und Menschenabbildungen in mannigfaltigen Variationen. Deutlich lassen sich drei Typen figuraler Ritzzeichnungen unterscheiden:

1. Ohne erkennbaren kompositionellen Zusammenhang werden mit zarten Ritzlinien vorwiegend Tiere (Pferde, Rind, Hirsch u. a.), selten Menschen, dargestellt.
2. Mit kräftigen, tiefen Ritzungen sind vorwiegend Menschen und ein Fahlhirsch zu einer Gesamtkomposition zusammengefaßt, deren Inhalt jedoch nicht eindeutig erkennbar ist. Wohl lassen sich einzelne Teilszenen (Tanz, Klage, Jagd) deuten, die als einheitliches Ganzes aber schwer verstehbar sind und bei ihrer Interpretation zu vielen Spekulationen Anlaß geben. Des weiteren wird die inhaltliche Deutung dieser Szenen noch dadurch erschwert, daß alle menschlichen Figuren immer ohne Hände und nur selten mit Füßen dargestellt sind (s. Fig. 3), und daß alle Personen Vogelmasken tragen. Die von den Forschern vorgeschlagenen Deutungen sprechen von Opferszenen, Folterungen (Henkung) und kultischer Feier mit sexuellem Inhalt, wahrscheinlich mit der Bitte um Erhaltung der Stammesfruchtbarkeit.
3. Zu diesem Typ gehören nur zwei alleinstehende Rinder, die mit groben, unharmonischen Umrißlinien einen gewissen Verfall der einstigen Kunstschöpfungen widerspiegeln.

Neolithikum (4. Jahrtausend v. Chr.)

Die Geschehnisse auf Sizilien zu Beginn des Neolithikums stehen im engen Zusammenhang mit den umwälzenden Veränderungen im gesamten Mittelmeerraum. Plötzlich erscheinen auf Sizilien neue Menschen, die aus einem weitaus höherentwickelten Kulturkreis stammen und nicht mehr der bloß aneignenden Wirtschaftsform des Wildbeuters, Jägers und Sammlers angehören, sondern infolge der sog. ›neolithischen Revolution‹ bereits die produzierenden Wirtschaftsformen des Pflanzers und Tierzüchters kennen, die sich bei allen frühen Kulturen irgendwann mit zunehmender Siedlungsverdichtung ergeben haben. Sicherlich sind diese neuen ›Siedler‹ auf dem Seewege nach Sizilien gekommen, was beträchtliche Erfahrung in der Seefahrt voraussetzt; höchstwahrscheinlich folgten die Einwanderer dem gefahrvollen Weg von der Westküste des Vorderen Orients, der wohl das gemeinsame Zentrum aller Mittelmeerkulturen sein dürfte. Vom Orient, speziell Anatolien, breiteten sich wesentliche Impulse nicht nur z. Z. des

Neolithikums, sondern auch zu späterer Zeit für fast alle Mittelmeerkulturen aus, wobei Sizilien für lange Zeit die westlichste Grenze dieser Ost-West-Kulturströmung gewesen sein dürfte, was zur Folge hatte, daß das Neolithikum auf dieser Insel mit einer gewissen zeitlichen Verzögerung einsetzte.

Die neolithische Kultur auf Sizilien ist aufgrund des Fundmaterials der vorangegangenen, paläolithischen Epoche gegenüber deutlich abgrenzbar; d. h., es läßt sich an keinem Fundort der Insel eine Weiterentwicklung der paläolithischen Feuersteintradition erkennen, die also zweifellos mit dem Aufkommen der neuen Kultureinflüsse von den östlichen Mittelmeergestaden ein jähes Ende gefunden hat. Auf Sizilien leben die Menschen fortan in Rund- oder Ovalhütten, die nicht selten als lockere Streusiedlungen mit beachtlichen Befestigungsumwallungen errichtet wurden. Ihre keramischen Erzeugnisse zeigen eine große Vorliebe für Ritz-, Kerb- und Eindrucksverzierungen mit oftmals sehr gefälligen linearen Ornamenten. Diese neolithische Epoche wird nach ihrem ersten Fundort ›Stentinello-Kultur‹ genannt; dies ist eine kleine Ortschaft, die nördlich von Syrakus liegt, wo Paolo Orsi bereits 1890 eine Vielzahl solcher Keramiktypen entdeckte, die schon Andeutungen von Gesichtern zeigen.

Die ›Stentinello-Kultur‹ kannte anfangs zwei Stilrichtungen, die jedoch zeitlich nebeneinander existiert haben dürften: Schalen und Schüsseln, also Gefäße mit einem relativ weiten Mündungsdurchmesser wurden zumeist sehr dickwandig hergestellt, weshalb man auch von einer Grobkeramik spricht. Der zweite Typ ist dünnwandig, zeigt eine geschlossene Form mit eng zulaufendem Hals und sehr enger Mündungsöffnung. Beide Typen sind durch Ritz- und Kerbornamente schlicht dekoriert, wobei das Schmuckinventar aus einfachen geometrischen Figuren besteht: Neben simplen Reihungen von eingeritzten Strichen, Zickzack-Linien, Punkten und ausgefüllten Dreiecken, werden bevorzugt ›Augenmotive‹ (s. Fig. 4) dargestellt, die sicherlich auf kultische Beweggründe zurückgehen. Wahrscheinlich sollten die abgebildeten Augen die

Fig. 4 Neolithische Stentinello-Keramik mit ›Augenmotiven‹ und Kerbornamenten. Fundort: Matrensa; 4. Jt. v. Chr.

Fig. 5 Bemalte Stentinello-Keramik mit roten ›Flammenmotiven‹. Fundort: Megara Hyblaea; 4. Jt. v. Chr.

Flüssigkeit des Gefäßes und somit den Besitzer vor unheilvollen Mächten schützen; eine Vorstellung, die nahezu bei allen orientalischen Kulturen zu beobachten ist und entsprechend in ihren Kunstobjekten Ausdruck fand, und in der wohl auch die Kunstschöpfungen der Stentinello-Epoche hier ihren Ursprung haben. Die vasen- und krugförmige dünnwandige Feinkeramik dagegen kennt bereits erste Vasenmalereien, in denen stets auf hellem Grund mit Rot Bänder, Dreiecke und Flammenmotive aufgetragen werden (s. Fig. 5). Natürlich zeigen Vergleichsstücke von anderen Fundorten Siziliens nuancierte Abweichungen in Form und Dekoration der Keramik, immer aber erscheint das Neolithikum trotz seiner mannigfaltigen Keramiktypen von den vielen Fundorten der Insel als unverwechselbare Einheit, mit der gemeinsamen Wurzel ›Orient‹ (Anatolien etc.), aus der sie alle ihre nie zu versiegen scheinenden Impulse schöpfen.

Am Ende der neolithischen Epoche breitet sich dann plötzlich über die ganze Insel der auf den Äolischen Inseln herangereifte ›Diana-Stil‹ aus – benannt nach der Diana-Ebene westlich der Akropolis von Lipari, wo die monochrome rote Tonware dieses Typs erstmals entdeckt wurde. Die Tatsache, daß an keinem Ort Siziliens und der Äolischen (Liparischen) Inseln Keramik des Stentinello-Typs und des Diana-Stils gemeinsam auftreten, zeigt deutlich, wie scharf diese beiden Epochen voneinander abgegrenzt sind, und daß wohl abermals neue Einwanderungswellen, vom Osten herüberströmend, über Sizilien und die Mittelmeerkulturen hereingebrochen sind. Dennoch entwickelten sich an einigen Orten Mischtypen, die auf eine teilweise Verschmelzung der seit Jahrhunderten auf Sizilien ansässigen Bevölkerung mit den fremden Eindringlingen schließen lassen.

Kupferzeit (3. Jahrtausend v. Chr.)

Nahezu wie ein Sturm, begleitet von einer ungeheuerlichen sozialen Revolution, scheint die kupferzeitliche Epoche nicht nur über Sizilien, sondern über den gesamten Mittelmeerraum hereingebrochen zu sein. War Sizilien bisher der westlichste Kulturausläufer der mediterranen Welt, so breitet sich nun die – wieder aus dem Osten, wohl aus Anatolien kommende – neue kupferzeitliche Kultur weit über die Grenzen Siziliens, westwärts, bis hin nach Sardinien, Südfrankreich und Spanien, aus; sie überzieht also Landschaftsräume, die während der paläolithischen und neolithischen Phase nicht das geringste mit den Mittelmeerkulturen gemeinsam hatten. Die neuen Eindringlinge zeichnen sich besonders durch ihre Kenntnis der Metallverarbeitung aus, wobei sie neben Kupfer auch Gold, Silber und Blei kennen und zu schmieden verstehen. Zwangsläufig entwickeln sich nun auf Sizilien völlig neue Produktionsweisen, ja geradezu Industrien im Sinne von Arbeitsteilungen, die tiefgreifende gesellschaftliche Veränderungen mit sich bringen, denn die neuen Industriegüter ermöglichen fortan die Erschließung immer neuer Anwendungsbereiche, wodurch allmählich neue Erwerbszweige entstehen. Auch wendet man sich nach und nach von den bisherigen Streusiedlungen ab und erkennt die Vorteile urbaner Siedlungen. Bestimmt dürfte sich sogar gerade die Urbanität als wesentlicher Impuls für jede weitere kulturelle Entwicklung auf Sizilien herauskristallisiert haben.

Auch heute registriert man bei einer Reise durch Sizilien erstaunt das Fehlen fast jeglicher Dorfgemeinschaften, wie man sie etwa von Griechenland, der Türkei oder anderen Mittelmeerländern her kennt; hier auf Sizilien ballt sich seit Jahrhunderten das Leben der Menschen in kleinsten, organisch gewachsenen Städten zusammen.

An Hand reichhaltiger Keramikfunde lassen sich zum einen mehrere differenzierte Entwicklungsphasen an verschiedenen Orten der Insel erkennen, nun nicht mehr mit einer charakteristischen Einheit, sondern nur noch mit geringen fließenden Entwicklungsübergängen, die jedoch ihre gemeinsame Quelle außer Zweifel lassen; zum anderen beweist der Import der ›Glockenbecher‹ aus Spanien und Frankreich, daß Sizilien nun auch engste Handelsverbindungen mit Westeuropa, bis hin zu den Britischen Inseln pflegte, jenen bisher fremden Regionen, wo die für den europäischen Kontinent so bedeutende Glockenbecher-Kultur beheimatet war. Zu den wichtigsten regionalen Kulturen Siziliens, die nach ihrem jeweiligen Fundort benannt sind, gehören u. a.: *Conca d'Oro; San Cono; Piano-Notaro; Conzo; Serraferlicchio; Malpasso; Sant'Ippolito*, um nur die charakteristischen zu nennen. Ihnen allen ist ein Höchstmaß an Eigenständigkeit gemeinsam; einfühlsam haben die Menschen der Kupferzeit jede neue Anregung aus dem Osten aufgegriffen, mit ihrem eigenen Kulturgut zu immer neuen Dekorationsstilen vermischt, woraus der häufige Wechsel der Keramiktypen resultiert.

Neben der ›Industrialisierung‹ im Laufe dieser Epoche veränderten in starkem Maße aber auch die von den Eindringlingen mitgebrachten religiösen Bräuche die kupferzeitliche Gesellschaft Siziliens. Auch hier zeigen kleine Statuetten und vor allem die symbolischen Stierhörner engste Querverbindungen zum Orient; zurückgehend auf Einflüsse, die sich in Richtung Osten über Kreta und die Kykladen bis Anatolien zurückverfolgen lassen. Fortan werden auf Sizilien, das sich von den neuen religiösen Vorstellungen völlig durchtränkt zeigt, keine Einzel-Hockerbestattungen mehr in einfachen Erdgruben durchgeführt, sondern mit Vorliebe bestattet man nun mehrere Verstorbene zusammen in aus dem Felsen herausgearbeiteten Grabkammern, die engste Verwandtschaft mit ähnlichen Grabtypen auf Kreta und Zypern, aber auch auf Malta aufdecken. In Sizilien wird das für Jahrtausende die vorherrschende Bestattungsart werden.

Bronzezeit (2000–1250 v. Chr.)

Fast unmerklich vollzieht sich auf den Äolischen oder Liparischen Inseln und Sizilien ein fließender Übergang von der kupferzeitlichen Epoche zur Bronzezeit; parallel dazu kommt es in beiden Regionen zu einer immer stärkeren kulturellen und wohl auch politischen Eigenständigkeit. Infolge massiver Einflüsse – die nun jedoch aus dem

Westen, von der Iberischen Halbinsel, hereinströmen – zeichnet sich zwischen beiden Kulturräumen – Sizilien einerseits, Äolien andererseits – eine tiefgreifende Divergenz ab, während bisher die Kulturen geradezu kongruent zueinander verlaufen sind. Auf Sizilien spricht man nun von der ›Castelluccio-Epoche‹ und auf den Äolischen Inseln von der ›Capo-Graziano-Kultur‹.

Lipari, Panarea und die anderen Inseln am äolischen Gewässer scheinen sogar mit ihrem Obsidian-Export, der schon seit Jahrhunderten ihre bedeutendste Wirtschaftsgrundlage war, die zentrale Position im Mittelmeerhandel zwischen Ost (Vorderer Orient) und West (bis hin zu den Britischen Inseln, von denen vorwiegend Zinn importiert wurde) eingenommen zu haben. So scheint es auch nicht verwunderlich, daß an vielen Fundorten der Capo-Graziano-Epoche kostbare Keramiken aus der minoisch-mykenischen Welt gefunden wurden. Nahezu sensationell ist der Fund einiger mykenischer Scherben, die sich ziemlich genau in die Zeit zwischen 1600–1400 v. Chr. datieren lassen; damit stehen der Chronologie der sizilisch-äolischen Kultur erstmals unanfechtbare Datierungen für die Vorgeschichte zur Verfügung.

Langsam kristallisiert sich' auf Sizilien nun eine Kultur heraus, die nicht nur gravierende Abweichungen zu den Entwicklungen auf den nahegelegenen Äolischen Inseln zeigt, wie bereits oben erwähnt, sondern auch auf Sizilien entwickeln sich immer mehr erkennbare lokale Besonderheiten. Dennoch ist den differenzierten Kulturprovinzen der Insel eine unverkennbare Gemeinsamkeit zu eigen, deren Zusammenhang bereits P. Orsi 1890 entdeckte, der daraufhin entsprechend dem bedeutendsten Fundort der Bronzezeit den Begriff ›Castelluccio-Kultur‹ prägte.

Aufgrund fehlender Forschungen im Norden und Westen kennt man heute leider vorwiegend nur Castelluccio-Stilrichtungen, die sich ehemals im Süden und Südosten der Insel ausgebreitet haben. Charakteristische Funde mit klaren Unterscheidungsmerkmalen lassen sich für folgende Regionen anführen: *Etna (Adrano, Biancavilla, Paternò) – Agrigent (Naro, Partanna) – Syrakus (Catania, Gela, Ragusa)*.

Die lokalen Besonderheiten der Castelluccio-Kultur lassen sich am deutlichsten an den keramischen Produkten ablesen: bevorzugt werden braun-schwarze Linear-Ornamente auf hellrötlichem Grund variiert und mannigfaltige Keramikformen entwickelt, auf die hier jedoch nicht detaillierter eingegangen werden kann.[3]

Hier seien jedoch noch die vortrefflichen Erzeugnisse der Steinindustrie erwähnt, die für diese Epoche deshalb so beachtenswert sind, weil einige dieser Kostbarkeiten auf Malta, in Lerna (auf der Peloponnes) und selbst in Troja gefunden wurden, damit legen sie ein wichtiges Zeugnis von dem intensiven ›Welthandel‹ Alt-Siziliens ab.

In der kleinen Ortschaft *Castelluccio* entdeckte P. Orsi auf einem schroffen Felssporn Siedlungsreste mit reichhaltigen Keramikfunden, jedoch ohne jeglichen Beweis für ein dörfliches oder urbanes Wohnen, wohl dagegen mit Hunderten von ›backofenförmigen‹ Felskammergräbern, die glücklicherweise nicht alle von Grabräubern, die es zu allen Jahrhunderten gab, aufgebrochen waren.

Doch nicht die ungeöffneten Gräber allein trugen zur Sensation dieser Entdeckung bei, sondern in ganz besonderer Weise auch die Portal-Steinplatten der Felsgräber (s. Abb. 81), die mit ihren einfachen Symbol-Ornamenten, von vornehmlich phallischer Bedeutung, großartig wirken und zugleich die ältesten Steinskulpturen Siziliens sind.[4]

Etwa zu Beginn der Mittleren Bronzezeit (um 1400 v. Chr.) scheint sich auf den Äolischen Inseln und Sizilien ein weiterer tiefgreifender Wandel vollzogen zu haben. Sichtbar werden die Veränderungen am stärksten an Hand der neuen reichhaltigen Keramikformen und ihres vielseitigen Dekorinventars. Diese neuen Ereignisse brechen abrupt mit den Traditionen der Capo-Graziano und Castelluccio-Perioden und ersetzen sie auf den Äolischen Inseln durch die ›Milazzo-Kultur‹ und auf Sizilien durch die ›Thapsos-Epoche‹. Nun laufen die Entwicklungen beider Kulturräume wieder enger zusammen, ja sie scheinen sogar noch stärker miteinander verbunden gewesen zu sein, als zur Diana-Epoche des Neolithikums.

Wahrscheinlich hängt auch dieser Umbruch mit neuen Völkerwanderungen zusammen, anders läßt sich jedenfalls die plötzliche Aufgabe der alten Keramiktypen nicht erklären, denn mit Sicherheit war dieser Wandel nicht nur eine Frage des Zeitgeschmacks und des ästhetischen Empfindens. Überraschend ist jedoch, daß die Siedlungen der frühen Bronzezeit – trotz neuer ›Einwanderer‹ – weder verlassen noch kaum in ihrer Parzellen-Struktur verändert wurden; d. h., viele Dörfer existieren durchgehend von der frühen bis zur späten Bronzezeit.

Exakte Datierungshilfen für die Milazzo- und Thapsos-Epochen liefern sowohl Importe als auch Exporte verschiedener Produkte. Von größter Bedeutung für die verbindende Chronologie zu den Mittelmeerkulturen ist u. a. eine kostbare Fayenceperlenkette ägyptischen Ursprungs (s. Fig. 6). Sie stammt wahrscheinlich aus der

Fig. 6 Fayencehalskette ägyptischen Ursprungs aus Portella auf der Insel Salina; 14. Jh. v. Chr. Museum Lipari. (Aus: L. Bernabo Brea, ›Alt-Sizilien‹, Abb. 24; Köln 1958)

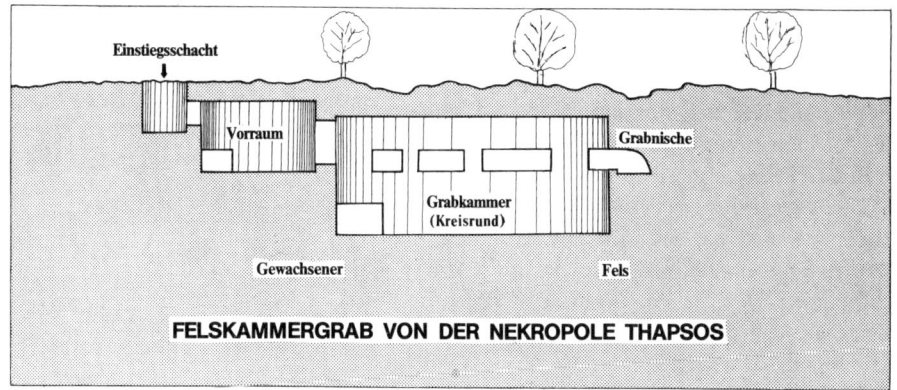

Fig. 7 *Felskammergrab von Thapsos mit Dromos und Einstiegsschacht; 14. Jh. v. Chr. (Zeichnung des Verfassers)*

Dynastie Amenophis' IV. (1364–1347 v. Chr.) und ist somit ein wichtiges chronologisches Bindeglied, das die weiten Handelsverflechtungen des Orients über die Ägäis, Sizilien und die Iberische Halbinsel bis hin nach England zur ›Wessex-Kultur‹ aufzeigt. Selbstverständlich gilt dies auch in umgekehrter Richtung, wobei Sizilien und den Äolischen (Liparischen) Inseln, wie wir gesehen haben, eine zentrale Rolle zukam.

Eine weitere wichtige Querverbindung stellen seltene Keramikfunde mit minoischen Linear-B-Schriftzeichen, die bisher nur in Knossos, Mykene und Pylos gefunden wurden, zur minoisch-mykenischen Welt her, die höchstwahrscheinlich wesentlich zur Entzifferung der minoischen Linear-Schriften beitragen dürften.

Die ›Thapsos-Kultur‹ auf Sizilien stellt einen Typus dar, der ebenfalls vorwiegend durch neue Keramikformen und Dekorationen charakterisiert ist. Thapsos, heute völlig verlassen, liegt auf der kleinen Halbinsel Magnisi nördlich von Syrakus und zeigt eines der bedeutendsten Siedlungsgebiete der Mittleren Bronzezeit. Aber auch hier sind nur spärlichste Fragmente von Behausungen nachweisbar.[5] In großer Zahl sind dagegen Felskammergräber vertreten, für die entsprechend der Geländebeschaffenheit zwei verschiedene Eingangsbereiche ausgebildet wurden: Die Grabkammern an den flachen felsigen Küstenausläufern sind mittels eines Dromos erschlossen, die unmittelbar auf der Halbinsel liegenden dagegen mit Hilfe eines Einstiegsschachtes (s. Fig. 7).

Die hier aufgezeigten engen Verbindungen zwischen Sizilien und der mykenischen Welt spiegeln sich auch in den ältesten griechischen Quellen wider. So darf man mit gutem Grund die kühnen Handelsfahrten über die weiten Meere zwischen der helladischen Welt und Sizilien als ›Odysseen‹ identifizieren, auf die Irrfahrten des Ithakers Odysseus vornehmlich im westlichen Mittelmeerraum, von denen uns Homer in seinem zweiten Epos, der ›Odyssee‹, so eindringlich erzählt hat. Die sagenhaften Episoden in

Homers Epos von dem Reich der Kyklopen, den Fabelwesen Skylla und Charybdis, der Zauberin Kirke und dem Windgott Aiolos sind wahrscheinlich Berichte von dem fernen antiken *Trinakria,* dem heutigen Sizilien zur Zeit der mykenischen Herrschaft. Die Erinnerung der Griechen an diese Epoche muß so tief verwurzelt gewesen sein, daß sie Homer noch Jahrhunderte später, um 800 v. Chr., in seiner ›Odyssee‹ der Nachwelt überliefern konnte (s. S. 33).

Die Zeit zwischen 1250 v. Chr., dem Übergang zur späten Bronzezeit, und dem 8. Jh. v. Chr., dem Beginn der griechischen Stadtgründungen auf Sizilien, war nicht nur für unsere Insel, sondern wohl für alle Mittelmeerkulturen ein dunkles, von Völkerwanderungen, Eroberungen und ständigen Territorialkämpfen gekennzeichnetes Zeitalter, das die Wirtschaftsformen und die Lebensqualität der Menschen auf ein Minimum reduzierte.

Die Beschreibungen in der ›Odyssee‹ und in der ›Ilias‹ berichten von der Blütezeit der alten Mittelmeerkulturen während der mittleren Bronzezeit; sie wurden von Homer nach einer langen dunklen Epoche zur Zeit der kulturellen Erneuerung und des sich Sammelns verfaßt; noch war die griechische Kultur eine junge, aber hoffnungsvolle Knospe, die kurz vor ihrer vollen Blüte stand.

Sizilien und die Äolischen Inseln zeigen wieder einmal stark unterschiedliche kulturelle Entwicklungen aufgrund andersartiger Einflüsse; wiederum werden die Inseln von fremden Völkerschaften (s. S. 30 ff.) überschwemmt, die nun aber namentlich bekannt sind und von vielen antiken Autoren Ausonier, Morgeten, Elymer und Sikuler genannt werden; niemand weiß jedoch etwas Genaues über die autochthone Bevölkerung der Insel zu sagen. Es herrscht bei den antiken Quellen, angeführt von Thukydides, lediglich darüber Einigkeit, daß die Sikaner als Ureinwohner Sizilien lange nach den Kyklopen besiedelt haben sollen ... Hier öffnen sich Problemkreise für die Erforschung der Insel, die von den Historikern bisher noch nicht erschöpfend bearbeitet werden konnten. Unzweifelhaft bestätigen die archäologischen Funde jedenfalls die Wirren der sehr gefahrvollen späten Bronzezeit. Plötzlich verlassen die Menschen ihre seit Jahrtausenden bestellten und ertragreichen Küstenländereien, um ins unwegsame, karstige Gebirge umzusiedeln. Alle neuen Siedlungen, ganz gleich ob auf steilabfallenden Bergplateaus oder schroffen Felsvorsprüngen, haben eines gemeinsam: sie sind in erster Linie zum Zwecke der Verteidigung angelegt.

Kristallisiert sich auf den Äolischen Inseln langsam die ›Ausonische Kultur‹ heraus, die auf die Einwanderung der Ausonier vom italienischen Festland zurückgeht, so läßt sich auf Sizilien die ›Pantálica-Kultur‹[6] als einigermaßen einheitliches und abgerundetes Bild für jenen Zeitraum anführen; teilweise sind die Funde von *Cassibile, Dirrueri, Finocchita* u. a. weitgehend identisch mit denen von *Pantálica.* Dieser Fundort mit Tausenden von Felsgräbern scheint also tatsächlich die typische kulturelle Entwicklung für Sizilien widerzuspiegeln, und das Fundmaterial der Pantálica-Epoche läßt sich von der späten Bronzezeit bis zur Eisenzeit mühelos in vier deutlich voneinander abgrenzbare chronologische Phasen[7] einordnen. Des weiteren lassen sich nach wie vor intensive

Fig. 8 Bronzeblech aus Mendolito (Etna-Bezirk) mit schematisiertem menschlichen Gesicht, bestehend aus einfachen geometrischen Figuren; 8./7. Jh. v. Chr. Museum Syrakus

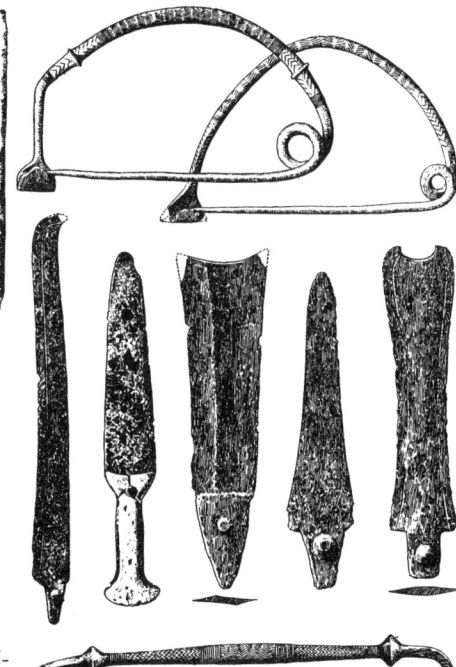

Fig. 9 Pantálica-Kleinbronzen: Messer und Fibeln des 12./11. Jh. v. Chr. Museum Syrakus. (Aus: L. Bernabo Brea, ›Alt-Sizilien‹, Abb. 32; Köln 1958)

Einflüsse aus der mykenischen Welt erkennen: sowohl diverse Keramikformen als auch verschiedene Kleinbronzegeräte (s. Fig. 8) sind ein beredter Beweis dafür; gefällige Messer, Fibeln (Fig. 9) und geschmackvoller Schmuck zeigen neben eleganten Formen auch vortreffliche ornamentale Oberflächendekorationen. Erste architektonische Beweise für die fruchtbaren Verbindungen zwischen Sizilien und dem frühen Griechenland liefert die letzte Pantálica-Epoche. Mitten im Zentrum des schwer zugänglichen, auf Verteidigung ausgerichteten Siedlungsgebietes von Pantálica liegt der Palast eines Stammesfürsten (Anáktoron), der sowohl in der Grundrißgestaltung als auch in der Mauerwerkstechnik den mykenischen Anlagen der Peloponnes verblüffend ähnelt.

Atemberaubend öffnet sich bei der Zufahrt zum Pantálica-Plateau der Blick auf die steilen Felshänge, in die unübersehbar viele Felsgräber getrieben sind. Im frischen Frühling wirken ihre Eingänge wie schwarze Tupfer auf einem zart-grünen Teppich; hier scheint sich mit dem Anáktoron der Pantálica-Kultur die große Zeit der griechischen Stadtgründungen auf Sizilien angekündigt zu haben.

29

Die Bevölkerung Alt-Siziliens

Verwirrend und undurchsichtig ist das bis heute gewonnene Bild der autochthonen Bevölkerung Siziliens. So sehr sich die antiken Autoren in ihren Aussagen gegenseitig widersprechen, so wenig vermögen die archäologischen Grabungsbefunde die eine oder die andere Quelle überzeugend zu bestätigen oder gar unzweifelhaft zu widerlegen. Die ständigen Völkerwanderungen während der Zeit vom Paläolithikum bis zum Übergang von der späten Bronzezeit zur Eisenzeit sind zwar aufgrund archäologischer Ergebnisse nachweisbar (wie oben ausgeführt wurde), auch lassen sich Rückschlüsse auf den Ursprung der eingewanderten Stämme ziehen, namentlich läßt sich die Bevölkerung Siziliens aber erst mit den ältesten schriftlichen Quellen antiker Historiker belegen. Jedoch niemals ist es ihnen möglich, Wissen über die Autochthonen zu überliefern. Homers ›Odyssee‹, in der sich Mythos und Sage des frühen griechischen Seefahrervolkes widerspiegeln, liefert nach Meinung vieler Forscher die ältesten Angaben über Sizilien; man glaubt Sizilien mit dem homerischen Trinakria[8], der Heimat der Kyklopen, identifizieren zu können. Doch lassen wir Homer selbst sprechen:

»Weiter fuhren wir so von dort bekümmerten Herzens,
Und wir erreichten das Land der ruchlos wilden Kyklopen,
Die, voll Übermut und auf die Götter vertrauend,
Nie die Hände rührten zum Pflanzen oder zum Pflügen.
Alles gedeiht bei ihnen auch ohne Pflügen und Säen,
Weizen und Gerste und Reben, die Wein in üppigen Trauben
Den Kyklopen tragen, vom Regen Kronions befruchtet.
Ratsversammlung kennen sie nicht und keine Gesetze,
Nein, sie hausen gesondert hoch auf den Gipfeln der Berge
In gewölbten Höhlen, und jeder gebietet und richtet
Über Weib und Kind, und keiner achtet des andern.
. . . .
In der Nähe gewahrten wir drüben das Land der Kyklopen,
Sahen den Rauch und hörten die Stimme der Männer und Herden.
Als nun die Sonne versank und dunkle Dämmerung nahte
Streckten wir uns zum Schlaf am rauschenden Strande des Meeres.«

Am nächsten Morgen werden Odysseus und die Seinen von Polyphemos begrüßt:

›Fremdlinge, sagt, wer seid ihr, woher durchmeßt ihr die Wellen?
Ist es wegen Geschäften, durchkreuzt ihr planlos die Meere,
Wie es wohl Räuber tun, die so in irrendem Schweifen
Leib und Leben wagen, um anderen Unheil zu bringen?‹

Also schrie er. Da brach uns das liebe Herz vor Entsetzen
Bei der rauhen Stimme und vor dem Umgetüm selber.
Aber dennoch gab ich dem Kyklopen zur Antwort:
›Her von Troia sind wir über die Schlünde des Meeres,
Von so manchen Winden gar arg verschlagne Achaier,
Auf der Fahrt nach Hause und irrend auf Wegen und Pfaden
Hier gelandet; es war wohl so der Wille Kronions.
Rühmend zählen wir uns zu Agamemnons Gefolgschaft,
Dessen Ruhm wohl jetzt der größte unter dem Himmel,
Solch eine mächtige Stadt hat er zertrümmert und viele
Völker vernichtet. Doch wir sind hergekommen und nahen
Deinen Knieen, ob du uns gastlich mögest bewirten
Oder uns Gaben geben, so wie es Fremdlingen zusteht.
Scheue die Götter, mein Bester, denn flehend stehen wir vor dir,
Rächt und schützt doch Zeus die fremden und bittenden Leute
Gastlich, da er selbst ehrwürdige Flehende leitet.‹

Also sprach ich, und gleich erscholl uns vernichtende Antwort:
›Närrisch bist du, Fremder, aus welcher Ferne denn kommst du,
Daß du mich heißt, ich soll die Götter scheuen und meiden!
Denn die Kyklopen kümmern sich nicht um den Donnerer droben,
Noch um die seligen Götter, da wir viel besser und stärker.
Und so verschonte auch ich aus Scheu vor dem Zorne Kronions
Weder die Freunde noch dich, wenns mich nicht selber gelüstet.‹

... Der Unhold ...
Schnellte empor und streckte nach meinen Gefährten die Hände,
Packte zwei zugleich und schlug sie wie säugende Hunde
Wider die Erde. Ihr Hirn entfloß und netzte den Boden.
Glied für Glied zerhackte er sie zum fertigen Nachtmahl,
Fraß sie wie ein Leu der wilden Berge und ließ nicht
Eingeweide zurück, noch Fleisch, noch markige Knochen.
Aber nachdem er geschäftig all diese Arbeit verrichtet,
Packte er wieder zwei Gefährten und fraß sie zum Nachtmahl.

Ich aber näherte nun mich dem Kyklopen und bot ihm
Ein Gefäß, gefüllt mit jenem Rotwein, und sagte:
›Da, Kyklop, trink Wein, nachdem du Menschen gegessen,
Daß du wissest, welch ein Wein verborgen in unserm
Schiffe lag. Ich brachte ihn dir zur Spende, du möchtest
Gnädig nach Hause mich senden; nun aber rast du unleidlich.
Schrecklicher! wie möchte wohl künftig einer der vielen
Menschen zu dir kommen, da du so schändlich gefrevelt?‹«[9]

Den Schauplatz dieses grausigen Geschehens, das Odysseus und seinen Begleitern in der Höhle des menschenfressenden Polyphemos widerfuhr – der aber dann doch noch von Odysseus überlistet und geblendet wird – lokalisieren die Altertumsforscher auf den westlichen Ausläufern des Etna, im Gebiet *Taormina-Catania-Lentini* (Leontinoi). Übereinstimmend berichten die antiken Quellen nur von den Sikanern, die vor allen weiteren genannten Stämmen die Insel besiedelt haben sollen. Von nun an läßt sich trotz widersprüchlicher Angaben die unterschiedliche Bevölkerung der Insel namentlich erfassen. Thukydides sagt: »Besiedelt wurde Sizilien ursprünglich so, und nachgenannte Völker nahmen es alle in Besitz: Als älteste sollen in einem Teil des Landes die Kyklopen und die Laistrygonen gewohnt haben, von denen ich weder die Abstammung zu nennen wüßte, noch woher sie eingewandert, noch wohin sie weitergezogen. Es mag genügen, wie die Dichter über sie berichten und was jeder selbst darüber denken will. Nach ihnen haben sich offenbar die Sikaner zuerst dort niedergelassen, ja nach ihrer eigenen Aussage sogar noch früher, als Ureinwohner, in Wahrheit aber ergibt sich, daß sie Iberer sind und vom Sikanos-Fluß in Iberien durch die Ligyer vertrieben wurden. Nach ihnen wurde damals die Insel Sikanien genannt, während sie vorher Trinakria hieß, und noch heute bewohnen sie die westlichen Teile Siziliens. Nach der Einnahme von Ilion (nach antiker Tradition 1184 v. Chr.) gelangten einige Troer, den Achaiern entronnen, zu Schiff nach Sizilien, siedelten in der Nachbarschaft der Sikaner und bekamen alle zusammen den Namen Elymer, ihre Städte sind Eryx und Segesta. Gemeinsam mit ihnen siedelten auch einige Phoker, die von Troja damals durch Stürme erst nach Libyen, dann von dort nach Sizilien verschlagen wurden. Die Sikeler gelangten aus Italien – denn dort wohnten sie – nach Sizilien hinüber, vor den Opikern weichend, nach wahrscheinlicher Überlieferung auf Flößen, wobei sie die Strömung wahrnahmen bei einfallendem Wind, vielleicht fuhren sie aber auch irgendwie anders hinüber. Es gibt auch heute noch in Italien Sikeler, und das Land bekam von Italos, einem Sikeler-König, der so hieß, seinen Namen Italien. Nun nach Sizilien gelangt, ein starkes Heer, besiegten sie die Sikaner in einer Schlacht, drängten sie gegen die südlichen und westlichen Teile – ihretwegen hieß nun die Insel statt Sikanien Sizilien – und besetzten selbst die besten Gegenden, wo sie seit ihrem Übergang (um 1030 v. Chr.) nahezu 300 Jahre wohnten, bis die Hellenen nach Sizilien kamen; noch heute besitzen sie die Mitte und den Norden der Insel. Es wohnten auch Phönizier rings um

TAORMINA   Blick vom ›griechischen Theater‹ zum Etna

I AGRIGENT Tempel der Dioskuren Castor und Pollux (480–460 v. Chr.). Im Hintergrund die
moderne Stadt Agrigent ▷

III SELINUNT Tempel E aus dem frühen 5. Jh. v. Chr., der Hera oder dem Dionysos geweiht

VI PALERMO Kreuzgang von S. Giovanni degli Eremiti (1132 von Roger II. gegründet) ▷

IV, V Römische Kaiservilla Casale bei PIAZZA ARMERINA: ›Kleine Jagd‹

VII   SCIFI   (nördlich von
        Taormina): Normannen-
        Kirche SS. Pietro e Paolo
        (1170–1172 von
        griechischen Christen
        gegründet)

VIII   SCIFI   Portal der
         Kirche SS. Pietro e Paolo
         mit griechischer Inschrift

IX CEFALÙ Normannen-Dom

IHSMVLIEREANIIS DE
CE ETOC TOCVEVA ERIGIT ETAR
CHISINAGOGV. DIGNAE TGREPAT.

X   MONREALE   Nördliches Seitenschiff. Westwand mit einem Mosaik aus der Zeit um 1182: ›Christus
heilt einen Buckligen‹

XI   MONREALE   Ostapsis des Mittelschiffes mit kostbaren Mosaiken aus der Zeit der Gründung durch
Wilhelm II. (1182) ▷

XII   MONREALE   Kreuzgang des Normannen-Doms

XIII, XIV MONREALE Kapitelle des Kreuzgangs: ›Adam und Eva‹ und ›Die Schlange versucht Adam und Eva‹

XV, XVI MONREALE Säulen des Kreuzgangs und Kapitell des Kreuzgangs: ›Vertreibung aus dem Paradies‹

XVII   MONREALE Säulenarkatur des nördlichen
        Langhauses

XVIII   PALERMO Cappella Palatina (1130–1150):
        ›Christus wandelt auf dem Wasser‹

XIX   PALERMO   Martorana (S. Maria dell'Am-
        miraglio). Vierungskuppel mit Mosaiken aus
        der ersten Hälfte des 12. Jh.: ›Thronender
        Christus mit den Erzengeln Uriel, Gabriel,
        Michael und Raphael‹

XX   MONREALE   Vierungsgewölbe im Stil ara-
        bischer Stalaktitgewölbe. Rekonstruktion der
        Originaldecke, die bei einem Brand von 1811
        zerstört wurde

XXI   CACCAMO   Stadt auf dem Monte S. Calogero, südlich von Termini Imerese mit gut erhaltenem
      Normannen-Kastell aus dem 12. Jh. ▷

XXII   Dom von ERICE

XXIV   Landschaft südlich Palermo

◁ XXIII   ERICE   Rekonstruiertes Normannen-Kastell mit Blick zur Ostküste

XXV   Gasse in MISILMERI

XXVI   Dachlandschaft von PRIZZI ▷

XXVII, XXVIII   Sizilische Karren

XXIX   RAGUSA IBLA   Stadtansicht

XXX   RAGUSA IBLA   S. Giorgio, Barockkirche von Rosario Gagliardi (1774/75)

XXXI TAORMINA Die Küste und der Etna

XXXIII TAORMINA Blick zum Etna ▷

XXXII Sizilische Landschaft im Gebiet von Enna

ganz Sizilien auf Vorgebirgen, die sie befestigte, und auf den vorgelagerten Inselchen, des Handels wegen mit den Sikelern; als dann die Hellenen zur See zahlreich ein- strömten (seit etwa 735 v. Chr.), gaben sie das meiste auf und zogen zusammen nach *Motye* (Mozia), *Solus* und *Panormos* (Palermo) nahe bei den Elymern und weil von dort die Fahrt von Karthago nach Sizilien am kürzesten ist. Das also sind die Barbaren, die alle Sizilien, und auf die Art, besiedelt haben.«[10]

Sikaner

Übereinstimmend berichten griechische und römische Autoren von den Sikanern, daß sie die ersten (ihnen bekannten) Einwanderer Siziliens gewesen seien.[11] Das älteste Zeugnis über diesen Namen findet sich in Homers ›Odyssee‹, wenn er Odysseus bei seiner Heimkehr nach Ithaka, sich selbst verleugnend, erzählen läßt: »Aber ein Dämon trieb von Sikania mich, obgleich ich nicht wollte, an dieses Land . . .«[12]

Es scheint verwunderlich, daß die ›Odyssee‹ für Sizilien die Namen Thrinakia und Sikania verwendet. Das homerische Thrinakia (im IX. Gesang) meinte zweifellos keine historische Bezeichnung, sondern war eine etymologische Umschreibung der bis damals, vom Standpunkt der antiken griechischen Welt, kulturell unterentwickelten und somit unbedeutenden ›barbarischen‹ Insel. Die Begegnung zwischen Odysseus und dem men- schenfressenden Polyphemos muß in diesem Zusammenhang auch als Konfrontation einer noch chaotischen Welt mit dem zivilisierten Griechentum verstanden werden.

Wenn Homer später (im XXIV. Gesang) von der Insel Sikania spricht und damit den ersten Hinweis auf die Sikaner liefert, beleuchtet er damit zugleich den Umstand, daß sich inzwischen auf Sizilien tiefgreifende kulturelle Wandlungen vollzogen hatten, die die Insel aus jenem Zustand des Chaos herausgeführt hatten, so daß sie von nun an in die Gedankenwelt der Griechen mit einbezogen wurde.

Die Sikaner dürften ethnisch afrikanischen Ursprungs, libyscher Rasse gewesen sein; sie sind jedoch nicht direkt von den nordafrikanischen Küsten nach Sizilien gekommen. Ihre Wanderung führte sie zunächst zur Iberischen Halbinsel[13]; hier vermischten sie sich mit der dort ansässigen Bevölkerung. Erst dann nahmen sie als libysch-iberische Ein- wanderer vom westlichen Mittelmeerbecken aus Sizilien in ihren Besitz, wovon viele antike Quellen berichten. Einen weiteren Beweis für die nordafrikanische Herkunft der Sikaner liefern die Namen ihrer Stadtgründungen: *Himera, Hykarra, Indara, Makara, Tunes, Thapsos* u. a.; zumeist sind es festungsartige Burgen auf steilen Berghöhen, jede von einem autonomen Herrscher regiert, wie es für die libysch-iberischen Stämme ty- pisch ist. Die Städtenamen selbst gehen entweder auf das afrikanische Suffix *-ara* oder direkt auf Namen nordafrikanischer Ortschaften zurück.

Obwohl wir wissen, daß die Thapsos-Kultur sikanischen Ursprungs ist und wäh- rend der Mittleren Bronzezeit (um 1400 v. Chr.) aufblühte, haben wir doch keinerlei Hinweise darauf, zu welcher Zeit die Sikaner Sizilien eroberten.

◁ XXXIV–XXXIX   Sizilische Blumen: Passionsblume (Passiflora), Wandelröschen (Lantana), Roseneibisch (Hibiscus), Korallenstrauch (Erythrina), Spornblume (Cen- tranthus), Glockenblume (Campanula)

Die Elymer

Voll Kampfeslust, zum Letzten entschlossen, standen sich Trojaner und Achäer vor Ilion[14] gegenüber:

»Im verderblichen Kampf, es lähmt ein Grausen die Mannen.
Drüben ordnete auch die Troer der strahlende Hektor;
Ha, wie schwankte da lang des Streites gewaltige Fehde
Zwischen Poseidon im finsteren Haar und dem strahlenden Hektor;
Dieser schützte die Troer, und jener half den Argeiern.
Schwellend brauste die See zu der Danaer Schiffen und Zelten
Hoch empor. Sie prallten zusammen mit tobendem Schreien.
Nicht so brüllt an den Strand des Ozeans brandende Woge,
Wenn sie des Nordwinds schneidender Hauch vom Meere heranrollt,
Nicht so prasselt und pfeift das Lohen des funkelnden Feuers,
Wenn es, zu fressen den Frost, aus waldigen Schluchten herbeirast,
Nicht so wütet der Wind in den Wipfeln der ragenden Eichen,
Wenn sein schnaubendes Brausen in lautestem Zorne sie schüttelt:
Wie der Achaier und Troer Gebrüll den Himmel erfüllte,
Als sie mit grausigem Schrein sich widereinander geworfen.«[15]

Verzweifelt und gedemütigt fliehen die Trojaner nach verlorener Schlacht mit ihren schnellen Schiffen vor den Achäern.[16] Nach einer langen Irrfahrt, bis hin nach Libyen, der sich auch einige Phoker angeschlossen haben, gehen sie auf Sizilien an Land. Hier vertreiben sie die Sikaner in den Norden und Osten der Insel, teils vermischen sie sich mit ihnen und gründen als Elymer im Nordwesten Siziliens die bedeutenden Städte *Eryx* und *Segesta;* so berichtet Thukydides auch über die Elymer. Andere antike Quellen[17] bezweifeln diesen Bericht; doch Thukydides' Hinweis wird zunehmend von vielen archäologischen Befunden erhärtet, die den Beweis liefern, daß die Elymer tatsächlich kleinasiatischen Ursprungs sind; besonders aber beleuchtet der stark orientalisierte Aphrodite-Kult von *Eryx* diesen Aspekt. Blickt man zurück zu der Schlacht um Ilion/Troja, dann versteht man auch den grenzenlosen Haß der Elymer trojanischer Herkunft gegenüber dem Griechentum; sie betrachteten die Griechen zu allen Zeiten als ihren Erbfeind und hatten wesentlichen Anteil an ihrem Untergang auf Sizilien. Dagegen lassen sich erfolgreiche Bündnisse der Elymer mit den Phöniziern und Römern aufzeigen, ja in der römischen Provinz Sizilien spielten sie geradezu eine herausragende Rolle im politischen Kräftespiel der Insel (s. S. 60).

Sikuler

Übereinstimmend berichten fast alle antiken Quellen, daß die Sikuler (im 13./11. Jh. v. Chr.)[18] nach den Sikanern und Elymern vom italienischen Festland nach Sizilien drängten. Von den Iapygern und/oder Oinotrern/Opikern aus ihrem angestammten Land vertrieben, suchten die ursprünglich ausonischen Stämme unter Führung ihres Königs Sikelos, dessen Namen sie später angenommen haben, neue Siedlungsgebiete. Die Gefahr der Verfolger im Rücken, wagten sie den ›Sprung‹ vom Festland (wohl mit Flößen) über die Meerenge von Messina nach Sizilien. Den ackerbautreibenden Sikanern der Insel in vielerlei Hinsicht überlegen, war es den Sikulern ein leichtes, deren fruchtbare Küstenlandstriche zu erobern und sie selbst in ihre sikanischen (libysch-iberischen) Bergfesten zu verdrängen. Schnell war es den Sikulern gelungen, sich fest auf Sizilien zu etablieren; niemals war es ihnen jedoch vergönnt, eine sikulische Kultur auf Sizilien heranreifen zu sehen. Schon bald mußten sie das den Sikanern zugefügte Schicksal selbst erleiden; denn seit dem 8. Jh. v. Chr. breiteten sich die Griechen so sehr auf Sizilien aus, daß die Sikuler sich auch in die Bergwelt des Inselinnern zurückziehen mußten, um sich so zumindest einen Teil ihrer Unabhängigkeit bewahren zu können, was nur in ihren fast uneinnehmbaren Bergstädten (z. B. *Enna)* möglich war. Zwangsläufig ergaben sich nun intensive Vermischungen zwischen Sikanern und Sikulern. Zwar unterscheiden griechische Autoren noch streng zwischen den ›barbarischen‹ Sikanoi/Sikeloi[19] und den griechischen Sikeliotai auf der Insel, aber diese scharfe Abgrenzung wird von den Römern im 3. Jh. v. Chr. nicht mehr für nötig erachtet.

Sprachgeschichtlich sind die beiden Namen Sikaner und Sikuler eng miteinander verbunden, jedoch ist daraus noch nicht auf eine ethnische Verwandtschaft zwischen beiden Stämmen zu schließen. Die Tatsache, daß zwei ethnisch unterschiedliche Völker einen ähnlichklingenden Namen führen, geht sicherlich auf die Übernahme eines altverwurzelten ›Volksnamens‹ zurück.

Morgeten

Auch die Morgeten gehören zu den ausonischen Stämmen der italienischen Halbinsel, die wahrscheinlich kurz nach oder gemeinsam mit den Sikulern im 11. Jh. v. Chr. nach Sizilien eingewandert sind. Unter ihrem König Morges zogen sie sich, von den Oinotrern vertrieben,[20] schon bald in das heutige Gebiet *Piazza Armerina/Aidone* zurück. Hier besiedelten sie die fruchtbaren und waldreichen Hügelausläufer der Serra Orlanda, nannten sich fortan nach ihrem König Morgeten und gründeten die Stadt *Morgantina.* Im 6. Jh. v. Chr. wuchs Morgantina unter griechischer Herrschaft zu einer kleinen, doch blühenden Stadt heran. Erstaunlicherweise gab es zu dieser Zeit, das zeigen jedenfalls die modernen Grabungsfunde, eine anscheinend friedliche und intensive Koexistenz zwischen Griechen und Morgeten; erstere lebten in der großzügig mit

Agora und Theater angelegten Stadt, letztere in den wirtschaftlich und kulturell sozial stark abfallenden Außenbereichen.

Phönizier

Wieder einmal erweist sich Thukydides, wenn auch ohne exakte Datierungsangaben, als zuverlässiger und glänzender Informant auch im Hinblick auf die phönizische Landnahme in Sizilien. Die Phönizier, seit der Mittleren Bronzezeit an den fruchtbaren Küstenausläufern Syriens nachweisbar, sahen – ähnlich wie die Griechen – ihre aussichtsreichste Existenzmöglichkeit nicht auf dem Festland mit seinem schwer zugänglichen, gebirgigen Hinterland, sondern auf dem Meer. Gegen Ende des 2. Jahrtausends v. Chr. verstärkten sie aus vorwiegend wirtschaftlichen Gründen ihre Expansionen über das Mittelmeer, gelangten bis nach Kleinasien, Zypern, Kreta, Rhodos und weiter westwärts über Sardinien bis zur Iberischen Halbinsel und natürlich auch nach Sizilien.

Ursprünglich als optimal funktionierende Handelsniederlassungen ausgebaut, die sich schwerpunktsmäßig auf die Küsten Siziliens und die ihnen vorgelagerten kleinen Inseln konzentrierten, gewannen die phönizischen Siedlungen im 9. Jh. v. Chr., durch die Konkurrenz der Assyrer[21], auch entscheidende politische Bedeutung, so daß Sizilien im Hinblick auf den phönizischen Seehandel im westlichen Mittelmeer geradezu eine Schlüsselstellung einnahm. Die Assyrer waren eine vorübergehende, abwendbare Gefahr; ernste und dauerhafte Bedrohung erfuhren die Phönizier dagegen seit dem 8. Jh. v. Chr. seitens der griechischen Welt; so verlor sich auch mit zunehmendem griechischen Einfluß auf Sizilien die Machtposition der Phönizier. Kaum hatten die Griechen an der Nordküste *Himera* und *Selinus* (Selinunt) gegründet, da bauten die Karthager *Motya* (Mozia), *Solus* (Solunto) und *Panormos* (Palermo) zu stark befestigten Städten bzw. militärischen Stützpunkten aus.

Seit dem 6. Jh. v. Chr. entbrannte zwischen Griechen und Phöniziern ein gnadenloser Kampf um die Vormachtstellung auf Sizilien, der schließlich zugunsten der Griechen entschieden wurde. Niemals aber gelang es den Griechen, die Phönizier ganz von Sizilien zu vertreiben; gemeinsam mit den Elymern, die die Griechen als ihre Erbfeinde betrachteten, gelang es ihnen, Nordwest-Sizilien fest zu ihrem Herrschaftsbereich auszubauen. Erst die schwerwiegende Auseinandersetzung zwischen Rom und Karthago, deren Beziehung bislang durch für beide Parteien zufriedenstellende Verträge gesichert gewesen war, sollten die Phönizier nach dem Ersten Punischen Krieg (264–241 v. Chr.) für immer von Sizilien verbannen.

Die griechischen Kolonien

Mit den griechischen Stadtgründungen des 8.–6. Jh. v. Chr. auf Sizilien war die entscheidende Voraussetzung für die einzigartigen Bauprojekte in Agrigent, Selinunt, Segesta, Gela und anderen Städten gegeben. Selbst im griechischen Mutterland gibt es nichts Vergleichbares, noch heute lassen sie in ihrer eindrucksvollen Würde die Höhe der Kultur des antiken Griechenland erahnen. Städte wie Bauwerke wirklich zu verstehen vermag man jedoch erst, wenn man den Blick auf jene Ereignisse richtet, die ca. ein halbes Jahrtausend früher – gemeint sind die wagemutigen Expeditionen einzelner Seefahrer – das Gelingen der kühnen griechischen Kolonisationen ermöglicht haben.

Im ganzen Mittelmeerraum und speziell in Griechenland war der Übergang von der Bronze- zur Eisenzeit, also etwa das 12. Jh. v. Chr., von einer tiefgreifenden materiellen, sozialen und politischen Umstrukturierung gekennzeichnet, die für die Hellenen auslösendes Moment ihrer großen ›ägäischen Wanderung‹ wurde. Begleitet bzw. geschoben von dem endlosen ›dorischen‹ Völkerstrom aus dem Norden, richteten die Griechen vorerst ihr Augenmerk nach Osten und besiedelten dort die Küsten Kleinasiens und selbst das fruchtbare Hinterland bis zum Schwarzen Meer. Sizilien spielte zu jener Zeit noch keine bedeutende Rolle, nach wie vor blieb die Insel westlichste Grenze der antiken Welt. Jedoch mit Sicherheit ließen sich schon zu dieser Zeit an verschiedenen fruchtbaren Küstenplätzen Siziliens vereinzelte Scharen aus griechischen Stämmen nieder und legten damit den Grund für die großen Stadtgründungen des 8.–6. Jh. v. Chr. Sie waren es, die den ersten, bedeutungsvollen friedlichen Kontakt mit den auf Sizilien lebenden Sikanern, Elymern, Sikulern und Phöniziern herstellten, sich mit ihnen teilweise vermischten, ihnen die griechischen Sitten und Götter verständlich machten, sie also frühzeitig mit der griechischen Geisteswelt konfrontierten. Diese wahren Pioniere der griechischen Kolonisation auf Sizilien bereiteten die Insel für die im 8. Jh. v. Chr. eintreffenden Kolonisten im entscheidenden Maße vor.

Wie intensiv der Kontakt zwischen Griechenland und Sizilien während dieser ›Vor-Kolonialzeit‹ war, das erhellen anschaulich die schon erwähnten Mythen und die homerischen Epen, die gerade zu dieser Zeit des Auf- und Umbruches entstanden und zumindest dichterisch versuchten, die aufeinanderstoßenden Welten des heldenhaften mykenischen Zeitalters und des herben dorischen Griechentums miteinander zu verschmelzen. Besonders stark zum Ausdruck kommt das auch in der geometrischen Kunst. Ob es die mythisch-legendären Erzählungen von der minoisch-kretischen Invasion nach Sizilien, ausgelöst durch Daidalos und Minos, oder ob es die Irrfahrten des Odysseus sind, immer liegen ihnen letztlich historische Ereignisse zugrunde (s. S. 11 ff.), über die zwar keine schriftlichen Quellen weiter vorliegen, die aber häufig durch archäologische Funde bestätigt werden können. Was jedoch weder aus den Epen, noch aus den Mythen, sondern allein aus den spärlichen Resultaten der Archäologie zu erfahren ist, sind die vielschichtigen Motive, die Griechen aller Stämme zur Auswanderung veranlaßt haben. Sie müssen ihre Existenz in Griechenland wohl elementar bedroht gesehen haben.

Die primäre Ursache der im 8. Jh. v. Chr. einsetzenden Kolonisation Siziliens und anderer Landschaftsräume westlich und östlich des griechischen Mutterlandes dürfte in erster Linie in der großen Bevölkerungszunahme gelegen haben, die durch die dorische Einwanderung bewirkt wurde. Die Ankunft der Dorer bildet den großen Einschnitt innerhalb der griechischen Frühgeschichte. Mit den Dorern scheint sich das gesamte Weltbild der Hellenen verändert zu haben, was besonders deutlich an den kunstgewerblichen Produkten der Übergangszeit von der submykenischen zur geometrischen Epoche ablesbar ist. Mehr und mehr eignen sich die Bewohner die besseren technischen Errungenschaften der Dorer an, woraus neue Produktionszweige und eine differenzierte Arbeitsteilung entstehen.

Dorische Expansionen, zum Teil dominierend kriegerisch, auf der einen Seite, Heldenverehrung in den Mythen auf der anderen Seite, das ist bestimmend für diese Zeit. Damit wird auch verständlich, daß in der griechischen Kunst dieser ›Kolonialzeit‹ – wie schon in der heroischen Epoche der Mykener – überwiegend die Verherrlichung von Gewalt, Raub, Kampf und Krieg ihren Ausdruck findet, ein Phänomen, das die minoische Kultur von Kreta überhaupt nicht kennt, das sich dagegen, wie schon in vielen Mythen, auch durch die homerischen Heldenepen ›Odyssee‹ und ›Ilias‹ wie ein roter Faden zieht, denn in ihnen rühmen sich auch die berühmtesten Helden des Viehdiebstahls, der Seeräuberei und schlimmerer Dinge!

Natürlich war die Überbevölkerung in der antiken Welt und die damit verbundene Suche nach neuem Ackerland nur auslösendes Moment neben vielen anderen Problemen. So waren es wohl in erster Linie die primitive Ackerbauwirtschaft, die dem Boden nicht genügend Erträge für die Sicherung des Existenzminimums abgewinnen konnte und die zersetzenden sozialen Spannungen in den Großstädten (Klassenunterschied/Arbeitslosigkeit), die Tausende – vornehmlich Städter – zur Auswanderung veranlaßt haben, womit die koloniale Expansion in Richtung Westen eingeleitet war. Begünstigt wurde die Notwendigkeit zur neuen Landgewinnung in starkem Maße durch die enormen Fortschritte des Schiffbaues, die erweiterten Kenntnisse der Nautik und schließlich das handelspolitische Interesse der ›Mutterstädte‹ an gewinnbringenden Export-Import-Geschäften. Dies alles wäre jedoch völlig undenkbar ohne die vorausgegangenen Entdeckungsfahrten vereinzelter Pioniere (die in der ›Odyssee‹ ihre Würdigung finden), von denen vor allem den Schiffskapitänen aus Chalkis der größte Ruhmesanteil gebührt. Chalkidier waren es dann auch, die als erste griechische Kolonisten in Sizilien siedelten und die Insel anfangs stark mit Elementen ionischer Kultur und ionischen Geistes durchsetzten.

In knapp 200 Jahren haben Griechen verschiedener Stämme Sizilien zu einem ihrer bedeutendsten wirtschaftlichen und politischen Eckpfeiler im Westen ausgebaut. Die griechische Landnahme beginnt mit der Gründung von *Naxos* an der Ostküste durch ionische Griechen aus *Chalkis*, die bereits zuvor an der Westküste Süditaliens die Stadt *Kyme* (Cumae) angelegt hatten; damit war aber zugleich auch das ionische ›Weltbild‹ Siziliens vorgeprägt, das erst viel später durch dorische Elemente stark überlagert, ja teilweise sogar völlig verdrängt wurde. Die historischen Quellen der frühen griechischen Kolonisationen auf Sizilien sind zwar sehr spärlich, aber dennoch konnte man besonders aus den exakten Angaben des Thukydides eine genaue chronologische Vorstellung von den griechischen Stadtgründungen gewinnen; so erwähnt Thukydides in seiner ›Geschichte des peloponnesischen Krieges‹ folgende Gründungsdaten:

Naxos ein Jahr vor Syrakus,		*Akrai* (Palazzolo Acréide) 70 Jahre nach	
also	735 v. Chr.	Syrakus, also	664 v. Chr.
Syrakus	734 v. Chr.	*Himera*	648 v. Chr.
	734 v. Chr.	*Kosmenai* 20 Jahre nach Akrai,	
Leontinoi (Lentini) 4 Jahre nach Syrakus,		also	644 v. Chr.
also	730 v. Chr.	*Selinunt* 100 Jahre nach Megara,	
Katane (Catania) 5 Jahre nach Syrakus,		also	628 v. Chr.
also	729 v. Chr.	*Kamarina* 135 Jahre nach Syrakus,	
Thapsos	728 v. Chr.	also	599 v. Chr.
Megara Hyblaea 245 Jahre vor Gelon,		*Akragas* (Agrigent) 108 Jahre nach Gela,	
also	728 v. Chr.	also	582 v. Chr.
Gela 44 Jahre nach Syrakus,			
also	690 v. Chr.		

All diese Stadtgründungen gehen jedoch nicht auf Impulse einer gemeinsamen großen Kolonisationspolitik zurück, mit der Zielvorstellung, aus Sizilien das zu machen, was es dann ›trotzdem‹ geworden ist. Immer waren es einzelne Abenteurer mit einer kleinen treuen Schar, die, ohne Existenzchance im Mutterland, ihr Glück in der Ferne suchten. Minderheiten, die intensiv an Brauchtum und Tradition ihres griechischen Mutterlandes festhielten und so die hohe Zivilisation der Griechen auf Sizilien ausstrahlten, wo sie spontan und bereitwillig von den Menschen ihrer neuen Umwelt aufgenommen wurde. So weit entfernt von der Heimat kommt es in den neuentstandenen Städten, den ›Poleis‹, zu einer fast übersteigerten Pflege griechischer Bräuche, Kulte und Sitten, ein Umstand, der Sizilien schnell einer Blütezeit zuführt; die großartigen Tempelbauten dieser fruchtbaren Periode sind nur äußeres Zeichen des Reichtums und der Kraft der griechischen Kultur, die auf dieser Insel fast stärker und intensiver zur Wirkung kommen konnte als in Griechenland selbst.

Wie wir sehen, waren den Historikern vielerlei Fakten vom Anfang der griechischen Kolonisationszeit bekannt, ihre Kenntnisse gehen jedoch nicht über eine relative Chronologie hinaus; immer noch zeichnet sich die politische Geschichte Siziliens nur nebelhaft ab. Von der Gründung der Stadt *Naxos* im Jahre 735 v. Chr. müssen trotz dem Auftreten großer Einzelpersönlichkeiten, die der Insel ihren unverkennbaren Stempel aufgeprägt haben, noch mehr als 200 Jahre vergehen, bis Sizilien endlich in das Licht der eigentlichen Geschichte rückt. Einzelne waren es, die von Anfang an das politische Geschick Siziliens in ihren Händen hielten und teilweise eine so strenge territoriale Herrschaft errichteten, wie sie im griechischen Mutterland selbst unbekannt war. Diese Entwicklung von der ›Oligarchie‹ zur ›Tyrannis‹ umfaßt Geschehnisse, an denen viele Einzelne auf Sizilien beteiligt waren, aber nur wenige aus Quellen bekannt sind; zu den einflußreichsten gehörten wohl Pentathlos, der, nachdem Griechen und Phönizier lange in friedlicher Koexistenz gelebt hatten, den ›ersten Karthager-Krieg‹ um 580/560 v. Chr. gegen Malchus verlor; ausgelöst worden sein dürfte dieser griechisch-phönizische Konflikt – der nun über Jahrhunderte mit aller Heftigkeit weitergeführt wird – durch die Gründung von *Selinunt* (628 v. Chr., s. S. 71 ff.), in ihr sahen die Phönizier den Anfang einer nicht mehr abreißenden griechischen Expansion zur Westküste Siziliens, wo sie, in Bundesgenossenschaft mit den Elymern lebend, die Städte *Panormos* (Palermo), *Motya* (Mozia) und *Solus* (Solunto) gegründet hatten und dort seit langer Zeit ihre uneingeschränkte Herrschaft ausübten. Des weiteren muß die Gesetzgebung des Charondas (vor 600 v. Chr.), aus der chalkischen Stadt *Katane* (Catania), eine unglaublich starke gesellschaftspolitische Wirkung ausgestrahlt haben; Charondas wird von antiken Historikern als ›Bürger in der Mitte‹ bezeichnet, der Arm und Reich erfolgreich zu einer ›Brotkorbgemeinschaft‹ vereint habe.

Für unsere Betrachtung interessiert jedoch weniger die differenzierte Geschichte der einzelnen griechischen Stadtgründungen, als die gemeinsamen Handlungen und Bündnisse der Griechen gegen einen gemeinsamen Feind, wodurch die Insel – wenn auch nur sehr selten – als politisches Ganzes ins Blickfeld der antiken Welt gerückt wurde.

Anfang des 5. Jh. v. Chr. waren auf Sizilien schließlich auch alle Voraussetzungen für eine ›nationale Großtat‹ höchster Dimension gegeben. Gemeinsam kämpfte die Insel mit dem Mutterland erfolgreich gegen ihre beiden Erzfeinde Perser und Phönizier: Auf Sizilien suchten die Phönizier schon lange nach einem Vorwand, die Griechen von der Insel zu vertreiben und kamen bereitwillig dem Hilferuf des Tyrannen Terillos von *Himera* mit militärischer Unterstützung entgegen, der im erbitterten – für ihn fast hoffnungslosen – Streit mit Theron von *Akragas* stand. Im Mutterland dagegen erwartete eine kleine tapfere Schar Griechen aller Stämme die heranrollende persische Invasionsarmee. Hier verbündeten sich Perser und Phönizier, da Xerxes die syrakusanischen Streitkräfte Gelons auf Sizilien fürchtete, die Athen schnell zur Hilfe eilen konnten, dort verbündete sich Theron mit Gelon von *Gela,* der kurz zuvor auch die Herrschaft über *Syrakus* (485 v. Chr.) errungen und Therons Tochter Damareta zur Frau genommen hatte. Ja, selbst die Athener sandten Boten nach Sizilien mit der Bitte an Gelon, ihnen im Kampf gegen die Perser als Bundesgenossen beizustehen: »Uns haben die Lakedaimonier, die Athener und deren Bundesgenossen geschickt, um dich (Gelon) gegen die Barbaren auf ihre Seite zu ziehen. Von ihm nämlich, der gegen Griechenland heranzieht, erfährst du wohl genau, daß ein persischer Mann, der den Hellespont überbrückt hat und das ganze morgenländische Heer aus Asien heranführt, gegen Griechenland zu Felde ziehen will, wobei er vorgibt, daß er gegen Athen ziehe, aber im Sinn hat, ganz Griechenland unter seine Herrschaft zu bringen. Du aber, der du zu großer Macht gekommen bist, dir gehört nicht der geringste Teil Griechenlands, insofern du über Sizilien herrschest. Daher hilf denen, die Griechenland befreien, und befreie es mit ihnen! Denn zusammengeschlossen ist ganz Griechenland eine starke Macht, wir werden im Kampf dem Anrückenden gewachsen sein. Wenn aber die einen von uns Verrat treiben, die anderen nicht helfen wollen und der gesund denkende Teil von Griechenland klein ist, dann wird zu befürchten sein, daß ganz Griechenland zusammenbricht. Dann erwarte nicht, wenn uns der Perser nach seinem Sieg in der offenen Schlacht erst niedergeworfen hat, daß er dann nicht zu dir kommen werde, sondern triff Vorsorge, ehe es soweit ist! Wenn du uns nämlich hilfst, nützest du dir selbst. Ein wohlberatener Handel hat in der Regel ein brauchbares Ende.«[22]

Nun reifte langsam auf der politischen Weltbühne eine der kühnsten und großartigsten militärischen Unternehmungen, indem Xerxes durch einen gleichzeitigen karthagischen Angriff auf Sizilien und eine persische Invasion nach Griechenland die griechische Welt mit einem Schlag erobern wollte; so kam es dann tatsächlich, wie nach einem Generalstabsplan, auf Sizilien und in Griechenland im selben Monat desselben Jahres zur Entscheidungsschlacht[23] zwischen Griechen und Persern/Phöniziern. Wieder einmal scheint die ganze griechische Welt von Kampf und Kriegslärm erfüllt gewesen zu sein. Mit aller Gewalt prallte im September 480 v. Chr. an zwei verschiedenen Schauplätzen der antiken Welt das Abendland mit dem Morgenland schicksalhaft zusammen: In der Bucht von *Salamis* gelang einer kleinen griechischen Flotte ein glorreicher Sieg über das gewaltige persische Heer des Xerxes, und auf Sizilien konnten die verbündeten Truppen Therons und Gelons bei *Himera* den unerbittlichen Widersacher aus *Karthago* in die Flucht schlagen, so daß die Phönizier ihren Machtanspruch weiterhin auf Westsizilien beschränken mußten. Für die Griechen war dies ein glorreicher Sieg, der die Grundlage für ihr ›Goldenes Zeitalter‹ schuf; für Xerxes eine ›kleine‹ Niederlage am Rande seines Weltreiches, die nun freilich endgültig die persischen Expansionsgelüste auf den westlichen Teil der Welt unterdrückte, eine Niederlage auch, die zum Prestigeverlust in den königlichen Satrapien führte, der schließlich den Niedergang des Achämenidischen Weltreiches einleitete. Unglücklichster Verlierer war aber Hamilkar, der die phönizischen Angriffe bei *Himera* geleitet hatte und sich nach verlorengegangener Schlacht dem Flammentod übergab.

Für Gelon und seinen Schwiegervater Theron war der glänzende Sieg von *Himera* ein wichtiger Meilenstein im Ausbau ihrer Tyrannenherrschaft auf Sizilien. Die ungeheuer reiche Kriegsbeute aus dem phönizischen Silberschatz ermöglichte beiden die

Fig. 10   Silberne Tetradrachme aus Gela. Dargestellt ist das Stadtsymbol von Gela: ein Stier mit Menschenkopf. (Privatsammlung Luzern; Anfang 5. Jh. v. Chr.)

Verwirklichung vieler ihrer geheimen Pläne. Gelon ließ die Stadt *Syrakus* weiter ausbauen; er förderte verstärkt die Verbesserung des Ackerbaus (um autark zu werden) und ließ u. a. prachtvolle Tetradrachmen schlagen (s. Fig. 10), Silbermünzen, die nach seiner Gemahlin damaratäisch genannt wurden. Theron dagegen richtete sofort sein Augenmerk darauf, *Akragas* mit majestätischen Tempeln zu schmücken, zur ewigen Feier des Sieges über das karthagische Heer (s. S. 124 ff.).

Schon zwei Jahre nach dem glänzenden Sieg von *Himera* starb Gelon (478 v. Chr.), der ›Alleinherrscher Siziliens‹[24], der erste bedeutende und weitblickende Staatsmann in den griechischen Städten Siziliens, der durchaus über alle Möglichkeiten, und die dazugehörigen Fähigkeiten, verfügte, Sizilien und Griechenland zu einem tatsächlichen ›Groß-Griechenland‹ zu vereinen. Nachfolger Gelons wurde nach vielen internen syrakusischen Kämpfen und Intrigen sein Bruder Hieron I. (478–466 v. Chr.), der jedoch zuerst den von Gelon als rechtmäßig eingesetzten Erben, den jüngeren Bruder Polyzelos, mit Gewalt ausschalten mußte. Hieron, voller Ehrgeiz, der erfolgreichen Macht- und Expansionspolitik Gelons nachzueifern, suchte sein Kriegsglück auf dem italienischen Festland, wo er in die Streitigkeiten zwischen dem Tyrannen Anaxilas von *Rhegion* und der süditalienischen Stadt *Lokroi* zugunsten der Bewohner von Lokroi eingriff, ein Ereignis, das bei Pindar hoch gepriesen wird:

»Dich lobsingen die Mädchen des westlichen Lokroi vor ihrem Haus,
Weil sie, durch deine gewaltige Hilfe gerettet aus Kriegen und Drangsal,
Wieder ruhig die Augen zu heben vermögen . . .«[25]

Für Sizilien ein lebensnotwendiger Akt, um die Meerenge von *Messina* weiterhin ohne ernsthaft drohende Gefahr vom italienischen Festland, auch von *Rhegion* aus kontrollieren zu können. Hierons größter außenpolitischer Erfolg war aber der Sieg (474

v. Chr.) über die etruskische Seemacht bei *Kyme;* eine Niederlage für die Etrusker, von der sie sich niemals mehr erholt haben und die zugleich den Grundstein für den Aufstieg Roms bildete. Dieser glorreiche Erfolg Hierons, steht Gelons Ruhm bei *Himera* nicht nach. Darüber hinaus war Hieron ein großer Förderer hellenischer Kunst und Kultur, er machte seinen Königssitz in *Syrakus* zu einem angesehenen Musenhof, öffnete die Tore seines Hofes den berühmtesten Dichtern und Philosophen seiner Zeit. Entweder bewirtete er sie als Gäste oder sie standen sogar in seinem Sold, wie u. a.: Aischylos, Bakchylides, Pindar und Simonides. Des weiteren unterstützte er die panhellenischen Spiele und beteiligte sich selbst aktiv an ihnen: in Delphi und Olympia wurde er wiederholt als Sieger gefeiert (s. dazu Fig. S. 2), und durch Pindar erlangte er in den Olympischen und Pythischen Oden Unsterblichkeit:

»Denn nur Götterhände wirken
Was sich der Mensch auch erringt;
Dichter, Armgewaltige und die Beredten
Sind nur durch sie. – Wenn es jetzt mich drängt,
Jenen Mann zu preisen, soll's nicht sein,
Als flöge der Speer mit den ehrnen Wangen mir
Aus der Bahn, den eh' ich in Händen gewiegt;
Würf' ich weit und weiter doch als jeder Feind!
Möcht' all' die künftige Zeit steten Schrittes
Richten sein Glück und der Güter
Fülle; und daß er der Leiden vergesse!
Immer möge er gedenken,
Wie viele Schlachten des Kriegs
Er mit ehrner Seele bestand, und es fanden
Er und die Seinen durch Götterkraft
Ehr' und Königsmacht, wie keiner sonst
In Hellas gewann, und sie ward von Gold gekrönt ...
Auch Hieron möge ein Gott ins Kommende
Führen, ihm geben, was er begehrt, und stets zur
Rechten Stund'! –
Muse, hilf und laß mich vor Deinomenes jetzt
Feiern den Ruhm des Viergespannes!
Ist des Vaters Sieg ihm ja eine
Freud', die ihn innig bewegt,
Einen Sang denn, der ihn beglückt,
Lasset für Aitnas Herrn uns finden! ...
Zeus Vollender, laß es immer
Sein ein wahrhaftiges Wort,
Daß sich so das Recht an Amenas' Gewässern

Teilt zwischen Bürgern und Königen!
Sei du mit dem Fürsten dieses Lands,
Der heute den Sohn auch berät, daß er das Volk
Ehret und zu Eintracht und Frieden es führt.
Zeus, ich flehe, nick mir's zu: Es halte sich
Still der Phoinizier, und der [Etrusker]
Kriegslärm verstumme! Sie sahn die
Ächzende Flotte vor Kyme den Frevel
Büßen und sahn sich bezwungen
Durch den Herrn von Syrakus,
Der ihre wehrhafte Jugend von den eilend
Segelnden Schiffen gefegt,
Hellas schützend vor der schweren
Knechtschaft Joch. Salamis, ich
Gewinne durch dich der Athener Dank als Lohn,
Feire alsdann in Sparta die Schlacht am Kithairon –
Hier wie dort
Sanken hin die bogenbewaffneten Meder –;
Doch an dem schönumspülten Strand des
Himeras vollend' ich erst den
Deinomeniden das Lied.
Das ihr Mannesmut sich verdient,
Weil ihrer Feinde Schar gefallen.«[26]

Während der fast uneingeschränkten Tyrannis in *Syrakus* wuchs zwar Hierons ›Macht und Herrlichkeit‹ zu einem unvergleichlichen Höhepunkt, zugleich wurden aber auch Kräfte von revolutionierendem Charakter wach, die zwar kaum Entscheidendes als Opposition auszurichten vermochten, doch die grundlegenden Voraussetzungen für den Sturz der Tyrannis auf Sizilien schufen. Und so wurde schon bald nach Hierons Tod (467 v. Chr.) sein Nachfolger Thrasybulos, und damit das gesamte Tyrannengeschlecht der Deinomeniden[27], wie von einem Sturm hinweggefegt (466 v. Chr.). Ganz Sizilien wurde von einer neuen tiefgreifenden politischen Neuordnung nach demokratischen Prinzipien erfaßt, die der Insel ein halbes Jahrhundert lang eine Hochblüte griechischer Kultur schenkte, deren großartige Schöpfungen nicht einmal vom Mutterland zu überbieten waren. Nachdem der innere Frieden in den griechischen Städten wieder hergestellt war, kam es nun zu unerbittlichen Machtkämpfen zwischen sikulischen Ureinwohnern und der griechischen Bevölkerung auf Sizilien; schließlich gelang *Syrakus* jedoch der entscheidende Sieg über den Sikuler-Fürsten Duketios (451/450 v. Chr.).

Dann plötzlich wurden Neid und Zwietracht unter den Griechen zu einer schwerwiegenden Gefahr für die weitere Existenz der griechischen Städte auf Sizilien; zwangsläufig führten sie zu einer militärischen Auseinandersetzung zwischen den dorischsizilischen und den ionisch-sizilischen Städten (427 v. Chr.); ein Konflikt, der glücklicherweise durch Hermokrates von Syrakus beim ›Kongreß zu Gela‹ (424 v. Chr.) friedlich beigelegt werden konnte. Gerade früh genug, um sich noch rechtzeitig gemeinsam gegen die vom Mutterland drohende Gefahr rüsten zu können, da *Athen* im Verlauf des ›Peloponnesischen Krieges‹ (431–404 v. Chr.), dieser Selbstzerfleischung des Hellenentums, eine große Kriegsexpedition (415–413 v. Chr.) gegen Sizilien vorbereitete. Athen beobachtete schon lange mit Argwohn die Machtausdehnung von Syrakus im westlichen Mittelmeer, jetzt kam es allzu bereitwillig dem Hilferuf *Segestas* nach, das schwerste Grenzauseinandersetzungen mit *Selinunt* zu bestehen hatte. Diesen Hilferuf als ›Wink des Schicksals‹ auffassend, ergriff *Athen* die Gelegenheit, sich *Syrakus* endlich zu unterjochen . . ., doch nach unerbittlichen Kämpfen und schwersten Verlusten an Menschen und Material auf beiden Seiten löste das athenische Heer die todbringende Belagerung vor Syrakus auf; geschlagen kehrten seine Reste samt seiner ebenfalls stark dezimierten Flotte nach Athen zurück.

So geschwächt und nahezu ausgeblutet mußten sich die Griechenstädte Siziliens unmittelbar nach dem harten Ringen mit Athen ihrem ärgsten Widersacher stellen: *Karthago*. Die Phönizier hatten schon lange aufmerksam den Kampf zwischen Athen und Sizilien beobachtet und auf ihre Chance gehofft, die völlig entkräftete Insel nun leicht überrennen zu können (409–395 v. Chr.); und tatsächlich gelang es den Karthagern 409 v. Chr., fast siebzig Jahre nach ihrer demütigenden Niederlage von *Himera*, an der gleichen Stelle einen glorreichen Sieg über die sizilischen Griechen zu erringen. Abermals wurde Sizilien für Jahre von Kriegslärm heimgesucht, gelang es einem Tyrannen von Syrakus, Dionysios I. (430–376 v. Chr.), nach wechselseitigen Erfolgen die karthagische Flotte an den Gestaden von *Syrakus* vernichtend zu schlagen (395 v. Chr.), während das karthagische Heer durch eine Malaria-Epidemie kampfunfähig war.

Mit Dionysios I. brach auf Sizilien eine völlig neue Tyrannen-Ära an, die *Syrakus* zur größten und bedeutendsten Stadt des damaligen Abendlandes machte; zahlreiche Gelehrte aus der gesamten antiken Welt wurden dort gern aufgenommen und stets gastlich beherbergt; so zählten zu Dionysios' Gästen am syrakusischen Hofe u. a. Damokles, Platon und Philoxenos. Während seiner fast vierzigjährigen Tyrannenherrschaft wurde Dionysios I. nicht nur zum uneingeschränkten Herrscher über Sizilien und Unteritalien, sondern zur mächtigsten und profiliertesten Herrscherpersönlichkeit der gesamten antiken Welt seiner Zeit. Ihm folgte sein Sohn Dionysios II. (367–356/ 347–345 v. Chr.), der verhältnismäßig glücklos die Geschicke der Insel zu lenken versuchte und schließlich von seinem Vetter Dion gestürzt wurde, der auf Sizilien und speziell in *Syrakus* den ›Platonischen Idealstaat‹[28] errichten wollte; doch auch Dion scheiterte und wurde umgebracht, so daß Dionysios II. die Macht nochmals für kurze Zeit ergreifen konnte, bis die Bürgerschaft von Syrakus – wiederum von *Karthago* bedroht – *Korinth* um militärische Unterstützung bat. Dem verzweifelten Hilferuf folgend, entsandte Korinth den Bürger Timoleon (345 v. Chr.) nach Sizilien, der nicht nur Syrakus, sondern ebenso viele andere griechische Städte von der Tyrannenherrschaft befreite und die Städte wieder zur Demokratie zurückführte. Der Wiederaufbau vieler zerstörter Städte und die erfolgreiche Abwehr eines weiteren karthagischen Angriffes bei *Krimisos* (339 v. Chr.) führte schließlich zum ›Frieden‹ mit Karthago, womit Einigung über die Halykosgrenze[29] erzielt werden konnte, eine Grenze, die schon seit frühester Zeit die Machtbereiche zwischen Griechen und Phöniziern trennte. Timoleon wurde jetzt allgemein als Befreier und Erneuerer des griechischen Sizilien gefeiert: »So hatte denn nun Timoleon unter allen Griechen seiner Zeit unstreitig die größten und rühmlichsten Unternehmungen ausgeführt und sich allein durch solche Taten, zu welchen die Sophisten in ihren panegyrischen Reden die Griechen immer aufforderten, hervorgetan. Dabei war er noch beizeiten vom Glück all den Übeln, welche das alte Griechenland damals trafen, rein und unbefleckt von Blut entrückt worden. Er hatte nicht nur den Barbaren und Tyrannen von seiner Geistesgröße und Tapferkeit, sondern auch den Griechen und Bundesgenossen von seiner Gerechtigkeit und Güte Beweise gegeben, eine Menge Siegeszeichen errichtet, die den Bürgern weder Tränen noch Trauer kosteten, und in nicht vollen acht Jahren Sizilien, von jenen alten und eingewurzelten Übeln befreit, den Einwohnern übergeben.«[30] Fast zwanzig Jahre nach Timoleons Tod (337 v. Chr.) gelang es Agathokles (316–288 v. Chr.), in *Syrakus* erneut eine strenge Tyrannis zu errichten; er konnte seinen Machtbereich auch auf andere Städte ausweiten und wurde schließlich zum König über Sizilien gekrönt (304 v. Chr.). Er war es auch, der als erster sizilischer Tyrann die ›Flucht nach vorn‹ wagte und die ständigen Auseinandersetzungen mit dem Erbfeind Karthago von Sizilien nach Nordafrika verlagerte; von anfänglichen Siegen abgesehen, war er zwar im Kampf wenig erfolgreich, doch immerhin gelang es ihm, einen akzeptablen Frieden mit den Phöniziern auszuhandeln (s. Fig. 11). Schließlich ereilte ihn jedoch das gleiche Schicksal vieler anderer Tyrannen: nach achtundzwanzigjähriger Herrschaft starb er durch einen Giftbecher (288 v. Chr.).

Fig. 11   Goldmünze aus Syrakus: Nike weiht ein Standbild zu Ehren des Agathokles Sieg über die Karthager. (Privatsammlung; zweite Hälfte des 4. Jh. v. Chr.)

Nach Agathokles' Tod flammten erneut innerpolitische Streitigkeiten auf, deren der neue Tyrann Hiketas (288–279 v. Chr.) nur schwer Herr werden konnte: Auf der italienischen Halbinsel wurden die Römer zu einer immer stärkeren Gefahr, da sie zunehmend die Vormachtstellung im westlichen Mittelmeerraum anstrebten; und im Nordosten Siziliens, bei *Messina*, etablierte sich die neue Macht der Mamertiner, die sich aus ehemaligen italienischen Söldnern des Agathokles zusammensetzen und mit einem dreisten Überfall auf *Gela (282 v. Chr.)* sogar weit in syrakusisches Herrschaftsgebiet einzubrechen versuchten. Von diesen beiden Völkern ständig belauert und infolge innerpolitischer Kämpfe stark geschwächt, wurden *Syrakus* und Sizilien erneut durch *Karthago* bedroht. Dem phönizischen Angriff fast hilflos ausgeliefert, vereinten sich die streitenden Parteien in ihrer Not und baten König Pyrrhos von Epirus (der Agathokles' Tochter Lanassa geheiratet hatte) um militärischen Beistand. Er konnte die malariageschwächten Phönizier dennoch erst nach langen und schweren Kämpfen (278–275 v. Chr.) vertreiben. Aber mit der ständigen Ausweitung des römischen Herrschaftsbereiches wurden die Zeichen für das Ende der griechischen Herrschaft über Sizilien gesetzt. Zwar gelang es Hieron II. (274–215 v. Chr.), in *Syrakus* für nahezu ein halbes Jahrhundert nochmals eine souveräne Tyrannenherrschaft zu errichten; er wurde sogar zum König gekrönt (265 v. Chr.) und vermochte Syrakus aus den Wirren des Ersten Punischen Krieges (264–241 v. Chr.), der mit großer Heftigkeit um und auf Sizilien wütete, herauszuhalten. Dennoch war die Geburt der ersten römischen Provinz ›Sizilien‹ nicht mehr aufzuhalten. Mit Ausnahme von *Syrakus* gehörte nun fast ganz Sizilien zum römischen Reich, so daß Hieronymus (215–214 v. Chr.) in einem Bündnis mit *Karthago* die einzige Chance sah, sich dem starken Druck *Roms* entgegenzustellen. Damit war aber auch der letzte entscheidende Schritt eingeleitet, Sizilien für die gesamte römische Epoche in das ›Römische Imperium‹ einzugliedern: Rom entsandte einen seiner besten Feldherren, Marcellus, nach Sizilien, der, wenn auch nur mit Hilfe von Verrat, die 500jährige Stadt *Syrakus* erobern konnte (212 v. Chr.); so entbrannte ein heißer und blutiger Kampf um die Stadt, bei dem auch der weltberühmte griechische Mathematiker Archimedes getötet wurde ... Nun ist ganz Sizilien zur römischen Provinz und zur lebensnotwendigen ›Kornkammer Roms‹ geworden.

Selinus (Selinunt)

Fern der üblichen Hektik italienischer Städte, befreit auch vom lärmenden Autoverkehr und vielsprachigen Stimmengewirr herbeieilender Touristenströme, ragen die dorischen Tempel von *Selinus* (Farbt. III; Abb. 40–43; Fig. 12) aus der weiten, mit duftenden Macchia-Sträuchern, dunkelgrünen Lentisken und würzig-wildem Sellerie (dem *sélinon*) bestandenen fruchtbaren Küstenebene zwischen den beiden Flüßchen Modione (Selinus) und Gorgo Cottone heraus. Überrascht von dieser Ruhe – auch wenn man noch so viel über die Tempel gelesen hat – gelingt es einem nur langsam, diese

Großartigkeit der Antike mit voller Seele aufzunehmen. Welch ein gigantisches Schauspiel in der Dämmerung des Abendlichtes, wenn die Tempel, die wie Bausteine umgestürzten Bauglieder, im Farbenspiel der untergehenden Sonne ihren Anblick von Sekunde zu Sekunde verändern! Inmitten dieser riesenhaften Steinmassen schwebt noch immer ein Hauch griechischer Unvergänglichkeit.

Dorische Griechen aus *Megara Hyblaea* waren es, die sich 628 v. Chr.[31] weit über die westliche Grenze des griechischen Machtbereiches hinaus bis unmittelbar an das karthagische Hoheitsgebiet wagten; sie achteten weniger auf die günstige topographische Lage für eine gute Verteidigung ihrer neuen Stadt, sondern suchten fruchtbaren Acker für die geplante Pflanzerstadt, der sie den Namen des dort üppig wachsenden wilden Sellerie *(sélinon)* bzw. des kleinen Flußlaufes Selinus gaben. Schnell wurden sowohl die Selinus-Mündung im Westen, als auch die Gorgo-Cottone-Mündung im Osten zu stolzen Hafenanlagen ausgebaut, die der Stadt besonders im 5. Jh. v. Chr. durch den Export ihrer überschüssigen Agrargüter zu großem Reichtum verhalfen. Abgesehen von den kurzen Epochen der beiden Tyrannen Peithagoras und Euryleon spielte *Selinus* trotz des großen Wohlstandes, den die Stadt schnell erlangte, im 6. Jh. v. Chr. weder für die Außen- noch Innenpolitik Siziliens eine große Rolle. Infolge der verhältnismäßig großen Abgeschiedenheit von den anderen ostwärts gelegenen Städten der Griechen, kam es zwangsläufig zu einem intensiven Handelsaustausch mit den Karthagern, und schließlich war Selinus 480 v. Chr. die einzige griechische Stadt Siziliens, die bei *Himera*

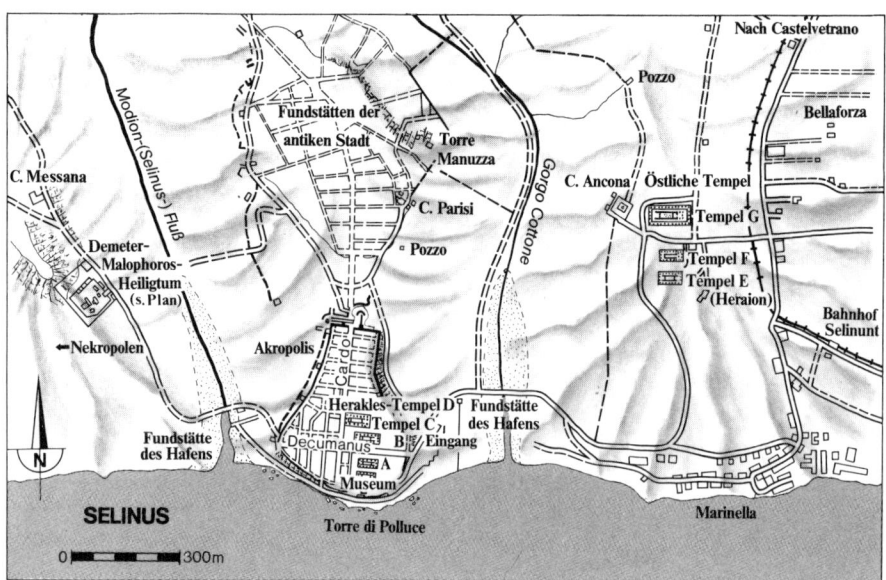

Fig. 12   Gesamtlageplan von Selinus mit Demeter-Malophoros-Heiligtum, der Akropolis und der östlichen Tempelgruppe

1 PALERMO Ostwerk der Kathedrale, die Ende des 12. Jh. errichtet wurde. Der ehemalige Normannenbau zeigt heute Rekonstruktionen des 15.–16. Jh., wobei besonders die katalanische Gotik des 15. Jh. den
ursprünglichen Bau stark veränderte

2 PALERMO Westfassade der Kathedrale

3 PALERMO Südlicher Portikus der Kathedrale, Anbau aus dem Jahre 1453 im
Stil der katalanischen Gotik. Die drei
mächtigen Arkadenbögen werden von
zwei schlanken Türmen flankiert; im Tympanon reizvolle geometrische Ornamentik,
Engel und der thronende Gottvater oder
ein König (?)

4 PALERMO Palazzo Marchesi. Katala-
nisch-gotische Architektur des 15. Jh. auf
der Piazza SS. Quaranta Martiri

6 PALERMO Palazzo Reale, seit dem 11. Jh. Königsschloß der Normannen. An dieser Stelle lag das antike Panormos, die älteste Siedlung Palermos, von Phöniziern, Griechen und Römern und bis zur Normannen-Herrschaft bewohnt. Bis zum 20. Jh. erfuhr die Gesamtanlage viele architektonische Veränderungen

◁ 5 PALERMO Porta Nuova, Siegestor für Karl V. nach seinem Sieg 1535 in Tunis. Das 1667 von einem Blitz zerstörte Tor wurde um 1761 fast originalgetreu im Stil der Spätrenaissance mit Einflüssen des Manierismus wieder aufgebaut; die vier afrikanischen Männer symbolisieren Karls V. Sieg über Nordafrika

7 PALERMO Cappella S. Cataldo, normannische Königskapelle aus der Zeit Wilhelms I., 1164 von Maione
di Bari errichtet

8 PALERMO Campanile der Martorana (S. Maria dell'Ammiraglio), großartiges Beispiel der katalanischen Architektur des 12. Jh.; die ursprüngliche Kuppel des Campanile ist zerstört

9 PALERMO Portal des Palazzo Abatelli (heute Galleria Nazionale della Sicilia). Katalanische Gotik aus dem Jahre 1495 von M. Carnalivari: die strenge geometrische Ornamentik von Vertikalen und Horizontalen findet ihren Zusammenhalt in den rhythmischen Seilverschlingungen der äußeren Bauglieder

10   PALERMO   ›Maestro della Croce di Castelflorentino‹, 15. Jh., im Palazzo Abatelli (Saal VII, Inv.-Nr. 4)

11 PALERMO S. Domenico, Hauptkirche der Dominikaner mit prachtvoller Fassade im frühen Rokoko-
Stil aus dem Jahre 1726. Der Gründungsbau geht auf das frühe 14. Jh. zurück

12 PALERMO Piazza Domenico mit der Säule der Immacolata von T. M. Napoli / G. Amico (1724/26, Auftrag Karls VI.) und dem Palazzo Baroni di Montalbano (18. Jh.)

13 PALERMO Katakomben des Klosters dei Cappuccini. Hier befinden sich seit dem 17. Jh. ca. 8000 mumifizierte Leichen, vorwiegend des Adels von Palermo; dieser Totenkult ist seit 1881 verboten

14 PALERMO Piazza Pretoria mit der Fontana Pretoria (16. Jh.) und der Kirche S. Giuseppe dei Teatini (1612/1645) ▷

FONTANA
PRETORI

16　PALERMO　S. Giovanni degli Eremiti, ehemalige Benediktiner-Klosterkirche, die Roger II. 1132 errichten ließ

◁ 15　PALERMO　Fontana Pretoria, Brunnenanlage des florentinischen Bildhauers Fr. Camilliani. Er schuf
das Monument 1554/55 für die Villa des Don P. di Toledo in Florenz, 1573 wurde es von Camillianis
Sohn an Palermo verkauft

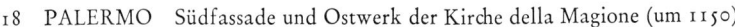

17 PALERMO Westfassade der Kirche della Magione (della Trinità). Kraftvoller
Normannenbau aus der Zeit um 1150

18 PALERMO Südfassade und Ostwerk der Kirche della Magione (um 1150)

auf Seiten der Karthager gegen Gelon und Theron kämpfte – gemeinsam erlitten sie eine demütigende Niederlage. Großherzig verschonten Gelon und Theron Selinus und verziehen den Selinuntern, so daß die Stadt im 5. Jh. v. Chr. aufgrund ihrer hohen Agrarerträge schnell zu ihrer höchsten Blüte reifen konnte. Mächtige Bauprogramme wurden nun in Angriff genommen; Stadt, Befestigungsanlage und Tempel wurden in der gesamten antiken Welt gelobt und bewundert; selbst heute noch – obwohl zerstört und nur fragmentarisch erhalten – nötigen sie jedem Besucher Ehrfurcht und Staunen ab. Der schnell errungene Glanz und Wohlstand der Stadt sollte jedoch nur von kurzer Dauer sein, da *Segesta* voller Neid Selinus ständig mit Grenzkonflikten bedrohte. Segesta bat schließlich *Athen* um militärische Unterstützung, was Athen zur für die Athener katastrophalen sizilischen Kriegsexpedition (415/13 v. Chr., s. S. 136) verleitete. Die nach der Niederlage geforderten ungeheuren Tributleistungen Segestas an Selinus veranlaßten Segesta erneut zu einem Hilferuf, der diesmal an *Karthago* gerichtet war, woraufhin Hannibal (410/409 v. Chr.) Selinus zerstörte und die Bewohner für kurze Zeit Karthago untertan machte. Doch schon bald bemächtigte sich Hermokrates (408/407 v. Chr. der Stadt, um von hier immer wieder spontan in karthagisches Gebiet einfallen zu können, was ihn zu einer großartigen Erneuerung der Stadtbefestigung veranlaßte, einem Werk, das später Dionysios I. (nach 397 v. Chr.) vollendete.

Seit dem 4. Jh. v. Chr. steht Selinus, nun fast zur Bedeutungslosigkeit abgesunken, ununterbrochen unter karthagisch/punischer Herrschaft, bis Karthago 250 v. Chr. die Bewohner zwangsweise nach *Lilybaion* umsiedelt und die Stadt vollständig zerstört.

Heiligtum der Demeter Malophoros

Westlich der antiken Stadt *Selinus* mit ihrer imposanten Akropolis, unmittelbar am westlichen Ufer des Modione- (bzw. Selinus-) Flusses liegen in einer fruchtbaren sanften Hügellandschaft (Gaggara genannt) die Ruinen des Heiligtums der Demeter Malophoros (der ›Apfeltragenden‹; gemeint ist natürlich die uralte Erd- und Fruchtbarkeitsgöttin) (s. Fig. 14). Das Heiligtum zählt zu den interessantesten Kultplätzen der gesamten griechischen Welt. Ursprünglich nur eine Wegstation für Begräbnisprozessionen (›Hekataion‹), die zu einer noch weiter westlich gelegenen, heute von Stranddünen zugedeckten, Metropole führt, wurde diese kleine Kultstätte wahrscheinlich schon in vorgriechischer Zeit ein Mysterienheiligtum der großen Mutter- und Fruchtbarkeitsgottheit. Anfangs waren es wohl nur freistehende Altäre innerhalb eines umzäunten heiligen Bezirkes, auf denen im Freien Opfer dargebracht wurden, doch schon bald errichtete man der Gottheit ein Tempelhaus in Form eines Megaron-Heiligtums (s. Fig. 13) und umfriedete den heiligen Bezirk mit einer hohen Temenos-Mauer.

Verehrt wurde in diesem Heiligtum neben Demeter und Zeus Meilichios auch die kleinasiatische Göttin Hekate, die von Zeus ein Stück des Himmels, der Erde und des Meeres erhielt und somit Schutzpatronin der Hirten, Jäger und Fischer war; in ganz

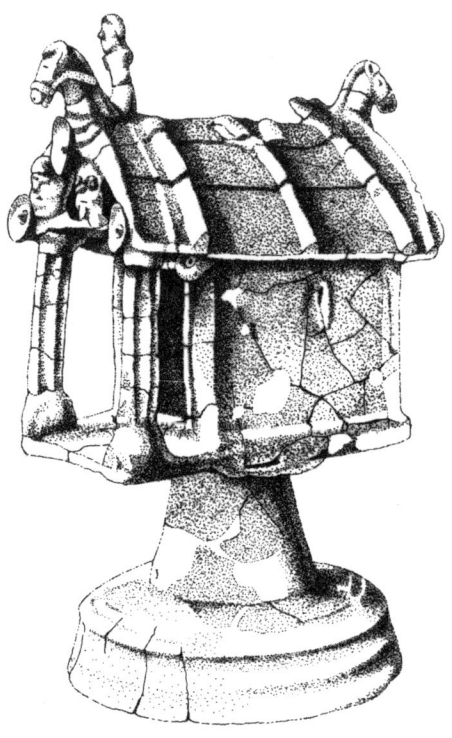

Fig. 13 Griechischer Prototyp eines Megaron-Heiligtums. Das sehr reizvolle Modell von Ureinwohnern aus Sabucina (Ende des 6. Jh. v. Chr.) zeigt nahezu alle Architekturelemente des frühen griechischen ›Anten-Tempels‹. (Museum Caltanissetta)

besonderem Maße galt sie aber in der antiken Welt als die Beschützerin der Tore und Dreizackwege. Demeter dagegen war schlechthin *die* Göttin Siziliens, die in *Enna* und am *Pergusa-See* ihr sizilisches Hauptheiligtum hatte. Hier in Selinus, wie an allen anderen Kultorten auch, galt Demeter in erster Linie als Göttin des Getreides und überhaupt der Fruchtbarkeit der Erde (und wohl auch des menschlichen Leibes) . . ., sie war zugleich »mild, mächtig, segen- und fruchtbringend«:

Ich beginne zu singen von Demeter,
der Erhabenen mit dem üppigen Haar,
von ihr und ihrer schlankfüßigen Tochter,
die Aidoneus geraubt,
als der allsehende, laut donnernde Zeus
sie ihm gab.
Fern von Demeter, der Herrin mit dem goldenen Schwert,
der fruchtprangenden,
spielte sie mit des Weltmeers vollbusigen Töchtern,
Blumen pflückend auf weicher Wiese:
Rosen, Krokos und liebliche Veilchen,
Schwertlilien, Narzissen und Hyazinthen,

die die Erdgöttin sprießen ließ
nach dem Willen des Zeus,
dem Gastgeber Vieler zulieb,
als Falle gestellt dem rosigen Mädchen:
der wunderbar leuchtenden Blüte.
Es war ein erstaunlich Erhabenes
zu sehn für unsterbliche Götter oder sterbliche Menschen,
wie aus den Wurzeln vielhundert Blumen
brachen und süß dufteten,
daß oben der weite Himmel lachte vor Freude
und die ganze Erde mit ihm,
auch die salzige Seeflut.
Und das Mädchen staunte und streckte
beide Hände aus nach dem lieblichen Spielzeug.
Doch die breitstraßige Erde
klaffte sich auf,
und der Herrscher, der Gastgeber Vieler,
entsprang ihr mit seinen unsterblichen Rossen,
des Kronos vielnamiger Sohn.
Auf seinen goldenen Wagen entraffte er
die Widerstrebende, die Jammernde,
und sie schrie schrill nach ihrem Vater,
des Kronos Sohn, dem Höchsten, dem Besten.
Doch keiner der unsterblichen Götter oder der sterblichen Menschen
vernahm ihre Stimme; nicht einmal
die Ölbäume mit den glänzenden Früchten.
So trug er sie fort, des Kronos vielnamiger Sohn,
der Herrscher Vieler, der Gastgeber Vieler,
wie Zeus es erlaubte,
auf seinem unsterblichen Wagen,
das Kind des eigenen Bruders,
die Widerwillige.[32]

Faszinierend weiß der Dichter in diesem ›Homerischen Hymnos‹ den Mythos der Demeter und ihrer Tochter Kore zu schildern, dessen Schauplatz Sizilien ist. Vom Liebreiz des Mädchens (›Kore‹) gefangen, bricht Hades (Aidoneus), Herr der Unterwelt, durch einen Erdspalt aus dem Reich des Jenseits hervor, raubt Kore, die Tochter Demeters, und entführt sie in sein Reich, wo sie vom Granatapfel kostet und von da an unabänderlich Hades in Liebe zugetan ist; fortan erscheint sie unter dem Namen Persephone als Königin der Unterwelt. Tief bekümmert beklagen Demeter und alle Menschen von *Enna* auf Sizilien bis nach *Eleusis* in Griechenland den Verlust der Tochter ... Dürre,

Unfruchtbarkeit und Hungersnot greifen schnell um sich. Selbst Zeus vermag Hades nicht zur Wiederfreigabe der Tochter Demeters zu veranlassen; so verfügt er, daß Persephone zur Zeit des Blühens und Reifens zu ihrer Mutter, der Erde, zurückkehre und nur zur Winterzeit zu ihrem Geliebten in das Reich der Toten hinabsteigen dürfe. Mit Persephones Wiederkehr zur Mutter steht die Erde wieder in voller Blüte und Fruchtbarkeit. Die trauernde Mutter bedeutete Dürre und Hungersnot; damit wird in den griechischen Mythen eine Gleichsetzung zwischen dem Kreislauf der Vegetation und dem menschlichen Schicksal aufgezeigt: »Demeter ist die Erde und sie ist das Korn, aber ihre Tochter in der Erdtiefe, die im Frühling zur Mutter emporsteigt und im Herbst wieder in den Hades, in das Verborgene zurückkehrt, ist Wachstum, Hoffnung und zugleich Absterben, Tod. Sie verkörpert darum auch die menschliche Hoffnung auf Wiedergeburt, auf ein ewiges Leben.«[33]

Rundgang

Das an einen leichten Hang angelegte Temenos (Tempelbezirk) der Demeter Malophoros bildet ein annäherndes Rechteck von ca. 50 x 60 m, das mit einer sorgfältigen Peribolosmauer (des 6. Jh. v. Chr.) aus Tuffquadern umgeben ist (s. Fig. 14). Baureste von der Frühzeit bis zum Hellenismus lassen die Grundrisse der ursprünglichen Demeter-Kultbauten nur schwer ausmachen. Der ehemalige Zugang zum Heiligtum erfolgte über ein kleines dorisches *Propylon* (*1*), das in die östliche Peribolosmauer einbezogen war (s. Fig. 15) und aus der Zeit um 480 v. Chr. stammt. Die spärlichen Grundmauern lassen heute noch an beiden Eingangsseiten je zwei dorische Säulen zwischen den Anten erkennen, wobei jedoch erstaunlicherweise die Anten nicht entsprechend der klassischen Lösung mit den verlängerten Propylon-Seitenwänden enden, sondern rechtwinklig zum Innenraum als Zungenmauern umknicken, die dann als Pilaster ausgebildet sind, so daß im Innenraum an beiden Längswänden eine schmale Sitzbank für

Einlaßbittende angebracht werden konnte; dies ist eine Grundrißlösung, die starke Parallelen zu der vorperikleischen Propyläen-Anlage der Akropolis von Athen aufzeigt.

Noch außerhalb des Temenos erkennt man unmittelbar vor der Ostfassade des Propylon einen kleinen Rundaltar und weiter nördlich davon eine langgestreckte *offene Säulenhalle* (*2*), die sich mit ihrer Längswand direkt an die Peribolosmauer anlehnt. Hier verweilten die wartenden Tempelbesucher, begehrten Einlaß in das Demeter-Malophoros-Heiligtum und brachten auf den vielen Altären vor der Säulenhalle ihre ersten Opfer dar. Nach Durchschreiten der Toranlage, deren Eingangsseiten mit mächtigen Bronzegittern verschließbar waren, gelangte man in das Haupt-Temenos.

Direkt an die südliche Propylonwand anschließend liegen die Grundmauern des einstigen *Hekate-Heiligtums* (*3*), der Göttin des Dreizackweges, das wohl zum ältesten Teil des Heiligtums gehörte und

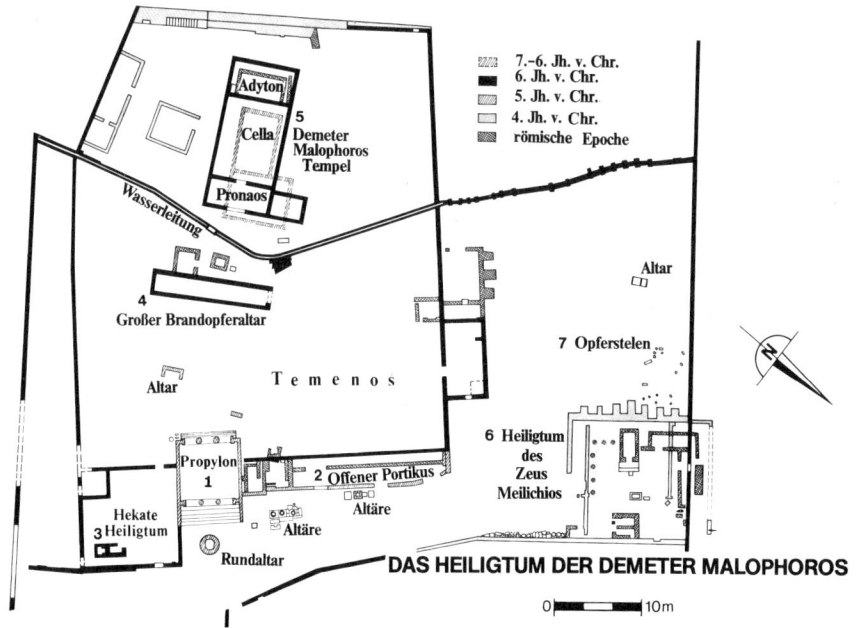

Im Plan markiert:
- 7.–6. Jh. v. Chr.
- 6. Jh. v. Chr.
- 5. Jh. v. Chr.
- 4. Jh. v. Chr.
- römische Epoche

Adyton

Cella · 5 Demeter Malophoros Tempel

Pronaos

Wasserleitung

4 Großer Brandopferaltar

Altar

Temenos

Altar

7 Opferstelen

Propylon 1

2 Offener Portikus

6 Heiligtum des Zeus Meilichios

Hekate 3 Heiligtum

Altäre

Altäre

Rundaltar

DAS HEILIGTUM DER DEMETER MALOPHOROS

0 10m

Fig. 14 Das Heiligtum der Demeter Malophoros (Umzeichnung nach: E. Gabrici, ›Il Monumento della Malophoros a Selinunte‹, Tafel II, in: ›Mon. Antichi‹, Bd. XXXII; Milano 1927)

ehemals vom Temenos aus zugänglich war; vielleicht wurde hier in frühester Zeit im alten ›Hekataion‹ Demeter-Hekate als große chthonische Gottheit verehrt.

Folgt man der Wegrichtung vom Propylon zum Demeter-Malophoros-Tempel, so erkennt man vorerst, südlich den Weg flankierend, einen kleinen Altar; etwas weiter wird der Weg durch einen massigen, nord-süd-langgestreckten *Brandopferaltar (4)* versperrt, auf dem u. a. verkohlte Tierknochen gefunden wurden. Weiter westlich sind dem großen Hauptaltar ein ausgetrockneter Brunnen und Fragmente einer steinernen Wasserleitung vorgelagert, die dem Heiligtum frisches Wasser von einer außerhalb des Temenos liegenden Quelle zuführte.

Fast bis an die westliche Temenos-Mauer herangerückt, erhob sich ehemals der heilige *Tempel der Demeter Malophoros (5)*, ein schlichter, fast abweisender Quaderbau aus der Zeit um 550 v. Chr., der auf den Grundmauern eines älteren, aus dem Anfang des 6. Jh. v. Chr. stammenden Tempels errichtet wurde. Der Grundriß des neuen Demeter-Tempels wurde in drei Raumtrakte aufgeteilt, und zwar: den schmalen (3,30 m tiefen) Pronaos, die diffusdämmrige Cella (10,89 m tief) und das finstere Adyton, den geheimsten und allerheiligsten Teil des Tempels, der nur von Priestern betreten werden durfte. Aus den Fragmenten der säulenlosen Tempelfassaden läßt sich für die griechische Architektur eine geradezu

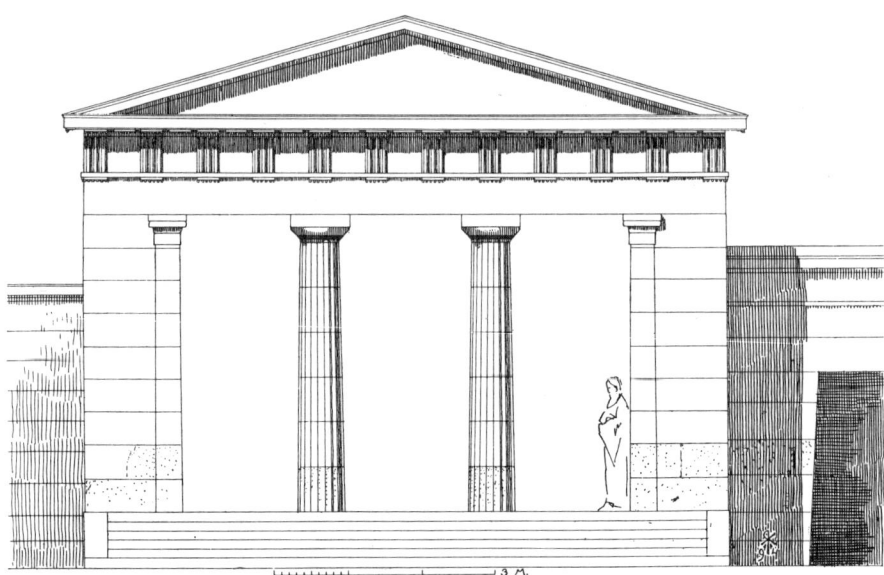

Fig. 15 Westfassade des Propylon, Haupteingang zum Demeter-Malophoros-Heiligtum. (Aus: R. Koldewey / O. Puchstein, ›Die griechischen Tempel in Unteritalien und Sicilien‹, Bd. I, Abb. 59; Berlin 1899)

fremdartige Gestaltung des dorischen Kranzgesimses ableiten, die vielleicht auf phönizische Einflüsse zurückzuführen ist. Die einzige schmale Tempeltür an der Ostseite mit ihrer nach oben sich verjüngenden Form verrät dagegen ägyptische Vorbilder. In hellenistischer Zeit löste man sich schließlich von dem finsteren Adyton und errichtete an seiner Stelle eine überwölbte Apsis für die Kultstatue der Demeter Malophoros, womit der Innenraum zu einem frühen Vorläufer des christlichen Gotteshauses mit klarer liturgischer Ost-West-Ausrichtung wurde.

Außerhalb des Haupt-Temenos, nur ca. 50 m nördlich vom Propylon entfernt, befinden sich verschiedene, meist noch ungeordnete Baureste des *Zeus Meilichios-Heiligtums (6)*, die hauptsächlich aus der hel-

lenistischen Epoche stammen. Zeus Meilichios wurde hier gemeinsam mit Persephone-Pasikratea als die »sanfte, milde und freundliche« Gottheit verehrt; somit war er in erster Linie ›Sühnegott‹, dem vornehmlich Backwaren aller Art dargebracht wurden. Sein fast miniaturhaftes Gotteshaus (2,97 x 5,20 m) war ein tempelartiger Schrein mit zwei dorischen Frontsäulen und schönem ionischen Gebälk.

Im Norden und Süden öffneten sich je eine Säulenhalle in Richtung zum Tempelschrein, wo die Gläubigen Platz fanden, die ihrem ›Sühnegott‹ sehr zahlreich geopfert haben müssen, was die vielen *Stelen und Altäre* im Westen (7) und vor allem die über 12 000 hier gefundenen Terrakotta-Weihgeschenke (aus der Zeit vom

7.–5. Jh. v. Chr.) beweisen; ganz eigentümlich sind die vielen Stelen mit paarweise angeordneten Menschenköpfen (s. Fig. 16).

Fig. 16 Stele mit paarweise angeordneten Doppelköpfen aus dem Demeter-Malophoros-Heiligtum. (Archäologisches Museum, Palermo)

Stadt und Akropolis

Großartig und dominierend breiten sich auf einem flachen Plateau zwischen den Flüssen Modione und Gorgo Cottone Stadt und Akropolis von *Selinus* aus: ein beredtes Beispiel für die intensive Baukunst der Westgriechen auf Sizilien (s. Fig. 17). Die Stadt, 628 v. Chr. gegründet, 409 v. Chr. nach der phönizischen Eroberung durch Hermokrates wieder aufgebaut, verblüfft durch das völlig neuartige Verkehrssystem der sich rechtwinklig kreuzenden Straßen. Diese Städtebauidee ist durch Hippodamos von Milet im 5. Jh. v. Chr. bei seinen Stadtplanungen von *Piräus, Thorio* (Sybaris) und *Rhodos* (?) entwickelt und als ›Hippodamisches System‹ weltberühmt geworden. Sie ist aber – wie Selinus zeigt – den Westgriechen bereits ein gutes halbes Jahrhundert vorher bekannt gewesen. Luftaufnahmen von Selinus lassen erkennen, daß die leider immer noch nicht vollständig ausgegrabene Stadtanlage sich in zwei große Quartiere aufteilt, die beide voneinander völlig unabhängige Befestigungsanlagen besaßen. Ganz im Norden befand sich eine antike Stadt mit Wohnhäusern, Agora und anderen Folgeeinrichtungen der Infrastruktur, die jedoch alle noch fast unberührt unter dem Boden liegen. Auf dem südlichen Hügelplateau dagegen erhebt sich dem Meer zugewandt die Akropolis, der einstige glorreiche Stolz der Stadt Selinus. An der Akropolis sind die Verteidigungsmauern teilweise noch ausgezeichnet erhalten und vermitteln, bei einer kleinen, aber lohnenden Wanderung um die antike Stadt, einen guten Eindruck von der Größe der Anlage und lassen deren ehemaligen Glanz und Reichtum noch erahnen. Der prachtvollste Mauerabschnitt befindet sich an der *Ostseite der Akropolis*, nördlich der Asphaltstraße; hier erkennt man eine fast 10 Meter hohe, horizontal abgestufte Mauer in guter Ausführung, die wahrscheinlich auf die Gründungszeit zurückgeht. Die mit großem Raffinement ausgedachten *Befestigungen am Nordtor*, dem Übergang zur antiken Wohnstadt, die mit langgedeckten Wehrgängen, drei massig-halbrunden Bastionen (unterirdisch miteinander verbunden) und mit in die Zweischalenwände tief eingeschnit-

95

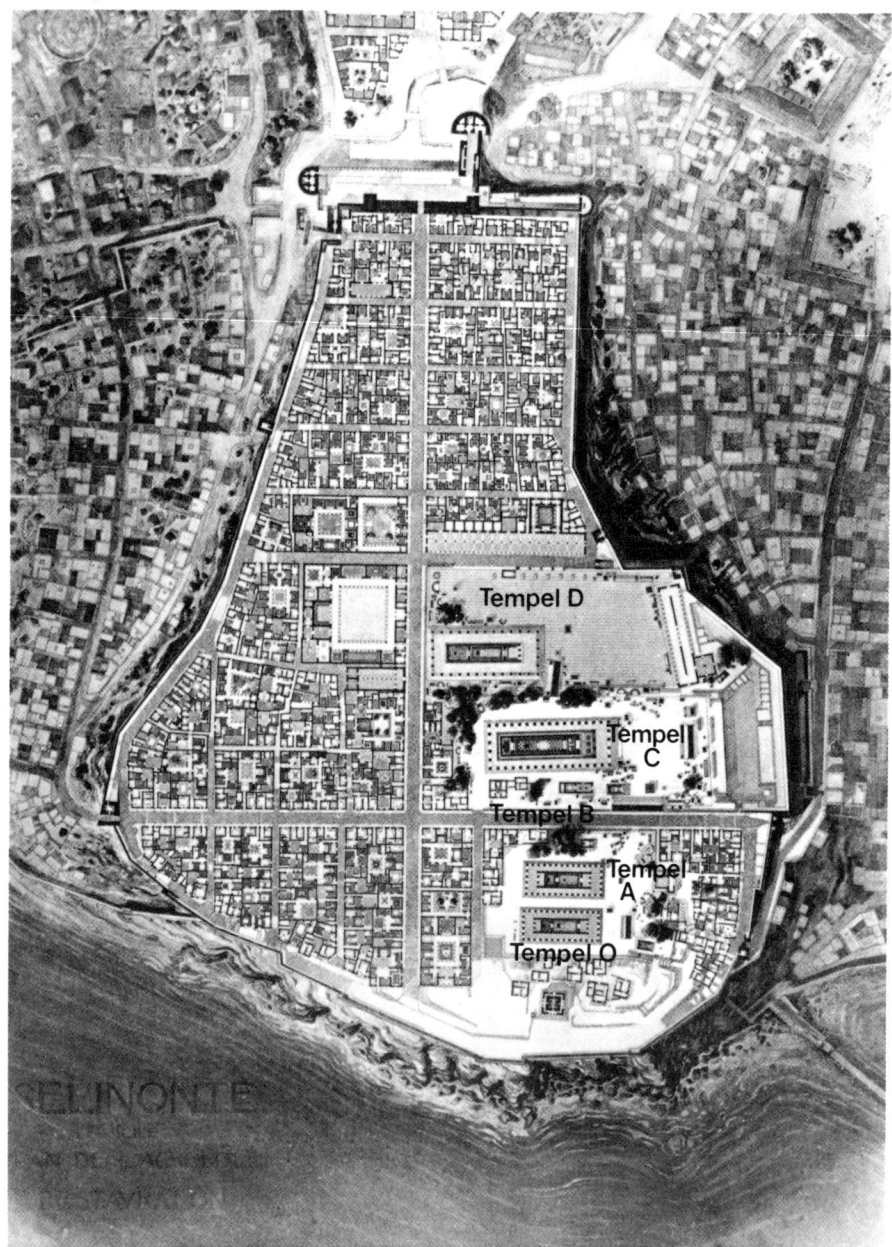

Fig. 17   Grundrißplan der Akropolis von Selinus mit dem großen heiligen Tempelbezirk im Südosten. (Aus: J. Hulot / G. Fougères, ›Sélinunte, Colonie Dorienne en Sicile‹, Abb. S. 168/ 169; Paris 1910)

tenen Gräben und Stollen ausgebildet waren, gehen dagegen auf das frühe 3. Jh. v. Chr. zurück. Nicht zuletzt sei auch der *westliche Verteidigungsabschnitt* erwähnt, der solides Quader-Mauerwerk zeigt.

Auf der Akropolis waren allein fast 30 000 qm – das entspricht etwa einem Drittel der gesamten Bebauungsfläche – den heiligen Göttern vorbehalten, die anfangs in kleinsten ›Kultkammern‹ (s. Fig. 13), später in großartigen Tempeln verehrt wurden. Der große ›Heilige Bezirk‹ der Akropolis liegt östlich des ›Cardo‹ (Nord-Süd-Hauptstraße) und nördlich wie südlich des ›Decumanus‹ (Ost-West-Hauptstraße)[34]; ursprünglich gab es in diesem Bezirk neben zahlreichen Opferaltären nur säulenlose, geschlossene Megaron-Heiligtümer mit Pronaos, Cella und Adyton, genauso wie wir sie vom Demeter-Malophoros-Temenos kennen, über dessen Grundmauern später die großen Tempel gebaut wurden.

Tempel C

Wahrscheinlich dem Herakles geweiht, war der um 550 v. Chr. geweihte Tempel C der älteste und zugleich größte Tempel auf der Akropolis von Selinus (Abb. 41). Trotz häufiger Restaurierungen und Ergänzungen blieb er über Jahrhunderte der Stolz der Stadt, überlebte die durch die Phönizier 250 v. Chr. eingeleitete Umsiedlung der Bevölkerung nach Lilybaion, bis er schließlich in frühchristlicher Zeit durch ein heftiges Erdbeben bis auf die Grundmauern niedergestoßen wurde – nun mußten Jahrhunderte vergehen, bis 1926 ein Teil der nördlichen Säulenreihe wieder aufgestellt wurde.

Dieser älteste dorische Peripteral-Tempel von Selinus zeigt im Grundriß eine interessante Mischung aus den Entwurfslösungen des ältesten Apollon-Tempels von Syrakus und des säulenlosen Demeter-Malophoros-Heiligtums westlich vom Selinus-Fluß: der Naos (s. Fig. 18), wie 1 : 4 proportioniert (10,40 x 41,55 m), mit seinem schmalen Pronaos, der diffus-dämmrigen Cella (die hier mit einem langgestreckten Altar ausgestattet ist) und dem mystisch-finsteren Adyton entspricht selbst

mit seinen am Pronaos rechtwinklig abknickenden Anten exakt dem Grundriß des Demeter-Malophoros-Heiligtums; dem Apollon-Tempel in Syrakus dagegen ähnelt in starkem Maße die an Rück- und Längsseite des Naos in gleichem Abstand angelegte ungewöhnlich tiefe Ringhalle von 6 x 15 Säulen[35] und die zusätzlich zur Ostseite vorgelagerte Säulenhalle von 6 x 2 Säulen, so daß der Tempel durch die doppelte Peristasis eine eindeutige Frontalität erhielt, die zusätzlich noch durch eine achtstufige Freitreppe am Osteingang verstärkt wurde; somit war das Heiligtum nur von einer Seite – von Osten – zugänglich, deren Toranlage mittels einer monumentalen, dreifach zusammenklappbaren Bronzetür verschließbar war. Hier zeigt sich also eine Grundrißgestaltung, mit der die Allseitigkeit der Tempel des griechischen Mutterlandes durch die klare und eindeutige Frontalität der sizilischen Tempel abgelöst wird; eine Bauidee, die von den Griechen auf Sizilien bis zum Untergang ihrer Epoche beibehalten wurde.

Frei und ungezwungen, kümmerten sich die sizilisch-griechischen Baumeister an-

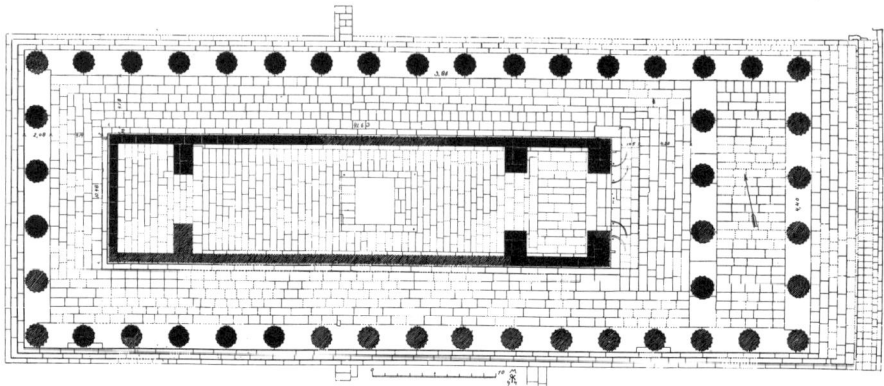

Fig. 18 Grundriß von Tempel C in Selinus. (Aus: R. Koldewey / O. Puchstein, ›Die griechischen Tempel in Unteritalien und Sicilien‹, Bd. I, Abb. 79; Berlin 1899)

fangs wenig um orthodoxe Regeln des griechischen Tempelbaus und um ausgewogene Proportionen, sondern sie bauten hier mit einer geradezu archaischen Unbekümmertheit, die zwangsläufig zu chaotischen Maßeinteilungen führen mußte: nicht genug damit, daß, völlig unverständlich, Säulen mit 16 und 20 Kanneluren aufgestellt wurden, nein, schließlich gab es an den Säulenstellungen der Längsseite, bei einer durchschnittlichen Jochtiefe von 3,86 m, Abweichungen bis zu 17 cm, und an den Frontsäulen, bei einer durchschnittlichen Jochtiefe von 4,40 m, Abweichungen bis zu 23 cm; damit beträgt aber die Jochabweichung von der Längs- zur Querseite bis zu 54 cm ... ein fast unglaublicher Differenzbetrag! Aber bedenkt man, daß es den sizilischen Baumeistern ca. 125 Jahre später beim Tempel F (dem sog. Concordia-Tempel) in Agrigent gelingt, die Abweichung der Baugenauigkeit auf 5 mm zu reduzieren, zugegeben nachdem es zuvor bereits beim Tempel A (dem sog. Herakles-Tempel) in Agrigent um 500

v. Chr. zu einer »exakten Gleichsetzung der bisher stets differenzierten Joche an Front- und Längsseiten«[36] gekommen war: so ist dieses Ergebnis fürwahr das Produkt eines erstaunlichen Entwicklungsprozesses und zugleich eine der grandiosesten Leistungen der gesamten griechischen Architekturgeschichte.

So sehr die Grundrißgestaltung von Tempel C Ähnlichkeiten mit dem Apollon-Tempel in Syrakus und dem Heiligtum der Demeter Malophoros aufzeigt, so völlig abweichend und konträr ist seine Gestaltung im Aufriß. Die Säulen sind mit 8,65 m Höhe zu 4,53 m unterstem Durchmesser, verhältnismäßig schlank und erwecken so den Eindruck einer gewissen ›Leichtigkeit‹. Da sowohl die Triglyphen als auch die darüberschwebenden Mutuli und die Metopenfelder fast gleich breit sind, müssen die Mutuli über den Metopen zwangsläufig so klein werden, daß noch schmale Zwischenräume (›Viae‹) zu den angrenzenden ›Triglyphen-Mutuli‹ entstehen können (s. Fig. 19). Diese Lösung bewahr-

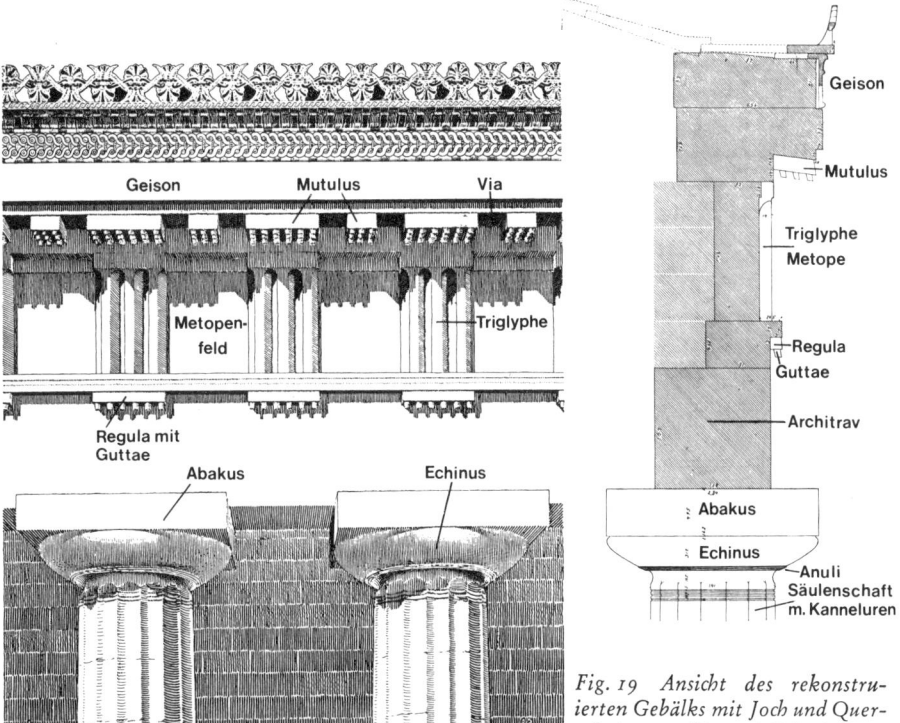

Geison · Mutulus · Via

Metopen-
feld

Triglyphe

Regula mit
Guttae

Abakus · Echinus

Interkolumnium
Joch

Geison

Mutulus

Triglyphe
Metope

Regula
Guttae

Architrav

Abakus

Echinus

Anuli
Säulenschaft
m. Kanneluren

Fig. 19 Ansicht des rekonstru-
ierten Gebälks mit Joch und Quer-
schnitt vom Tempel C in Selinus.
(Aus: R. Koldewey / O. Puch-
stein, a. a. O., Abb. 71/76)

te die Baumeister hier am Tempel C andererseits vor dem vielgefürchteten ›Eckkonflikt‹[37], da nun die Achse der Ecktriglyphe fast mit der Säulenachse korre-
spondierte und dadurch für ein gleichmä-
ßiges Triglyphon nur eine geringe Verbreiterung der Ecktriglyphe von 10–15 cm erforderlich wurde.

Großartig ist die buntbemalte Terra-
kottaverkleidung (s. Museum Palermo) des
Tempels, die Geison, Sima und Traufleis-
ten mit kunstvoll verschlungenen Ranken
und Blüten sowie zart ornamentierten Ton-
platten schmückte. Das tief zurückliegen-
de Tympanon war einzig dem farbig

bemalten drohenden Gorgonenhaupt vorbehalten, das, riesengroß und furchterre-
gend über dem Tempel ›schwebend‹, ihn
ganz beherrschte (s. Fig. 20). In den Metopenfeldern der Frontseite dagegen, also
unterhalb des Gorgonenhauptes, standen
ausdrucksstarke Hochreliefs mit kraftvollen mythischen Themen, von denen ›Apollon mit Leto und Artemis in einem Vierspänner‹, ›Athena hilft Perseus die Gorgo
töten‹ und ›Herakles schleppt die Kerkopen fort‹, alle bestens erhalten, im Museo
Nazionale zu Palermo aufbewahrt werden (Abb. 21).

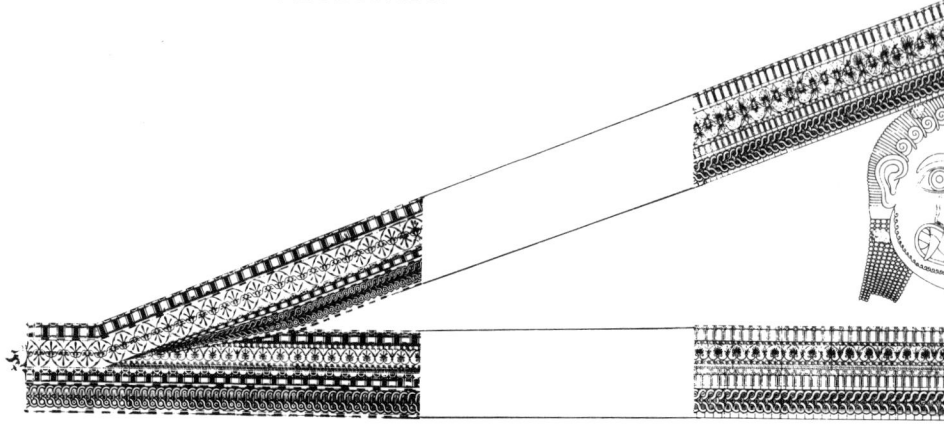

Fig. 20   Rekonstruiertes Tympanonfeld mit Gorgonenhaupt und farbiger Terrakotta-Giebel-verkleidung vom Tempel C in Selinus. (Aus: E. Gabrici, ›Per la storia dell'Architettura Dorica in Sicilia‹, Tafeln XXV u. XXXIII, in: ›Monumenti Antichi‹, Bd. XXXV; Milano 1933)

Hier beim Tempel C, offenbaren sich im Zusammenspiel von Farbe und Architektur, von Bauschmuck und konstruktiven Baugliedern, tief-archaische Züge und eine noch ungebändigte Wildheit, mit der in Selinus gebaut wurde. »Man baute hier mit stolzer Willkür drauflos, um Exaktheit und Regelmaß völlig unbekümmert. So liegen denn auch Wesen und Wirkung des altertümlichen Tempels nicht in der Ausgewogenheit der Teile, nicht im reinen Klang des Ganzen begründet, sondern im ungebrochenen Ausdruck und Überschwang seiner Glieder, in einer wilden, noch ungezähmten Lebendigkeit, die man erst ganz ermessen und erahnen kann, wenn man sich die bunten, überreichen Terrakottaverkleidungen und -bekrönungen, die Giebel und Dachrand überzogen, hinzudenkt.«[38]

Tempel D
(Herakles oder Demeter geweiht?)
Der nördlich von Tempel C nur wenige Jahre später (um 535 v. Chr.) errichtete dorische Peripteral-Tempel D zeigt im Ansatz eine gelungene ausgereifte Weiterentwicklung: Der aus Pronaos, Cella und Adyton bestehende Naos (ebenfalls 1:4 proportioniert) hat schon die klassische Ringhalle mit 6 x 13 Säulen, deren Schaft leicht konvex – also auf Entasis – ausgebildet ist; auch fehlt die Eckkonstruktion des Endjoches wie bei Tempel C. Die Verkleidung des Tempels bestand vorwiegend aus Steinmaterial, nur Sima und Geison dürften aus Terrakottaplatten gearbeitet gewesen sein. Aber es wurde auch an der Frontalität des Tempels festgehalten, die durch eine fünfstufige Freitreppe im Osten einen noch stärkeren Akzent erhielt.

Tempel A und O
Beide Tempel liegen südlich des Decumanus, haben einen fast gleichen Grundriß mit der klassischen Lösung von Pronaos und Opisthodom, umgeben von einer Ringhalle mit 6 x 14 Säulen (wobei Tem-

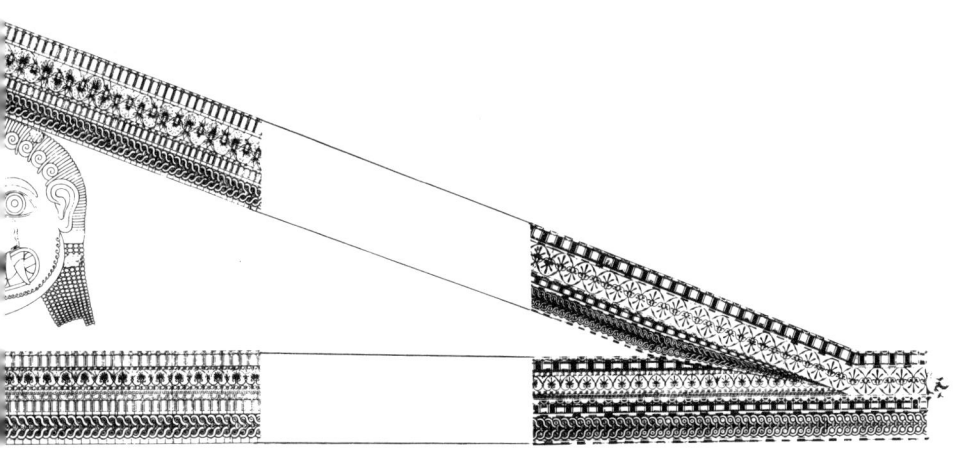

pel A 16,13 x 40,30 m mißt) – aber trotzdem wurde das mystisch-finstere sizilische Adyton beibehalten, was Rückwirkungen auf die Frontalität der Tempel hat. Gegründet wurden beide Tempel etwa in der ersten Hälfte des 5. Jh. v. Chr.; sie zeigen starke Ähnlichkeiten sowohl im Grundriß als auch im Aufriß mit dem prachtvollen Tempel E der östlichen Tempelgruppe von Selinus (s. S. 122).

Tempel B

Nördlich des Decumanus und zugleich südöstlich vom großen Tempel C liegen die spärlichen Grundmauern eines kleinen dorischen Antentempels B mit Pronaos und 4 Frontsäulen; eine hellenistische Gründung um 250 v. Chr., die kurz vor der zwangsweisen Umsiedlung der Selinunter nach Lilybaion erfolgte.

Die östliche Tempelgruppe von Selinus

Aus für uns unersichtlichem Grund haben die Selinunter weit außerhalb ihrer befestigten Stadtanlage, östlich des Gorgo-Cottone-Flusses, bereits zwanzig Jahre nach Errichtung des majestätischen Tempels C einen riesigen heiligen Bezirk mit einer imposanten Tempel-Dreiheit angelegt, die in der Zeit zwischen 530–450 v. Chr. entstand. Glaube und Frömmigkeit allein können nicht die auslösenden Motive für dieses monumentale Bauprojekt gewesen sein – zumal die Griechen, wenn sie überhaupt außerhalb der Stadt einen Tempel errichteten, diesen nur einer Gottheit weihten und nicht für drei Götter Heiligtümer errichteten. Vielmehr scheint der maßlose Baueifer der Konkurrenz zu Syrakus und dem griechischen Mutterland entsprungen zu sein; wetteifernd wollte Selinus den Göttern mehr Ehre erweisen, als es ihre gefürchtete Rivalin Syrakus und andere Städte taten.

Tempel F

In dem weiten und gigantischen Trümmerfeld östlich der antiken Stadt liegt, im Norden vom Tempel G und im Süden vom Tempel E eingerahmt, der um 530 v. Chr. gegründete Tempel F (s. Fig. 22), der älteste dieser Tempeldreiheit. Wohl von einem revolutionären Gedanken geleitet – gekoppelt mit funktionellen Bedürfnissen, die aus einem geheimen Kult (der Demeter?) resultierten – durchbrach der Architekt mit dieser neuen Entwurfsidee die bis dahin gültige griechische Bautradition und schuf so einen der interessantesten und zugleich eigenartigsten Tempel der gesamten griechischen Welt; eine Idee, die wahrscheinlich später beim großen Zeus-Tempel von Agrigent noch einmal Pate stand. Das völlig Neue an diesem Tempel ist die ca. 4,50 m hohe Steinschranke (s. Fig. 21) zwischen den Säulen (also in den Interkolumnien), womit dem profanen Laienblick die Einsicht in die Säulenhalle, in der mystische Kultprozessionen stattgefunden haben dürften, verwehrt war.

Einerseits läßt der Grundriß nach wie vor die Raumfolge des Demeter-Malophoros-Heiligtums erkennen, die sich bereits im Tempel C wiederfindet – wie dort, behält auch der Tempel F den Naos als monumentalisiertes Megaron mit schmalem Pronaos und rechtwinklig abknickenden Anten, diffus-dämmriger Cella und finster-mystischem Adyton bei. Andererseits war der Architekt bestrebt, von dem sizilischen Tempeltyp mit 6 x 17 Säulen abzukommen, um sich der klassisch-aus-

gewogenen Peristasis von 6 x 14 Säulen des griechischen Mutterlandes annähern zu können, was nur mit einigen Kunstgriffen zu bewältigen war. Da der Naos in seinen Ausmaßen dem Entwurf wohl als feste Größe vorlag und zusätzlich, entsprechend der Frontalität sizilischer Tempel, der Ostseite eine Vorhalle von 2 x 6 Säulen zugehörte, konnte dieses Ziel nur dadurch

Fig. 21 Ansicht eines Joches der Längsseite vom Tempel F mit der ca. 4,5 m hohen Steinschranke. (Aus: R. Koldewey / O. Puchstein, ›Die griechischen Tempel in Unteritalien und Sicilien‹, Bd. I, Abb. 94; Berlin 1899)

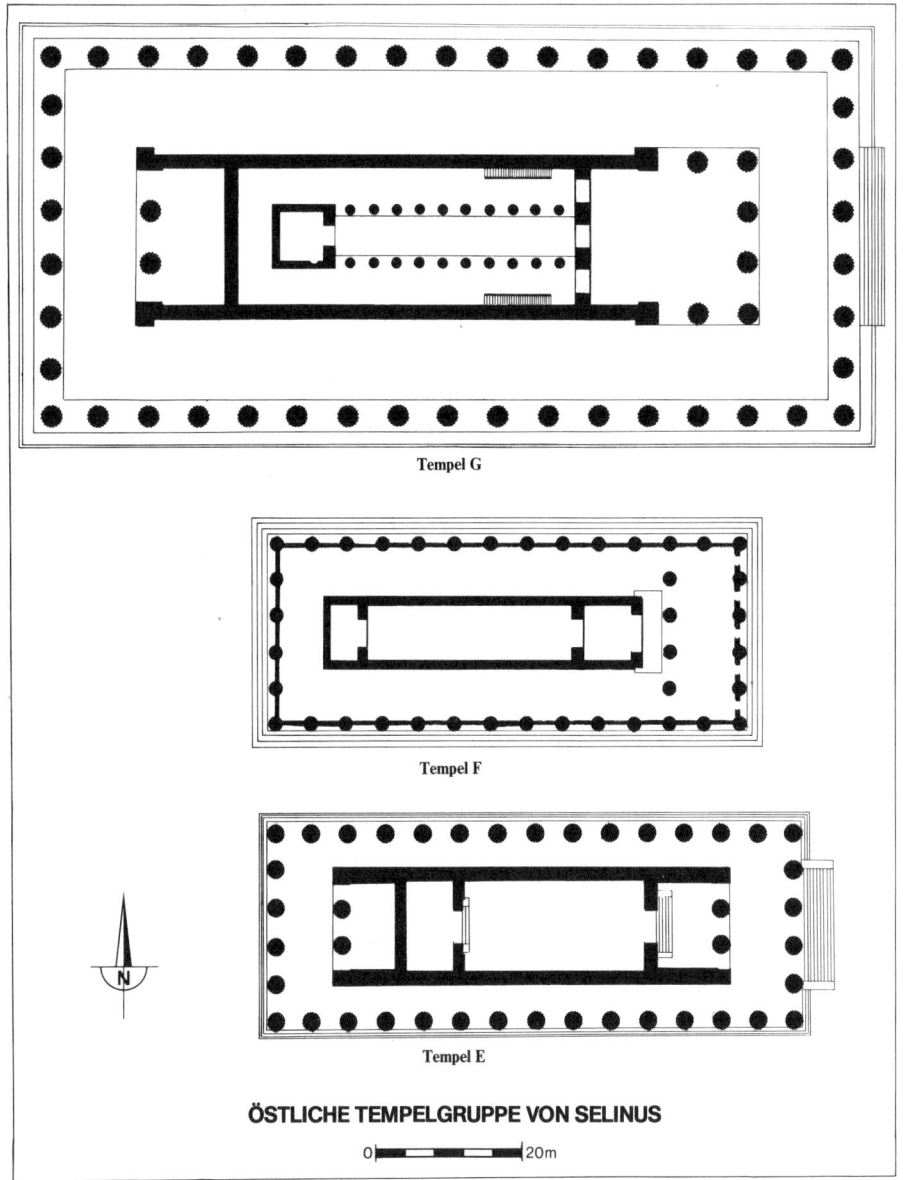

Tempel G

Tempel F

Tempel E

ÖSTLICHE TEMPELGRUPPE VON SELINUS

0 ▬▬▬ 20m

Fig. 22   Die östliche Tempelgruppe von Selinus (v. o. n. u.): Tempel G, Tempel F, Tempel E. (Aus: J. Hulot / G. Fougères, ›Sélinunte, Colonie Dorienne en Sicile‹, Abb.: S. 246/251/259; Paris 1910)

erreicht werden, daß man zum einen die lichte Raumbreite der seitlichen Säulenhallen auf 5,90 m erweiterte und zum anderen die Pronaos-Eingangsseite weniger als eine Jochtiefe an die vorgelagerte östliche Säulenhalle heranrückte. Des weiteren distanzierte sich der Architekt von dem kanonischen Formgesetz der griechischen Welt, daß die Joche der Längsseite – bei unterschiedlicher Weite – kleiner sein müssen als die der Giebelseite, indem er sich gerade für die Umkehrung entschied und die Giebeljoche mit 4,47 m weitaus schmaler durchlichtete als die Joche der Längsseiten mit 4,60 m. Damit hatte er aber den Baukörper maßlich so stark im Griff, daß er nun gegenüber Tempel C (23,94 x 63,72 m) mit 6 x 17 Säulen bei fast gleichen Ausmaßen von Tempel F (24,37 x 61,88 m) tatsächlich auf das ausgewogene Peristasis-Verhältnis von 6 x 14 Säulen kam.

Wie im Grundriß, so zeigen sich auch im Aufriß von Tempel F viele Neuerungen, die teilweise einmalig sind, also nur hier zur Anwendung kamen. Zwar erschwert der völlig in Trümmern liegende Tempel dem Reisenden, sich den Aufriß plastisch vorzustellen, andererseits erlauben ihm aber gerade die vielen am Boden liegenden Architekturfragmente – wie kaum an einem anderen griechischen Ort –, durch buchstäbliches Begreifen und Betasten der Bauformen von sonst hoch über ihm schwebendem Gebälk und Kapitellteilen zu ›begreifen‹ – im geistigen Sinne. Vom rekonstruierten Aufriß ausgehend (s. Fig. 21) muß Tempel F besonders durch seine Durchbildung des Grundrisses fast übertrieben schlank gewirkt haben. Versteckt hinter den ca. 4,50 m hohen Sicht-

schranken, dürfte der den seitlichen Säulenhallen nahezu gleichbreite Naos bloßer Tempelkern gewesen sein, ohne jeglichen Einfluß auf die ästhetische Wirkung des Baukörpers. Wichtigstes Gestaltungselement für den Aufriß war natürlich die Säule, die mit ihrer Höhe von 9,11 m, bei einem unteren Durchmesser von 1,79 m, von so enormer Schlankheit (ca. 1:5) war, wie sie bis dahin unbekannt war und für lange Zeit blieb; auch das Verhältnis von unterem Interkolumnium (2,81 m) zur Säulenhöhe mit ca. 1,5:5 verdeutlicht das intensive Bemühen, Weiträumigkeit zu erzielen. Schließlich trug auch das sehr leichte Gebälk dazu bei, dem Tempel eine gewisse Schwerelosigkeit zu geben. In der weiteren Durchbildung des Tempels kam es neben den typischen farbig bemalten Terrakottaverkleidungen und der Anordnung von Metopen-Skulpturen an der Frontseite zu keinem dorischen Eckproblem, da die verhältnismäßig breiten Triglyphen – wobei nun die Mutuli sowohl über den Metopen als auch über den Triglyphen gleich breit waren – nur eine Verbreiterung der angrenzenden Metopenfelder erforderlich machten und es somit auch keine Eckkontraktion der Säulen zu geben brauchte.

Tempel G (Apollon-Tempel)

Begierde eines fanatischen Tyrannen nach Ruhm und Unsterblichkeit, die sich in einem unmäßigen Baueifer niederschlug, dürften die wesentlichen Motivationen für das ungeheure Bauprojekt von Tempel G, dem nördlichsten Bau der Tempeldreiheit, gewesen sein, der mit seinen Stylobatmaßen von 50,07 x 110,12 m zu den monumentalsten dorischen Peripteral-Anlagen (s. Fig. 22) der gesamten antiken Welt ge-

19 PALERMO S. Francesco d'Assisi, Hauptportal der dreischiffigen Basilika aus dem
Jahre 1302

20 PALERMO Fensterdetail vom Palazzo
Chiaramonte, von Manfred I. 1307–1320
errichtet

21 PALERMO Museo Nazionale: Metopen vom Tempel C in Selinunt, um 550–530 v. Chr.; v.l.n.r.: Apollon mit Leto und Artemis in einem Vierspänner – Athena hilft Perseus die Gorgo töten, aus deren Blut Pegasos geboren wird – Herakles und die Kerkopen (lydische Diebe, die Herakles berauben wollten)

◁ 22 PALERMO Museo Nazionale: Etruskisches Flachrelief mit zwei anmutvollen Dreispännern

23 PALERMO Museo Nazionale: Etruskisches Flachrelief mit Flötenspieler und Tänzerinnen ▷

24 MONREALE Ostwerk des Normannen-Doms, der im Auftrag Wilhelms II. (1172–1176) errichtet wurde

25 MONREALE Detail vom Ostwerk des Normannen-Doms. Die verschlungenen Spitzbögen zeigen eine
dezente Intarsiendekoration aus weißem Kalkstein und schwarz-brauner Lava

26 MONREALE Brunnen im Kreuzgang der alten Benediktinerabtei aus dem 12./13. Jh. Der Kreuzgang besticht durch die rhythmische Folge der mit kostbaren Ornamenten geschmückten Doppelsäulen, die von fantasievollen Kapitellen mit figuralen Plastiken gekrönt werden

27   MONREALE   ›Adam und Eva im Paradies‹, Detail aus dem westlichen Bronzeportal von B. Pisano (1186)

28–31   MONREALE   Vier Säulenkapitelle vom Kreuzgang der Benediktinerabtei (12./13. Jh.) ▷

28

29

30

31

33 SEGESTA Dorischer Tempel, von den Elymern in der Zeit zwischen 426 und 416 v. Chr. errichtet, aber nie vollendet

◁ 32 MONREALE ›Die Erschaffung Adams und Evas‹, Detail aus dem westlichen Bronzeportal (1186)

34   SEGESTA   Griechisches   Theater
aus dem 3./2. Jh. v. Chr.

35   SEGESTA   Der dorische Tempel,
426/416 v. Chr. (vgl. Abb. 33)

36   ERICE (das antike Eryx)   Chiesa Matrice und freistehender Campanile im Chiaramonte-Stil (1314)

37 CASTELVETRANO Fontana della Ninfa (1615, von Orazio Nigrone)

38 CASTELVETRANO
SS. Trinità di Delia, klassische Normannen-Kirche mit Zentralkuppel (12. Jh.)

39 MAZARA DEL VALLO
Normannen-Kirche S. Nicolo Regale aus dem 12. Jh., im 17. Jh. restauriert

40 SELINUNT Tempel E, dorischer Tempel aus dem frühen 5. Jh. v. Chr., der Hera oder dem Dionysos
    geweiht

41 SELINUNT Tempel C, dorischer Tempel aus der ersten Hälfte des 6. Jh. v. Chr., dem Herakles geweiht
    s. a. Abb. 21). Im Vordergrund Architekturfragmente von Tempel D (um 535 v. Chr.)

42 SELINUNT Die aufrechtstehenden dorischen Säulen gehören zum Tempel E (5. Jh. v. Chr., Hera oder Dionysos); davor Bruchstücke von Tempel F (Mitte 6. Jh. v. Chr.); vorn Architekturfragmente von Tempel G, einem der größten Tempel, die je gebaut wurden (50,07 m x 110,12 m; um 520 v. Chr. begonnen, Apollon geweiht)

44 AGRIGENT Tempel der Hera Lakinia (Tempel D, um 450 v. Chr.). Die Erosionsspuren am Tempel-
hang zeigen, wie gefährdet die Tempel von Agrigent sind

◁ 43 SELINUNT Der Tempel E des frühen 5. Jh. v. Chr. (der Hera oder dem Dionysos geweiht)

hört und selbst einem Vergleich mit den gewaltigen Dipteros-Tempeln an der kleinasiatischen Küste standhält (Artemision von Ephesos ca. 55 x 115 m; Jüngerer Apollon-Tempel von Didyma 51,13 x 109,34 m). Dieser Monumentaltempel war dem Apollon geweiht; bereits 520 v. Chr. wurde mit den Bauarbeiten begonnen, doch noch heute erzählen die Säulentrommeln mit und ohne Kanneluren, daß der Tempel G – obwohl mehrere Generationen an ihm bauten – nie fertiggestellt wurde; allein bis 470 v. Chr. wurde der Bau mindestens dreimal von jeweils ›modernen‹ Stilrichtungen beeinflußt (s. Fig. 23). Seit 409 v. Chr., als Hannibal die Selinunter besiegte und Selinus plündern und zerstören ließ, harrte der Tempel G endgültig vergebens seiner Vollendung.

Trotz der Monumentalität dieses Tempels, trotz seiner erdrückenden Schwere – nicht zuletzt durch die gedrungen-massigen dorischen Bauglieder erzeugt –, die ihn jede Maßstäblichkeit zum Menschen verlieren ließ, verblüfft Tempel G durch die mit Fantasie und Ideenreichtum entwickelte Grundrißlösung. Wahrscheinlich aufgrund von Einflüssen aus der klassischen Zeit des frühen 5. Jh. v. Chr., wurde nicht der wohl ursprünglich geplante Naos mit dem finstermystischen Adyton gebaut, sondern erstmals wandten sich die Architekten von dem dreiteiligen Naos des Demeter-Malophoros-Typs ab und gestalteten den Tempelkern nun nicht nur etwas gedrungener (22,50 x 69,10 m; das entspricht etwa einem Proportionsverhältnis von 1:3), sondern fügten auch Pronaos und Opisthodom mit je zwei zwischen den Anten stehenden Säulen hinzu[39], wobei man jedoch – wohl kultischen Bedürfnis-sen folgend – innerhalb der Cella ein Ersatz-Adyton in Form eines winzigen Megaron einplante. Diese für Sizilien völlig atypische dreischiffige Innenraumgestaltung gehorchte zwingenden konstruktiven Erfordernissen, denn mit 17,75 m lichter Raumweite war der Innenraum für jede erdenkbare Dachkonstruktion einfach zu groß; auch mußten die schlanken Innensäulen aufgrund der enormen Raumhöhe in drei Etagen angeordnet werden. Mit dieser Entwurfslösung wurde man zugleich aber auch funktionellen Bedürfnissen gerecht, da so eine U-förmige Ringhalle innerhalb des Tempelkerns entstand, die mit Sicherheit für kultische Prozessionen, die um das Adyton führten, genutzt wurde. Dem Pronaos wurde eine eigentlich noch dem Tempelkern zugehörige Halle mit 4 x 2 Säulen vorgelagert, was jedoch große konstruktive Probleme mit sich brachte. Denn fehlten z. B. die beiden zwischen den Anten stehenden Säulen (s. Anm. 39), dann war der so entstandene Raumtrakt von Pronaos und Säulenvorhalle mit ca. 16,90 auf 19,80 m statisch gesehen zu groß für eine Dachkonstruktion; damit wäre die Grenze der Zimmermannskunst überschritten gewesen, so daß dieser Bereich (ohne Antensäulen) letztlich nur mit dem Himmelsgewölbe überspannt gewesen sein kann.

Wie oben erwähnt, distanzierte sich mit dieser Grundrißgestaltung der Tempelkern allmählich von der sonst üblichen Strekkung sizilischer Tempel (Tempel G 1:3; Tempel F 1:4), man strebte jedoch, mit einigen Kunstgriffen, eine bis dahin nie dagewesene Weiträumigkeit an. Schon bei Tempel F ging die Wirkung des Naos bei der 1½ bzw. 2 Joch tiefen Säulenhalle fast völlig verloren, beim Tempel G dagegen scheint der Kern geradezu in den weiten Säulenstellungen zu verschwinden, denn nun gelingt es dem Baumeister, eine gleichmäßig 2 Joch tiefe Ringhalle um den gesamten Tempelkern zu legen, so daß ein dorischer Peripteros von 8 x 17 Säulen entsteht; 2 Joch tiefe Säulenhallen bedeuten zugleich 12 m lichte Raumweite und verdeutlichen, mit welcher Kühnheit und Sicherheit hier konstruiert wurde (das Mittelschiff des Parthenon z. B. ist mit 10,60 m lichter Weite im griechischen Mutterland unübertroffen geblieben).

Mit außerordentlichem Geschick und großer Intelligenz gelingt es nun auch, exakte Achsenbeziehungen zwischen den Wandachsen der Cella, den Anten und den entsprechenden Säulen der Peristasis herzustellen. Wie im Grundriß, so zeigen sich auch im Aufriß viele Planänderungen: wird der Ostgiebel noch ohne ›Eckproblem‹ gelöst, so erscheint bereits an der Westfront eine Eckkontraktion der Säulen von 34 cm und eine Verbreiterung der Eck-Metopen von je 6 cm; auch werden nun die Frontjoche und die Längsjoche mit nur noch annähernd 8 cm Differenz aufgestellt. Am deutlichsten wird der Stilwandel jedoch an den Ausbildungen der Kapitelle,

speziell an der Form des Echinus erkennbar (in diesem Trümmerhaufen hat man ja das Glück, die verschiedenen Typen mit Händen begreifen zu können): So finden sich an der Ost-, Nord- und östlichen Südseite Kapitelle mit ›flach hervorquellendem‹ Echinus (510 v. Chr.; s. Fig. 23 a), an der westlichen Südseite dagegen solche mit ›steiler, tragfähiger‹ Kurve (um 490 v. Chr.; s. Fig. 23 b), und am Westgiebel schließlich wurde entsprechend der ›Klassik‹ des Mutterlandes der Echinus mit ›elastisch ansteigendem Schwung‹ ausgebildet (um 470 v. Chr.; s. Fig. 23 c).

Tempel E (Hera-Tempel)
Majestätisch und prachtvoll erhebt sich aus den gigantischen Trümmermassen der östlichen Tempelgruppe, nahe dem Meer gelegen, der der Hera zwischen 465 bis 450 v. Chr. geweihte, vor wenigen Jahren wieder aufgerichtete Tempel E (s. Fig. 22): vollendete Synthese aus Anmut, Grazie und gebändigter Kraft, wie sie außer dem Athena-Tempel von Syrakus sonst kein anderer Tempel auf Sizilien aufweisen kann; eine ausgereifte geniale Schöpfung, die jedem Vergleich, auch mit den großartigsten Leistungen griechischer Baukunst standhält, etwa mit dem Zeus-Tempel von

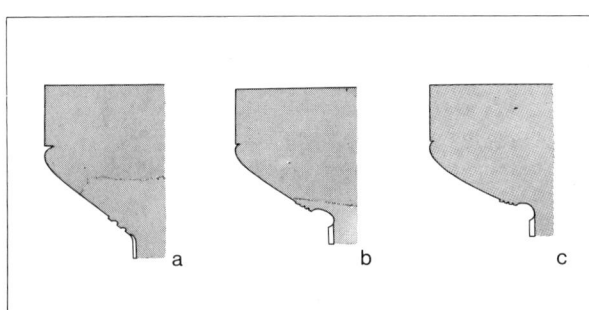

Fig. 23 Kapitelltypen vom Tempel G in Selinus, die auf Stilbeeinflussungen während der Bauzeit zurückgehen: a) Kapitelle der Ost-, Nord- und östl. Südseite; um 510 v. Chr., b) ›Übergangskapitelle‹ von der westl. Südseite; um 490 v. Chr., c) ›Klassische Kapitellform, Westseite, um 470 v. Chr. (Zeichnung des Verfassers)

Fig. 24 Hera
entschleiert sich
vor Zeus auf
dem kretischen
Berg Ida. Metope
vom Ostgiebel des
Hera-Tempels
(Tempel E) in
Selinus; nach
466 v. Chr.
(Archäologisches
Museum, Palermo)

Olympia (470–456 v. Chr.) oder dem sog. Poseidon-Tempel von Paestum (nach 456 v. Chr.). Ohne Zweifel konnte dieses Meisterwerk nur aus einem Zusammentreffen optimaler politischer, gesellschaftlicher und künstlerischer Voraussetzungen entstehen: Der glorreiche Sieg über Karthago 480 v. Chr. bedeutete für ganz Sizilien politische Stabilität – so auch für Selinus, obwohl die Selinunter auf seiten der Phönizier kämpfend Besiegte waren (s. S. 72). Endlich, nach so langer Zeit, kam es auch wieder zu einem fruchtbaren Dialog mit dem griechischen Mutterland, wovon besonders die Sizilienreisen von Aischylos (um 470 v. Chr.) und Platon (um 380 v. Chr.) ein beredtes Zeugnis ablegen; schließlich wurden die sizilischen Architekten von den ausgereiften Bau- und Ordnungsprinzipien der Klassik stark angeregt, ohne daß sie jedoch ihre eigene uralte Bautradition ganz aufgaben, wie es gerade Tempel E mit seiner Adyton-Ausbildung und seiner – noch, wenn auch nur mäßig beibehaltenen – Frontalität beweist.

Der völlig symmetrisch aufgebaute Grundriß von Tempel E läßt die klare Absicht erkennen, Naos und Peristasis in ihren Proportionen geschickt aufeinander abzustimmen; verhält sich der Naos mit seinen 14,14 x 49,38 m wie 2:7, so ergeben die Abmessungen des Stylobats mit seiner Peristasis von 6 x 15 Säulen bei 25,32 x 67,74 m eine äußerst kluge Erweiterung von 3:8. Dieser Kunstgriff hatte wiederum zur Folge, daß Pronaos und Opisthodom eine 2 Joch tiefe Vorhalle aufweisen mußten, den Längsseiten dagegen nur eine 1 Joch tiefe Halle vorgelagert werden konnte; auch korrespondierten nun, fast dem klassischen Ideal folgend, Naos und Peristasis derart miteinander, daß die Seitenwände vom Naos mit den Achsen der entsprechenden Frontsäulen fluchten. Den Bauten des griechischen Mutterlandes nacheifernd, dem Tempel eine freiplastische Wirkung zu geben, wird auch dies fast souverän gelöst, die leichte Betonung des Ostgiebels als Frontseite bildet nur eine geringfügige Einschränkung, denn auch am Tempel E fehlt nicht die typisch sizilische Freitreppe, über die man in die Vorhalle und zum Pronaos schreitet, ja selbst der Cella-Tür und dem Zugang zum Adyton sind weitere Stufen vorgelagert, wo-

durch eine geschickte Höhenstaffelung des Fußbodenniveaus bis hin zum mystischen ›Allerheiligsten‹ erreicht wird.

Endlich löste man sich auch von der sonst bevorzugten Weiträumigkeit der Ringhalle, wie sie bei Tempel F und G geradezu übersteigert gewollt war; nun erzielt die Peristasis mit ihren fast schlanken dorischen Säulen von 2,27 m unterem Durchmesser und den fast gleichweiten Interkolumnien von 2,45 m eine angenehme Dichte. Mutig hat man sich für eine kraftvolle Eckkontraktion von 32 cm entschieden, bildete nach edlen klassischen Schönheitsidealen Anten, Kapitelle und Geison aus und legte nicht mehr den Hauptakzent allein auf die plastische Durchbildung der Frontseite, sondern gestaltete Ost- und Westgiebel gleichwertig mit raumfüllenden Skulpturen in den Metopenfeldern, von denen einige gut erhalten sind: ›Hera entschleiert sich dem Zeus‹ (s. Fig. 24); ›Athena tötet Enkelados‹; ›Aktaion wird von seinen Hunden zerrissen‹ und ›Herakles erschlägt eine Amazone‹; sie werden alle im Archäologischen Museum Palermo aufbewahrt.

Akragas (Agrigent)

»Agrigent, glanzliebende,
Schönste der sterblichen Städte«
Pindar (12. Pyth. Ode)

»Die Agrigentiner essen, als ob sie
morgen sterben, und sie bauen,
als ob sie ewig leben sollten.«
Empedokles (Fragmente)

Keine Stadt Siziliens vermittelt in so deutlicher Weise wie *Agrigent* (s. Fig. 25) das lebendige Nebeneinander von klassischem Griechentum und erstickender Hektik der modernen Zivilisation des 20. Jahrhunderts. Hier majestätische Größe, die Tempel auf der antiken Stadtmauer – ein Edelmaß an Schönheit, Würde und Grazie inmitten einer paradiesischen Landschaft (s. Umschlagvorderseite und Farbt. II), dort die Abkehr von jede Maßstäblichkeit, kommerzielle Architektur, hingeklotzte Wohngettos, umgeben von lärmendem Verkehr auf vollgestopften Straßen, die sich brutal durch die sanfte Hügellandschaft von Agrigent pressen.

Nach Thukydides wurde Agrigent von Bewohnern aus *Gela* 582 v. Chr. auf einem breiten Felsrücken oberhalb des Flusses Akragas gegründet, der der Stadt ihren Namen gab. Ähnlich wie in Gela, da von Rhodiern kolonisiert, waren auch in *Akragas* Geist und Kultur in starkem Maße von rhodischen Elementen durchdrungen. So entstanden auf der Akropolis, dem heutigen Standort der modernen Stadt Agrigent, bereits im 6. Jh. v. Chr. die beiden mächtigsten Stadtheiligtümer, die nach den beiden rhodischen Gottheiten dem Zeus Atavyrios aus *Kamiros* und der Athena Lindia aus *Lindos* geweiht waren; ersterer Tempel ist bis heute noch nicht identifiziert, wird aber unter der gotisch-normannischen Kathedrale vermutet, letzterer konnte unter den Grundmauern

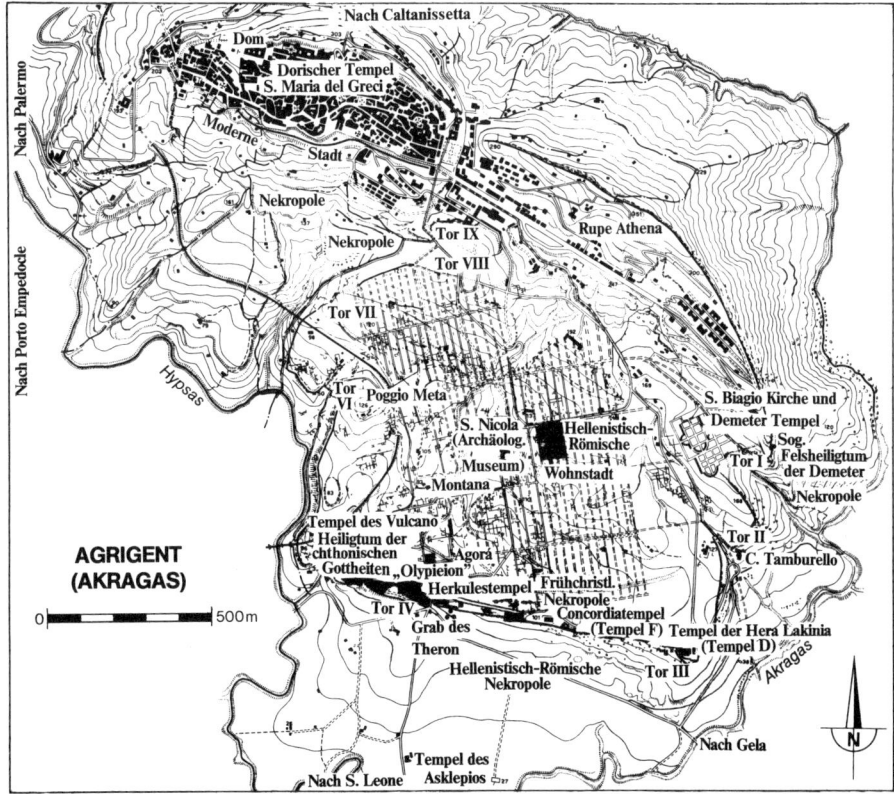

Fig. 25   Stadtplan von Agrigent

der Santa Maria dei Greci entdeckt werden, die nördliche Stylobat-Seite mit einigen dorischen Säulentrommeln ist noch gut erhalten.

Schon während der Tyrannenherrschaft des Phalaris (571–556 v. Chr.) konnte *Akragas* seinen Machtbereich weit bis in karthagisches und sikanisches Gebiet ausweiten; die Stadt ließ eine mächtige Stadtmauer errichten, die etwa dem heutigen Verlauf im Tempeltal entspricht, und legte wohl schon zu jener Zeit die Hauptachsen des rechtwinkeligen Straßensystems zwischen Akropolis und südlicher Stadtmauer an. Von weitaus größerer Bedeutung war dann die Herrschaft Therons (489–472 v. Chr.), der gemeinsam mit seinem Schwiegersohn Gelon von Syrakus (s. S. 65) 480 v. Chr. bei *Himera* den denkwürdigsten Sieg der sizilischen Griechen über die Phönizier erringen konnte, womit er für Akragas geradezu ein ›goldenes Zeitalter‹ eingeleitet hat. Nun errichtete man auf der hochliegenden südlichen Stadtmauer fünf prachtvolle Tempel, die in ihrer harmonischen Gesamtkomposition, auf einem schmalen Bergrücken thronend, der ganze Stolz der Stadt, in der Antike schon weit vom Meere aus sichtbar, eine einzigartige Tempelgruppe in der gesamten griechischen Welt darstellten.

Großen Einfluß zu jener Blütezeit hatte auch Empedokles (483–423 v. Chr.), der als Arzt, Philosoph und Politiker vor allem nach dem Tode Therons in Akragas ein demokratisches Regierungssystem zu etablieren versuchte. Empedokles' Wirken und seine Leistungen müssen beträchtlich gewesen sein, stets suchte er auf ganz Sizilien einen Weg »zu heilen, zu ordnen und zu schlichten«; er war es u. a. auch, der die malariaverseuchten Sümpfe von *Selinus* trockenlegte, doch hören wir von ihm seine eigene Selbstdarstellung: »Ihr Freunde, die ihr die große Stadt bewohnt, die am gelblichen Akragas sich hinabzieht, nahe dem Burgberg, ihr Pfleger trefflicher Werke, ehrwürdiger Hort der Fremdlinge ohne Falsch, seid mir gegrüßt. Ich aber wandle jetzt als unsterblicher Gott, nicht mehr als Sterblicher vor euch; man ehrt mich als solchen allenthalben, wie es sich für mich gebührt, indem man mir Tänien ums Haupt flicht und blühende Kränze. Sobald ich mit diesen Anhängern, Männern und Frauen, die blühenden Städte betrete, betet man mich an, und Tausende folgen mir nach, um zu erkunden, wo der Pfad zum Heile führe. Die einen wünschen Orakel, die anderen fragen wegen mannigfacher Krankheiten nach, um ein heilbringendes Wörtlein zu hören; denn zu lange schon winden sie sich in bohrenden Schmerzensqualen.«[40]

Doch mit der karthagischen Großoffensive auf Sizilien im Jahre 409 v. Chr. waren die Tage »der schönsten der sterblichen Städte« gezählt; generalstabsmäßig eroberten die Phönizier eine griechische Stadt nach der anderen, so auch im Jahre 406/405 v. Chr. *Akragas*, das sich zwar nochmals zur Zeit Timoleons (345–337 v. Chr.) erholen konnte, niemals jedoch seinen einstigen Ruhm und Glanz wieder erlangte. 261 v. Chr. von den Römern und 255 v. Chr. abermals von den Phöniziern während des Ersten Punischen Krieges (264–241 v. Chr.) erobert und geplündert, mußte die Stadt qualvolle Schändungen über sich ergehen lassen. Dem römischen Imperium 210 v. Chr. endgültig einverleibt, wurde die griechische Bevölkerung versklavt und die Stadt 207 v. Chr. neu besiedelt. Dank der fruchtbaren Ländereien außerhalb von Akragas wurde die Stadt einer der bedeutendsten Warenumschlagplätze für Rom auf Sizilien. Mit dem Aufkommen des Christentums verlor sie seit dem 3. Jh. n. Chr. so stark an Bedeutung, daß sie bei der Ankunft der Araber im 9. Jh. n. Chr. nur noch eine kleine armselige Ortschaft war und nun erst einen neuen fruchtbaren Aufschwung erfuhr.

Der heilige Bezirk der chthonischen Gottheiten
Tempel der Dioskuren und Tempel L

Noch innerhalb der antiken Stadt, unmittelbar an der südwestlichen Stadtmauer, breitet sich ein großes flaches Gelände mit sehr merkwürdigen Tempelgrundrissen aus, die ohne jede erkennbare gemeinsame Zuordnung völlig willkürlich angeordnet sind; ein Temenos, das wahrscheinlich schon den Sikulern als Kultplatz diente, in dem später die sizilischen Griechen ihre große Fruchtbarkeitsgöttin Demeter – die Spenderin des Korns –, deren Tochter Persephone – »Lenkerin aller Wiedergeburt« –, die vorderasiatische Göttin Hekate – Beschützerin aller Tore und Dreizackwege –, und Hades – Herr der Unterwelt, Gemahl der Persephone –, weniger mit prachtvollen Bauten verehrten als vielmehr deren Mysterien und geheime Opferriten bewachten und hüteten.

Zentrum dieser verschiedenen Kultbauten chthonischer Gottheiten (s. Fig. 26, 27), dürfte der *dreistufige Rundaltar (1)* gewesen sein, auf dem man unter freiem Himmel in einer brunnenartigen Vertiefung des Zentrums flüssige Opfergaben darbrachte. Nördlich davon erhob sich ehemals ein dachloses *megaron-artiges Gebäude (2)* mit Vorraum, Cella und Allerheiligstem, wie wir es vom Demeter-Malophoros-Heiligtum in Selinus kennen. Gleich daneben liegen die Grundmauern eines ganz eigenartigen, ebenfalls dachlosen *labyrinth-artigen Heiligtums (3)*, in dem sicherlich Mysterien und geheime Opferriten begangen wurden. Vom Norden kommend, gelangt man vorerst in die schmale Vorhalle und die dahinterliegende Cella; von hier aus führt der Weg links in einen sehr langgestreckten Raum mit einem Opferaltar vor der Südwand; rechts davon öffnet sich ein schmaler Verbindungskorridor, der zum Allerheiligsten führt, wo ebenfalls ein dreistufiger Rundaltar mit Opfergrube steht. Südlich vom runden Hauptaltar erstreckt sich in ost-westlicher Richtung ein kleines *Megaron-Heiligtum (4)* mit Pronaos und Cella; ein ähnliches Tempelgebäude steht östlich vom großen Rundaltar, nun aber in Nord-Süd-Richtung angelegt und in der klassischen Raumfolge Pronaos, Cella, Adyton; direkt an seiner westlichen Längswand schließt ein *Kultbau (5)* mit einer von vier Pfeilern gebildeten Vorhalle und mit einer quergestellten Cella an.

All diese Gebäude stammen wahrscheinlich aus der ersten Hälfte des 6. Jh. v. Chr., gegründet auf sikulischen Vorgängerbauten des 7. Jh. v. Chr. Gegen 480–460 v. Chr. ersetzte man diese schmucklosen Gotteshäuser durch den dorischen *Dioskuren-Tempel (7)* (für Castor und Pollux), von dem die pittoreske Nordwestecke in den

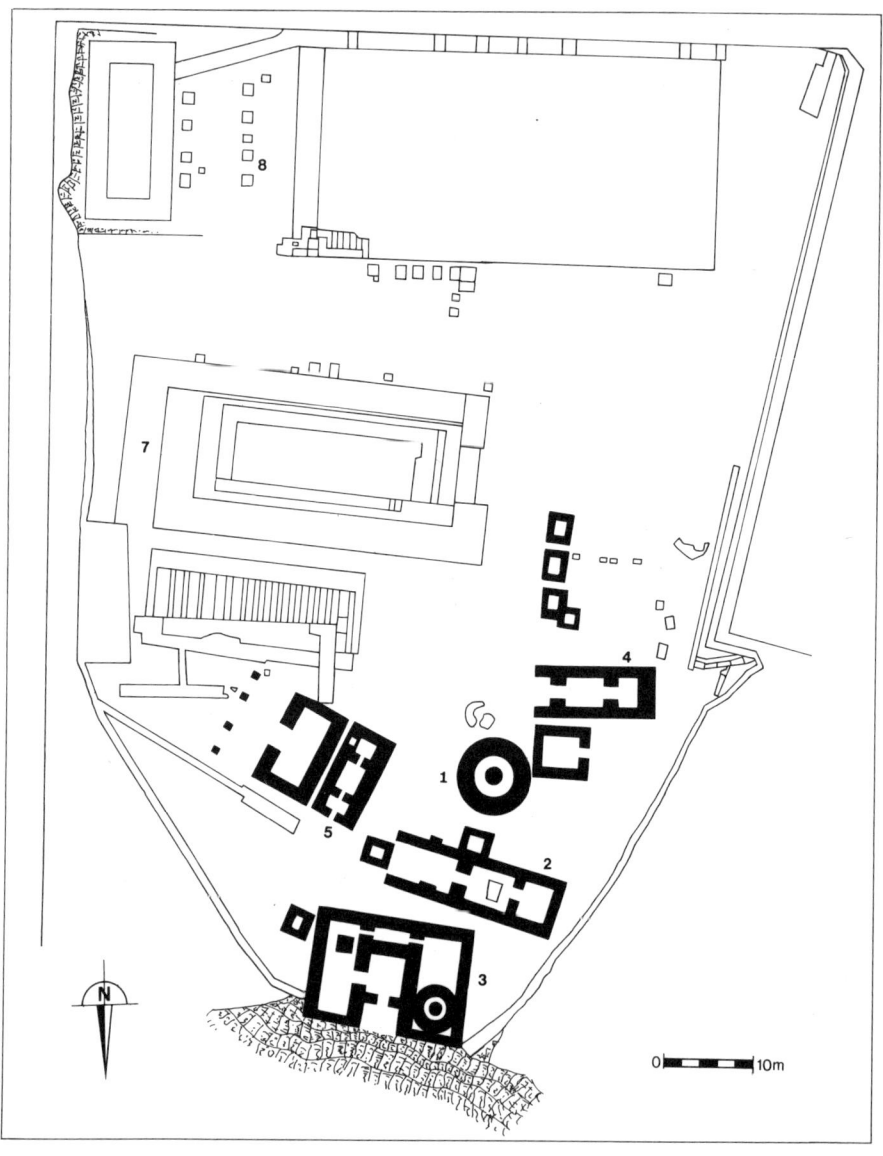

Fig. 26 Grundriß des Heiligtums der chthonischen Gottheiten von Agrigent

Fig. 27   Rekonstruktion des heiligen Bezirks der chthonischen Gottheiten von Agrigent. (Aus: P. Marconi, ›Agrigento arcaica‹, Palermo 1931)

Jahren 1836–1871 vom sizilischen Antikendienst wieder aufgerichtet wurde – heute ›Wahrzeichen‹ von Agrigent (Farbt. II). Sowohl im Entwurf als auch in seinen Bauformen gleicht dieser Tempel (ca. 13,39 x 31,00 m) mit seiner Ringhalle von 6 x 13 Säulen, wie auch der wenige Jahre später errichtete *Tempel L (8)*, stark dem Concordia-Tempel (der unten exemplarisch näher beschrieben wird; s. S. 133 ff.).

Tempel des Olympischen Zeus (Olympieion/Tempel B)

»Die nächste Station ward sodann bei den Ruinen des Jupitertempels gehalten. Dieser liegt weit gestreckt, wie die Knochenmasse eines Riesengerippes ... Alles Gebildete ist aus diesen Schutthaufen verschwunden, außer einem ungeheuren Triglyph und einem Stück einer demselben proportionierten Halbsäule. Jenen maß ich mit ausgespannten Armen und konnte ihn nicht erklaftern, von der Kannelierung der Säule hingegen kann

*Fig. 28 Baureste vom Tempel des Olympischen Zeus (Tempel B) in Agrigent. (Aus: Achille
Étienne Gigault de la Salle, ›Voyage Pittoresque en Sicile‹, Bd. I; Paris 1822)*

dies einen Begriff geben, daß ich, darin stehend, dieselbe als eine kleine Nische aus-
füllte, mit beiden Schultern anstoßend. Zweiundzwanzig Männer, im Kreise nebeneinander gestellt, würden ungefähr die Peripherie einer solchen Säule bilden. Wir schie-
den mit dem unangenehmen Gefühle, daß hier für den Zeichner gar nichts zu tun sei.«[41]

J. W. Goethe, 1787

»Der Tempel des Olympischen Zeus verdient es, daß man ihn mit Superlativen über-
häuft: Er ist der größte dorische Tempel überhaupt; die Absicht, den kolossalen Tempel G von Selinunt in den Schatten zu stellen, ist unverkennbar. Er ist die originellste,
aber auch abstruseste Schöpfung der griechischen Welt; in ihm findet sowohl die Mega-
lomanie, die hier die inneren und äußeren Schranken der dorischen Ordnung durch-
bricht als auch das ausgeprägte Raumgefühl des Westens seinen gewaltigsten Ausdruck.«[42]

G. Gruben, 1966

Superlative hier, unangenehmes Gefühl dort! Der Tempel des Olympischen Zeus (s. Fig.
28), von Goethe mißverstanden, sollte mit den Mitteln der Architektur – denn dieser
Tempel ist ein Siegesmonument – aus der Sicht der Agrigenter den vergeistigten Sieg

der sizilischen Griechen über Karthago für die Ewigkeit symbolisieren; ein Sieg, errungen von Theron und Gelon 480 v. Chr. bei *Himera,* mit dem die von Persern und Phöniziern bedrohte Freiheit der griechischen Welt erfolgreich verteidigt wurde (s. S. 72). Abgekehrt von der klassischen Tempelarchitektur der Griechen, entsteht durch Verschmelzung des karthagischen Pfeilersaals mit dem dorischen Peripteros ein bis dahin völlig neuartiges und einmaliges griechisches Tempelhaus, mit dem *Agrigent* den Sieg des Olympischen Zeus über den phönizisch-punischen Gott Moloch – dem grausame Menschen- und vor allem Kinderopfer dargebracht wurden – feierte; also den Sieg der griechischen Geisteswelt über die karthagische Welt der ›Barbaren‹ und ›Heiden‹!

Der zwingenden Forderung gehorchend, an Monumentalität auch Tempel G (50,07 x 110,12 m) von Selinus zu überbieten, legte man die Stylobatmaße des Olympieion (s. Fig. 29) mit 52,74 x 110,10 m fest, womit das größte dorische Gotteshaus der gesamten griechischen Welt kurz nach 480 v. Chr. in Planung ging; jedoch noch unvollendet wurde es im Jahre 406 v. Chr. von den Karthagern dem Erdboden gleichgemacht.

Die Verschmelzung aus Pfeilersaal und Peripteros führte zu einer dreischiffigen Grundrißlösung von annähernd gleichbreiten Mittel- und Seitenschiffen (Mittelschiff ca. 12,50 m) und somit zur Aufgabe der offenen Ringhalle griechischer Tempel,

so daß sich die Architekten für einen Pseudo-Peripteros mit 7 x 14 Halbsäulen von gewaltigen 4,05 m unterem Durchmesser bei ca. 8,20 m Jochtiefe entschieden. Halbsäulen an den Außenfassaden, dazu korrespondierende Pilaster an deren Innenseiten und auf derselben Achse, an den Innenwänden zwischen Mittel- und Seitenschiffen angelegte ›imaginäre‹ Pfeiler bildeten die Grundkonzeption des Entwurfes. Während die Innenpfeiler mit dorischen Antenkapitellen als tragende Stütze auf ca. 21 m bis zur Dachkonstruktion hochgezogen wurden, ließ man die Zwischenwände etwa auf halber Höhe liegen, um so den Eindruck endloser Raumweite zu verstärken. Tempel G von Selinus war

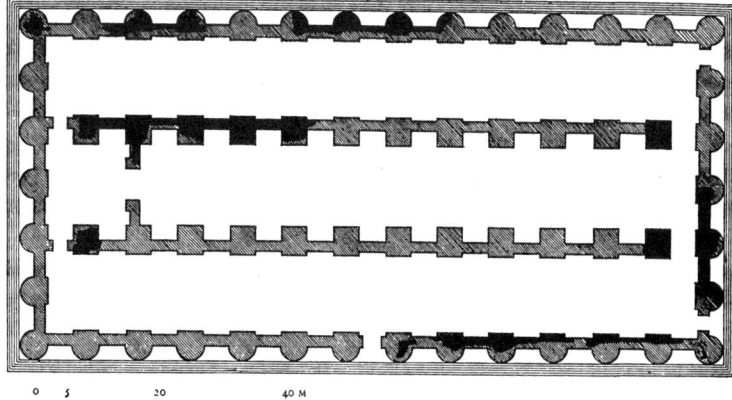

Fig. 29
Grundriß
vom Tempel
des Olym-
pischen Zeus
in Agrigent.
(Neuzeich-
nung)

Fig. 30 Ansicht und Querschnitt der rekonstruierten Fassade vom Tempel des Olympischen
Zeus. (Aus: R. Koldewey / O. Puchstein, ›Die griechischen Tempel in Unteritalien und Sicilien‹,
Bd. I, Abb. 143; Berlin 1899)

gewissermaßen auch Vorbild für die Blend-fassadengestaltung; so wird auch die Wirkung des Olympieions als dorischer Pseudo-Peripteros noch dadurch verstärkt, daß man, eine Sichtschranke vortäuschend, den oberen Teil der umlaufenden, völlig geschlossenen Außenwand als zurückspringende Nischen ausbildete, in die überlebensgroße, fast 8 m hohe, mit Stuck und Farbe überzogene Atlanten hineingestellt wurden; die schwere Gebälklast tragend, erfüllten sie einen symbolischen Sklavendienst Karthagos (Abb. 47, Fig. 30 u. Fig. S. 10). Imposant und großartig müssen dazu die riesenhaften bis zu 6 m hohen Giebelskulpturen gewirkt haben, die nach Berichten Diodors ebenfalls den Sieg des Griechentums über Karthago versinnbildlichen sollten: so zeigte der Westgiebel die Eroberung der Stadt Troja und der Ost-giebel den Kampf der olympischen Götter mit den Giganten.

Ganz eigenartig war der Zugang zum Tempel gestaltet, nicht monumental, wie es eigentlich zu erwarten gewesen wäre, sondern äußerst bescheiden: die Mittelachse war durch Halbsäulen mit Pilastern verstellt, so boten sich nur die Eckjoche des Ostgiebels für Türen an, dem in voller Tempelbreite ein Koloß von Opferaltar (54,50 x 17,50 m) vorgelagert war; ein weiteres schmales Portal dürfte im mittleren Joch der Südseite angelegt gewesen sein. Alle Zugänge führten jedoch erst in die Seitenschiffe, das Mittelschiff mit adyton-ähnlichem Raumtrakt im Westen war nur indirekt erreichbar – eine gelungene Grundrißlösung für Kultprozessionen innerhalb des Tempels!

Concordia-Tempel (Tempel F)

»Der Tempel der Concordia hat so vielen Jahrhunderten widerstanden; seine schlanke Baukunst nähert ihn schon unserem Maßstabe des Schönen und Gefälligen, er verhält sich zu denen von Paestum wie Göttergestalt zum Riesengebilde.«[43]

J. W. Goethe, 1787

Der völlig willkürlich so benannte Corcordia-Tempel (s. Fig. 31), um 425 v. Chr. errichtet, vielleicht den Dioskuren Castor und Pollux geweiht, gehört neben dem sog. Theseion in *Athen* (nach 449 v. Chr.) und dem Poseidon-Tempel in *Paestum* (nach 460 v. Chr.) zu den drei besterhaltenen Tempeln der griechischen Welt, was nicht zuletzt dem glücklichen Umstand zu verdanken ist, daß Bischof Gregorius II. von Girgenti (Agrigent) 597 n. Chr. alle bösen Dämonen aus dem heidnischen Tempel vertrieb und ihn als christliches Gotteshaus den Aposteln Petrus und Paulus weihte (s. Umschlagvorderseite u. Abb. 46). Es ist ein weiteres Glück, daß mit diesem Tempel über fast 2500 Jahre ein vollausgereiftes Meisterstück der dorischen Architektur erhalten blieb. Geradezu mit Raffinesse wurden hier Proportionierungen und Maßgenauigkeiten beachtet.

Fig. 31   Der Concordia-Tempel (Tempel F) in Agrigent. (Aus: Achille Étienne Gigault de la Salle, ›Voyage Pittoresque en Sicile‹, Bd. I; Paris 1822)

Tempel F steht mit seinem 3:7 proportionierten Stylobat (16,93 x 39,42 m) und seiner klassischen Peristasis von 6 x 13 Säulen ganz im Zeichen mutterländischer Tradition (s. Fig. 32), behält jedoch mit seiner zehnstufigen Freitreppe am Ostgiebel die archaische Frontalität sizilischer Tempel bei. Der klare Grundriß, bestehend aus 1½ Joch tiefen Fronthallen, 1 Joch tiefen Seitenhallen, Pronaos, Opisthodom und Cella – mit exakten Achsenbeziehungen untereinander, wurde von Gregorius derart umgebaut, daß man die Cellawände mit Arkaden durchbrach (die heute noch zu sehen sind), die Westwand völlig entfernte und die Interkolumnien zumauerte (?); all diese Veränderungen aus früh-christlicher Zeit wurden wahrscheinlich um 1788 von Ferdinand I. beseitigt.

Verblüffend und überwältigend sind die exakt eingehaltenen Maßverhältnisse und die mit großer Sorgfalt ausgeführten Steinmetzarbeiten. Waren es beim Tempel G in Selinus (um 520 v. Chr.) noch 25 cm Baungenauigkeit, beim Juno-Lacinia-Tempel in Agrigent (um 450 v. Chr.) zwar nur noch 5 cm, so gelang es beim Concordia-Tempel bei fast gleichbreiten Jochweiten der Fronten (3,195 m) und der Längsseiten (3,205 m), die Maßungenauigkeit auf 5 mm zu reduzieren – vom menschlichen Auge überhaupt nicht mehr wahrnehmbar.

Da Triglyphen und Metopen entsprechend klassischen Idealvorstellungen wie

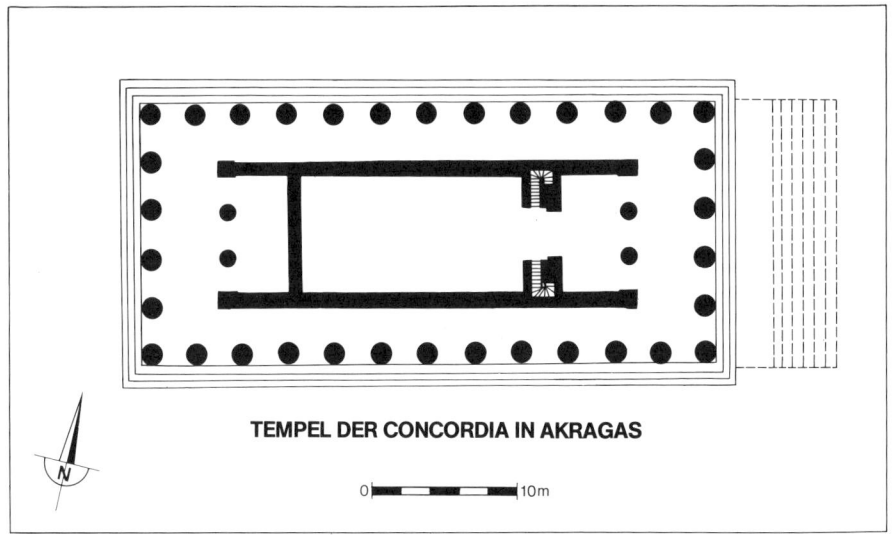

TEMPEL DER CONCORDIA IN AKRAGAS

0 ━━━━━ 10m

N

Fig. 32 Grundriß des Concordia-Tempels (Tempel F) in Agrigent. (Neuzeichnung)

2:3 zueinander proportioniert sein sollten, erforderte es eine Gesamtkontraktion von 30 cm, die, um ein scheinbares Gleichmaß zu erreichen, aufgeteilt wurden. So entschied man sich für eine doppelte Kontraktion, verengte die Eckjoche um 20 cm und das Nachbarjoch um 10 cm. Folgerichtig ergab sich ein ›circulus vitiosus‹, der wie folgt aufgefangen wurde: dort mußten die Ecktriglyphen und -metopen erweitert, hier deren Nachbarmetopen verengt werden, damit die Achse der zweiten Ecksäule wieder mit ihrer entsprechenden Triglyphenachse korrespondiert – eine ›formalistisch verspielte Realität‹ ohne Beispiel.

Segesta

Segesta, eine der drei Hauptstädte der Elymer, hebt sich als Gründung ausgewanderter Troianer von der kleinasiatischen Küste stark von den griechischen Städten Siziliens ab. Inmitten karthagischen Hoheitsgebietes war die Stadt zeitlebens gezwungen, ihre Bündnispolitik gleich dem Fähnlein im Wind zu wechseln, was zwangsläufig oftmals zu Katastrophen führte. Später wohl auch von knidischen und rhodischen Griechen besiedelt, wurde Segesta schnell von griechischem Geist und griechischer Kultur befruchtet.

Politisch in ständigem Streit mit *Selinus,* widersetzten sich die Bewohner mit karthagischer Hilfe hartnäckig der griechischen Landnahme, spielen ihren Hauptallianzpartner

Karthago jedoch oftmals auch gegen Athen aus. So ergreift Segesta bei der 1. sizilischen Expedition (427–424 v. Chr.) die Partei Athens, verleitet 416 v. Chr. die Athener mit lockenden Schätzen zur 2. sizilischen Expedition (415–413 v. Chr.), die nicht nur für Athen, sondern auch für die sizilischen Griechen zur Katastrophe wurde, da ihr Erbfeind, die Phönizier, nur darauf wartete, das sich selbst zerfleischende Sizilien mit einer Großoffensive erobern zu können (s. S. 69). 416 v. Chr. erneut von Selinus angegriffen, bleibt Segesta mit karthagischer Hilfe zwar siegreich, muß jedoch als Bundesgenosse Karthagos 397 v. Chr. eine schwere Belagerung durch Dionysios I. von *Syrakus* erdulden. Während des 4. Jh. v. Chr. stark an Bedeutung verlierend, wird die Stadt während des Ersten Punischen Krieges ein hilfreicher Partner Roms, womit sie für immer ihre politische Selbständigkeit aufgegeben hat.

Bisher archäologisch nur wenig erforscht, ruht die antike Stadt seit Jahrhunderten unter dem Erdboden. Eine Ausnahme bilden lediglich ein archaisches Heiligtum des 3.–6. Jh. v. Chr. südlich des Akropolishügels, der majestätische Tempel Segestas und ein hellenistisches Theater mit römischen Umbauten.

Der Tempel von Segesta

»Die Lage des Tempels ist sonderbar: am höchsten Ende eines weiten langen Tales, auf einem isolierten Hügel, aber doch noch von Klippen umgeben, sieht er über viel Land in eine weite Ferne, aber nur ein Eckchen Meer. Die Gegend ruht in trauriger Fruchtbarkeit, alles bebaut und fast nirgends eine Wohnung. Auf blühenden Disteln schwärmten unzählige Schmetterlinge. Wilder Fenchel stand, acht bis neun Fuß hoch, verdorrt von vorigem Jahr her so reichlich und in scheinbarer Ordnung, daß man es für die Anlage einer Baumschule hätte halten können. Der Wind sauste in den Säulen wie in einem Walde, und Raubvögel schwebten schreiend über dem Gebälke.«[44]

Zusammen mit dem Concordia-Tempel in Agrigent, ist der Tempel von Segesta der letzte große dorische Peripteros der gesamten antiken Welt (s. Fig. 33). Er wurde um 425 v. Chr. in der ›barbarischen‹ Stadt der Elymer gegründet, wie viele andere Tempel jedoch nie vollendet. Das Fehlen jeglicher Cellawände löste schließlich heiße Diskussionen darüber aus, ob dieser Tempel nicht überhaupt ursprünglich in diesem Teil der ›heidnischen‹ Welt nur als offene Ringhalle mit einem blauen Himmelsgewölbe geplant war. Einerseits spricht zwar das Fehlen jeglicher Gebälkaussparungen für eine Dachkonstruktion für die dachlose Theorie; andererseits ist es aber schwer vorstellbar, daß bei so gewissenhafter Durcharbeitung der Details, wie es nur ein meisterhafter Architekt veranlassen konnte, die Planung einer klassisch-dorischen Peripteros-Anlage mit Cella und Dachstuhl nicht vorgesehen gewesen sein soll. Verblüfft ist man besonders, daß hier weit außerhalb des griechischen Mutterlandes das Formengesetz der Entasis berücksichtigt wurde; so zeigt der Stylobat

45 AGRIGENT Tempel der Hera Lakinia (Tempel D; um 450 v. Chr.)

46 AGRIGENT Concordia-Tempel (Tempel F), um 430 v. Chr. errichtet, im 6. Jh. n. Chr. zu einer christlichen Kirche umgebaut

47 AGRIGENT Tempel des Olympischen Zeus (›Olympieion‹) mit nacktem Atlanten (nach 480 v. Chr.)

48   AGRIGENT   Tempel der Dioskuren Castor und Pollux (480–460 v. Chr.)

49   LIPARI   Archäologisches Museum: Mischkratér, um 540/530 v. Chr. Kunstvolle Vasenmalerei auf der Gefäßlippe mit Themen aus der griechischen Mythologie (unten und in der Mitte oben: Herakles im Kampf mit der Hydra von Lerna; rechts Theseus tötet den Minotauros) ▷

50 AGRIGENT Grab des Theron, 75 v. Chr., inmitten einer großen Nekropole

51 AGRIGENT Asklepios-Tempel (5. Jh. v. Chr.?)
Pseudoperipteros mit Halbsäulen

52 AGRIGENT Ostapsis der Normannen-Kirche S. Biago, auf den Fundamenten des Demeter-Tempels
(um 500 v. Chr.) errichtet

53 S. ANGELO MUXARO Tholosgräber des antiken Kamikos aus dem 11./9. Jh. v. Chr.
54 S. ANGELO MUXARO ›Tomba del Principe‹, Fürstengrab (11./9. Jh. v. Chr.)

55 FALCONARA Kastell aus dem 15. Jh.

56 PIAZZA ARMERINA Piazza Duomo mit der Barockfassade des Domes aus dem Jahre 1604

57 PIAZZA ARMERINA   Römische Kaiservilla in Casale (3. Jh. n. Chr.): Fußbodenmosaik aus dem ›Ambulacrum‹ mit der großen Jagdszene

58 PIAZZA ARMERINA   Römische Kaiservilla in Casale (3. Jh. n. Chr.): Fußbodenmosaik
aus dem ›Vestibül‹ mit dem kleinen Zirkus

59 MORGANTINA Griechische Stadtgründung der Chalkidier aus der ersten Hälfte des 6. Jh. v. Chr.:
Dionysos-Theater (3. Jh. v. Chr.) und Agora mit monumentalen Treppenaufgängen (um 300 v. Chr.)

60 GELA Festungsanlage von Capo Soprano, der antiken griechischen Stadt aus dem Jahre 339 v. Chr. Die Stadtmauer wurde erst 1948 entdeckt, sie ist die eindrucksvollste und besterhaltene griechische Quadermauer

61 GELA Ausfallpforte in der Stadtmauer, die im unteren Teil aus massiven Sandsteinquadern und im oberen Bereich der Mauerkrone aus luftgetrockneten Ziegeln besteht

62 GELA Detail der Quadermauer

63 PIANO DELLA FIERA (bei Butera) Einziges Dolmengrab mit Kopfstein, das bisher auf Sizilien entdeckt wurde (7. Jh. v. Chr., Grab eines Nicht-Siziliers?)

64 NOTO Corso Vittorio Emanuele und Chiesa S. Chiara, Barockkirche von R. Gagliardi (1730)

65 NOTO Die Kathedrale S. Nicola di Mira e Corrado. Die Barockkirche wurde 1693 begonnen und um 1776 vollendet; wahrscheinlich geht ihr Entwurf auf die Notre-Dame von Versailles (von Jules Hardouin-Mansart) zurück

66 NOTO Fassadendetail der Kathedrale

67 NOTO Chiesa S. Domenico. Kraftvolle Barockfassade von R. Gagliardi (1732/36)

Fig. 33 Der Tempel von Segesta. (Aus: Achille Étienne Gigault de la Salle, ›Voyage Pittoresque en Sicile‹, Bd. I; Paris 1822)

an den Fronten eine Kurvatur von ca. 4 cm, die sich auf der Längsseite entsprechend auf 8 cm erhöht; des weiteren entschied man sich für eine ›doppelte Eckkontraktion‹.

Den unfertigen Zustand des Tempels mit seinem ca. 2:5 proportioniertem Stylobat (23,13 x 58,04 m) und seiner Peristasis von 6 x 14 Säulen, erkennt man ebenfalls deutlich an den nichtkannelierten Säulentrommeln und den nur grob bearbeiteten Steinquadern des Unterbaues (Abb. 33, 35); neueste Grabungsbefunde lieferten schließlich den Beweis, daß der Tempel tatsächlich mit Cella geplant war.

Das Theater von Segesta

Unmittelbar am nördlichen Felsrand des 431 m hohen Monte Barbaro, wo sich ehemals die antike Stadt ausbreitete, öffnet sich gegen Norden der weite Halbkreis des Theaters (Abb. 34), das den Blick über eine weite fruchtbare Hügellandschaft – zerschnitten von breiten Autostraßen – freigibt, bis hin zur Nordküste Siziliens nach *Castellammare*, dem antiken Hafen von Segesta, und weiter in Richtung Westen zum Burgberg von

Erice. Das ursprünglich hellenistische Theater des 3./2. Jh. v. Chr. wurde etwa gegen
100 v. Chr. durch römische Umbauten beträchtlich verändert. Obwohl die ursprünglichen Skenen-Aufbauten nicht mehr erhalten sind, hat das Theater mit seiner 63 m
weiten Orchestra und seinen 20 Zuschauerreihen immer noch eine imposante Wirkung.
Die Skenen-Gebäude müssen ehemals einen prachtvollen Rahmen für die Bühne gebildet haben; von einem mächtigen Giebeldach bekrönt, erhob sich über dem Proskenion
ein feingegliedertes zweigeschossiges Bühnenhaus, das seitlich von säulenbestandenen
Risaliten, ebenfalls mit Giebeln gekrönt, flankiert wurde.

Die römische Epoche
(Frühchristliche und oströmisch-byzantinische Zeit)

»Wozu brauche ich die von allen gepriesene Trefflichkeit (Siziliens) zu erwähnen, die sie der von Italien in nichts nachsetzen? Hinsichtlich des Getreides, des Honigs, des Safrans und einiger anderer Erzeugnisse aber kann man es wohl für noch vorzüglicher erklären. Dazu kommt noch die Nähe; denn die Insel ist gewissermaßen ein Teil Italiens und liefert Rom, wie von den italienischen Gefilden aus, alles leicht und ohne Mühe. Darum nennt man sie denn auch die *Vorratskammer Roms*. Denn dorthin gehen alle ihre Erzeugnisse außer dem wenigen, was auf ihr selbst verzehrt wird. Es sind dies aber nicht nur Früchte, sondern auch Vieh, Häute, Wolle, und dergleichen.«[45]

Für die junge und aufsteigende Macht Rom war es schon lange ein Ärgernis, Sizilien und speziell die strategisch wie handelspolitisch so bedeutende Meerenge von Messina fest in karthagischer Hand zu wissen; daher betrachtete man in Rom den Hilferuf der Mamertiner aus dem Gebiet *Rhegion/Messina* gegen Karthago als willkommenen Anlaß, in die Streitigkeiten einzugreifen. So entbrannte zwischen *Rom* und *Karthago* der Erste Punische Krieg (264–241 v. Chr.), der mit aller Heftigkeit um und auf Sizilien wütete. 241 v. Chr. gelang Rom dann endlich bei den Egadischen Inseln der entscheidende Seesieg über die Phönizier; nun konnte Karthago zum Frieden und zur Aufgabe der Insel gezwungen werden; Sizilien wurde – mit Ausnahme des unabhängigen Königreiches Hierons II. in *Syrakus* (bis zu seinem Tode 215 v. Chr. von Rom zum Dank für seine Treue im Kampf gegen Karthago geduldet) – die erste Provinz des ›Römischen Imperiums‹.

Seit ca. 227 v. Chr. wurden die Geschicke der römischen Provinz Sizilien von einem Praetor, der jedes Jahr in seinem Amt bestätigt werden mußte, von seiner Residenz in Syrakus aus gelenkt, dem man ausnahmsweise zwei Quaestoren, wie sie in sonst keiner anderen Provinz etabliert waren, mit Sitz in Lilybaeum und ebenfalls in Syrakus unterstellte. Mit strenger Ordnung errichtete Rom im Laufe der Zeit auf der Insel einen gut funktionierenden Verwaltungsapparat. Siziliens Bevölkerung wurde später von Cicero (106–43 v. Chr.), in eine ›Vier-Klassengesellschaft‹ wie folgt eingestuft:

»Civitates Foederatae«: Bevorzugte Bürgerstädte (*Messina* und *Taormina*) mit allgemeiner Steuerfreiheit, die nur in Notzeiten an Rom Korn liefern mußten.

»Civitates Liberae atque Immunes«: Abgabenfreie Bürgerstädte ohne besondere vertragliche Vereinbarungen, zu denen u. a. die Städte *Centuripe, Palermo* und *Segesta* gehörten.

»Civitates Decumanae«: Zu diesen Bürgerstädten gehörte der größte Teil Siziliens; wie der Name ›Decumanae‹ es bereits andeutet, waren die Bürger dieser Städte (*Agrigent, Enna, Etna, Gela, Megara Hyblea, Minoa Heraclea* u. a.) verpflichtet, Rom mind. $^1/_{10}$ ihrer Ernte abzugeben.

»Ager Publicus«: Zumeist gehörten zu dieser vierten Klasse Städte, die Rom bei der Eroberung Siziliens besonders hartnäckigen Widerstand geleistet hatten; die Zuordnung zu dieser Klasse ist durchaus als Strafe zu verstehen; zu ihr gehörten u. a.: *Camarina, Lilybaeum, Megara, Selinus.* Sie wurden vor allem dadurch hart getroffen, daß man ihre gesamten Ländereien verpachtete; die Bewohner mußten also auf ihrem eigenen Acker als Tagelöhner arbeiten. Bei späteren Reformbewegungen gab man, wie Plinius (23–79 n. Chr.) berichtet, dieses Gesellschaftssystem auf, um die dritte und vierte Klasse zusammenzufassen, jetzt waren ihnen als sog. »stipendiarii« von Rom nur noch ganz bestimmte Abgaben auferlegt, bis endlich allen Bewohnern Siziliens, wie auch den Bewohnern aller anderen Provinzen, das römische Bürgerrecht als ›Cives Romani‹ verliehen wurde, was spätestens 212 n. Chr. z. Zeit Caracallas (186–217 n. Chr.) geschah.

Elementare soziale Mißstände in der zweiten Hälfte des 2. Jh. v. Chr. erschütterten Sizilien so heftig, daß sich Bürger und Sklaven mit ungeheurer Vehemenz gegen die prätorischen Heere stellten und die Insel, nach jahrelangen Kämpfen, verwüstet und gebrandschatzt einem Chaos glich. Ausgelöst wurde dieser Konflikt durch den syrischen Sklaven Eunus[46], der 136 v. Chr. gegen seinen Herrn Damophilos in *Enna* aufbegehrte, die rücksichtslose Grausamkeit und Ausbeutung der Sklaven durch die Latifundienwirtschaft anprangerte und so zum Führer des 1. Sklavenkrieges (135–131 v. Chr.) erhoben wurde, dem sich viele Freie anschlossen und der sich schnell wie ein Lauffeuer über ganz Sizilien ausbreitete, schließlich aber doch durch Verstärkungen aus Rom blutig niedergeschlagen werden konnte. Da die Ursachen dieses Aufstandes nicht beseitigt wurden und der Wiederaufbau nur mühsam gelang, bestanden die sozialen Spannungen auch weiterhin, so daß es nur noch eine Frage der Zeit war, wann der 2. Sklavenkrieg (104–101 v. Chr.) ausbrechen und mit gleicher Heftigkeit auf der Insel toben würde; abermals wurde der Aufstand nur mit Hilfe aus Rom niedergeworfen, es wurden jedoch durch neue Agrargesetze zumindest die gravierendsten Mißstände beseitigt.

Fortan spielte Sizilien in der politischen Geschichte Roms keine große Rolle mehr, und es verlor stark an Bedeutung; wahrscheinlich blieb die Insel nun sogar für längere Zeit von schwerwiegenden kriegerischen Auseinandersetzungen bis zum Einbruch der Wandalen unter Geiserich (440 n. Chr.) verschont. Berühmt geworden ist als Beispiel für Mißstände in der Provinzverwaltung die ›Millionenbetrugsaffäre‹ von C. Verres, der sich als Propraetor in den Jahren 73–71 v. Chr., unter Mißbrauch seiner Amtsgewalt, mit dem Raub von Kunstschätzen und der Unterschlagung von Steuergeldern ein

Fig. 34 Das ›griechische‹ Theater von Taormina. (Aus: Achille Étienne Gigault de la Salle, ›Voyage Pittoresque en Sicile‹, Bd. II; Paris 1822)

immenses Vermögen ergaunert hatte; von Cicero (75 v. Chr. Propraetor auf Sizilien) als Anwalt der Bürger Siziliens angeklagt, wurde Verres 70 v. Chr. in Rom verurteilt.

Sizilien ist verhältnismäßig arm an römischen Kunstwerken, Tempeln oder prachtvollen öffentlichen Gebäuden. Heute vermittelt dem Reisenden nur Weniges ein anschauliches Bild der römischen Epoche; von nachhaltiger Wirkung sind aber das sog. ›Griechische Theater‹ in Taormina (1. Jh. n. Chr.; s. Fig. 34, Farbt. I u. Abb. 125), das Amphitheater in Syrakus (3. Jh. n. Chr.; Abb. 89) und die prachtvolle Jagdvilla Casale (um 300 n. Chr.) bei Piazza Armerina (Abb. 57, 58). Auch auf geistigphilosophischem Gebiet vermochte Sizilien während der römischen Epoche in keiner Weise an die wissenschaftlichen Glanzleistungen der griechischen Zeit, wie etwa eines Archimedes, anzuschließen; eine rühmliche Ausnahme war Diodoros aus Agyrion (1. Jh. v. Chr.), der als Weltreisender eine vierzigbändige Universalgeschichte von der Entstehung der Welt bis zu Caesars Eroberungen in Britanien (54 v. Chr.) verfaßte.

»Nach drei Monaten aber fuhren wir (von Malta) ab auf einem Schiff, das auf der Insel überwintert hatte, einem alexandrinischen mit den Dioskuren (Castor und Pollux, den beiden Zwillingssöhnen des Zeus) als Wahrzeichen. Und wir liefen in Syrakus ein und blieben drei Tage. Und von da segelten wir in einem Bogen weiter und gelangten nach Rhegion. Und da nach einem Tage sich der Südwind erhob, kamen wir in zwei Tagen nach Puteoli. Hier fanden wir Brüder und wurden gebeten, sieben Tage bei Ihnen zu bleiben. Und so kamen wir nach Rom.«[47] So berichtet Paulus in der Apostelgeschichte.

Die Geschehnisse der frühchristlichen Zeit auf Sizilien sind bisher nur sehr wenig erforscht; so ist es auch völlig ungewiß, wann und woher die christliche Lehre kam, ehe sie sich auf Sizilien ausbreiten konnte. Die älteste frühchristliche Nachricht existiert aus *Syrakus*, danach soll bereits 44 n. Chr. Marcian aus Antiochia eine christliche Gemeinde gegründet haben. Erstaunlich bleibt jedoch in diesem Zusammenhang, warum in der Apostelgeschichte so stark differenziert wird: da heißt es u. a., daß Paulus im Jahre 61 n. Chr. auf seiner Reise nach Rom in *Puteoli*, der antiken Hafenstadt von *Kyme*, von ›Brüdern‹ – wohl von einer christlichen Gemeinde – eingeladen wurde, in *Syrakus* und *Rhegion* dagegen scheint er ›nur‹ verweilt zu haben; sicherlich aber nicht ohne das ›Wort Gottes‹ zu verkünden, zu taufen und zu christianisieren. Vielleicht fand sein

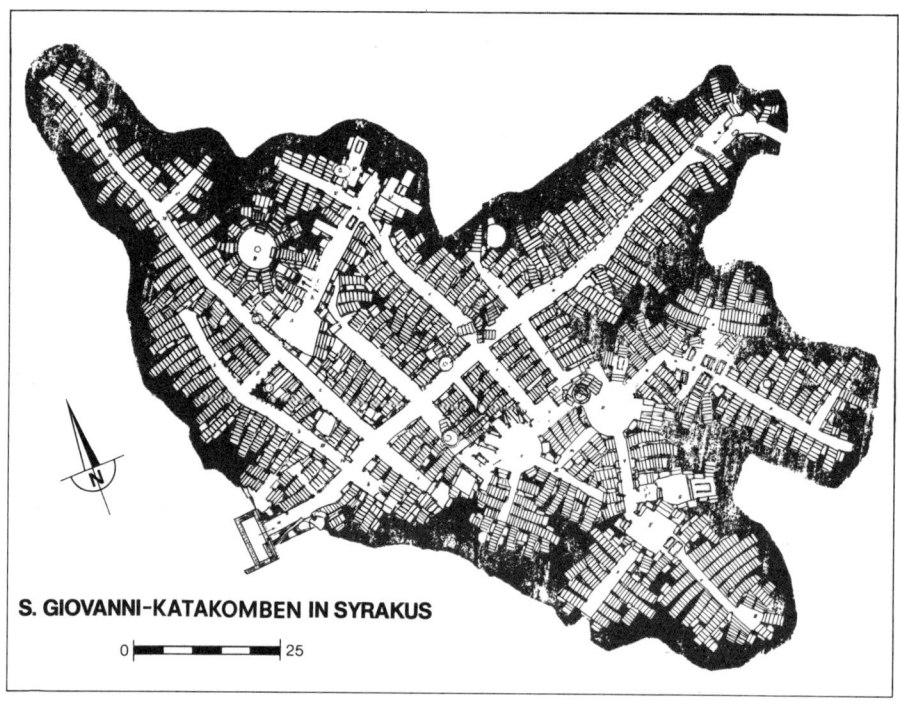

S. GIOVANNI-KATAKOMBEN IN SYRAKUS

0 ⊢▬▭▬▭▬▭⊣ 25

Fig. 35   Die Katakomben von Syrakus. (Aus: J. Führer / V. Schultze, ›Die altchristlichen Grabstätten Siziliens‹, in: ›Jahrbuch des deutschen archäologischen Instituts‹, Ergänzungsheft VII, 1907, Tafel I)

Fig. 36 Der Sündenfall im Paradies. Detail vom Sarkophag der Adelphia; um 340 n. Chr. (Archäologisches Museum, Syrakus)

Besuch sogar schon in den Katakomben von Syrakus statt, die an labyrinthartiger Weiträumigkeit und Größe denen von Rom durchaus ebenbürtig sind.

Die spärlichen Nachrichten römischer Historiker über Christenverfolgungen auf Sizilien scheinen daraufhin zu deuten, daß hier längst nicht mit den sonst gebräuchlichen Methoden der Römer gegen die Christen vorgegangen wurde, sicherlich blieben sie aber auch nicht davor verschont. Die vielen Katakomben in *Agrigent, Akrai* und vor allem in *Syrakus* (s. Fig. 35) waren jedoch keine Verstecke der Christen, sondern den Römern wohl bekannte Grabstätten, in denen nicht nur Christen bestattet wurden. Jedenfalls scheint die sizilisch-griechische Bevölkerung dem Christentum gegenüber eher aufgeschlossen als abweisend gewesen zu sein, da sie ja gleich den Christen die gequälten Unterdrückten Roms waren. Seit dem 5. Jh. etwa dürfte Sizilien größtenteils christianisiert gewesen sein und in den historischen Städten über einige Bischofssitze verfügt haben.

Auf der Suche nach christlichen Kunstwerken aus der römischen Epoche wird man sehr enttäuscht, da die Zeugnisse frühchristlicher Werke auf Sizilien äußerst bescheiden sind. Neben den vielen Katakomben mit nur wenigen Versuchen, in den unterirdischen Höhlen architektonisch zu gestalten (Abb. 100) und den spärlichen Freskenfragmenten gibt es kaum etwas Nennenswertes. Rühmliche Ausnahme ist lediglich der Adelphia-Sarkophag aus den S. Giovanni-Katakomben in *Syrakus*, eine spätrömische Arbeit aus der Zeit um 340 n. Chr. mit teilweise ausdrucksstarken Themen des Alten und Neuen Testamentes (s. Fig. 36).

Aus dem großen politischen Weltgeschehen völlig verdrängt, führte Sizilien in den ersten Jahren der christlichen Zeitrechnung eine recht bescheidene Nebenrolle und wurde selbst von politischen Weltentscheidungen nur indirekt betroffen. So wurde die Insel erst viel später in die Reichsteilung des ›Römischen Imperiums‹ einbezogen. Sizilien war bereits vor dem Untergang des Weströmischen Reiches (476 n. Chr.) in den Machtbereich von Wandalen und Ostgoten geraten und konnte erst vom Oströmischen (Byzantinischen) Reich wieder befreit werden. Gemeint ist hier jene Reichtsteilung, die durch den Tod des großen Staatsmannes Theodosius I. (347–395 n. Chr.) herbeigeführt wurde, aber schon von Kaiser Diokletian 293 n. Chr. eingeführt war, nur nie konsequent eingehalten wurde. Erst durch die Aufteilung des ›Römischen Imperiums‹ (395 n. Chr.) unter die Söhne Theodosius' I., Honorius und Arcadius, erfolgte die endgültige Trennung in ein Oströmisches (Byzantinisches) und ein Weströmisches Reich.

Rom, von inneren Kämpfen nun immer mehr geschwächt und dem drohenden Druck von Hunnen, Wandalen, West- und Ostgoten ausgesetzt, kann sich deren heftiger Angriffe nicht mehr lange erwehren; so wird Sizilien bereits 440 von dem Wandalen-Fürsten Geiserich überrannt, und selbst die letzten gemeinsamen Kraftanstrengungen des West- und Oströmischen Reiches können den sich ankündigenden endgültigen Untergang Roms nicht mehr verhindern: 476 wird der letzte weströmische Kaiser Romulus Augustulus durch den Germanenfürsten Odoakar abgesetzt, dem es gleichzeitig gelingt, Sizilien von Geiserich gegen Tributzahlungen zu erwerben; das Byzantinische (Oströmische) Reich dagegen kann sich noch ein weiteres Jahrtausend bis zur Einnahme Konstantinopels durch die Türken, halten (1453). Im Westen treten nach Odoakars Tod (493) die Ostgoten unter Theoderich das Erbe des Weströmischen Reiches an, die auch Sizilien unter ihren Machteinfluß bringen können und den römischen Verwaltungsapparat auf der Insel größtenteils übernehmen.

Bald schon überlassen die Ostgoten dem Byzantinischen Reich Sizilien als militärischen Stützpunkt (533), von dem aus Belisar (erfolgreichster Feldherr Justinians I.) seine Nordafrika-Expansionen leitet; dort siegreich, gelingt es ihm nun auch schnell, Sizilien im Handstreich den Ostgoten zu entreißen, so daß die Insel von 535 bis 827 byzantinische Provinz ist.

Nach grausamen Rachefeldzügen und Plünderungen der Goten in vielen sizilischen Städten (549–551), kommt mit den Arabern und ihrer neuen islamischen Weltreligion für Sizilien und das Byzantinische Reich eine neue Gefahr auf. Nachdem schon 652 die Insel den ersten arabischen Sturmlauf über sich ergehen lassen mußte, wurde für Konstantinopel der arabische Druck aus Nordafrika und der Langobarden-Ansturm in Italien so bedrohlich, daß sich der byzantinische Kaiser Konstans II. (641–688) im Jahre 663 entschloß, seine Residenz nach *Syrakus* zu verlegen, um von Sizilien aus die Verteidigung des Reiches zu lenken; vom Adel in Konstantinopel nicht unterstützt, war Konstans II. in Syrakus wenig erfolgreich; er wurde 668 in seiner neuen Residenz im Bade ermordet.

Zur Zeit, da in Byzanz mit der syrischen (717–802) und der amorischen (820–867) Dynastie jene Kaiser zur Macht gelangten, die den Ikonoklasmus (Bilderstreit von 726 bis 843) einführten, geriet auch Sizilien in die ständigen Streitigkeiten zwischen byzantinischem Kaiser in *Konstantinopel* und dem Bischof von *Rom*. In ihrer Not gingen die Sizilier das gefährliche Bündnis mit den Stämmen der Aghlabiden aus Nordafrika ein (827), die die schwache Position Siziliens schnell erkannten und die Insel nach und nach für sich eroberten. Mit der großen Invasion von Zijadat Allah I. am 17. Juni 827 bei *Lilybaeum* beginnt der fast hundertjährige Kampf der Araber um Sizilien; nach *Palermo* (831), *Cefalù* (857), *Enna* (859) und *Syrakus* (878) ergibt sich schließlich auch *Taormina* im Jahre 901 als letzte sizilische Stadt den Arabern.

Die St. Marcian-Krypta in Syrakus

Der Felsenkrypta St. Marcians, in unmittelbarer Nähe der weitausgefächerten Katakomben von *Syrakus* gelegen, wird ein sehr hohes Alter zugeschrieben; sie soll auf den Heiligen Marcian zurückgehen, der 44 n. Chr. in Syrakus die erste christliche Gemeinde

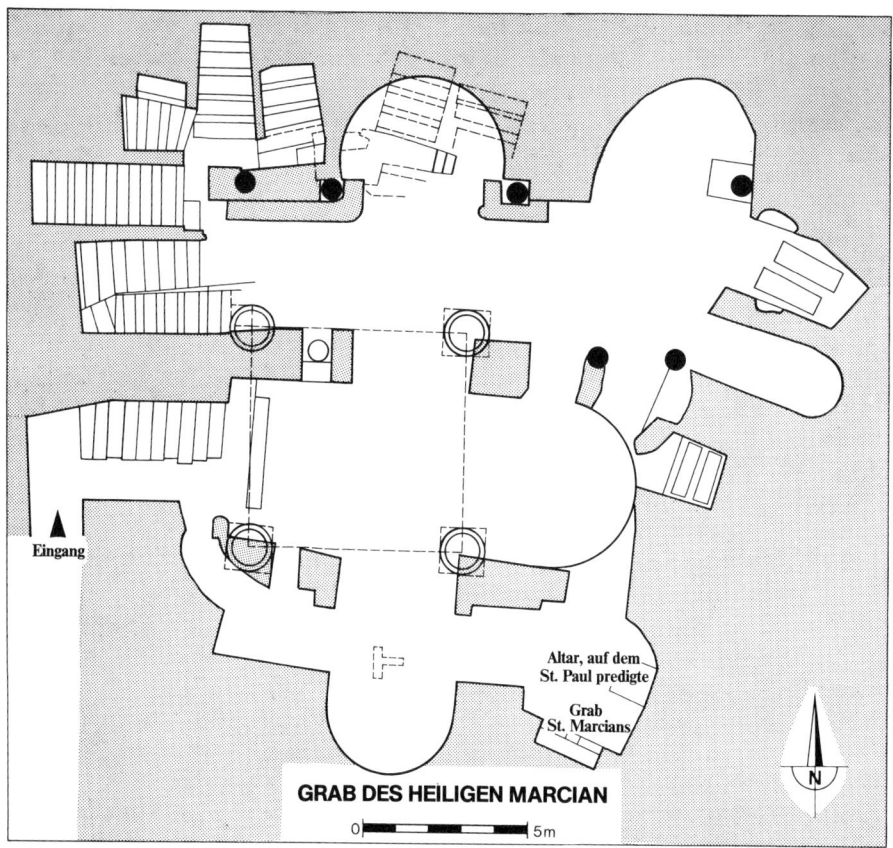

Fig. 37 Grundriß der St. Marcian-Krypta in Syrakus

Siziliens gegründet haben soll; die frühchristliche Legende weiß sogar zu berichten, daß der Apostel Paulus 61 n. Chr. beim Besuch der Stadt an diesem heiligen Ort zu seinen Glaubensbrüdern gepredigt habe. Ursprünglich dürften die unterirdischen Räume ein römisches Hypogäum gewesen sein, in dem Marcian den Märtyrertod erdulden mußte; erst viel später errichteten die Christen der Stadt an diesem Ort dem Heiligen eine kleine Kapelle, die bald Zentrum der großen Katakombenanlage von Syrakus wurde. Der Grundriß der Krypta (s. Fig. 37) zeigt heute einen interessanten ›Dreikonchentyp‹ über griechischem Kreuz, der etwa in die Mitte des 3. Jh. zu datieren ist; viel Beiwerk aus späterer Zeit erschwert leider eine exakte Bauanalyse dieses wohl ältesten christlichen Gebäudes der Insel. Liturgischen Bedürfnissen folgend eindeutig geostet, befinden sich im Nordwesten der Krypta mehrere Gräber, in der Mittelapsis Freskenfragmente des 4./6. Jh. (?) und in einer Nische der Südostecke das Grab St. Marcians, links daneben der Altar, von dem der Apostel Paulus zu seinen Brüdern gesprochen haben soll. Die eingemauerten Vierungssäulen lassen die weitreichenden Bauänderungen aus römischer, byzantinischer und normannischer Zeit erkennen. Am eindrucksvollsten sind in der Krypta mit Abstand die vier normannischen Kämpferkapitelle mit ionischem Schmuckinventar und den Symbolen der vier Evangelisten: Matthäus als Engel, Johannes als Adler (und die beiden Apostelschüler) Markus als Löwe und Lukas als Stier (Abb. 91).

Die römische Kaiservilla Herkulia in Casale bei Piazza Armerina

Nur wenige Kilometer außerhalb von *Piazza Armerina* ruhen inmitten der mit Pinien, Zypressen und Eichen dicht bestandenen Hänge des Monte Mangone die eindrucksvollen Baureste der luxuriösen ›Jagdvilla‹ des weströmischen Kaisers Maximianus Herkulius (240–310; zusammen mit Diokletian Kaiser von 286–304[48]), eine ehemals imposante Anlage, die wohl nicht nur für die Jagdzeit vom August bis Oktober von der kaiserlichen Familie bewohnt wurde, sondern wahrscheinlich sogar, nach des Kaisers Amtszeit in Rom, dessen Privatwohnsitz war, der einst unmittelbar an der wichtigen römischen Via Publica lag, die quer über die Insel von Agrigent nach Catania verlief.

Der leicht terrassierte Gebäudekomplex der Villa zeichnet sich besonders durch eine eigenwillige Achsenbrechung aus (s. Fig. 38), wodurch der Eindruck einer unmotivierten Gruppierung der einzelnen Raumtrakte entsteht, die bewußt asymmetrisch angelegt sind und alle eine Vorliebe für Raumbildungen mit Apsidialabschluß zeigen. Die bisher ausgegrabenen Gebäude gliedern sich in vier verschiedene Raumgruppen auf, die alle schiefwinklig zueinander angeordnet sind: Zentrum ist ein monumentales Peristyl, von dem man einst sowohl zu den Thermen im Westen als auch zu den östlichen Wohnräumen, aber ebenso zu dem elliptischen Atriumhof mit dem Triclinium gelangte. Auf den Grundmauern eines kleinen Landhauses des 2. Jh. n. Chr. um 300 errichtet, gehört die Villa Herkulia mit ihren Marmorverkleidungen und über 3500 m² Fußbodenmosaiken neben der Hadrians-Villa in *Tivoli* und der Diokletians-Villa in *Spalato* zu den prachtvollsten Kaiservillen der römischen Epoche. Die verhältnismäßig genaue Datierung der Bauzeit ergibt sich vor allem aus den figuralen Mosaikmotiven, die teilweise den typischen Zeitgeschmack jener Epoche widerspiegeln, der sich besonders an den männlichen und weiblichen Haartrachten, aber auch an ihrer modischen Kleidung erkennen läßt; im Stil der Mosaiktechnik treten deutlich nordafrikanische Einflüsse hervor, wahrscheinlich haben sogar zum Teil afrikanische ›Künstler‹ die Arbeiten ausgeführt.

Der großartige Kaiserbau hat verhältnismäßig lange die wechselvolle Geschichte der Insel überlebt; im 6./7. Jh. erheblich restauriert und in den Mosaiken ausgebessert, von den Arabern eingerissen, von den Normannen um 1000 wieder bewohnt, wurde der Bau schließlich um 1200 endgültig von Guglielmo il Malo (Wilhelm I.) zerstört, der dann weiter nördlich *Piazza Armerina* gründete. Obwohl Casale daraufhin verlassen wurde, schwand die Erinnerung an eine großartige Anlage im Tal von Mangone bei der Bevölkerung nie, so daß schon recht frühzeitig heimatkundliche Bemühungen aktiviert wurden, um das ›Geheimnis von Casale‹ zu lüften.

Die ältesten (bekannten) Funde glückten bereits 1761, in den Jahren 1812, 1859 und 1881 folgten ihnen weitere, bis endlich P. Orsi (1929) und G. Cultrera (1935/1939) mit systematischen Grabungen begannen und dabei die Mosaiken des Tricliniums mit den mythischen Erzählungen des Herakles (34) und der Exedra mit ›Afrika‹ (25) freilegten. Schließlich brachten 1950 die Untersuchungen von G. V. Gentili den gesamten Gebäudekomplex der spätrömischen Kaiservilla Herkulia zutage.

Rundgang:

Durchaus in der Absicht, desillusionieren zu wollen, sei vor dem Rundgang durch die luxuriöse ›Jagdvilla‹ erlaubt, das Problem der Christenverfolgungen und der Sklavenhaltung jener Zeit anzudeuten: denn während man hier pompöse Feste feierte, wurden an anderen Orten der Insel, teilweise in den zur Römerzeit umgebauten griechischen Theatern, Sklaven und Christen bei Gladiatorenspielen grausam abgeschlachtet ...

1) Portikus: Der monumentale Haupteingang war ehemals als dreitoriger Triumphbogen mit kräftigem Attikaabschluß geplant. Alle drei Torbögen waren einst von monolithischen Marmorsäulen flankiert, sowohl an den Innen- als auch an den Außenseiten der beiden Mittelpfeiler waren nischenförmige Brunnenbecken ausgespart, die wohl von der Attika aus mit Wasser gespeist wurden.

2) Eingangs-Atrium: Der im Grundriß eigenartige polygonale Atriumhof war einst von einer schattigen offenen Säulenhalle umgeben, deren monolithische Marmorsäulen mit ihren gedrungenen ionischen Kapitellen noch erhalten sind. Im Zentrum des Hofes erkennt man eine quadratische Aussparung für einen Brunnen; die wenigen Mosaikfragmente zeigen viel-

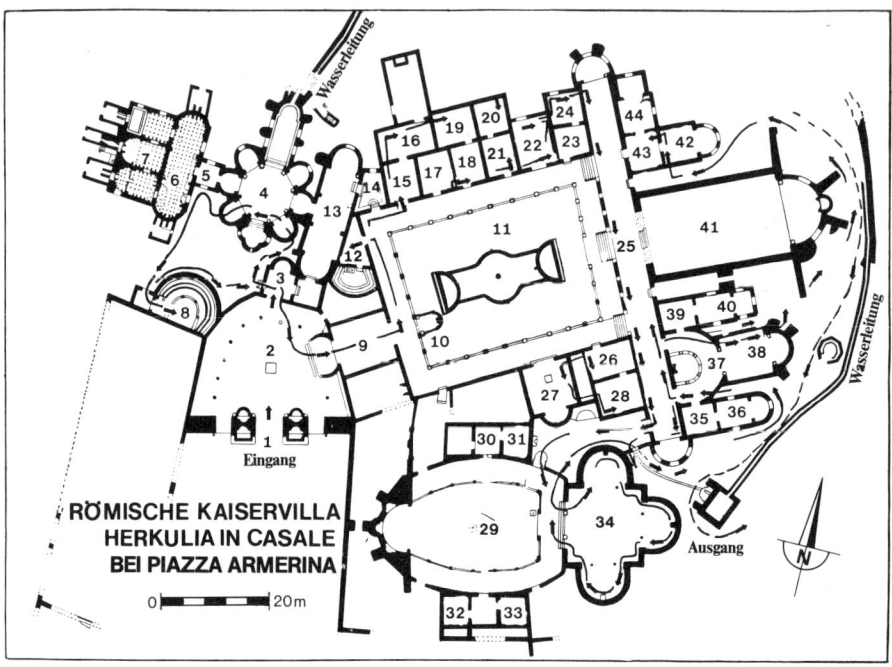

Fig. 38 Grundriß der römischen Kaiservilla Herkulia in Casale bei Piazza Armerina

farbige Schuppenmuster. An der Ostseite ist der Säulenhalle ein breiter Treppenaufgang eingebunden, der den Haupteingang der Kaiservilla darstellt; südlich des Eingangs (rechts) ist eine schmale Bank für Einlaßbittende erhalten.

3) Ädikula (›Heiligtum‹) der Thermen: An der Nordseite des Atriums öffnet sich ein schmaler Durchgang, der zu einem fast quadratischen Raum mit Apsisabschluß führt, in dem einst Aphrodite verehrt wurde, von deren Statue nur spärliche Fragmente erhalten sind. Die stark zerstörten Fußbodenmosaiken zeigen geometrische Motive mit einer Blume im Zentrum und Rosenmotiven in den einzelnen Quadraten.

4) Das Frigidarium (Kaltbad): Der architekturgeschichtlich hoch interessante Zentralraum des Frigidariums mit seinem einst überkuppelten achteckigen Hautpraum sowie je drei konchenartigen Nischen im Westen und Osten, einer weiteren kleeblattförmigen Nische im Süden und einer sehr langgestreckten Nische mit Apsidialabschluß im Norden, dessen Raum hier als Kaltwasserbad ausgebildet war, ist mit dieser Grundrißlösung ein wichtiger Vorläufer der frühchristlichen Zentralbauten, wie wir sie u. a. aus Rom (S. Costanza; Mausoleum der Constantia, Tochter Konstantins d. Gr., um 330 n. Chr.), Köln (St. Gereon, zweite Hälfte des 4. Jh. n. Chr) und Ravenna (S. Vitale, fertiggestellt 547 n. Chr.) kennen.

Der stark abgenutzte Fußboden des Mittelraumes besitzt Mosaiken mit verschiedenen Meeresmotiven: Auf einem bewegten Meer mit sich tummmelnden Fischen gleiten vier kleine Boote durch das Wasser, die von dem Meeresgott Okeanos, den Nereiden, Hippokampen (Pferde mit Fischunterleib), Kentauren, Meerlöwen und Stieren umgeben sind. In der westlichen Nische (4a) erkennen wir Mosaiken, auf denen sich ein Mädchen für das Bad entkleidet, zwei Dienerinnen nehmen ihre Kleider ab; vielleicht sehen wir hier das jugendliche Bildnis der Fausta, Tochter des Kaisers Maximianus Herkulius, Gemahlin Konstantins I. Die Mosaiken in der nordöstlichen Nische (4b) zeigen einen leicht schielenden jungen Mann, der sich nach dem Bade auf einem weichen Leopardenfell ausruht, derweil ihm zwei Diener, die mit einer weißen Tunika bekleidet sind, seine prachtvollen Kleider reichen. Einige Forscher wollen in diesem Bildnis den jungen, noch ungekrönten Maxentius erkennen.

5) Massage- und Salbraum (›Unctiones‹): Kleiner quadratischer Verbindungsraum zwischen Frigidarium und Tepidarium. Die Mosaiken zeigen eine kopflose athletische Männergestalt, die von einem jungen Diener an Rücken und rechtem Arm massiert wird; zwei junge Sklaven mit weißem Lendenschurz (darauf die Inschriften Titus und Cassius) bringen situlaförmige Salbgefäße. Einer der beiden Diener trägt eine merkwürdige syrische Priesterkappe.

6) Tepidarium (Lauwarmbad): Das Tepidarium besteht aus einem langgestreckten Rechteckraum mit Apsiden im Norden und Süden. Bedauerlicherweise sind zwar alle Mosaiken, einschließlich ihrer Fußbodenkonstruktion, völlig zerstört, doch ermöglicht dieser Bauzustand einen interessanten Blick in das sehr ausgeklügelte Warmluftheizsystem (›Hypokausten‹) römischer Thermen: der gesamte Fußboden dieses Raumes (wie auch bei allen anderen Thermenanlagen) ruhte ehemals auf unendlich vielen kleinen Säulen oder Pfeilern (die hier alle noch erhalten sind), zwischen denen die aus dem Caldarium strömende Heißluft zirkulierte, ja, die selbst entsprechend dem physikalischen Auftriebsgesetze mittels rechteckiger Wandrohrleitungen (›tubuli‹) auch die Seitenwände beheizte (Abb. 115).

7) Caldarium (Warmbad): An die westliche Längswand des Tepidariums schließen unmittelbar die drei Räume des Caldariums an; die beiden südlichen mit Apsisabschluß, der nördliche mit abgesenktem Wasserbecken. Auch hier fehlen die Mosaiken und der Fußboden, so daß ebenfalls die Hypokausten sichtbar werden, denen im Westen Feuerstätten (praefurnium) vorgelagert sind, wo einst mit Holz und Holzkohle die Heißluft erzeugt wurde, die von hier aus durch das ›kellerebene‹ Heizungssystem strömte und so die gesamte Thermenanlage auf ca. 20–25°C aufheizte.

8) Die große Latrine: Dem halbkreisförmigen Latrinengrundriß (Exedratyp) war ehemals im Westen ein Eingangs-Vestibül vorgelagert; die Latrinensitze bestanden wohl aus Marmor (ohne seitliche Abtrennung zum Nachbarsitz), wogegen man die

Säulen des kleinen halbkreisförmigen Innenhofes aus einzelnen Terrakottascheiben mit Stucküberzug errichtet hat. Die nur noch fragmentarisch erhaltenen Mosaiken waren einst mit geometrischen Motiven geschmückt, von denen nur wenige zu erkennen sind (Schachbrettmuster u. a.).

9) Offene Eingangshalle (›Tablinum‹): Die bis auf wenige Fragmente zerstörten Mosaiken lassen zwei übereinanderliegende Zonen mit Figuren, die mit kostbaren, bunt bestickten Gewändern bekleidet sind, erkennen: Oben ein älterer bärtiger Mann, einen Bronzekelch in der Hand haltend, begleitet von zwei mit Lorbeerkränzen geschmückten Jünglingen, darunter stehen drei weitere junge Männer; alle richten ihren Blick zum leider zerstörten Zentrum des Mosaiks.

10) Ädikula (›Heiligtum‹) des Peristyls: Auf der östlichen Verlängerung der Mittelachse des Tablinums befindet sich in gleicher Jochbreite des Hauptperistyls ein kleines Heiligtum für den Kaiserkult (?), dessen Fußbodenmosaik noch sehr gut erhalten ist: Zwei miteinander verschlungene Quadrate bilden die achteckige Grundfigur des Mosaiks, in deren Zentrum ein mächtiger Lorbeerkranz mit einem grünen Efeublatt dargestellt ist – ein Symbol des Dionysos und Herkules, das von Maximianus Herkulius übernommen wurde.

11) Das Hauptperistyl: Die rekonstruierte offene Säulenhalle des Peristyls, mit zum Innenhof abfallendem Pultdach umschloß ehemals einen blühenden Garten von üppiger Vegetation; der noch gut erhaltene monumentale Brunnen des Gartens ist mit schönen Mosaiken gestaltet, die lustige Fischmotive zum Inhalt haben. Auch die elegante Säulenreihe des Peristyls ist bis heute erhalten, sie besteht aus monolithischen Marmorsäulen mit schönen korinthischen Kapitellen (Ende 3. Jh.), deren Interkolumnien mit marmorverkleideten Schranken abgemauert sind. Die farbenprächtigen Mosaiken der Säulenhalle zeigen eine umlaufende doppelte Reihe von Quadraten, die von einem dreifachen Flechtband eingefaßt sind; in den Quadraten sind Lorbeerkränze mit verschiedenen Tiermotiven wie Löwe, Tiger, Vogel u. a. dargestellt, wogegen sich die östliche Säulenhalle mit ihren Mosaiken wie ein bunter geometrisch gemusterter Teppich abhebt.

12) Die kleine Latrine: Der trapezförmige Raum mit segmentartigem Abschluß zeigt in lebendigen grau-weißen Mosaikdarstellungen, wie sich Esel, gefleckter Hase, Leopard und Rebhuhn im ›fliegenden Galopp‹ bewegen; die Seitenwände waren ehemals mit Marmor verkleidet, wie wohl auch die Sitze (ohne seitliche Sichtschranken) aus Marmor gefertigt waren.

13) ›Narthex‹ der Thermen: Auch dieser Raumgrundriß in Form eines sehr langgestreckten Rechtecks mit je einer Apsis an seinen Schmalseiten ist ein Vorläufer frühchristlicher Raumbildungen, wie wir ihn u. a. aus Rom (Narthex von S. Costanza, um 320) und Ravenna (Narthex von S. Vitale, 547 vollendet) kennen. Den Längswänden sind hier monolithische Marmorsäulen vorgelagert, die ehemals die Dachkonstruktion des ›Narthex‹ trugen. Aus-

gezeichnet erhalten ist der Mosaikfußboden, der mit Abstand die eindrucksvollste und detaillierteste Zirkusdarstel-
lung wiedergibt, die je im Römischen Imperium geschaffen wurde; viele Einzelheiten deuten sogar darauf hin, daß der
Circus Maximus aus Rom Vorbild für
diese Darstellungen war (?): An der Nordseite der Arena erkennt man einen Tempel, der Jupiter, Herkules und Roma geweiht ist; aus den geöffneten Nordtoren
sprengen vier Quadrigen im vollen Galopp in die Arena, während zwei Wagen-
lenker von Knaben zum Wettkampf vor-
bereitet werden. In der Südkurve sind
über der Toranlage mit drei Bögen Logen
mit Ehrengästen zu sehen. Fast naiv wird
ein Zusammenstoß zweier Vierspänner auf
der Rennbahn dargestellt. In der Mittel-
szene des Mosaiks erkennen wir eine Sie-
gerehrung. Ein Musikant spielt auf einem
Blasinstrument die Siegeshymne, während
der Preisrichter den Sieger mit einem Palmenzweig ehrt – der Sieger ist grün gekleidet, wahrscheinlich die Farbe der
Partei des Kaisers!

14) Trapezförmiges Vestibül: Dieser
kleine trapezförmige Raum ist der (einzige) Verbindungstrakt zwischen dem
Hauptperistyl und der Thermenanlage.
Das gut erhaltene Mosaik des Vestibüls
zeigt eine interessante Personengruppe,
die in Richtung zu den Thermen schreitet:
Die Mittelfigur stellt eine vornehm ge-
kleidete Dame mit kostbarem Kopf- und
Halsschmuck dar, die ihre Linke behut-
sam auf die Schulter eines mit einer grünen
Tunika bekleideten Mädchens legt, wogegen zu ihrer Rechten ein junger Mann
eine gelbe Tunika trägt; alle drei Personen

werden von zwei Dienerinnen begleitet,
die ihnen ihre Kleider und ein kleines
Kästchen tragen – vielleicht ist hier die
kaiserliche Mutter Eutropia mit ihrer
Tochter Fausta und ihrem Sohn Maxentius dargestellt?

Die nördlichen Wohngemächer:

*15) Mosaiken mit geometrischen Flora-
motiven:* Achtecke und vielfarbige Rosetten, Rauten mit kreisförmigen Blumen,
Flechtbänder u. a. Im südlichen Teil des
Raums erkennt man Fragmente eines normannischen Brennofens für Keramiken.

16) Schwarzweißgrundige Mosaiken mit
variationsreichen geometrischen Motiven:
Rautenfelder mit sechseckigen weißen
Sternen und sechsblättrigen Blumen; Quadrate, die Kreise, Rauten oder vierblättrige Rosen umschließen; Sternmotive mit
schwarzen Innenfeldern und vielfarbigen
Knoten u. a.

17) Die Mittelzone dieses *Mosaiks* ist leider teilweise zerstört. Das farbenprächtige
Hauptmotiv besteht aus zwei Reihen mit
je drei achteckigen Sternen, aus der Ver-
flechtung zweier Quadrate entstanden, die
von einem breiten Flechtband eingerahmt
werden. In die Zwischenräume der Sterne
sind vielfältige Motive wie Blumen, Blätter, Muscheln, Rosetten u. a. eingeschrieben.

18) Stark fragmentarische Mosaiken mit
ehemals figuralen Motiven, die in der
Normannenzeit zerstört wurden.

19) Mosaiken mit stark fragmentarischen Tanzszenen von ehemals zwei Tanzgruppen mit je drei Tanzpaaren, die alle unterschiedliche Schrittkompositionen zeigten.

20) Mosaiken mit den fischenden Eroten: Bunt bemalte Boote mit je drei nackten oder nur spärlich bekleideten Eroten (sie sind an ihrer Stirn mit einem V gekennzeichnet) gleiten durch ein leicht bewegtes, fischreiches Gewässer. Die Eroten bemühen sich voller Hingabe auf ihrer Jagd mit Angeln, Netzen, Harpunen u. ä. erfolgreich zu sein. Im Hintergrund der Szene erhebt sich an der Küste eine luxuriöse Landvilla mit offener Säulenhalle, axial angeordneter Exedra und giebelbekrönten Mittel- und Seitenbauten.

21) Saal der vier Jahreszeiten: Das gut erhaltene Fußbodenmosaik ist so gearbeitet, daß es wie ein Teppich wirkt (musivischer Teppich); seinen geometrischen Motiven, bestehend aus Romben, Rauten, Mäandern, Kreisen, Sternen etc., sind in vier übereinanderliegenden Zonen symbolhaft die vier Jahreszeiten in Medaillons gegenübergestellt: (v. u. n. o.) hier verkörpert eine anmutvolle Mädchenbüste den blühenden Frühling, dort erscheint ein graziler jugendlicher Ephebe mit einem Lavendelkranz als Sommer; nimmt der Herbst die Gestalt einer sinnenden Frau mit gesenktem Haupt an, so kehrt der Winter ein als Greis mit einem warmen Mantel; zwischen den Medaillons der vier Jahreszeiten erscheinen Vögel, Pfauen, Fische u. a. Tiere.

22) Der Prunkraum (›Diaeta‹) mit der kleinen Jagd: Die Mosaiken dieses Raums zeigen verschiedene äußerst ausdrucksstarke Jagdszenen mit ikonographisch aufschlußreichen Themen; die Jagd dürfte wohl im September in der näheren und weiteren waldreichen Hügellandschaft der Villa Herkulia stattgefunden haben. Fünf übereinanderliegende Bildzonen erzählen in sehr lebendiger Weise alle Einzelheiten der Jagd, die sich einmal in einer mit Sträuchern und Bäumen bestandenen Ebene, einmal in einer hügeligen Gebirgslandschaft mit Höhlen und Felsen und ein anderes mal in einem dichten Waldgebiet mit Eichen, Johannisbrotbäumen, Lorbeerbäumen, Zypressen etc. abspielt (v. o. n. u.):

In der oberen Bildzone erscheinen links zwei Treiber mit ihren Hunden, die rechts einen jungen Fuchs jagen, der in schnellem Lauf seine Verfolger zurückblickend beobachtet.

In der Mittelzone der zweiten Bildzone ist ein höchst bedeutsamer Ausschnitt römischer Geschichte festgehalten[49] (s. Fig. 39): Unter Lorbeerbäumen bringt Konstantius (250–306), römischer Kaiser von 293–306, vor einem Säulenheiligtum der Diana (hier mit Pfeil und Bogen dargestellt) auf einem kleinen Altar ein Brandopfer (Weihrauch?) dar. Neben dem Kaiser erkennen wir seinen Sohn Konstantin (280–337), der später als Konstantin d. Gr. der erste römische Kaiser (324–337) in Byzanz/Konstantinopel wird. Auf der anderen Seite der Opferszene betrachtet Maxentius (279–312; römischer Kaiser von 306–312) mit Wohlwollen das Jagdopfer seiner Gäste und der seines Vaters (Kaiser Maximianus Herkulius). In dieser eindrucksvollen Szene stehen sich also, noch jugendlich, Konstantin d. Gr. und Kaiser Maxentius, Bruder und Gemahl der

Fig. 39 Kaiser Konstantius bringt in Begleitung seines Sohnes Konstantin (d. Gr.) und des (späteren Kaisers) Maxentius der Diana ein Jagdopfer dar. Detail aus dem Mosaik des Prunkraumes der römischen Villa in Casale; um 300 n. Chr.

Fausta, gegenüber, die sich als erwachsene Männer 312 in Rom an der Milivischen-Brücke die für das Christentum so entscheidende Schlacht geliefert haben, bei der Maxentius im Tiber ertrank. In der gleichen Bildzone tragen von links zwei Treiber, die von einem bellenden Hund begleitet werden, ein erlegtes Wildschwein herbei (Farbt. IV). Ganz rechts endet die Szene mit einem älteren Jäger, der einen Hasen in seiner Linken hält; vor ihm reißt ein Knabe einen Jagdhund vor dem Pferd des Maxentius zurück.

Mittelpunkt der unteren Mosaikszenen bildet das große Jagdbankett, bei dem die nur fragmentarisch erhaltenen Gesichter leider nicht mehr zu identifizieren sind.

In einer waldreichen Gegend liegt die Jagdgesellschaft in fröhlicher Runde zu Tische. Durch eine rote Zeltplane vor der Sonne geschützt, werden die Jagdgefährten von mehreren Dienern mit Wein und köstlichen Speisen versorgt. Die Kleidung der dargestellten Personen entspricht jener der oberen ›Drei-Kaiser-Gruppe‹ und ist in ihrer Art typisch für die Tetrarchen-Epoche (eine Herrschaftsform, während der zwei Augusti und zwei Caesaren das Römische Imperium regierten).

Auf der linken Seite des feierlichen Banketts sind mehrere schöne Jagdmotive dargestellt: Oben stehen zwei Jäger unter einem Lorbeerbaum und beobachten Drosseln: während der eine soeben seinen Falken zum Raubflug losschickt, sitzt ein anderer Falke noch auf der Schulter des zweiten Jägers. Darunter flieht ein kleiner Fuchs vor seinen Häschern in eine Höhle, kann aber noch von einem Jagdhund erfaßt werden. In der untersten Eckszene ist ein weites Netz halbkreisförmig aufgespannt, in das drei Hirsche von berittenen Jägern hineingetrieben werden; während der erste Hirsch im vollen Lauf gegen das Netz rennt, sind die anderen Hirsche und die Pferde mit Reitern im ›fliegenden Galopp‹ dargestellt. Auch die rechte untere Mosaikhälfte zeigt Treibjagden: So hetzten neben dem Festbankett die Hunde eines alten Jägers einen Hasen; darunter spürt ein berittener Jäger den in einem Lorbeerstrauch verborgenen Hasen auf und tötet ihn mit seiner Lanze. In der unteren Szene wird ein gestürzter Jäger von einem wutschnaubenden Wildschwein angegriffen, das von der Lanze eines anderen getroffen ist; ein dritter wirft einen Felsbrocken nach ihm (Farbt. V).

23) Auch in diesem Raum breitet sich das *Mosaik* wie ein bunter Teppich aus: Die Grundform der geometrischen Motive sind mit einem doppelten Flechtband umgebene Achtecke, die sich gegenseitig so durchdringen, daß neue geometrische Figuren wie Kreise und Ovale entstehen, in deren Zentren bunte Rosen eingeschrieben sind. – In der Nordwestecke Fragmente eines normannischen Brunnens.

24) Fragmentarischer *Mosaikfußboden* mit vorwiegend geometrischen Motiven: Die Fußbodenfläche wird durch verschie-dene Rechtecke ausgefüllt, denen Rauten mit Flechtbändern, Blumen, Rosetten und Kreise eingeschrieben sind.

25) Die Wandelhalle (›Ambulacrum‹) mit der großen Jagd: An der östlichen Schmalseite des Hauptperistyls durchzieht eine lange schmale Halle, von gleichem Grundrißtyp wie Raum 13) (Vorläufer frühchristlicher Bauten!), als Narthex mit je einer Apsis im Norden und Süden den gesamten Gebäudekomplex der Villa und bildet so die Vorhalle zu dem großen Empfangssaal und den Privatgemächern des Kaisers. Die dargestellten Mosaiken haben Jagdszenen einer Großwildjagd in Afrika zum Inhalt, die an Größe und Monumentalität einzigartig in der römischen Kunst sind – an keiner anderen Stelle des riesigen Imperium Romanum wurde je ähnliches geschaffen. Die wohl aus Afrika stammenden Künstler dieses Werkes zeichneten ein farbenprächtiges Mosaik mit verhältnismäßig ausdrucksschwachen starren Personendarstellungen, denen aber sehr dynamische Tierszenen gegenüberstehen. Auch mit dieser Arbeit haben wir römisches Alltagsgeschehen vor uns, denn die Römer haben tatsächlich für ihre grausamen ›Tierspiele‹ in den Arenen des Reiches die Tiere lebend in Afrika gefangen.

Die Mosaiken im erzählenden Stil bestehen aus einzelnen Jagdepisoden, die vom Beobachter leicht zu erfassen sind, so daß das Gesamtbild hier nur skizziert werden soll: Während in der südlichen Apsis die Darstellung einer dunkelhäutigen Frau mit ihren Attributen Tiger, Elefant (mit seltsamen Netzmustern) und dem Phönix-Vogel, der aus der Asche emporsteigt, unzweifelhaft als die Personifikation von Afrika gedeutet werden kann, läßt sich das stark fragmentarische Mosaik der nördlichen Apsis nur mit Zweifel als ›Armenien‹ identifizieren. Die Mosaiken der Wandelhalle sind symmetrisch angeordnet; vom Norden und Süden richten sich die einzelnen Jagdszenen zum gemeinsamen Mittelbild hin aus: Der Einschiffung der gefangenen und erlegten Tiere (Abb. 57). In einer teils hügeligen, teils sumpfigen Landschaft mit Eichen, Palmen, Pinien, Zypressen und mit vielen Sträuchern dicht bestanden, werden fliehende Hirsche, Antilopen, Strauße u. a. Tiere von berittenen Jägern verfolgt; es kommt aber auch zu gefährlichen Kämpfen zwischen Mensch und Tier – hier wird ein Jäger von einem Löwen angefallen, dort kann sich ein Reiter nur durch die schnelle Flucht auf das nahegelegene Flußboot vor einer wütenden Tigermutter retten, der er zuvor zur Ablenkung eines der ihr gestohlenen Jungtiere zu ihren Vorderläufen hingeworfen hat. Inmitten dieser vielseitigen Szenen erkennen wir in Begleitung von zwei Offizieren den Hausherrn unserer Luxusvilla, Kaiser Maximianus Herkulius (s. Fig. 40), der wahrscheinlich sehr häufig zur Großwildjagd nach Afrika segelte. – Eigenartig und ohne für uns erkennbare sinnvolle Deutung umklammert ganz im Süden ein geflügelter Greif einen Käfig, in dem ein Mensch gefangen ist.

Fig. 40   Kaiser Maximianus Herkulius in Begleitung zweier Offiziere auf Großwildjagd in Afrika. Detail aus dem Mosaik der Wandelhalle der römischen Villa in Casale; um 300 n. Chr.

Die südlichen Repräsentationsräume:

26) *Fußbodenmosaik* mit verschiedenen geometrischen Motiven, die sich harmonisch ineinander verschlingen, so daß neue Figuren entstehen; bevorzugt wurden dargestellt: sich kreuzende weiße Streifen, schwarze Dreiecke, Flechtbänder, vierblättrige Blumen, Rosetten u. a.

27) *Der Prunkraum (›Diaeta‹) mit dem Orpheus-Mosaik:* Die kleine Diaeta war einst nur vom Peristyl aus zugänglich und zeigt einen annähernd quadratischen Grundriß mit Südapsis, in der eine römische Kopie der Apollon-Lykeios-Statue des Praxiteles[50] aufgestellt war, die als Torso gefunden wurde; in der Mitte des Raums erkennt man Reste einer Brunnenanlage. Die Mosaiken des Raumes sind nur fragmentarisch erhalten: wir erkennen trotzdem in der Mittelzone Orpheus unter einem Baum sitzend, umgeben von verschiedenen Tieren des Waldes. Die Darstellung hat also den Orpheus-Mythos zum Inhalt, wie er von Ovid erzählt wird:

»Sanft ansteigend erhob sich ein Hügel, und über dem Hügel
Dehnte sich ebenes Feld, das grünte von üppigem Graswuchs.
Schatten vermißte der Ort. Als aber der götterentstammte
Sänger sich dort hin setzte und rührte die tönenden Saiten,
Kam bald Schatten dem Ort. Nicht fehlt' der chaonische Baumstamm,
Noch Heliadengehölz, noch auch hochlaubige Eichen;
Linden mit weichlichem Holz, mit der Buche der züchtige Lorbeer,
Brechendes Haselgesträuch kommt nah, unknotige Tannen,
Eschen zu Lanzen bequem, Steineichen von Früchten gebogen,
Samt der Platane, dem Baum des Ergötzens, der fleckige Ahorn,
Durstiger Lotus dazu und stromanwohnende Weiden . . .
Derlei Wald nun war von dem Sange gelockt, und der Sänger
Saß da unter dem Wild und umringt vom Schwarme der Vögel . . .
Während mit solchem Gedicht Waldstämme der thrakische Sänger
Lockte herzu und lauschendes Wild und folgende Steine,
Siehe, da werden gewahr ciconische Frauen, den wilden
Busen mit Fellen bedeckt, von der Spitze des Hügels den Orpheus,
Wie wohltönenden Sang er gesellte geschlagenen Saiten.
Eine davon, die das Haar ließ treiben in wehenden Lüften,
Rief: ›Seht, seht ihn dort, den Verächter der Fraun!‹ . . .
Die noch waren gebannt von des Liedes bestrickendem Wohllaut.
Vögel in zahllosem Schwarm und Schlangen und Scharen des Wildes
Orpheus' seltnen Triumph, zerfleischten zuerst die Mänaden.
Drauf mit blutiger Hand eindringen sie all' auf den Orpheus,
Gleich wie Vögel geschart, die sehen im Lichte des Tages
Flattern den Vogel der Nacht . . .
Ihn, der flehend Hände ausstreckt' und vergebliche Worte
Damals sagte zuerst und nichts mit der Stimme bewegte,
Morden sie ruchlos hin, und hinweg aus dem tönenden Munde,
Welchen die Felsen gehört und die lauschenden Tiere verstanden –
O du – Jupiter! –, wich in den Wind die verhauchte Seele.
Dir weiht Trauer das Wild, dir, Orpheus, klagende Vögel,
Dir das starre Gestein und der Wald, den deine Gesänge
Oftmals hatten gelockt; um dich mit geschorenem Haupthaar
Härmt sich entblättert der Baum; durch eigene Zähren – erzählt man –
Wurden die Flüsse gemehrt und in dunkle Farbe gekleidet . . .«[51]

28) *Der Saal mit den· zehn ›tanzenden‹
Mädchen:* Der Fußboden des Saales läßt
zwei Mosaikschichten erkennen, wobei die
geometrischen Motive der Gründungszeit
angehören und die figuralen Darstellungen
noch im 4. Jh. entstanden sind. In lockerer
Anordnung sehen wir zehn ›Bikini-Mäd-
chen‹ (in zwei Reihen zu fünf) gymnasti-

sche Übungen vorführen. Während eines der Mädchen einen Siegerkranz nebst Palmenzweig erhält, hat ein zweites Mädchen die Ehrung bereits entgegengenommen und setzt sich selber die ›Corona Tortile‹ auf.

29) Elliptisches Peristyl: Der im Grundriß elliptische Hof mit seiner dreiseitigen Säulenhalle ist auf eine Ostwest-Achse angelegt und zeigt im Westen eine interessante halbkreisförmige Exedra mit drei tiefen apsidenartigen Nischen. Die Mosaiken der Säulenhalle sind bis auf jene des Ost-Portikus erheblich zerstört – hier zeigen sie klare Ornamente mit Akanthusmotiven, die verschiedene Tierprotomen (Gazelle, Hyänen, Löwen, Schakale etc.) einschließen.

30) Stark zerstörtes Mosaik, das *Eroten beim Keltern von Trauben* darstellt: Außerhalb eines prachtvollen Landhauses mit schöner Parkanlage transportieren und keltern teils spärlich bekleidete, teils nackte Eroten die geernteten Weintrauben.

31) Farbenprächtige, leicht zerstörte Darstellungen von *Eroten, die Weintrauben ernten;* das greisenhafte Porträt im Mittel-

medaillon dürfte wohl einen Silen darstellen.

32) Vor einer prachtvollen Gebäudefassade mit offener Säulenhalle breitet sich ein fischreiches Meer aus, auf dem buntbemalte Schiffe über das Wasser gleiten, in denen *Eroten auf der Fischjagd* sind.

33) Hier ist das Mosaik mit den fischenden Eroten äußerst stark beschädigt.

34) Das Speisezimmer (›Triclinium‹) der Villa: Das ehemals prachtvolle, mit Götter- und Kaiserstatuen geschmückte Triclinium erhebt sich über einem quadratischen Mittelsaal mit drei halbkreisförmigen Apsiden im Norden, Süden und Osten. Das Fußbodenmosaik des großen Mittelfeldes ist wohl das vortrefflichste Werk der ganzen Villa; hier offenbart sich uns eine äußerst geglückte Komposition ineinanderfließender mythischer Erzählungen der *zwölf Arbeiten des Herakles.* Gekonnt lassen die afrikanischen Mosaikkünstler die Mühen des Helden wie einen (Alp-) Traum vor uns erscheinen, ohne Herakles selbst darzustellen – ein Bild, das stark an Herakles' Todesqualen erinnert, von denen Ovid zu berichten weiß:

»Als die Geduld von den Leiden besiegt, da stieß er [Herakles] den Altar
Weg und begann mit Geschrei zu erfüllen den waldigen Öta.
Ohne Verzug nun strebt er das tödliche Kleid zu zerreißen:
Wo er es zieht, zieht jenes die Haut und – gräßlich zu sagen –
Bleibt an die Glieder geklebt, Trotz bietend den zerrenden Händen.
Oder entblößt das zerrissene Fleisch und die mächtigen Knochen.
Selber das Blut hebt an, wie zuweilen getaucht in den Löschtrog
Glühender Stahl, zu zischen und kocht von dem brennenden Gifte.
Maß ist nicht; durch die Brust geht zehrend das gierige Feuer;
Dunkler Schweiß fließt rings vom Leib herab, und die Sehnen

Knacken vom Brand gesengt, und als vom verborgenen Gifte
Flüssig geworden das Mark, da hob er zum Himmel die Hände.
›Weide dich, Tochter Saturns‹, so rief er, ›an meinem Verderben,
Weide dich nun und sieh, Grausame, von oben die Drangsal,
Labe dein hartes Gemüt! Doch rühr’ ich die Feindin zum Mitleid –
Dir ja bin ich Feind –, nimm weg die entsetzlich gequälte,
Dir so verhaßte und nur zu Mühen geborene Seele.
Tod ist mir ein Geschenk; so ziemt Stiefmüttern zu schenken.
Darum hab’ ich Busiris erlegt, der scheußlich den Tempel
Färbte mit Fremdlingsblut, und dem grausen Antäus der Mutter
Stärkende Nähe entrückt und vor des iberischen Hirten
Dreihaupt nicht mich entsetzt noch auch vor Cerberus’ Dreihaupt?
Bogt ihr nicht das Gehörn, ihr Arme, dem riesigen Stiere?
Kunde von euch gibt Elis, von euch die stymphalischen Wellen
Und der parthenische Wald. Fernher trug euere Kühnheit
Aus thermodontischem Gold das Gehenk mit getriebener Arbeit
Heim und die Äpfel, bewacht von den schlummerentbehrenden Drachen.
Stand nicht hielten von mir die Centauren im Kampf, und der Eber
Hielt nicht Stand, Arkadiens Schrecken. Nichts half es der Hydra,
Daß im Verlust sie wuchs und gewann stets doppelte Kräfte.
Ja, von menschlichem Blut auch sah ich die Rosse des Thrakers
Feist und die Krippen gefüllt mit Fetzen verstümmelter Leichen,
Sah’s und stürzte sie um und erschlug so Rosse wie Eigner.
Hier von den Armen gewürgt liegt tot das nemeïsche Untier.
Ich trug untergestemmt den Olymp. Müd’ ist des Befehlens
Jupiters grausames Weib; ich bin nicht müde der Arbeit . . .«[52]

In dem großen Bilderreigen des Mosaiks lassen sich folgende Taten des Herakles identifizieren: ›Der Löwe von Nemea‹ (1. Arbeit) in seinem verzweifelten Todeskampf. – ›Die Schlange von Lerna‹ (2. Arbeit), hier mit wildem Frauenkopf dargestellt, – ›Die Hirschkuh von Keryneia‹ (3. Arbeit), die von Herakles ein Jahr lang bis zu ihrer totalen Erschöpfung verfolgt wird, – ›Der erymanthische Eber‹ (4. Arbeit), den Herakles lebend in einer Kiste eingefangen hat, – ›Die Ställe des Augias‹ (5. Arbeit), die durch die Umbettung des Flusses Peneios und mittels einer Dreizackgabel von Herakles gereinigt wurden, – ›Der kretische (marathonische) Stier‹ (7. Arbeit), im Auftrag des Eurystheus eilt Herakles nach Kreta, fängt dort den Stier des Minos und bringt diesen nach Mykene, – ›Die Rosse des Diomedes‹ (8. Arbeit), von Herakles’ Pfeilen getroffen, stürzen seine Verfolger, die Bistoner, darunter Diomedes selbst, von ihren Pferden, – ›Die Rinder des Geryoneus‹ (10. Arbeit, s. S. 16), Herakles tötet beim Raub der Viehherden den dreileibigen Geryoneus, hier mit roter Tunika und grüner Rüstung bekleidet, mit einem vergifteten

Pfeil, – ›Die Äpfel der Hesperiden‹ (11. Arbeit), die von einer Schlange mit ständig wechselnder Haut bewacht werden, – ›Die Gefangennahme des Kerberos‹ (12. Arbeit), des Höllenhundes mit drei Schlangenköpfen, den Herakles im Ringkampf überwindet.

Nördliche Apsis: Die fragmentarischen Mosaiken zwischen den Pfeilern schmücken zwei bewegte mythische Themen: (links) Daphne, die vor der Liebe Apollons flieht und in einen Lorbeerbaum verwandelt wird; (rechts) die Verwandlung des Kyparissos, eines von Apollon geliebten Knaben, der in seinem untröstlichen Schmerz über den Tod seines Lieblingshirsches in eine Zypresse verwandelt wird. Hören wir auch hierzu noch einmal Ovid:

»Unter der Schar war auch die kegelgeformte Zypresse,
Jetzt ein Baum, doch sonst ein Knabe, geliebt von dem Gotte [Apollon],
Der anzieht an der Laute zugleich und am Bogen die Saite.
Einst, von den Nymphen beschützt, die Carthäas Fluren bewohnen,
War ein stattlicher Hirsch, der selber dem eigenen Haupte
Mit weitoffnem Geweih hochfallenden Schatten gewährte . . .
Ihn traf ohne Bedacht mit der Schärfe des Speers Kyparissos
Selber, und wie er ihn sah hinsterben an grausamer Wunde,
Nahm er zu sterben sich vor. Was sprach nicht Phöbus zum Troste?
Leicht zu nehmen den Schmerz und der Sache gemäß sich zu härmen
Mahnt' er ihn stets. Dennoch seufzt jener und heischt von den Göttern
Dies als letztes Geschenk, daß ewig in Trauer er bleibe.
Als nun gänzlich das Blut durch ständiges Weinen erschöpft war,
Da hub an sich in Grün zu verwandeln der Körper des Knaben:
Das an der schneeigen Stirn noch eben gehangen, das Haupthaar,
Wurde zu struppigem Laub und schaute, behaftet mit Starrheit,
Zu den Gestirnen empor mit schmal zugehendem Wipfel . . .«[53]

Das Apsismosaik selbst stellt mit der *Apotheose des Herakles* eine sehr grobe, von ungezügelter Wildheit gekennzeichnete Arbeit dar, die so typisch für jene Zeit und die Mosaikwerke dieser Villa ist, ausgenommen nur wenige Werke. Gleich einer ungebändigten Masse beherrscht Herakles, nur mit seinem Löwenfell bekleidet, das Halbrund der Apsis; kraftvoll steht er vor einem Baum mit vielen goldenen Äpfeln, hinter dem ein personifizierter Flußgott erscheint. Während links vielleicht Dionysos (?) der Vergöttlichung des Helden beiwohnt, wird Herakles rechts von einer nur fragmentarisch erhaltenen Figur mit einem Lorbeerkranz gekrönt.

Östliche Apsis: Die Übergangszone vom quadratischen Mittelsaal zur Apsis wird ebenfalls von mythischen Themen geschmückt: (links) Hesione, Tochter des trojanischen Königs Laomedon, steht an einer felsenreichen Küste und zeigt glücklich auf das erlegte Seeungeheuer, von dem Herakles sie befreit hat – rechts daneben erkennen wir Endymion, der sich auf dem Latmos bei Herakleia, nahe Milet an der kleinasiatischen Küste, dem von Zeus geschenkten ›Ewigen Schlaf‹ hingibt.

Das halbkreisförmige Mosaik der Apsis dagegen erinnert wieder an die gefahrvollen Abenteuer unseres Helden Herakles: In recht gelungener Art, ist in den freien Raum der Fußbodenfläche der *Kampf der Giganten* rhythmisch hineinkomponiert. Die von ungebändigter Kraft strotzenden fünf Giganten, vier von ihnen haben schlangenartige Füße, winden sich im verzweifelten Todeskampf und versuchen, sich von den tödlichen Pfeilen des Herakles zu befreien.

Südliche Apsis: Die stark zerstörten Mosaiken zwischen den Pfeilern lassen nur den mit einer Weinrebe geschmückten Kopf der Ziege des Dionysos und einen Kamelkopf erkennen. Seltsamerweise hat das Apsismosaik nun keinen Herakles-Mythos zum Inhalt, sondern hier ist ein dionysischer Mythos dargestellt: Ambrosia, Tochter des Titan, Pflegerin des Dionysos, wird von dem thrakischen König Lykurgos verfolgt, der soeben im Begriffe ist, die Unglückliche mit einer Axt zu erschlagen; da eilt aber schon Dionysos mit seinem Gefolge (drei Mänaden, Silen, Pan mit dem Ziegenfell und der dionysische Panther) dem verzweifelten Mädchen zu Hilfe, um es zu retten, doch zuvor noch wird es von der Erdgöttin Gaia in eine Weinrebe verwandelt.

35 Mosaikdarstellung mit spritzigen *Kinder-Zirkusspielen:* In einer kleinen Arena tragen vier farblich unterschiedene Parteien ein spannendes Wagenrennen aus, wobei die zweirädrigen Wagen von Kindern gelenkt und Vögeln gezogen werden. Dem Gewinner des Rennens übergibt der Preisrichter soeben die Siegerpalme.

Die östlichen Privatgemächer:

36) Apsidenförmiges Gemach (›Cubiculum‹) mit farbenprächtigen Mosaikdarstellungen in vier übereinanderliegenden Bildzonen: In der Apsis sitzen links und rechts von einem Baumstamm zwei Mädchen inmitten eines Rosengartens; das große Efeublatt hoch oben in der Baumgabelung trägt das kaiserliche Symbol H (Herkulius) des Hausherrn. Die drei horizontal angeordneten Motive unterhalb des Apsismosaikes schmücken Darstellungen mit Themen eines *Musikwettbewerbs;* in der zwischen Apsis und Hauptraum liegenden Mosaikzone erkennen wir eine aufgestellte Bank mit den Preisen für die Sieger. (Oben) Vier Musikanten spielen auf verschiedenen Instrumenten (Saiteninstrument, Blasinstrument, Doppelflöte und Schalmei); anwesend ist ebenfalls ein Preisrichter –. (Mitte) Der Komödienchor; auf fünf kleinen Scheiben sind die griechischen Musiknoten A, B, Γ, Δ, E zu erkennen –. (Unten) der tragische Chor mit einem Dichter, der seine Verse, vom Lautenspiel begleitet, vorträgt.

37) Halbkreisförmiges Atrium mit offener Säulenhalle: Während in dem offenen Hof spärliche Baureste eines *Nymphäums* erhalten sind, schmücken den Fußboden der Säulenhalle Mosaiken mit fischenden *Eroten,* die mit ihren bunten Booten über das Meer gleiten. Am Ufer erheben sich vor einem dichten Wald prachtvolle Gebäude einer Landvilla.

38) Der Prunkraum (›Diaeta‹) des Arion: Die nur wenig zerstörten Mosaiken des einst mit prachtvollem Marmor ausgeschmückten Saales gehören zu den vortrefflichsten Arbeiten der Villa und haben die reizvolle Mythe Arion zum Thema. In harmonischer Komposition breitet sich über den Fußboden die farbenprächtige, tierreiche Welt des Meeres aus, in der sich voller Freude vielerlei Tiere und mythische Wesen tummeln; neben Seeungeheuern, Drachen, Tigern, Löwen und Wölfen, gesellen sich anmutvolle Nereïden zu der lustigen Tierversammlung, die sich gemeinsam wie ein Reigen um Arion, den Meister der Laute und des Gesangs, gruppieren. Arion aus Methymna von der Insel Lesbos war der bedeutendste ›fahrende Sänger‹ seiner Zeit. Nach einer ruhmvollen ›Tournee in Italien‹ kehrt er mit kostbaren Schätzen beladen von Tarent nach Korinth zurück, wird jedoch· unterwegs von der habgierigen Schiffsbesatzung bedrängt, so daß er sich ins Meer stürzt; aber ein Delphin nimmt ihn auf seinen Rücken und trägt ihn wohlbehalten in die Heimat.

39) Der Saal mit dem Zweikampf zwischen Eros und Pan: Das streng symmetrisch angeordnete Mosaik dieses Raumes besticht durch die anmutvolle Darstellung des scheinbar spielerischen Zweikampfes zwischen Eros und Pan. Links von der Mittelgruppe, bestehend aus den Kämpfenden und dem Kampfrichter, erkennen wir zwei Mänaden und einen jungen Satyr, das Gefolge des Pan; dem Eros auf der rechten Seite ist dagegen die kaiserliche Familie des Hauses zugeordnet (nach G. V. Gentili): dort erkennen wir den jungen Maxentius, seine Schwester Fausta, deren Mutter Eutropia und deren Halbschwester Theodora, aus erster Ehe der Eutropia mit dem Syrer Afranius Hannibalianus (?), ganz im Hintergrund erscheint noch eine Dienerin der Familie. Im oberen Bereich der Bildzone stehen auf einem Tisch vier Vasen mit Palmenzweigen für den Sieger; darunter liegen zwei Säcklein mit den Wert-Zeichen ⟶ ⊹ II ⅃

40) Die teilweise gut erhaltenen Mosaiken dieses Raumes haben zwei verschiedene Motive zum Inhalt. Im östlichen Nebenraum sind in drei Bildzonen Knaben und Mädchen in einem üppigen *Rosengarten* dargestellt, die dort Rosen pflücken und mit Rosen gefüllte Körbe forttragen. Die Mosaiken des Hauptraumes sind ebenfalls in drei Bildreihen unterteilt, die farbenprächtige humorvolle *Kinder-Jagdszenen* widerspiegeln: hier wird ein Bub von einem Vogel gebissen, dort lauert ein Knabe mit einer Lanze einem Hasen auf, und an anderer Stelle fängt ein Junge eine Ente mit einer Leine etc.

41) Die ›Basilika‹: Der ehemals prunkvolle basilika-artige Empfangssaal der Luxusvilla korrespondiert mit dem Hauptperistyl, dessen Mittelachse zu der der Basilika etwas schiefwinklig steht; damit war eine klare Zuordnung von Peristyl-Wandelhalle und ›Basilika‹ geschaffen, wobei das Ambulacrum nun für den Empfangssaal die Funktion eines Narthex übernahm. Mit Ausnahme weniger Fragmente ist von dem ehemaligen Mosaikfußboden nichts mehr erhalten. In der Apsis dagegen erkennt man Reste eines Thronsockels für den Kaiser, dem ein Bodenbelag aus Marmorintarsien vorgelagert ist.

42) Den kleinen Raum mit Ostapsis schmücken wenig zerstörte farbenreiche Mosaiken mit schönen geometrischen Motiven und verschiedene Sternelemente, denen Lorbeer-Medaillons mit *unterschiedlichen Arten von Früchten* eingeschrieben sind.

43) Dieser Raum birgt künstlerisch wenig wertvolle Mosaiken mit dem eindrucksvollen mythischen Thema *Odysseus und Polyphemos* (s. S. 30 ff.). Wir sehen Polyphemos mit einem aufgeschlitzten Widder über dem linken Knie in seiner Höhle am Fuße des Etna sitzend, während ihm Odysseus und seine Gefährten mit Wein betrunken machen.

44) Das wahrscheinliche *Schlafgemach der Kaiservilla* besitzt ausgezeichnet erhaltene Mosaiken mit geometrischen Motiven, in die figurale Darstellungen einfließen: einmal sind es vier Sechsecke mit eingeschriebenen Frauenbüsten, die die vier Jahreszeiten symbolisieren, dann sind es Achtecke mit weiblichen Theatermasken, die sich alle um das Hauptthema einer *Liebesszene* gruppieren, die von einem schönen Lorbeerkranz eingerahmt ist.

Die arabische Epoche (901–1072)

Am 8. Juni 632 n. Chr. setzte mit dem Todestag Mohammads (570?–632) eine Bewegung ein, von der die ganze Welt, bis zum heutigen Zeitpunkt, entscheidend verändert wurde: damals begann die unaufhaltsame Ausbreitung der Lehre des Propheten, des Islams, verbunden mit einer Eroberungswelle, die sich zu Beginn des 7. Jh. n. Chr. anschickte, von Arabien aus nicht nur das gesamte Morgenland, sondern auch das Abendland zu überfluten; eine Expansion, die sich mit einer solchen explosionsartigen Vehemenz vollzog, wie sie die Weltgeschichte bis dahin nicht gekannt hat. Wenn auch letztlich die Eroberung des Abendlandes nicht gelang, so wurde doch Sizilien von 901 bis 1072 islamische Provinz unter der Herrschaft verschiedener arabischer Dynastien.

Knapp 200 Jahre arabisch-islamische Herrschaft bedeuteten für das über Jahrhunderte durch Römer und Byzantiner ausgebeutete uneinige und vom politischen Chaos gekennzeichnete Sizilien eine Epoche der Wiedergeburt geistigen und kulturellen Lebens, von der uns leider nur schriftliche Zeugnisse überliefert sind. Für uns wird dieser Prozeß erst sichtbar in der Durchdringung der kulturellen Schöpfungen der Normannen und Hohenstaufer auf Sizilien mit islamischen Elementen (s. S. 203 ff.). Von Sizilien aus – ähnlich wie von Cordoba in Spanien aus – wurde ganz Europa durch diese neuen Impulse tiefgreifend beeinflußt, womit der abendländischen Wissenschaft und Kunst viele fruchtbare Denkanstöße vermittelt wurden.

Ein fast unglaubliches Phänomen: Sizilien besitzt tatsächlich kaum mehr irgendwelche islamischen Kunstwerke, obwohl wir genau wissen, daß die Insel einst eine Fülle von arabisch-islamischen Monumenten zählte, die jedoch aus unerklärlichen Gründen alle verlorengegangen sind. Vergängliches Baumaterial allein kann nicht die Ursache für diesen Verlust sein, vielmehr ist es denkbar, daß die sizilische Bevölkerung die arabischen Bauten auch nach 200 Jahren immer noch als Fremdkörper empfand und sie nach dem Niedergang der arabischen Epoche konsequent zerstörte und vernichtete. Dies ist um so erstaunlicher, als die Mohammadaner den Christen auf Sizilien verhältnismäßig tolerant gegenüberstanden und ihnen sogar Religionsfreiheit gewährten, also keineswegs eine ›Bekehrung‹ zur islamischen Lehre mit Feuer und Schwert verfolgten. Islamischer Geist sowie die Originalität und Einzigartigkeit der Kunst des Islam blieben jedoch im Gedächtnis der Sizilier bewahrt: Elemente, die später von den Normannen aufgegriffen und wesentlicher Bestandteil der großartigen normannischen Kunst wurden.

Hören wir, was der arabische Weltenbummler Ibn Haukal[54] über die islamische Epoche in *Palermo*, der arabischen Hauptstadt Siziliens, zu berichten weiß:

»Die Stadt Palermo ward früher verwüstet, und ihre Einwohner wurden von politischen Katastrophen betroffen, wie dies Jedermann dort weiß. Jetzt besitzt sie mehr als zweihundert Moscheen – eine so große Anzahl, wie ich sie nie, selbst in Städten von doppelter Bevölkerung, angetroffen, noch sie auch von einer anderen Stadt als von Cordoba angeführt habe. In bezug auf Cordoba stehe ich nicht für die Richtigkeit dieser Angaben ein; aber in Betreff Palermos habe ich mich selbst davon überzeugt, da ich die meisten Gotteshäuser mit eigenen Augen gesehen. Eines Tages, als ich mich in der Nachbarschaft des Hauses des Rechtsgelehrten Abu Muhammed el Cassi befand, erblickte ich von seiner Moschee aus in der Entfernung eines Bogenschusses etwa zehn weitere Moscheen vor mir, die eine der anderen gegenüber und gegenseitig durch eine Straße getrennt waren. Ich fragte nach dem Grunde hiervon, und man gab mir zur Antwort: hier wolle aus übermäßigem Stolz Jedermann eine ausschließlich für ihn und seine Familie bestimmte Moschee haben. Es käme nicht selten vor, daß von zwei Brüdern, welche in aneinanderstoßenden Häusern wohnten, ein jeder sich eine Moschee erbauen ließe, um sie allein für sich selbst zu haben . . .

Längs des Meeres finden sich verschiedene Rabats (ordinäre Kneipen), die mit streitsüchtigen Soldaten, ausgelassenem Gesindel, sowie mit jungen Leuten von schlechtem Lebenswandel, welche die Rolle von Frommen zu spielen gelernt haben, erfüllt sind. Sie halten sich dort auf, um die Geschenke der Gläubigen zu empfangen und die anständigen Frauen zu insultieren. Es sind zum größten Teil Kuppler, und Leute, die schändlichen Lastern frönen. Sie kommen nur in diese Rabats, weil sie sonst kein Unterkommen finden, und werden von aller Welt verachtet . . .

(Palermo) ist von länglicher Gestalt. (Die Stadt) enthält einen Markt, der sich von Osten nach Westen hindehnt und welcher As Samat heißt. Er ist mit Steinen gepflastert und von einem zum anderen Ende von mehreren Arten von Kaufleuten bewohnt. Die Stadt ist von verschiedenen Flüssen umgeben, die von Westen nach Osten strömen und solche Kraft besitzen, daß sie zwei Mühlsteine bewegen können. An ihrem Ufer erheben sich zahlreiche Mühlen. Die Gestade dieser Bäche sind von ihrer Quelle an bis zur Einmündung in das Meer von sumpfigem Boden umgeben, auf welchem persisches Rohr wächst; doch hält man weder die Teiche noch die trockenen Orte für ungesund. – In der Mitte des Landes liegt ein Tal, zum großen Teil mit Papyrus bedeckt – jenem Rohr, aus welchem die Rollen zum Schreiben gemacht werden. Ich wüßte nicht, daß der ägyptische Papyrus seinesgleichen auf der Erde hätte; nur der von Sizilien erreicht ihn. Der größte Teil dieses Papyrus wird zu Seilen für die Schiffe gewunden, der übrige dazu verwandt, um Papier für den Sultan zu fertigen . . .

Der größte Teil des Wassers, das im Stadtquartier und im Lande getrunken wird, ist schwer und ungesund. Was die Einwohner bestimmt, es zu trinken, ist der Mangel an fließendem und süßem Wasser, der Mißbrauch, welchen sie mit Zwiebeln treiben, und ihr schlechter Geschmack, der von der Gewohnheit herrührt, daß sie diese Zwiebeln ganz roh essen. Es ist keiner unter ihnen, zu welcher Klasse er auch gehören möge, der nicht täglich abends und morgens davon in seinem Hause verzehrte. Dies verdirbt ihre Geistesfähigkeiten, verdumpft ihr Gehirn und stumpft ihre Sinne ab; es verengert ihren Horizont, macht ihre Gesichtsfarbe blaß und verändert gänzlich ihr Temperament, so daß sie alle oder wenigstens die meisten Dinge anders sehen, als sie in Wirklichkeit sind.

Ein Umstand, der bemerkt zu werden verdient, ist noch, daß es in Palermo mehr als dreihundert Mollas (mohammedanische Geistliche gibt, welche die Kinder erziehen. Sie halten sich für die besten und würdigsten Bürger der Stadt und für Gottesmänner. Sie sind die Notare und (Verwalter) des Landes, trotzdem man überall von ihrem Mangel an Verstand und von ihrer Hirnlosigkeit redet. Sie erteilen den öffentlichen Unterricht einzig in der Absicht, sich dem Militärdienst zu entziehen und nicht an dem heiligen Krieg teilnehmen zu müssen.«[55]

Die Verlagerung der Metropole Siziliens geht also auf die islamische Epoche zurück, denn die altehrwürdige Hauptstadt *Syrakus* leistete wieder einmal hartnäckigsten Widerstand, so daß die Araber das bereits eroberte *Palermo* zur Hauptstadt erwählten, was es bis heute geblieben ist (s. S. 288 ff.).

Anfänglich war die Zeit der arabischen Besetzung unruhevoll; Sizilien wurde von den Aghlabiden aus *Kairouan* in Tunesien regiert, bis diese 976 von den Fatimiden gestürzt wurden. Jetzt war Sizilien ägyptische Provinz, und endlich begann der wirtschaftliche Aufschwung der Insel. Mit technisch vollendeten Bewässerungsanlagen kultivierten die neuen Herren große Landstriche der Insel, importierten exotische Fruchtbäume (Apfelsinen, Datteln, Feigen, Granaten u. a.), aber auch Baumwolle, Papyrus und Reis nach Sizilien, was der Bevölkerung schnell zu dem lang ersehnten Wohlstand verhalf.

Doch auch die Herrschaft der Fatimiden war nur von kurzer Dauer; nachdem 1036 der letzte Alleinherrscher, Hassan Eddaula, Sizilien verlassen hatte, war die Insel innenpolitisch wieder stark zersplittert. Diese Situation erschien dem byzantinischen Kaiser Michael IV. günstig, Sizilien seinem Reich zurückzuerobern. Er entsandte 1038 seinen bewährten Feldherrn Maniakes, dem es, mit einer kleinen Schar normannischer Ritter, gelang, *Messina* und *Syrakus* in Besitz zu nehmen. Ein scheinbar vielversprechender Erfolg für Byzanz. Doch die Normannen, von den Byzantinern um ihre Kriegsbeute betrogen, sannen auf Rache und wußten die Gunst der Stunde wohl zu nutzen. Zwar landeten 1060 die ersten normannischen Ritter unter Roger I. de Hauteville bei Messina noch erfolglos, auch Rogers Invasion im Februar 1061 scheiterte, doch bereits am 18. Mai 1061 gelang Roger gemeinsam mit seinem Bruder Robert Guiskard die erfolgreiche Landung bei *Messina,* womit die fast dreißigjährige normannische Eroberung Siziliens begann.

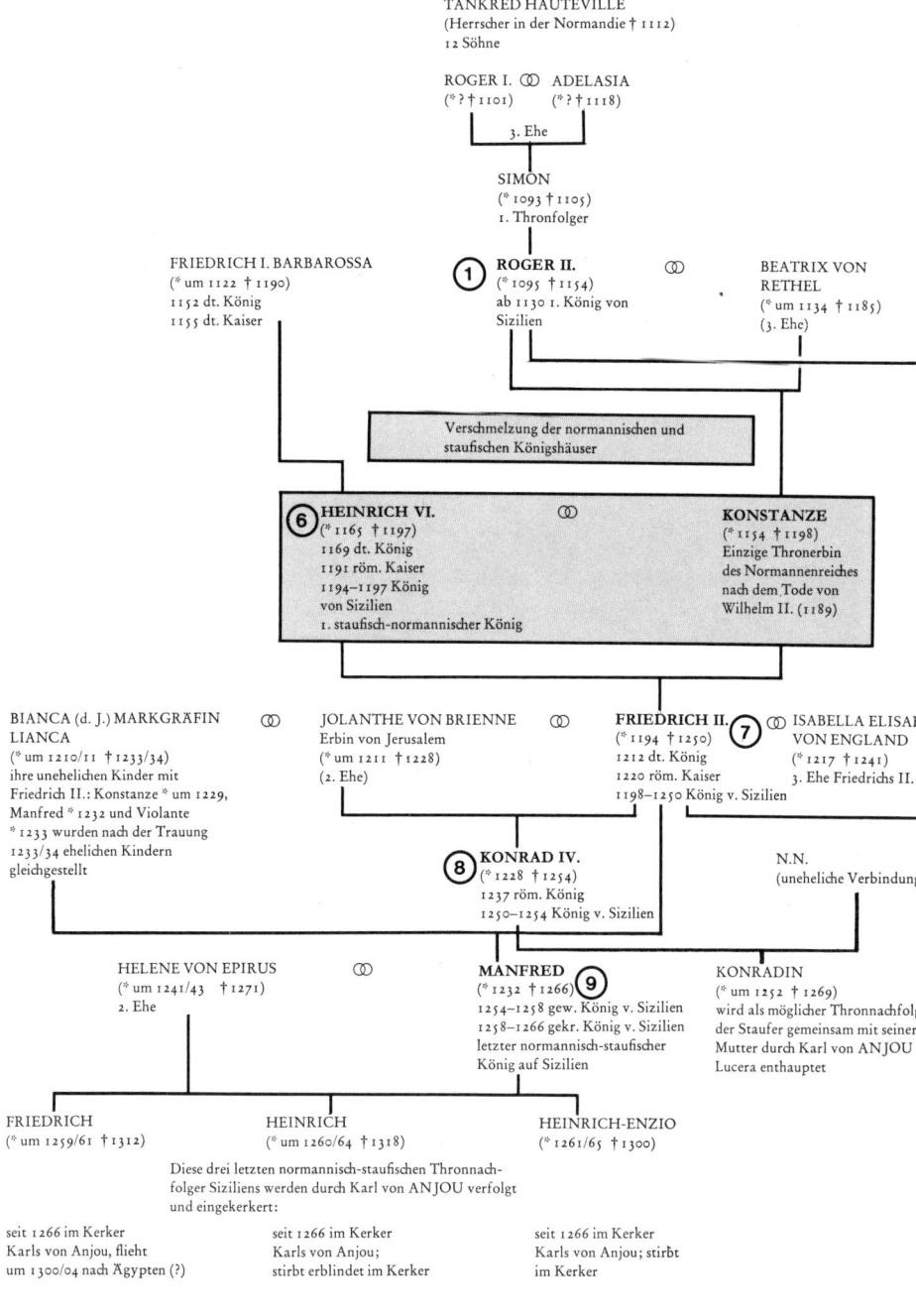

TANKRED HAUTEVILLE
(Herrscher in der Normandie † 1112)
12 Söhne

ROGER I. ⚭ ADELASIA
(* ? † 1101)   (* ? † 1118)

3. Ehe

SIMON
(* 1093 † 1105)
1. Thronfolger

FRIEDRICH I. BARBAROSSA
(* um 1122 † 1190)
1152 dt. König
1155 dt. Kaiser

① ROGER II.
(* 1095 † 1154)
ab 1130 1. König von
Sizilien

⚭

BEATRIX VON
RETHEL
(* um 1134 † 1185)
(3. Ehe)

Verschmelzung der normannischen und
staufischen Königshäuser

⑥ HEINRICH VI.
(* 1165 † 1197)
1169 dt. König
1191 röm. Kaiser
1194–1197 König
von Sizilien
1. staufisch-normannischer König

⚭

KONSTANZE
(* 1154 † 1198)
Einzige Thronerbin
des Normannenreiches
nach dem Tode von
Wilhelm II. (1189)

BIANCA (d. J.) MARKGRÄFIN
LIANCA
(* um 1210/11 † 1233/34)
ihre unehelichen Kinder mit
Friedrich II.: Konstanze * um 1229,
Manfred * 1232 und Violante
* 1233 wurden nach der Trauung
1233/34 ehelichen Kindern
gleichgestellt

⚭

JOLANTHE VON BRIENNE
Erbin von Jerusalem
(* um 1211 † 1228)
(2. Ehe)

⚭

FRIEDRICH II. ⑦
(* 1194 † 1250)
1212 dt. König
1220 röm. Kaiser
1198–1250 König v. Sizilien

⚭ ISABELLA ELISAB
VON ENGLAND
(* 1217 † 1241)
3. Ehe Friedrichs II.

⑧ KONRAD IV.
(* 1228 † 1254)
1237 röm. König
1250–1254 König v. Sizilien

N.N.
(uneheliche Verbindung)

HELENE VON EPIRUS
(* um 1241/43 † 1271)
2. Ehe

⚭

MANFRED
(* 1232 † 1266) ⑨
1254–1258 gew. König v. Sizilien
1258–1266 gekr. König v. Sizilien
letzter normannisch-staufischer
König auf Sizilien

KONRADIN
(* um 1252 † 1269)
wird als möglicher Thronnachfolge
der Staufer gemeinsam mit seiner
Mutter durch Karl von ANJOU in
Lucera enthauptet

FRIEDRICH
(* um 1259/61 † 1312)

HEINRICH
(* um 1260/64 † 1318)

HEINRICH-ENZIO
(* 1261/65 † 1300)

Diese drei letzten normannisch-staufischen Thronnach-
folger Siziliens werden durch Karl von ANJOU verfolgt
und eingekerkert:

seit 1266 im Kerker
Karls von Anjou, flieht
um 1300/04 nach Ägypten (?)

seit 1266 im Kerker
Karls von Anjou;
stirbt erblindet im Kerker

seit 1266 im Kerker
Karls von Anjou; stirbt
im Kerker

Das normannisch-staufische Königshaus

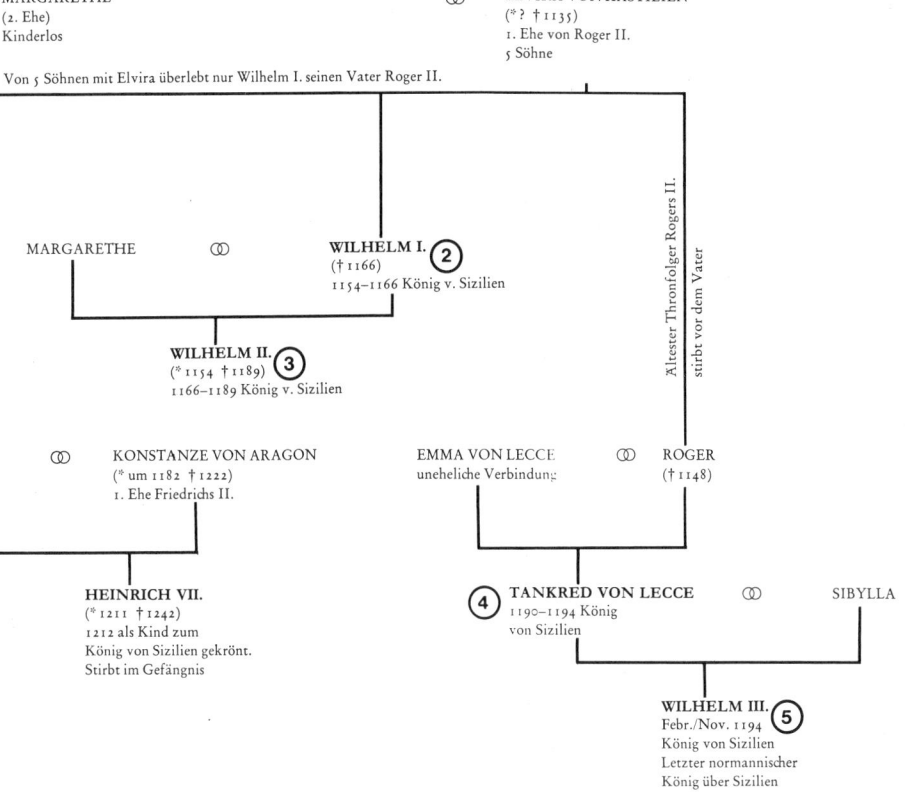

MARGARETHE
(2. Ehe)
Kinderlos

∞ ELVIRA VON KASTILIEN
(*? †1135)
1. Ehe von Roger II.
5 Söhne

Von 5 Söhnen mit Elvira überlebt nur Wilhelm I. seinen Vater Roger II.

MARGARETHE ∞ **WILHELM I.** ②
(†1166)
1154–1166 König v. Sizilien

Ältester Thronfolger Rogers II.
stirbt vor dem Vater

WILHELM II. ③
(*1154 †1189)
1166–1189 König v. Sizilien

∞ KONSTANZE VON ARAGON
(* um 1182 †1222)
1. Ehe Friedrichs II.

EMMA VON LECCE
uneheliche Verbindung

∞ ROGER
(†1148)

HEINRICH VII.
(*1211 †1242)
1212 als Kind zum
König von Sizilien gekrönt.
Stirbt im Gefängnis

④ **TANKRED VON LECCE**
1190–1194 König
von Sizilien

∞ SIBYLLA

WILHELM III. ⑤
Febr./Nov. 1194
König von Sizilien
Letzter normannischer
König über Sizilien

Die Epoche der Normannen und Hohenstaufer (1091–1194/1194–1266)

Wikinger aus Skandinavien, speziell aus Dänemark und Schleswig *(Haithabu)* waren es, die im 8.–11. Jh. als Nord-Mannen im Laufe ihrer abenteuerlichen Züge eine ungeheure staatsbildende Kraft entwickelten und schließlich die Normandie ›gründeten‹ (911 durch Rollo), von hier aus England eroberten (1066 durch Wilhelm d. Eroberer) und endlich die alles überragende normannische *›Monarchia Sicula‹* (am 25. Dez. 1130) schufen, einen Vielvölkerstaat von unvergleichlicher Toleranz und Lebensenergie.

Fast eine Generation ging dahin seit der großen Invasion der normannischen Brüder Roger I. und Robert Guiskard bei *Messina* (1061) und den Eroberungen von *Troina* (das bis 1112 das Hauptquartier der Normannen blieb), von *Palermo* (1072), *Syrakus* (1084) und *Agrigent* (1086) bis sich schließlich auch *Noto* (1091) als letzte sizilische Stadt der normannischen Herrschaft unterwarf. Doch Roger I. hatte bereits lange vor der Übergabe Notos die Macht auf Sizilien fest in Händen; langfristig vereinte er mit viel Geschick das bunte Völker- und Religionskonglomerat der Insel zum ersten sizilischen Staat während ihrer wechselvollen Geschichte. Roger I. übte eine geradezu vorbildliche Toleranz in seinem auf Feudaladel und arabisches Steuersystem aufgebauten Staat, indem er dem sizilischen Volk sowohl Religionsfreiheit zubilligte als auch Mohammadanern, Juden und Christen gleiche Rechte einräumte; schließlich ließ er alle Erlasse und Gesetze in Arabisch, Griechisch und Latein abfassen, während er selbst am Hofe Französisch sprach. Rogers politischer Einfluß war bereits 1088 so stark, daß ihn Papst Urban II. (1088–1099) in seiner Residenz *Troina* aufsuchte, um mit ihm über die christliche Kirchenneuordnung Siziliens zu verhandeln; doch Roger hielt an seinem Gebot der Religionsfreiheit fest und beteiligte sich auch nicht an dem 1. Kreuzzug (1096–1099) gegen die ›heidnischen‹ Mohammadaner. »Die Mohammadanische Bevölkerung war so zahlreich, daß eine Ausrottungspolitik, wie sie den religiösen Anschauungen der Zeit wohl entsprochen hätte, vom staatsmännischen Standpunkt aus der schwerste Fehler gewesen wäre. Das erkannte Roger I. Hier zum erstenmal in der Geschichte der christlichen Welt wurde durch die zwingende Macht der Umstände die Idee eines toleranten Staatswesens gefaßt und verwirklicht. Es hieße zwar, Roger Gedanken einer weit späteren Zeit unterlegen, wollte man annehmen, daß ihm religiöse Toleranz ein Bedürfnis und freier, aus Rücksichten der Humanität gefaßter Entschluß gewesen wäre;

68   RAGUSA IBLA   Chiesa S. Giorgio, Barockkirche von R. Gagliardi (1774/75)

69 RAGUSA IBLA San Giorgio Vecchio. Katalanisch-gotisches Portal der verfallenen Normannen-Kirche

70 SCIFI (nördlich von Taormina), Normannen-Kirche SS. Pietro e Paolo
(1170–1172 von griechischen Christen
gegründet)

71 RAGUSA IBLA Detail aus dem
Portal der Kirche S. Giorgio Vecchio

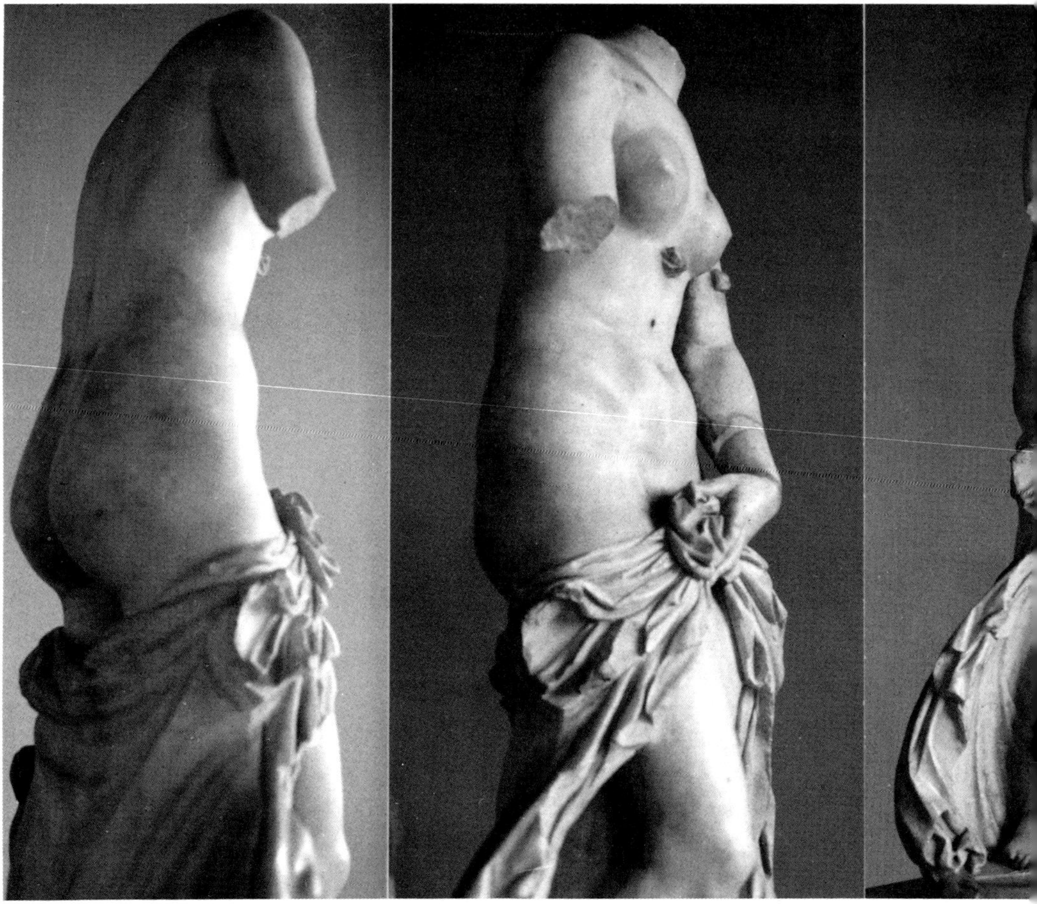

72 SYRAKUS Archäologisches Museum: ›Venere Landolina‹, römische Kopie eines hellenistischen Originals (2. Jh. v. Chr.). Dargestellt ist Aphrodite (Venus), wie sie aus dem Meer emporsteigt (anadyoméne); benannt wurde sie nach ihrem Entdecker, dem Grafen S. Landolina.   73 GELA Museum: Schale mit geometrischer Dekoration und Flora-Ornamenten (6. Jh. v. Chr.).   74 GELA Museum: Korinthische

Keramik mit Tierfriesdekoration (spätes 7. Jh. v. Chr.).   75 GELA Museum: Kratérfragment mit ›volkstümlicher‹ Bemalung (Asteas-Stil, um 350 v. Chr.).   76 AGRIGENT Museo S. Nicola: Archaischer Kopf eines Kuros (Jüngling) vom Herakles-Tempel (um 540 v. Chr.)

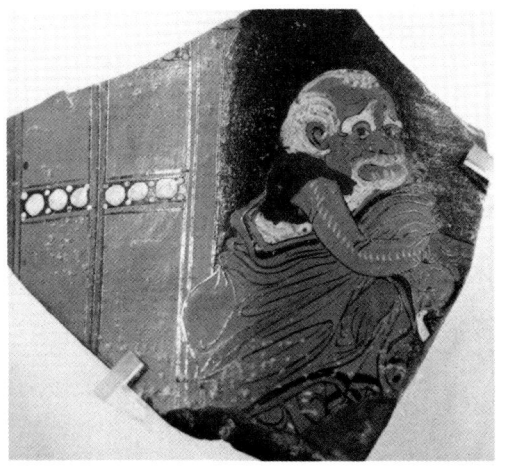

77 SYRAKUS Archäologisches Museum: Mischkratér mit eindrucksvollen geometrischen und figuralen Dekorationen im orientalisierenden Stil (zweite Hälfte 7. Jh. v. Chr.)

78 SYRAKUS Archäologisches Museum: Architekturdetail des Athena-Tempels (7. Jh. v. Chr., heute S. Maria del Piliero o delle Colonne; s. Abb. 82–86)

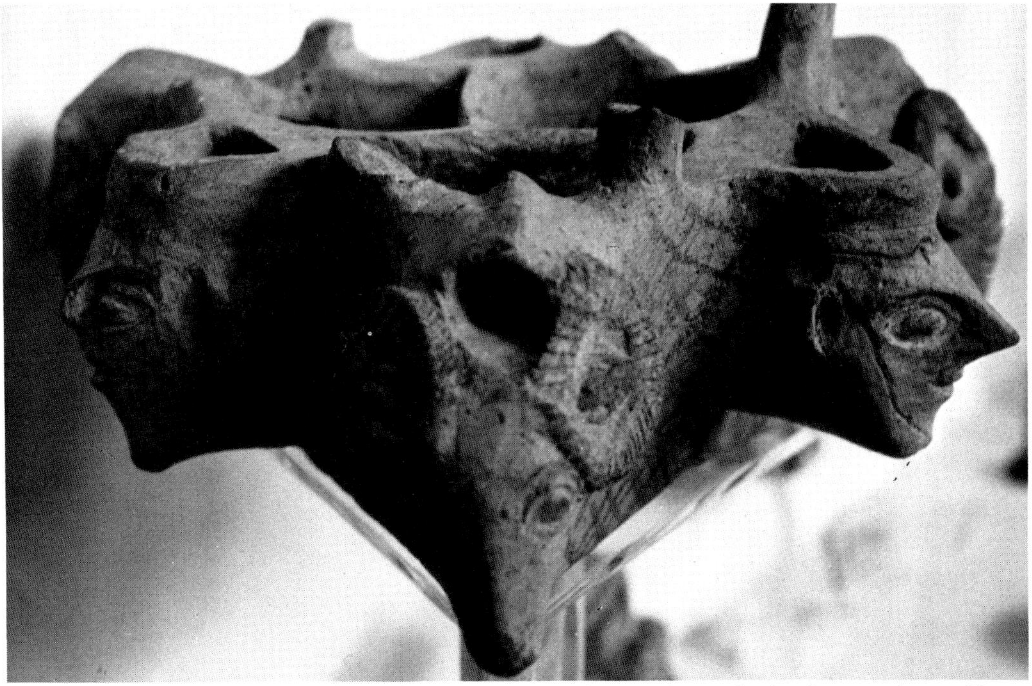

79 GELA Museum: Kernos (Opfergefäß) in Form von Widder- und Menschenköpfen. Aus dem Heiligtum von Gela, 640–540 v. Chr.

80 AGRIGENT Archäologisches Museum: Byzantinisches Flachrelief mit orientalischer Ornamentik und Symbolik

81 SYRAKUS Archäologisches Museum: Castelluccio (bei Noto), steinerne Tür eines Felskammergrabes mit Phallus-Symbol (Bronzezeit, 18.–16. Jh. v. Chr.)

82 SYRAKUS Piazza Duomo mit S. Maria del Piliero o delle Colonne (7. Jh. v. Chr. – 18. Jh. n. Chr., Barockfassade von 1728)

83 SYRAKUS Barockfassade des Doms S. Maria del Piliero o delle Colonne, 1728 nach einem Entwurf Andrea Palmas begonnen

84 SYRAKUS Der Dom S. Maria del Piliero o delle Colonne. An der Nordseite des Doms, in der Via Minerva, erkennt man die dorische Säulenreihe des alten Athena-Tempels aus dem 7. Jh. v. Chr.

85 SYRAKUS Nordfassade des Doms mit den dorischen Säulen des Athena-Tempels

86 SYRAKUS Südliches Seitenschiff des Doms mit den dorischen Säulen des alten Athena-Tempels ▷

88 SYRAKUS Archäologisches Museum: Marmorsarkophag der Adelphia, Gattin des hohen römischen Beamten Balerius (um 340 n. Chr.). Der Sarkophag stammt aus den S. Giovanni-Katakomben und zeigt teilweise christliche Motive (rechts oben: Geburt Christi), im Muschelmedaillon Adelphia und Balerius

◁ 87 SYRAKUS Aufgang zum Monumentalaltar (23 x 180 m) Hierons II. aus dem Jahre 230 v. Chr. Der Altar diente der jährlichen Opferung von 450 Stieren

89 SYRAKUS Griechisches Theater vom Ende des 3. Jh. v. Chr. Alle Stufen wurden aus dem gewachsenen Fels herausgearbeitet; hier befand sich vordem ein kleineres Theater aus dem 5. Jh. v. Chr.

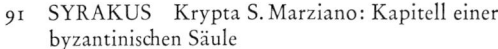

90 SYRAKUS Chiesa S. Giovanni, erster Bischofssitz der Stadt, 827 von den Arabern zerstört, von den Normannen wieder errichtet, 1693 durch ein Erdbeben erneut zerstört

91 SYRAKUS Krypta S. Marziano: Kapitell einer byzantinischen Säule

92 SYRAKUS Chiesa S. Giovanni: Fensterrose der zerstörten Basilika

93 SYRAKUS Fort Euryalos, wichtigste Vertei-
digungsanlage der antiken griechischen Stadt
(5.–3. Jh. v. Chr.)

94 SYRAKUS Fort Euryalos: Südlicher unterirdi-
scher Verbindungsgang der Hauptfestung (etwa
4. Jh. v. Chr.)

95 SYRAKUS Apollon-Tempel,
ältester dorischer Tempel Siziliens (um 565 v. Chr.)

96 SYRAKUS Kyane-Quelle. Kyane war eine griechische Quellnymphe, die den Raub der Persephone verhindern wollte; an der Quelle stehen die einzigen (wohl von den Arabern importierten) Papyrusstau-den Europas

doch war er auch nicht das Werkzeug einer blinden Notwendigkeit, sondern erwarb sich ein großes Verdienst, indem er die politische Zweckmäßigkeit der Toleranz erkannte und danach handelte.«[56]

Ohne festen Regierungssitz regierte Roger I. hauptsächlich von *Messina* aus, er hielt sich aber auch gern auf seinen verschiedenen normannischen Kastellen auf. Nachdem er 1091 von den Erben des verstorbenen Bruders Robert (1085) auch *Palermo* erwerben konnte, gehörte ganz Sizilien zu seinem Machtbereich. Zehn Jahre lang steuerte er noch seinen jungen Staat mit Klugheit und Fingerspitzengefühl durch die wirre Zeit des 1. Kreuzzuges, bis er am 22. Juni 1101 in *Mileto* (Kalabrien) verstarb. Seiner Witwe Adelasia und seinen beiden unmündigen Söhnen Simon (7 Jahre) und Roger II. (4 Jahre) hinterließ er einen hoch angesehenen Staat – mit ›sagenhaften‹ Schätzen, die bald viele Könige und Fürsten anlockten, die um die Hand Adelasias warben.

Zwölf Jahre lang führte Adelasia die Staatsgeschäfte des normannischen Reiches, bis sie ihrem 17jährigen Sohn Roger II. (nachdem der erste Thronfolger Simon im Alter von 12 Jahren verstorben war) 1112 ein wohlgeordnetes Staatswesen übergeben konnte.

Roger II. war ein Mann von hoher Bildung und vorzüglicher Erziehung; zu seinen Lehrmeistern zählten die besten arabischen Gelehrten Siziliens, so daß es nicht verwundert, daß er stärker von morgenländischem Geist und orientalischer Kultur als von abendländischen Anschauungen geprägt war. Weniger kriegstüchtig als sein Vater, lenkte er sein Reich als Graf von Sizilien durch kluge Staatsführung und geschickte Diplomatie durch das politische Kräftespiel Europas, so daß er schon bald von Papst Honorius II. (1124–1130) als Herzog von Apulien (1127) anerkannt wurde, und schließlich auch mit Honorius' II. Billigung am 25. Dezember 1130 mit großem Prunk in *Palermo* zum ersten normannischen König über Sizilien, Apulien und Kalabrien gekrönt wurde.

Voller Hingabe widmete sich Roger II. nun der innenpolitischen Neuordnung seines Vielvölkerstaates, in dem er ein für jene Zeit vorbildliches und tolerantes Gesetzeswerk schuf, das traditionelle und fremdartige (römische, byzantinische und arabische) Rechtsauffassungen miteinander verschmolz; dieses Gesetzgebungswerk diente später Friedrich II. als Grundlage für sein ›Sizilisches Gesetzbuch‹ von 1231.

Mit Unmut beobachtete dagegen der römische Kaiser und deutsche König Lothar III. (1125–1137) die politische Stabilität des normannischen Sizilien, da Deutschland noch aus der Zeit Ottos d. Gr. rechtmäßige Gebietsansprüche auf Süditalien zu haben glaubte. In Absprache mit Papst Innozenz II. (1130–1143), der schon lange einen mächtigen Bundesgenossen gegen Roger II. suchte (dem Gönner des Gegenpapstes Anaklet II., 1130–1138), brach Lothar III. mit einem riesigen Heer nach Süditalien auf, eroberte Apulien und stand kurz vor dem Großangriff auf Sizilien. Doch, wie von Roger II. erwartet und einkalkuliert, prallten schon bei der Belehnung Apuliens die Hoheitsansprüche von Papst und Kaiser so heftig aufeinander, daß Lothar III. mit seinem

Fig. 41 *Kaiserin Konstanze bei Tankred von Lecce in Messina. (Aus: Petrus de Ebulo, ›Liber ad Honorem Augusti‹, Cod. 120, fol. 120; um 1195/96, Palermo [?]; Burgerbibliothek, Bern)*

Heer, ohne Sizilien angegriffen zu haben, nach Deutschland zurückkehrte. Damit hatte Roger II. die gefahrvollste kriegerische Auseinandersetzung seines Königreiches überstanden, denn auch das Kriegsbündnis zwischen dem Kaiser Konrad III. (1138–1152) und dem byzantinischen Kaiser Manuel (1143–1180) gegen Sizilien schlug fehl.

Am 26. Februar 1154 starb Roger II., Gründer der ›Monarchia Sicula‹. Er hatte als vorbildlicher Staatsmann mit unglaublicher Energie, politischem Verstand und einfühlsamer Toleranz mehr als vierzig Jahre lang die Geschicke seines normannischen Königreiches gelenkt; sein Erbe wurde jedoch bereits mit seinem Tode dem allmählichen Verfall preisgegeben.

Aus drei Ehen blieb Roger II. nur ein Thronfolger: Wilhelm I. (1154–1166), den er bereits seit 1151 als Mitregent in sein Königsamt eingeführt hatte. Da dessen Sohn Wilhelm II. (1166–1189) kinderlos starb, fiel das sizilisch-normannische Königreich dem staufischen Deutschland zu, denn 1186, zu einem Zeitpunkt, da nicht damit gerechnet werden konnte, daß durch diese Verbindung Sizilien dem staufischen Hause zufallen könnte, hatte die nun einzige Erbin des Normannenreiches, die 32jährige Konstanze, Rogers II. Tochter aus 3. Ehe, den 21jährigen Heinrich VI., Sohn Friedrichs I. Barbarossa, geheiratet. Bis zur Thronbesteigung Heinrichs VI. (1194) suchten normannische Adelige mit aller Gewalt den Deutschen das Erbe streitig zu machen, krönten zwischenzeitlich Tankred von Lecce (1190–1194) zum König (unehelicher Sohn eines vor Roger II. verstorbenen Sohnes gleichen Namens (s. Fig. 41), dem für wenige Monate sein Sohn Wilhelm III. (Febr.–Nov. 1194) folgte, doch war die staufische Herrschaft über Sizilien nicht aufzuhalten.

Schnell gelangte der junge normannisch-staufische Staat auf Sizilien nun auch zu einer ausgereiften Blütezeit mit einer Fülle von kulturellen und wissenschaftlichen Schöpfungen, die im großen Maße von arabisch-orientalischen Kulturelementen durchdrungen waren. Bis zu Rogers I. Reichsgründung besaßen die Normannen kaum eine nennenswerte eigene ausgeprägte Kultur, sie waren somit nicht nur verhältnismäßig unvoreingenommen, sondern besonders dem Fremdartigen der arabischen Zivilisation sehr aufgeschlossen; sie nahmen vieles davon begierig auf und schufen daraus und aus griechischen, römischen, frühchristlichen und byzantinischen Elementen, die sie auf Sizilien vorgefunden hatten, gleich einem Katalysator, eine Mischkultur von besonderem Reiz, die sich vornehmlich in den Werken ihrer Architektur und Mosaikkunst verkörpert. Roger II., hochbegabt, befaßte sich selbst eingehend mit naturwissenschaftlichen Studien und konnte für seinen königlichen Hof in *Palermo* den berühmten arabischen Gelehrten Idrīsī (1100 in Ceuta/Marokko geboren; 1166 gestorben) gewinnen, der im Auftrag des Königs das ›Ketab Roger‹[57] verfaßte, eine geographische Glanzleistung (1154 vollendet), mit der Idrīsī auf rein empirischen Grundlagen das Wissen von der Erde völlig neu begründete und sich konsequent von den alten Vorstellungen der bestehenden Land- und Wassermassen distanzierte. Grundlage seiner Arbeit war das ptolemäische Klimaschema, das etwa der modernen Meridianaufteilung entspricht, womit Idrīsī die Erde, die man sich damals noch als Scheibe vorstellte,

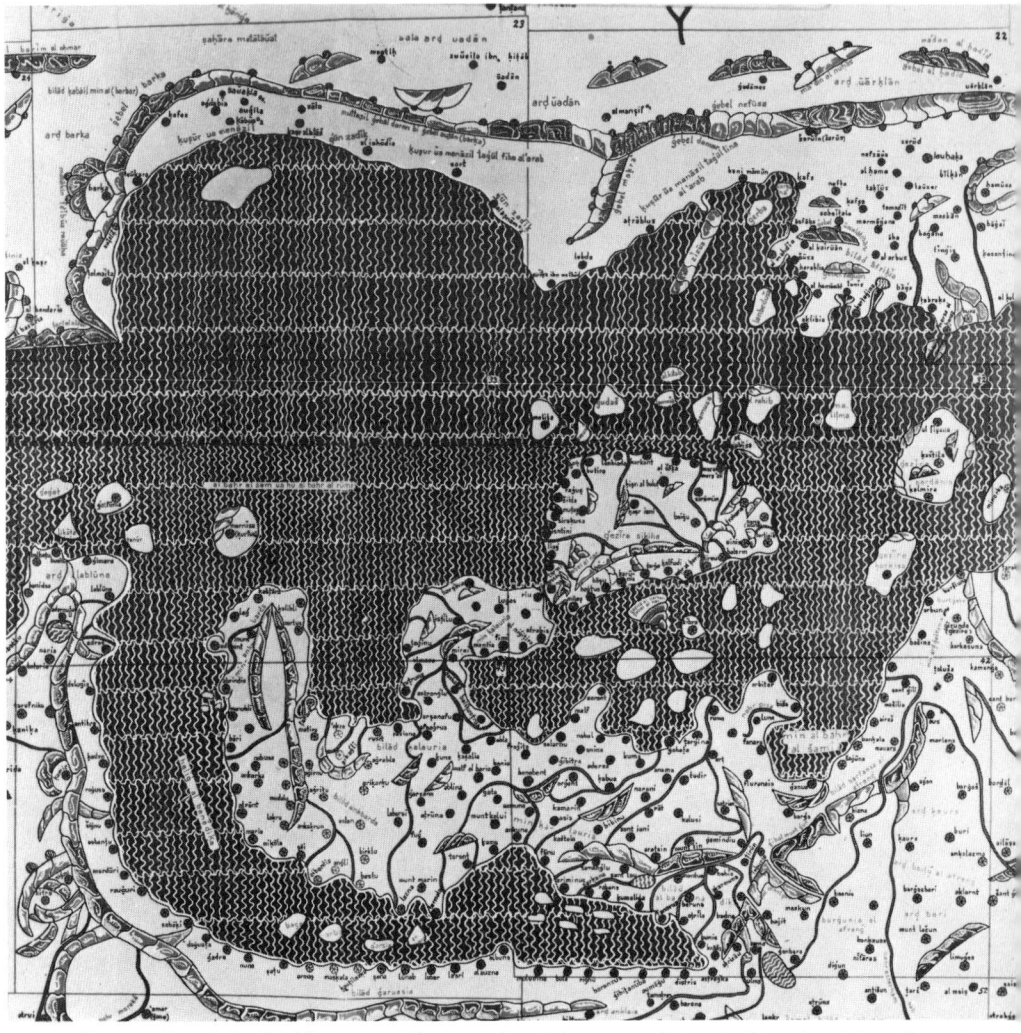

Fig. 42   Detail der Weltkarte von Idrīsī aus dem Jahre 1154; Süden ist hier oben (Aus: Konrad Miller, ›Charta Rugeriana‹, Stuttgart 1928)

in siebzig Klimazonen unterteilte. Selbstverständlich nahm das Normannenreich mit ²/₃ der Gesamtfläche den größten Raum der Weltkarte ein, wobei Sizilien (s. Fig. 42) und Unteritalien für damalige Zeiten überraschend exakt und naturgetreu erfaßt wurden; Sardinien liegt dort allerdings fast südlich von Sizilien (bei Idrīsīs Karte ist Süden oben). Auch hatte man von den entlegenen Erdteilen keine genaue Vorstellung, die man sich zwar am Hofe in Palermo von vielen Weltreisenden beschreiben und erläutern ließ, wobei aber immer noch vieles der Fantasie überlassen blieb. Das große ›kartographische‹ Werk wurde schließlich auf eine ca. 150 kg schwere silberne Scheibe (etwa 2,0 m Durchmesser) eingraviert, die jedoch verlorengegangen ist. Wichtiger als die Weltkarte selbst ist aber die äußerst gewissenhafte Beschreibung der Erdscheibe; von größter Genauigkeit, deckt sie viele Fehler, die bei der Übertragung auf die ›Silberne Erdscheibe‹ geschahen, auf.

Noch immer erinnern prachtvolle Normannenbauten an die ›Monarchia Sicula‹ Rogers II. Wurden anfangs nur Kastelle hoch oben im Gebirge als Bergfesten errichtet, so zeigte sich bereits Roger I. von den schlanken arabischen Baugliedern und deren kunstvoller Ornamentik fasziniert; er ließ sie in seinen frühesten Bauten (z. B. S. Giovanni dei Lebbrosi 1070, in *Palermo*) mit der normannischen Strenge zu einer neuen Harmonie verschmelzen. Die gesamte normannische Epoche scheint von dem persisch-orientalischen Kuppelbau – der bereits Jahrhunderte zuvor den römisch-byzantinischen Kuppelbau inspiriert hatte – geradezu berauscht gewesen zu sein. In fast all ihren Bauten ist er irgendwie wiederzufinden; Quadrat und darin eingeschriebener Kreis, über dem sich eine Zentralkuppel erhebt, das sind die beiden geometrischen Grundfiguren der frühen normannischen Architektur, von denen jeder Betrachter unmittelbar an den Orient und die Zauber von ›1001 Nacht‹ erinnert wird. Über einem schweren massigen, anfangs wenig gegliederten Kubus erheben sich leuchtend rote Halbkugeln, die in additiver Reihung dem Bau eine klare liturgische Ost-West-Richtung geben. Ist *S. Giovanni dei Lebbrosi* mit seinem (römischen) Basilikagrundriß und den krönenden Kuppeln über der Ostvierung und dem Campanile-Turm noch verhältnismäßig unproportioniert und schmucklos – einzig der Funktion gehorchend –, so bezaubert *S. Giovanni degli Eremiti* (1132 von Roger II. in Palermo erbaut) bereits durch die geschickte Anordnung seiner fünf Kuppeln (s. Umschlagrückseite u. Abb. 16). Zwar noch immer an den strengen kubischen Formen festhaltend, lassen *S. Cataldo* in *Palermo* (Abb. 7; 1164, Wilhelm I.) und *SS. Pietro e Paolo* in *Scifi* nahe Taormina (Farbt. VII; Abb. 70; 1170/72, Wilhelm II.) schon eine gelungene, stark arabisch beeinflußte Fassadenornamentik erkennen.

Zu höchster Vollendung gelangen die Schöpfungen der normannischen Architektur in den mit kostbaren (byzantinischen) Mosaiken ausgeschmückten Kathedralen und Kirchen, wie etwa in *Cefalù* und *Monreale*: Die prunkvollen Innenräume normannischer Kirchen haben bis heute nichts von ihrer Wirkung auf den Betrachter eingebüßt; noch heute ist jeder Besucher von gleicher Bewunderung ergriffen wie einst die Normannen. Man höre dazu die farbenreiche Schilderung von Bischof Theophanes Cerameus in seiner Einweihungspredigt (29. Juni 1140) für die *Cappella Palatina* in *Palermo*, die Königskapelle Rogers II.: »In diesem Gotteshaus hat ein wahrhaft großer und königlicher Sinn ein ewiges Denkmal errichtet, gleichsam einen festen Grundstein seines Palastes, groß und schön, ja in einer ganz neuen Schönheit leuchtend; in hellem Licht, erglänzend, von Golde strahlend, von Edelsteinen funkelnd, im Blütenschmuck bunter Malereien. Wer ihn auch öfter gesehen und immer wieder betrachtet, bewundert ihn stets von neuem, wie jetzt beim ersten Anblick, und staunend schweift sein Auge hin und her. Über das Deckengewölbe ist des Staunens kein Ende, es ist ein Wunder anzuschauen, ja nur davon zu hören. Mit zierlichem, buntem Schnitzwerk, im Muster eines Bienenkorbes ist es geschmückt, und wie es allenthalben von Golde blitzt, stellt es den nächtlichen Himmel dar, wenn aus klarer Luft das Heer der Sterne herniederfunkelt. Säulen stützen die Wölbung aufs schönste und heben die Decke zu unerreichbarer Höhe empor. Der heilige Boden der Kirche gleicht der Frühlingswiese, mit bunten Marmorsteinchen ist er wie mit Blumen geziert, nur daß die Blumen welken und vergehen, diese Wiese aber unverwelklich und ewig ist und sich immerdar unvergängliche Blüten bewahrt. Die ganze Wand ist mit buntem Marmor bekleidet, der obere Teil mit Goldmosaik ausgelegt, soweit den Platz nicht die Schar der heiligen Bilder einnimmt.«[58]

Bei aller Pracht und höchsten künstlerischen Vollendung dieser königlichen Bauprojekte (die dem Volk wohl immer unzugänglich waren), soll jedoch nicht unerwähnt bleiben, daß – wie so oft in der Geschichte – die ungeheuren Geldmengen für solche Planungen größtenteils nur über Steuern gewonnen werden konnten, die vom sizilischen Volk unter Mühen, mit Blut und Schweiß, ja unter Zwang erbracht werden mußten.

Die nach dem Tode Wilhelms II. ausgelösten Wirren der normannischen Thronfolge und, damit verbunden, die Ablehnung der staufischen Herrschaft über Sizilien durch die normannischen Adligen, veranlaßte Heinrich VI., die durch seine Ehe mit Rogers II. Tochter Konstanze legitimierten Ansprüche auf Sizilien mit militärischer Gewalt durchzusetzen. Fast fünf Jahre dauerten die Auseinandersetzungen zwischen Normannen und Staufern an, bis Heinrich VI. am 20. November 1194 in *Palermo* zum ersten staufischen König über das normannische Sizilien gekrönt werden konnte (s. Fig. 43). Einen Monat später, am 26. Dezember 1194, gebar Konstanze den einzigen staufisch-normannischen Thronfolger Siziliens: Friedrich II. Roger (s. Fig. 44).

In ständiger Opposition zu der neuen deutschen Königsmacht etablierte sich unter dem normannischen Adel schnell eine Art ›Sizilische Nationalpartei‹ heraus, der sich nach langem Zögern auch Konstanze anschloß. Verrat in den eigenen Reihen der Verschwörer verhindert schließlich die geplante Vertreibung und Ermordung aller Deutschen auf Sizilien, woraufhin Heinrich VI. mit äußerster Härte gegen die ›Rebellen‹ vorging und nahezu den gesamten normannischen Adel hinrichten ließ, seine Gemahlin Konstanze verschonte er zwar, bestrafte sie jedoch damit, daß sie der qualvollen Hinrichtung ihrer Freunde auf dem Domplatz in *Palermo* beiwohnen mußte (1197).

Fast auf dem Höhepunkt seiner Herrschaft ereilte Heinrich VI. am 23. September 1197 in *Messina* plötzlich der Tod. Für Sizilien, doch vor allem für Deutschland, eine folgenschwere Zäsur in der weiteren Entwicklung. Schon bald erfuhr das staufisch-normannische Königshaus eine weitere schwere Belastung: etwa ein Jahr später starb

Fig. 43   Oben: Die normannischen Kastelle Castabellot, Bicarim, Catabutur und Calatament; ▷
Mitte und unten: König Heinrich VI. zieht im feierlichen Zug nach Palermo ein und tritt das staufisch-normannische Königserbe an. (Aus: Petrus de Ebulo, ›Liber ad Honorem Augusti‹, Cod. 120, fol. 134; um 1195/96, Palermo [?]; Burgerbibliothek, Bern)

Catabellot. · bicari · Catabuzur · Loeoamt

Sereniſſim̄ imp̄ator henr̄ fabariū uenieſ
nūcioſ ab urbe p̄m̄ recepat ·

Nuncii panormi

criſtuſ uiceſ cancell̄

ſ cū p̄pa nobili ⁊ triūpho gl̄oꝛeoſq̄ auguſt̄ igredr̄ panormū ·

Fig. 44   Die Kaiserin Konstanze übergibt den neugeborenen Friedrich II. Roger (* 26. Dez. 1194) der Gemahlin Konrads von Urslingen. (Kolorierte Federzeichnung aus: Petrus de Ebulo, ›Liber ad Honorem Augusti‹, Cod. 120, fol. 138; um 1195/96, Palermo [?]; Burgerbibliothek, Bern)

auch Konstanze. Der vierjährige Sohn Friedrich II., nun Vollwaise, stand fortan bis zu seinem 14. Lebensjahr (1208) unter der Vormundschaft von Papst Innozenz III. (1198 bis 1216), dem neuen Lehnsherrn des staufisch-normannischen Königreiches.

Dem Tode Heinrichs VI. und Konstanzes folgte in Sizilien eine Zeit schlimmster Unruhen und erbitterter innerer Machtkämpfe zwischen deutschen und normannischen Adligen, aber auch Abenteurer und Seeräuber machten die Insel verstärkt unsicher – alles in allem eine katastrophale Epoche, die für uns nebelhaft undurchsichtig bleibt. Nebelhaft ist ebenfalls die Kunde, die wir von den Jugendjahren Friedrichs II. haben; so wissen wir verhältnismäßig wenig über Bildung und Erziehung, die Friedrichs II. Charakter und Persönlichkeit so stark geprägt haben. Die Tatsache, daß der spätere römische Kaiser und sizilische König neben Italienisch auch Deutsch, Französisch, Griechisch und Arabisch sprach, daß er selbst einer der ersten italienisch schreibenden Lyriker war, Aristoteles und andere griechische Philosophen ins Lateinische übertragen ließ, die Universität Neapel gründete, sich mit so vielen kulturellen Dingen beschäftigte, zeigt, welch hohe Geistesbildung Friedrich II. gehabt haben muß. In *Palermo* aufgewachsen, konnte sich der Knabe selbstverständlich den dort herrschenden arabisch-orientalischen Einflüssen nicht entziehen; ja, es scheint sogar, daß er der islamischen Lehre besonders – vielleicht stärker als der christlichen – zugeneigt war.

Von Papst Innozenz III. beauftragt, übernahm Walter von Palearia, Bischof von Catania, Kanzler und Vertrauter Heinrichs VI., die Leitung der Staatsgeschäfte auf Sizilien und die ›Erziehungsgewalt‹ über Friedrich II., womit zwischen beiden sicherlich ein intensiver (positiver?) Dialog entstand, was nicht zuletzt daraus zu entnehmen ist, daß Friedrich als junger König Walter in seinem Kanzleramt bestätigte. Nicht unwesentlich war aber auch der Einfluß von Markward von Annweiler und Wilhelm von Capparone (Großkapitän von Sizilien) auf die politische Führung der Insel und wohl ebenfalls auf die Entwicklung des Knaben; beide haben versucht, mit aller Gewalt die Alleinherrschaft über Sizilien zu erringen – Friedrich II. war damit häufig Zankapfel streitender Interessengruppen.

Noch immer die staufische Gefahr von Norden und Süden fürchtend, blickte auch Papst Innozenz III. mit Sorge auf den jungen Thronfolger, der nach seinem Willen nur König von Sizilien werden sollte. Doch die politischen Ereignisse in Europa zwangen den Papst zu einer Kursänderung seiner Politik: Da Otto IV., entgegen seinem Eid bei der Kaiserkrönung in Rom, Sizilien und das deutsche Reich wieder miteinander vereinen wollte, wurde er von Innozenz III. exkommuniziert. Damit war plötzlich – mit Unterstützung Frankreichs (Philipp II. August) – Friedrich II., der einzige dem Papst genehme Nachfolger für die deutsche Krone und den römischen Kaiserstuhl; doch auch Friedrich II. mußte – wie einst Otto IV. – bei seiner Kaiserkrönung (am 22. November 1220) dem Papst versichern, keine Reichsvereinigung zwischen Sizilien (dessen König er seit dem 17. Mai 1198 war) und dem römisch-deutschen Reich anzustreben. Daraufhin erhob Friedrich Sizilien zu seiner ›Personalunion‹, auf die er aber keinen Staatsanspruch hatte, während sein Sohn Heinrich VII. (1211–1242) König von Sizilien war (seit 1212). Die große Weltpolitik ließ Friedrich II. jedoch kaum noch Zeit für Sizilien, auch hielt er sich fortan hauptsächlich in Apulien (Castel del Monte) auf.

Im ständigen Streit mit der römischen Kirche, der bereits mit Papst Innozenz III. begann, blieb Friedrichs II. Exkommunikation (durch Papst Gregor IX., 1227–1241) nicht aus. Auf dem Höhepunkt seiner Macht errang er allein durch Diplomatie beim 5. Kreuzzug (1228/29) mehr Erfolge, als sie je zuvor durch militärische Operationen errungen werden konnten: vertraglich von Sultan al Kamil von Ägypten zugesichert, erhielt Friedrich II. Bethlehem, Nazareth und Jerusalem – am 18. März 1229 wurde er in der Grabeskirche zum König von Jerusalem gekrönt.

Mitten im Aufbau seiner neuen Staatsordnung ereilt Friedrich II. am 13. Dezember 1250 im apulischen Castel Fiorentino der Tod, zu früh, als daß er die Pläne und Hoffnungen einer staufischen Weltherrschaft hätte verwirklichen können; sein Sohn Konrad IV. ist zu jung, um sein Erbe antreten zu können. Während Papst Clemens IV. (1265–1268) in Frankreich und England Bundesgenossen gegen die staufische Herrschaft sucht und 1265 Karl von Anjou mit dem Königreich Sizilien belehnt, ist Manfred, erst

Reichsverweser für Konrad IV., dann König von Sizilien (1254–1266), zu schwach, um sich des starken Druckes der römischen Kirche erwehren zu können.

So zieht Karl von Anjou 1266 mit einem riesigen Heer nach Unteritalien, erobert Sizilien und löscht mit unbarmherziger Härte das gesamte staufisch-normannische Geschlecht aus – er steckt alle Söhne Manfreds in den Kerker und läßt selbst den unehelichen siebzehnjährigen Sohn Konrads IV., Konradin, öffentlich enthaupten. »Von den großen Kaisergeschlechtern des deutschen Hochmittelalters bietet das der Staufer das farbenreichste und faszinierendste Bild, das freilich düsterer Züge nicht entbehrt. Anders als Ottonen und Salier war diesem hochbegabten Haus in seinen letzten Gliedern nicht ein natürliches Verklingen, sondern der Untergang beschieden, auf dem Schlachtfeld, auf dem Schaffott, in ehrenvoller Haft und im düsteren Kerker, aus dem spätes Entkommen nur in ein zwielichtiges Flüchtlingsdasein führte ... Die Arbeit der Staufer an der Stärkung des Königtums in Deutschland hätte auf die Dauer erfolgreich sein können. Sie blieb am Ende erfolglos, weil die Staufer sich in den Kampf mit dem Papsttum verstrickten, der zu einem Existenzkampf wurde, als sie mit ihrer italienischen Politik, vollends seit dem Erwerb Siziliens die Selbständigkeit der Kurie unmittelbar bedrohten ...

Wer aber wie (Friedrich II.) die Ketzer als Staatsfeinde bekämpfte und Staatsfeinde kurzerhand zu Ketzern erklärte, sich selbst fast vergottete, als Davidkönig mit mohammadanischen Truppen gegen den Papst Krieg führte, wer nicht nur von seinen päpstlichen Gegnern, sondern von neutralen arabischen Beobachtern nicht mehr als Christ angesehen wurde, wer sich mit solcher Leichtigkeit zwischen Gegensätzen bewegte, der war weit entfernt vom christlichen Kaisertum Karls des Großen und Barbarossas, mochte er noch so sehr die Form des christlich-römischen Kaisers wahren ... Es war die Tragödie Friedrichs II. und seiner Nachkommen, daß ihr Kampf um das Kaisertum sie auf Bahnen führte, die einem christlichen Kaiser nicht mehr angemessen waren.«[59]

Der Normannen-Dom von Monreale

Nur wenige Kilometer außerhalb von Palermo mit einem weiten Blick über die Conca d'Oro, erhebt sich auf dem Monte Caputo die feierliche normannische Kathedrale des Benediktinerklosters von *Monreale:* Ein Juwel mittelalterlicher Baukunst, ein Meisterwerk harmonischer Verschmelzung römischer, byzantinischer und arabischer Architektur, ein tief religiöses Epos musivischer Kunst, ein freudiges Glaubensfest in einem diffus durchfluteten, mystischen Gotteshaus – einer der eindrucksvollsten Sakralbauten der Welt.

Der Legende nach ließ Wilhelm II. (1154–1189) den Normannen-Dom an der Stelle errichten, wo ihm im Traum die Jungfrau Maria erschienen war; 1174 begonnen, war der größte Teil der Bauarbeiten bereits 1182 abgeschlossen; die Vollendung seines Meisterwerkes erlebte der schon mit 36 Jahren verstorbene Normannenkönig nicht

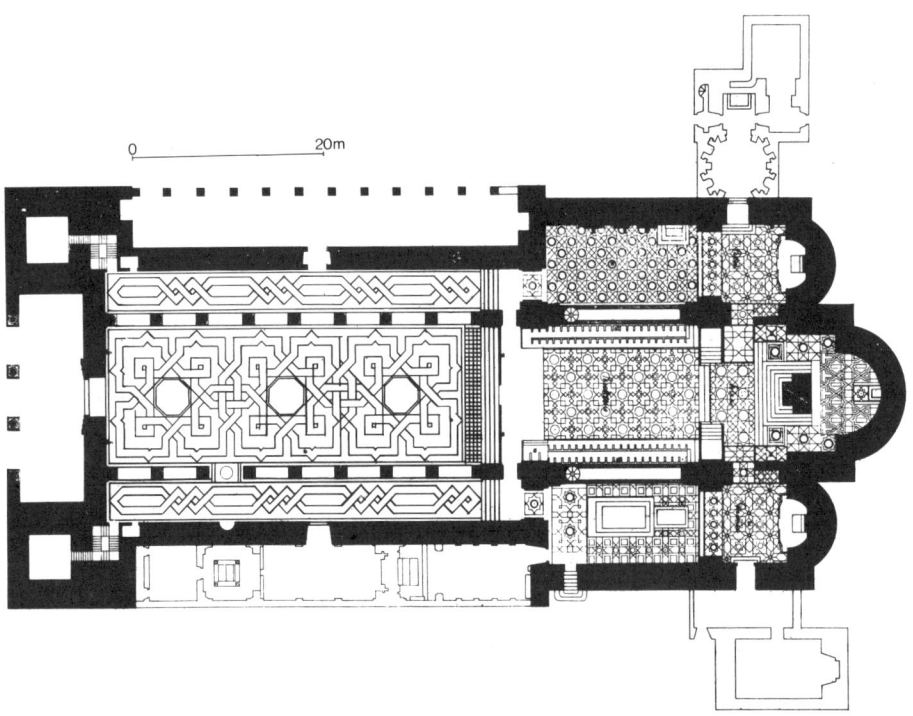

Fig. 45 Grundriß des Normannen-Doms von Monreale mit Eintragung des mit arabischen Ornamenten geschmückten Originalfußbodens (1174–1182). (Aus: D. B. Gravina, ›Il duomo di Monreale‹, Tafel 2; Palermo 1859/69)

mehr. Die dreischiffige römische Basilika zeigt im Aufriß an den Innenwänden kostbare goldgrundige byzantinische Mosaiken und Marmorverkleidungen mit arabischen Ornamenten, die auch den Fußboden schmücken (s. Fig. 45). Das Äußere des Doms ist teilweise seines reinen normannischen Aussehens durch spätere Anbauten beraubt; nur schwer läßt sich noch die Gliederung des massigen Baukörpers erkennen. Vortrefflich – im rein normannischen Stil – wirken die Apsiden des Ostwerkes (Abb. 24): die anmutvollen Blendarkaden mit ihren schlanken Säulen und den sich verschlingenden Bogenmotiven sind durch das Wechselspiel von hellem Kalktuff und schwarzer Lava heiter und lebendig gestaltet (Abb. 25). Der nördlichen Längsseite des Doms (Haupteingang) ist heute ein offener Portikus vorgelagert, der 1547–1569 von Gian Domenico und Fazio Gagini geschaffen wurde. Der ursprüngliche Atrium-Hof im Westen, fiel einer Baumaßnahme des späten 18. Jh. zum Opfer; als Ersatz errichtete man 1770 zwischen den beiden Ecktürmen einen Portikus mit drei kräftigen Bogenöffnungen und einer Galerie im Obergeschoß, die leider die normannischen Bogenmotive der Westfassade

Fig. 46   Nördliche Bronzetür von Monreale, eine Arbeit von Barisano da Trani aus dem Jahre 1179. (Aus: D. B. Gravina, ›Il duomo di Monreale‹, Tafel 5 A, Palermo 1859/69

Fig. 47 Westliches Bronzeportal von Monreale, eine Arbeit von Bonanno Pisano aus dem Jahre 1186. (Aus: D. B. Gravina, ›Il duomo di Monreale‹, Tafel 5 E; Palermo 1859/69)

größtenteils verdecken. Die große Brandkatastrophe von 1811 richtete glücklicherweise keine erheblichen Schäden an Bausubstanz und Mosaikschmuck an, es wurde lediglich die kostbar geschnitzte farbige Dachkonstruktion vernichtet, die jedoch originalgetreu rekonstruiert wurde (Farbt. XX).

Neben der Architektur und Mosaikkunst besitzt der Normannen-Dom von Monreale aber auch zwei Meisterwerke der frühen mittelalterlichen Bronzekunst. Die Nordfassade zeigt eine mit großer Sorgfalt gearbeitete zweiflüglige Bronzetür, die ausgezeichnet die kunstvolle Beherrschung der Bronzegußtechnik widerspiegelt. Schöpfer dieser Arbeit ist Barisano da Trani, der 1179 die 28 fast quadratischen Bildfelder als einzelne Bronzebleche auf die hölzernen Türflügel befestigte (s. Fig. 46); die dargestellten Heiligen und Evangelisten gehen in ihrer künstlerischen Gestaltung deutlich auf die frühchristliche und byzantinische Tradition zurück. Die Bronzetür der Westfassade (s. Fig. 47) ist ein Werk von Bonanno Pisano, der auch die kostbaren Türflügel des S. Rainieri im Dom zu Pisa geschaffen hat. Pisano verfügt zwar bei seiner 1186 gestalteten Tür von Monreale nicht über die ausgereifte Bronzegußtechnik da Tranis, er löst sich dagegen von der verhältnismäßig reserviert-steifen Darstellung der Nordtür. Pisano gelingt hier ein eindrucksvoller realistischer Erzählstil, mit dem er in 42 Bildfeldern verschiedene Episoden aus der Heiligen Schrift erzählt (Abb. 27, 32).

Schon kurz nach Vollendung des Normannen-Doms, noch Ende des 12. Jh., erhielten die Benediktinermönche die Erlaubnis, an der Südseite des Kirchenschiffes ihre Klostergebäude zu errichten. Die Bauzeit der gewaltigen Benediktinerabtei erstreckte sich bis zum Ende des 14. Jh.; später verlassen, verfielen die Gebäude immer mehr; sie sind heute durch neue Klosterbauten ersetzt. Prunkstück der alten Benediktinerabtei ist der fast original erhaltene Kreuzgang – ein edles Meisterwerk mittelalterlicher Klosterbaukunst (Farbt. XII). Der als blumenreicher Garten angelegte Innenhof (47 x 47 m) wird an allen vier Seiten von je 26 rhythmisch gegliederten Arkadenöffnungen mit schlanken Doppelsäulen und fantasievoll gestalteten Kapitellen flankiert, von denen nicht ein Kapitell dem anderen gleicht (Farbt. XIII, XIV, XVI; Abb. 28–31); neben Flora- und Faunamotiven und Darstellungen von Mischwesen erscheinen auch ausdrucksstarke figurale Motive, wie etwa die Darbringung seines der Muttergottes geweihten Normannen-Domes durch Wilhelm II. (19. Kapitell der Westseite), die drei Könige aus dem Morgenland und andere biblische Szenen.

In der Südwestecke des Kreuzganges wurde ein kleiner märchenhafter Brunnenhof angelegt, der ebenfalls mit intarsien-geschmückten Doppelsäulen, reich verzierten Kapitellen und Arkaden eingefaßt ist (Abb. 26); melodisches Geplätscher des Wassers lädt zum Verweilen in der klösterlichen Ruhe und Abgeschiedenheit ein.

Vom grellen Tageslicht noch geblendet, wird der Besucher beim Betreten des Kirchenschiffs (102 m lang, 40 m breit) von der fast mystischen Raumwirkung und von über 6000 m² Mosaikfläche geradezu überwältigt (Farbt. X, XI). Wohl geordnet geben die

Darstellungen nach westlicher Tradition in einem Bilderzyklus Themen des ›Alten Testaments‹, das ›Leben und Wirken Christi‹, sowie die Szenen aus dem Leben der ›Evangelisten und Apostel‹ wieder.

An der Nordwand des Sanktuariums stehen drei Kopien der beim Brand von 1811 zerstörten Sarkophage der königlichen Familie Wilhelms I., hier ruhen seine Frau Margarethe und seine beiden Söhne Roger und Heinrich; vor der Südwand des Sanktuariums stehen der Porphyrsarkophag Wilhelms I. (rechts) und der Marmorsarkophag Wilhelms II. (links), in den 1575 der Normannenkönig von Erzbischof Lodovico de Torres umgebettet wurde, nachdem er zuvor fast 400 Jahre lang, seinem Wunsch gemäß, in einem bescheidenen Ziegelsarkophag bestattet war.

Die Mosaiken des Normannen-Doms von Monreale

A Die Mosaiken der Nordwand (s. Fig. 48)

Mittelschiff: 1 Die Schlange ermuntert Eva zur Sünde – 2 Der Sündenfall: Adam und Eva kosten vom Apfel – 3 Adam und Eva schämen sich ihrer Nacktheit – 4 Die Vertreibung aus dem Paradies – 5 Adam bebaut die Erde – 6 Kain und Abel bringen ein Opfer dar – 7 Kain erschlägt seinen Bruder Abel – 8 Gott fragt Kain nach seinem Bruder – 9 Lamech erschlägt Kain – 10 Gott verkündet Noah die Sintflut – 11 Gott spricht mit Abraham – 12 Abraham ist im Begriff, seinen Sohn Isaak zu opfern – 13 Rebekka führt die Kamele zur Tränke und wird Isaaks Frau – 14 Rebekkas Reise – 15 Isaak gibt seinem Sohn Esau den Auftrag, für ihn ein köstliches Wildbret zu erlegen – 16 Jakob täuscht seinen Vater Isaak, der ihn an Esaus Stelle segnet – 17 Rebekka rät Jakob, nach Mesopotamien zu fliehen – 18 Jakobs Traum – 19 Jakob kämpft mit dem Engel um den Segen.

Nördliches Seitenschiff: 20 Jesus heilt die Bucklingen – 21 Die Heilung der Wassersüchtigen – 22 Jesus heilt die zehn Aussätzigen – 23 Die Heilung von zwei Blinden – 24 Jesus vertreibt die Händler und Geldwechsler aus dem Vorhof des Tempels – 25 Jesus und die Ehebrecherin (»Wer unter euch ohne Sünde ist, werfe den ersten Stein auf sie«, Joh. 8/7) – 26 Heilung eines Gelähmten – 27 Jesus heilt die Blinden und die Lahmen – 28 (links) Maria Magdalena wäscht Jesu Füße, (Ostwand) Jesus heilt den Sohn des Hauptmanns aus Kapernaum.

Presbyterium: 29 Die Reise der Drei Weisen aus dem Morgenland – 30 Die Anbetung Jesu durch die Drei Weisen aus dem Morgenland – 31 Herodes' Befehl zum Kindermord – 32 Der Kindermord in Bethlehem – 33 Die Hochzeit zu Kana – 34 Die Taufe im Jordan.

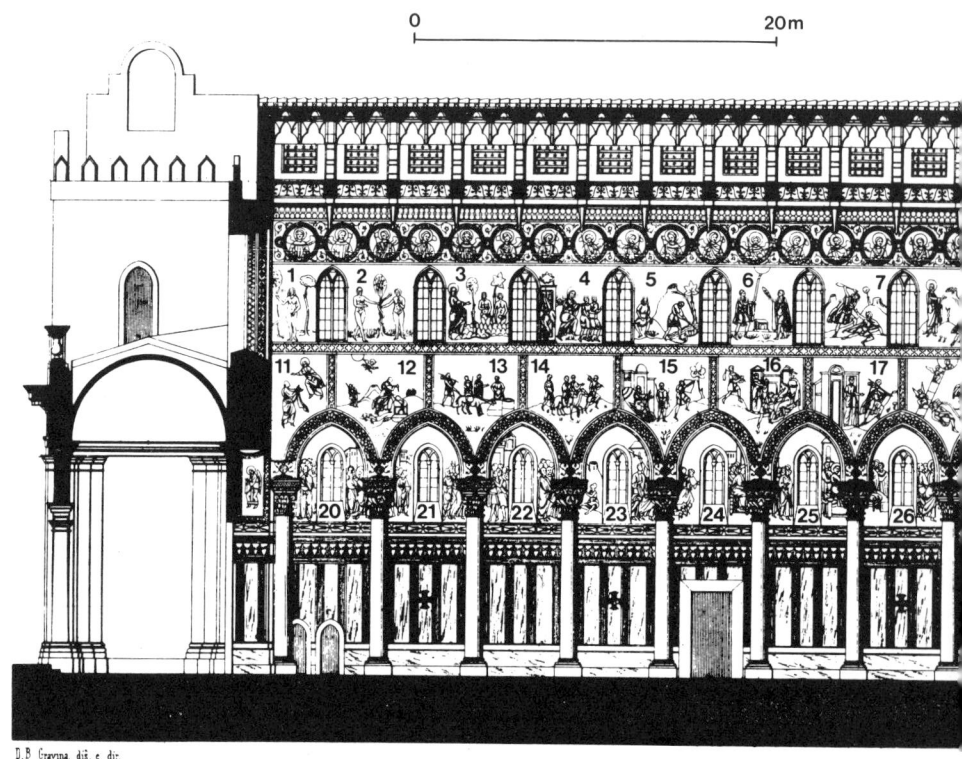

Fig. 48 Die Mosaiken der Nordwand, Längsschnitt durch den Dom von Monreale. (Nach: D. B. Gravina, ›Il duomo di Monreale‹, Tafel 4 A; Palermo 1859/69)

Nördliches Sanktuarium: Westwand: 35 Jesus unter dem Kreuz – 36 Der gekreuzigte Jesus – Nordwand: 37 Die Kreuzabnahme – 38 Die Beweinung und Grablegung Christi – 39 Die Höllenqualen – Ostwand: 40 Ein Engel verkündet den heiligen Frauen die Auferstehung – Westwand: 41 Ein Engel und die schlafende Wache vor dem leeren Grab / Christus erscheint Maria Magdalena und Maria – Nordwand: 42 Christus und zwei Jünger auf dem Wege nach Emmaus – 43 Das gemeinsame Mahl in Emmaus – 44 Nachdem Christus das Brot gebrochen hat und entschwunden ist, erkennen ihn die Jünger – 45 Die beiden Jünger kehren nach Jerusalem zurück – Westwand: 46 Der ungläubige Thomas – 47 Christus schickt seine Jünger zum Fischfang – 48 Die Himmelfahrt Christi – 49 Die Offenbarung des Heiligen Geistes – 50 Der normannische König Wilhelm II. wird von Christus ge-

G. Frauenfelder incise

krönt – 51 Jakob und Zacharias – 52 Malachias (Maleachi), Jonathan, Ezechiel und Moses.

Nördliche Seitenkapelle: Ostwand: 53 Paulus (hebr. Saulus, der Heidenapostel) erhält aus Damaskus den Auftrag, die Christen zu verfolgen (Apostelgesch. 7.54 ff./8.1 ff.) – Südwand: 54 Bekehrung des Paulus – Westwand: 55 Paulus geht nach Damaskus – Nordwand: 56 Ananias

besucht Paulus – 57 Ananias tauft Paulus – 58 Paulus diskutiert mit den Juden – 59 Paulus flieht aus Damaskus – 60 Paulus übergibt Silas und Timotheus Schriftrollen – Mittelapsis: 61 Zwei Cherubim – 62 Erzengel Raphael und Michael – 63 St. Philipp, St. Bartholomäus, St. Lukas – 64 St. Jakob, St. Peter, Erzengel Michael – 65 St. Agatha, St. Antonius, St. Blasius – 66 St. Stephanus, St. Petrus von Alexandrien, St. Clemens.

Fig. 49 Querschnitt durch den Dom von Monreale mit den Mosaiken der Westwand. (Nach:
D. B. Gravina, ›Il duomo di Monreale‹, Tafel 4 B; Palermo 1859/69)

B *Die Mosaiken der Westwand (s. Fig. 49)*

1 Die Erschaffung Evas – 2 Gott führt Eva zu Adam – 3 Lot und die Engel – 4 St. Cassius und St. Castus in Rom – 5 Die Zerstörung von Sodom – 6 Die Speisung der Tausende – 7 Die Bischöfe St. Cassius und St. Castus aus Kampanien bringen durch ihre Gebete den heidnischen Tempel des Apollon zum Einsturz – 8 Die Muttergottes und das Christuskind – 9 Die Austreibung der Teufel durch St. Castrense – 10 Jesus heilt eine bucklige Frau (Farbt. X)

Fig. 50 Querschnitt durch den Dom von Monreale mit den Mosaiken des Ostwerks. (Nach:
D. B. Gravina, ›Il duomo di Monreale‹, Tafel 4 B; Palermo 1859/69)

C Die Mosaiken des Ostwerks (s. Fig. 50 u. Farbt. XI)

1 Christus der Pantokrator – 2 Nathan – 3 Daniel – 4 Elias – 5 David – 6 Christus Emanuel – 7 Salomo – 8 Samuel – 9 Gideon – 10 Elisa – 11 Die thronende Muttergottes mit dem Christuskind – 12 v.l.n.r.: St. Jakob, St. Peter, Erzengel Michael – 13 Erzengel Gabriel, St. Paulus, St. Andreas – 14 St. Matthäus – 15 Johannes der Theologe – 16 St. Martin – 17 St. Stephanus, St. Petrus von Alexandrien, St. Clemens – 18 St. Silvester, St. Thomas von Canterbury, St. Lorenz – 19 St. Nikolaus – 20 St. Paulus der Heidenapostel – 21 St. Petrus

D Die Mosaiken der Südwand (s. Fig. 51)

Mittelapsis: 1 v.l.n.r.: Erzengel Gabriel, St. Paulus, St. Andreas – 2 St. Silvester, St. Thomas von Canterbury, St. Lorenz –

Fig. 51 Die Mosaiken der Südwand, Längsschnitt durch den Dom von Monreale. (Nach: E. Kitzinger, ›The Mosaics of Monreale‹, Tafel I; Palermo 1960)

3 Zwei Cherubim – 4 Erzengel Gabriel, Erzengel Uriel – 5 St. Markus, St. Thomas, St. Simon – 6 St. Hilarus, St. Benedikt, St. Maria Magdalena – 7 St. Jesaja, St. Habakuk – 8 St. Jeremia, St. Amos, St. Obadja, St. Joel. ·

Südliche Seitenkapelle: Ostwand: 9 Ein Engel befreit St. Petrus aus dem Gefängnis – Nordwand: 10 St. Petrus und St. Paulus heilen einen Gelähmten – Westwand: 11 Petrus und Paulus heilen einen Krüppel – Südwand: 12 Ein Engel führt

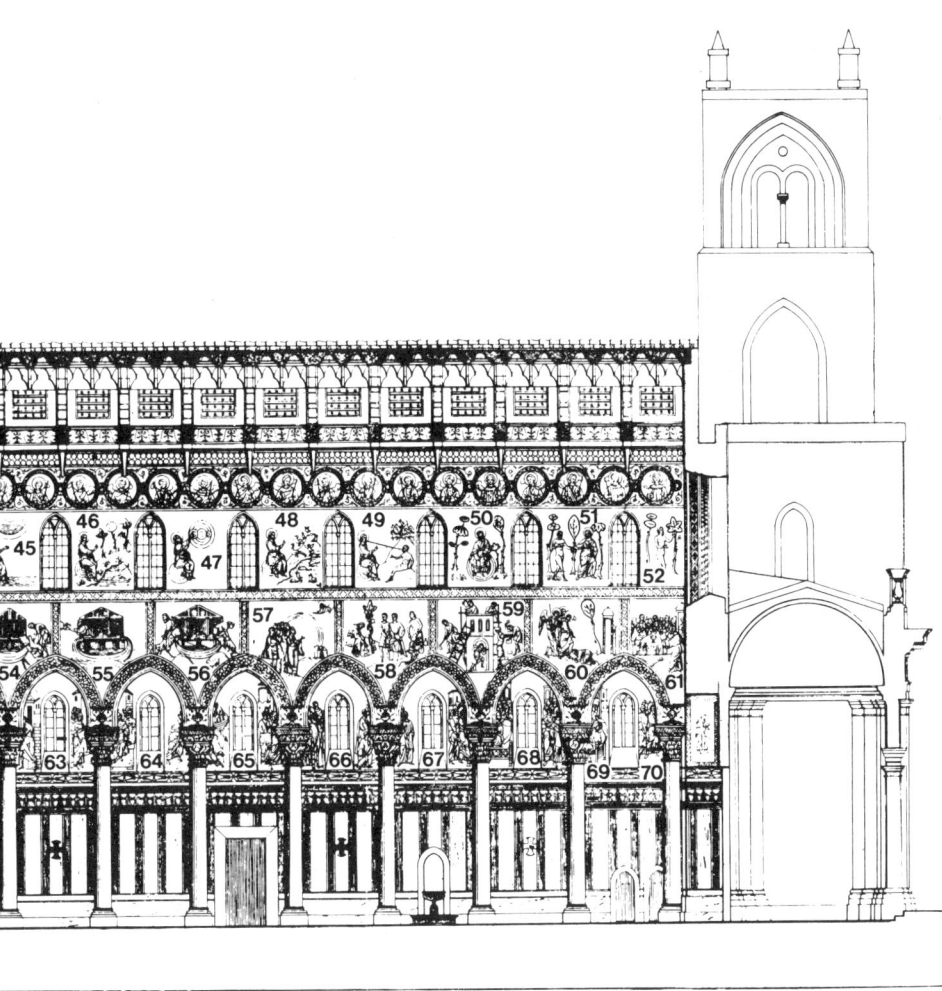

Petrus aus dem Gefängnis – 13 Petrus erweckt die tugendhafte Tabita – 14 Petrus und Paulus begrüßen sich in Rom – 15 Petrus und Paulus streiten mit dem Zauberer Simon vor Nero – 16 Durch die Gebete von Petrus und Paulus stürzt Simon zur Erde.

Presbyterium: 17 Wilhelm II., Gründer des Normannen-Doms von Monreale,

überreicht der Jungfrau Maria das Modell der Kirche und weiht ihr den Königsdom – 18 Die Botschaft an Zacharias – 19 Zacharias verläßt den Tempel – 20 Die Verkündigung an Zacharias, daß ihm ein Sohn (Johannes der Täufer) geboren werde – 21 Maria besucht Elisabeth im Hause des Zacharias – 22 Die Geburt Christi – 23 Der Traum Josefs – 24 Die Flucht nach Ägypten – 25 Die Beschneidung Jesu im Tempel

– 26 Der zwölfjährige Jesus unter den Gelehrten im Tempel.

Südliches Sanktuarium: 27 Das Martyrium des Petrus – 28 Jesus heilt einen Gelähmten am Brunnen – 29 Jesus heilt einen Blinden am See von Siloah – 30 Erste Versuchung Jesu: »Bist du Gottes Sohn, so gebiete diesem Stein, daß er Brot werde!« (Lukas 4.3) – 31 Zweite Versuchung Jesu: »Wenn nun du mich (den Teufel) anbetest, soll das alles dein sein« (Lukas 4.7) – 32 Dritte Versuchung Jesu: »Bist du Gottes Sohn, so stürze dich von (der Zinne dieses Tempels) hier hinab!« (Lukas 4.9) – 33 Christus und die Samariterin am Brunnen – 34 Christi Verklärung (Mitte: Christus; links oben: Elias; rechts oben: Moses; unten v.l.n.r.: Petrus, Johannes, Jakobus – 35 Die Erweckung des Lazarus – 36 Die Jünger bringen Jesus einen Esel – 37 Einzug in Jerusalem – 38 Das Abendmahl mit den zwölf Jüngern – 39 Die Fußwaschung – 40 Die schlafenden Jünger und das Gebet auf dem Ölberg – 41 Der Judaskuß – 42 Jesus vor Pilatus.

Mittelschiff: 43 Die Schöpfung von Himmel und Erde aus dem Chaos – 44 Die Erschaffung des Lichtes und der Engel – 45 Gott scheidet die Wasser von der Erde – 46 Gott läßt auf der Erde die Pflanzenwelt wachsen – 47 Die Erschaffung von Sonne, Mond und Sternen – 48 Gott belebt das Wasser und die Erde mit der Tierwelt – 49 Gott erschafft Adam – 50 Gott ruht sich am siebenten Tag seiner Schöpfung aus – 51 Gott führt Adam in das Paradies – 52 Adam erfreut sich an der Schönheit des Paradieses – 53 Noah läßt die Arche erbauen – 54 Von jeder Gattung aller Tiere der Welt steigt je ein Paar in die Arche – 55 Noah entsendet eine Taube – 56 Noah, seine Familie und die Tiere verlassen nach der Sintflut die Arche – 57 Das Bündnis zwischen Gott und Noah; der Regenbogen als Zeichen, daß die Wasser niemals wieder zu einer Sintflut werden – 58 Die Trunkenheit Noahs – 59 Der Turm zu Babel: »Wohlan, laßt uns eine Stadt bauen und einen Turm, dessen Spitze bis in den Himmel reicht« (1 Mose 11.4) – 60 Abraham erscheinen die drei Engel – 61 Abraham bewirtet die drei Engel.

Südliches Seitenschiff: Ostwand: 62 Die Hochzeit zu Kana – Südwand: Jesus heilt einen Besessenen – 63 Die Heilung der Aussätzigen – 64 Jesus heilt die lahme Hand eines Mannes – 65 Jesus schreitet auf dem Wasser und rettet Petrus – 66 Jesus erweckt den Sohn der Witwe in der Stadt Nain von den Toten – 67 Heilung der blutflüssigen Frau – 68 Auferweckung der Tochter des Jairus – 69 Jesus heilt die Schwiegermutter des Petrus – 70 Die Speisung der Fünftausend.

Französische und spanische Herrschaft auf Sizilien (1266–1860)

Die Herrschaft der Anjou (1266–1282), das Haus Aragon (1282–1516), Königreich Sizilien–Neapel (1516–1713), das Haus Savoyen (1713–1720) und der Bourbonen (1735–1860).

Karl von Anjou, von Papst Clemens IV. mit dem Königreich Sizilien belehnt, gelang es mit außerordentlicher Härte, Süditalien und das normannische Sizilien den Staufern schnell abzuringen (1266). Wie oben erwähnt, vernichtete er unbarmherzig jeden nur möglichen normannisch-staufischen Thronfolger, um seine absolute Macht zu festigen. Doch – so wenig die Deutschen je herzlich willkommen bei der sizilischen Bevölkerung gewesen waren, so wenig waren auch die Franzosen beliebt, deren grausame Terror-Herrschaft schon bald enden sollte, denn der Haß und die Wut der Bevölkerung gegen ihre Unterdrücker glich einem Pulverfaß, das bei der ›Sizilischen Vesper‹ zur Explosion kommen sollte:

»Ostern 1282 war früh im Jahr, am 29. März. Während der ganzen Karwoche war die Insel Sizilien nach außen hin ruhig. Im Hafen von Messina lag eine große angiovinische Kriegsflotte vor Anker. Königliche Beauftragte zogen durchs Land, beschlagnahmten alle Vorräte an Getreide, die sie finden konnten, und trieben Herden von Vieh und Schweinen zusammen zur Verpflegung des Kriegszugs, und Reitpferde für die Ritter, ohne sich um die finstere Verdrossenheit der Bauern zu kümmern. Der königliche Vikar und Statthalter der Insel Herbert von Orléans befand sich auf seinem Amtssitz in Messina, der Burg Mategriffon, dem ›Schrecken der Griechen‹, welche Richard Löwenherz ein Jahrhundert zuvor erbaut hatte. In Palermo beging der Justiziar Johannes von Saint-Rémy das Osterfest im Palast der normannischen Könige. Keiner der französischen Beamten und keiner der Kriegsleute, welche die zweiundvierzig Burgen befehligten, von denen aus das Land überwacht wurde, bemerkte mehr als die gewohnheitsmäßige Unfreundlichkeit, die das unterworfene Volk ihnen gegenüber von jeher an den Tag legte. Aber unter den Sizilianern selbst, indes sie die Auferstehung Christi mit ihren althergebrachten Volksliedern und Tänzen in den Straßen feierten, war die Stimmung zum Zerreißen gespannt.

Die Kirche zum *Heiligen Geist* liegt etwa eine halbe Meile gen *Südosten* jenseits der alten Stadtmauern von Palermo, am Rande der kleinen Schlucht des *Flusses Oreto*. Sie ist außen wie innen ein strenges und karges Bauwerk. Ihr Grundstein wurde 1177 von

Walter Ophamil oder ›von der Mühle‹, dem aus England gebürtigen Erzbischof von Palermo, gelegt, an einem Tag, der durch eine Sonnenfinsternis verdüstert war. Es war der Brauch der Kirche, am Ostermontag ein Volksfest abzuhalten, und am Ostermontag dieses Jahres kamen die Leute wie stets aus der Stadt und den umliegenden Dörfern herbei, um dem Vesper-Gottesdienst beizuwohnen.

Schwatzen und Singen erfüllten den Platz, indes jedermann auf den Beginn des Gottesdienstes wartete. Plötzlich erschien eine Gruppe französischer Beamter, um sich an den Festlichkeiten zu beteiligen. Sie wurden mit kalten, unfreundlichen Blicken begrüßt, bestanden aber darauf, sich unter die Menge zu mischen. Sie hatten kräftig getrunken und führten sich sorglos auf; und bald behandelten sie die jüngeren Frauen mit jener Vertraulichkeit, welche die Sizilianer stets in Wut und Empörung versetzte. Unter ihnen befand sich ein Freisasse namens Drouet, der eine junge, verheiratete Frau aus der Menschenmenge herauszerrte und sie mit seinen Aufmerksamkeiten belästigte. Dies war mehr, als ihr Mann ertragen konnte. Er zog sein Messer, fiel über Drouet her und erdolchte ihn. Die Franzosen eilten herzu, um ihren Kameraden zu rächen, und sahen sich urplötzlich von einem Heer wütender Sizilianer umringt, die sämtlich mit Dolchen und Schwertern bewaffnet waren. Nicht einer der Franzosen kam mit dem Leben davon. In diesem Augenblick begannen die Glocken der Kirche zum Heiligen Geist und aller Kirchen der Stadt die Vesper einzuläuten.

Inmitten des Glockengeläutes liefen Boten überall durch die Stadt und riefen die Männer von Palermo auf, sich gegen die Unterdrücker zu erheben. Im Handumdrehen waren die Straßen voll von aufgebrachten bewaffneten Männern, die unter dem Ruf ›Tod den Franzosen‹ – ›moranu li Franchiski‹ im sizilianischen Dialekt – dahinstürmten. Jeder Franzose, auf den sie stießen, wurde niedergemacht. Sie ergossen sich in die Gastwirtschaften, die von den Franzosen besucht wurden, und in die Häuser, wo sie wohnten, und verschonten weder Mann noch Frau noch Kind. Sizilianische Mädchen, die Franzosen geheiratet hatten, gingen zusammen mit ihren Männern zugrunde. Die Aufrührer drangen in die Klöster der Dominikaner und Franziskaner ein, alle ausländischen Klosterbrüder wurden herausgezerrt und mußten das Wort ›ciciri‹ aussprechen, welches die französische Zunge nie richtig wiedergeben konnte. Jedermann, der diese Probe nicht bestand, wurde umgebracht. Der Justiziar Johannes von Saint-Rémy riegelte sich im alten Königspalast ein, aber die meisten Leute seiner Garnison befanden sich bei den Festlichkeiten in der Stadt. Die wenigen, die verblieben, konnten das Schloß für ihn nicht halten. Er wurde bei einem Scharmützel am Eingangstor im Gesicht verwundet, bevor es ihm gelang, mit zwei Bediensteten aus einem Fenster und durch die Ställe zu entfliehen. Sie fanden Pferde und ritten in gestrecktem Lauf nach der Burg Vicari, entlang der Straße ins Innere. Dort schlossen sich ihnen andere Flüchtlinge an, die dem Blutbad entronnen waren.

Bei Anbruch des nächsten Morgens waren an die zweitausend französische Männer und Frauen tot; die Aufrührer hatten Palermo vollständig in der Hand. Ihre Wut hatte sich so weit gelegt, daß sie an die Zukunft denken konnten.«[60]

Der ›Vesperaufstand‹ in *Palermo*, der sich wie ein Lauffeuer über die gesamte Insel ausgebreitet hat, war schließlich das auslösende Moment für den zwischen Frankreich und Spanien heiß entbrannten Kampf um die Vormachtsstellung im westlichen Mittelmeer. Die sizilischen Adligen, die einst vor Karl von Anjou nach Spanien geflohen waren, hatten in Peter III. von Aragon, der mit der Tochter des staufisch-sizilischen Königs Manfred verheiratet war, einen treuen Verbündeten, der Sizilien nach dem großen Volksaufstand den Anjou entreißen konnte und dann, als Peter I., zum König über Sizilien gekrönt wurde. Doch die Auseinandersetzungen mit Karl von Anjou hielten unvermindert an, bis es endlich 1302 beim *Frieden von Caltabellotta* zur Aussöhnung zwischen Franzosen und Spaniern kam, woraufhin Friedrich von Aragon, ein Sohn Peters III. (bzw. I.), als Friedrich III. zum ›König von Trinakria‹ gekrönt wurde. Auch fortan blieb Sizilien ohne eigenen König, fast 400 Jahre lang lebte die Bevölkerung nun unter spanischer Herrschaft – der Traum von politischer Selbständigkeit der Insel schien damit endgültig ausgeträumt. Mit Alfons V. von Aragon, der als Alfons I. über Sizilien regierte (1435–1458), kam während der Renaissance nochmals ein großer Förderer Siziliens an die Macht; seine Reformbestrebungen verhalfen der Insel zu

Fig. 52 Forza d'Agro, Kastellruine aus dem 15./16. Jh. nördlich Taormina. (Aus: Achille Étienne Gigault de la Salle, ›Voyage Pittoresque en Sicile‹, Bd. II; Paris 1822)

neuem wirtschaftlichen und kulturellen Aufschwung und waren Grundlage für den Wohlstand der Bevölkerung. Er war es dann auch, der 1434 die erste sizilische Universität in *Catania* gründete.

Die innenpolitischen Spannungen in Spanien, die durch die Vermählung (1469) von Ferdinand II. von Aragon mit Isabella I. von Kastilien beigelegt werden konnten, waren gleichzeitig der Grundstein für den Zusammenschluß zum Spanischen Reich, das im 16. Jh. zur ersten Weltmacht emporsteigen sollte. Diese elementaren Veränderungen der spanischen Königsherrschaft brachten natürlich auch für Sizilien tiefgreifende Wandlungen: Seit Ferdinand II. standen Sizilien und Neapel zwar immer noch unter der königlichen Herrschaft Spaniens, wurden aber nur noch von Vizekönigen regiert (1516–1713): Während auf der einen Seite Landadel und Klerus in Prunk und Reichtum lebten, die weltlichen Herrscher, Kirchen und Klöster immer mehr Schätze für sich anhäuften, luxuriöse Barockschlösser und prachtvolle Kirchen gebaut wurden, kümmerte auf der anderen Seite die armselige Bevölkerung in ihrem Elend dahin – Mensch und Boden wurden mit ungeheurer Härte bis zum Letzten ausgebeutet; selbst die qualvollen Aufschreie der Bevölkerung, die sich in den Aufständen von 1516, 1523 und 1647/48 widerspiegeln, erstickte man im Keim und schlug sie mit grausamer Gewalt blutig nieder. Zu all diesem Unglück brach 1669 auch noch eine der schwersten Naturkatastrophen über die Insel herein. Der Etna-Ausbruch vernichtete damals die Stadt *Catania* und ihr gesamtes Umland, wobei mehr als 100000 Menschen den Tod fanden. Erst mit dem ›Spanischen Erbfolgekrieg‹ (1701–1714), der ganz Europa erschütterte, fällt mit dem letzten spanischen König der Habsburger, Karl II., Sizilien von der spanischen Herrschaft ab, um schon 1735 für mehr als 100 Jahre in den Besitz der Bourbonen überzugehen. Zwar läßt sich 1816 Ferdinand I. noch zum König ›Beider Sizilien‹ krönen, aber schon 1860 leitet G. Garibaldi den endgültigen Anschluß an das italienische Königreich ein.

Verhältnismäßig arm an Kunstwerken der Renaissancezeit, bietet Sizilien dem Kunstreisenden nur wenige Meisterwerke aus dieser Epoche, von denen jedoch ganz besonders die von ANTONELLO DA MESSINA (1430?–1479) herausgestellt werden sollen. Antonello war nicht nur der größte Renaissancemaler Siziliens, sondern er gehörte neben Piero della Francesca (1410/20?–1492) – von dem er über Francesco Laurana (1458–1500) stark geprägt war – überhaupt zu den bedeutendsten Malern der Renaissance in ganz Italien. Die Meisterwerke Antonellos bezaubern vor allem durch die Liebe zum Detail – seine Arbeiten zeigen in perspektivischer Strenge eine aus geometrischen Grundfiguren bestehende Architekturlandschaft, wobei er sich mit besonderer Hingabe den dargestellten Personen widmete, denn Antonello war u. a. auch ein hervorragender Porträtmaler. Viele seiner Werke befinden sich heute in den großen Museen der Welt (Washington, London, München, Wien, Dresden etc.), einige seiner kostbaren Meisterwerke befinden sich glücklicherweise aber auch auf Sizilien: ›Rītratto di Ignoto‹ (1465/70) im Museo Mandralisca in *Cefalù;* ›Polittico di S. Gregorio‹ (Thronende Jungfrau mit dem

Christuskind; 1473) im Museo Nazionale zu *Messina;* ›L'Annunziata‹ (1473), ›San Gregorio‹, ›San Girolamo‹ und ›Sant'Agostino‹ in der Galleria Nazionale della Sicilia in *Palermo;* ›Madonna col Bambino‹ im Museo Archeologico in *Ragusa;* ›S. Girolamo in penitenza‹ im Museo Nazionale in *Reggio* (Kalabrien); ›Angelo dell'Annunciazione‹ und ›Madonna dell'Annunciazione‹ (beide 1474) im Museo Nazionale di Palazzo Bellomo in *Syrakus;* ›Altarbild des S. Zosimo‹ im Dom von *Syrakus.*

Desgleichen muß hier der Architekt und Bildhauer FRANCESCO LAURANA erwähnt werden, der mit seinen verklärten Madonnenstatuen und ebenmäßig-vornehmen Frauenbüsten ebenfalls Weltruhm erlangte; seine Meisterwerke werden sowohl auf Sizilien, als auch in den besten Museen der Welt aufbewahrt (alle sind aus kostbarem Marmor): ›Madonna col Bambino‹ in der Chiesa Matrice in *Erice;* ›Pieta‹, ›Annunciazione‹, ›Madonna col Bambino‹ im Dom von *Messina* (s. Abb. 113); ›Madonna col Bambino‹ (1469) im Museo Nazionale zu *Messina;* ›Madonna col Bambino‹ (sog. ›Madonna della Neve‹) in der Kirche SS. Crocifisso in *Noto;* ›Madonna col Bambino‹ in der Chiesa dell' Immacolata in *Palazzolo Acreide;* ›Madonna col Bambino‹ (1449) in der Kathedrale von *Palermo* (nördl. Seitenschiff, östlichste Kapelle); Kapelle in der Kirche S. Francesco d'Assisi in *Palermo* (1468, s. Abb. 19); ›Eleonora d'Aragona‹, ›Testa Muliebre‹, ›Sarkophag der Cecilia Aprile‹ (1495) im Museo Nazionale in *Palermo;* Wappenskulptur (1468) am Portal des Kastells von *Partanna;* ›S. Giuliano‹ im Dom von *Salemi;* ›Madonna della Catena‹ im Dom von *Sciacca;* ›Madonna col Bambino‹, Grabstelle des G. Savastida (1472) im Museo Nazionale di Palazzo Bellomo in *Syrakus.*

Für die Epoche des Frühbarocks sei hier CARAVAGGIO (1573–1610), mit bürgerlichem Namen Michelangelo Merisi, erwähnt, der unter dem Künstlernamen, nach seiner Geburtsstadt, als ausgezeichneter Barockmaler bekannt ist. Caravaggio konnte sich mit seinen Werken frühzeitig vom Manierismus lösen, und schon bald schuf er vortreffliche, dramatische Szenen, von tiefem menschlichen Schmerz erfüllt. Er verwandte raffinierte Lichteffekte (Schlagschatten etc.) und es gelang ihm, mit Sensibilität und Feingefühl soziale und psychische Erscheinungen in den Gesichtern seiner Personen differenziert festzuhalten.

Auf Sizilien finden wir folgende Werke von Caravaggio: ›Adorazione dei pastori‹ (Anbetung der Hirten, 1604) und ›Risurrezione di Lazzaro‹ (Auferstehung des Lazarus, 1608/09) beide im Museo Nazionale zu *Messina;* ›Natività di Gesù‹ (Geburt Jesu, 1609) im Oratoria di S. Lorenzo zu *Palermo;* ›Seppellimento di S. Lucia‹ (Bestattung der Hl. Lucia, 1609) in der Kirche S. Lucia zu *Syrakus.*

Die noch vorhandenen Architekturbeispiele während der wirren Epoche der spanischen Vizekönige auf Sizilien sind ebenfalls äußerst spärlich; auch erscheint – entgegen aller Erwartung – trotz politischer Abhängigkeit vom spanischen Herrscherhaus, der künstlerische Einfluß von Spanien auf Sizilien verhältnismäßig gering und nur sehr locker. Die sizilischen Künstler schauten mehr zum italienischen Festland hinüber und sammelten ihre Erfahrungen gern in Rom, Florenz und Venedig. Die Renaissance hat auf die Architektur Siziliens einen kaum nennenswerten Einfluß ausgeübt, und auch aus der Zeit des Manierismus existieren kaum irgendwelche Bauwerke. In *Palermo* steht lediglich ein einziges Beispiel dieser Epoche, das jedoch mehr oder weniger nur aus Zufall dorthin gelangte, indem 1573 die Stadtväter die *Fontana Pretoria* (Abb. 15) angekauft hatten, die FRANCESCO CAMILLIANI 1554/55 für die Villa des Don P. di Toledo in Florenz geschaffen hatte. Eine Ausnahme in bezug auf die Baukunst des Manierismus auf Sizilien macht *Messina*, das infolge seiner Nähe zum italienischen Festland von diesem Einfluß stärker geprägt wurde; so sind dort mehr manieristische Bauwerke entstanden als im übrigen Teil der Inseln, sie fielen jedoch größtenteils der großen Erdbebenkatastrophe von 1783 zum Opfer. Schöne Zeugnisse dieser Schaffensperiode in Messina sind noch heute die *Fontana di Orione* (1547–1550; Abb. 110, 112) und der Neptunsbrunnen; beides Werke von G. A. MONTORSOLI.

Die Barockzeit auf Sizilien ist mit mehreren schönen Architekturbeispielen vertreten, deren bedeutendste Baumeister waren: TOMASO MARIA NAPOLI (17. Jh., Architekt der Villen von *Bagheria*), ANDREA PALMA (1664–1730; er schuf u. a. die Westfassade des Doms von *Syrakus*, Abb. 82/83) und ROSARIO GAGLIARDI (1700?–1770?; er baute in Modica, Noto und Ragusa).

Viele Barockbauten auf Sizilien werden häufig vom flüchtigen Betrachter aufgrund ihres oft obskuren und grotesken Skulpturenschmucks abgelehnt (so reagierte auch Goethe). Die Skulpturen lenken von der eigentlichen Architektur ab; so zeigen die Villen von *Bagheria* (Palagonia und Valguarnera) mit ihren elegant konkav geschwungenen Mittelfassaden und durchaus akzeptablen Grundrissen eine solide Barockarchitektur, die von ungeheuerlich monströsen Gartenskulpturen (aus etwas späterer Zeit) eingerahmt sind (s. Fig. 53). Dies gilt auch für Palastbauten, die ebenfalls reichhaltig mit

Fig. 53 Gartenskulpturen der Barockvilla Palagonia in Bagheria

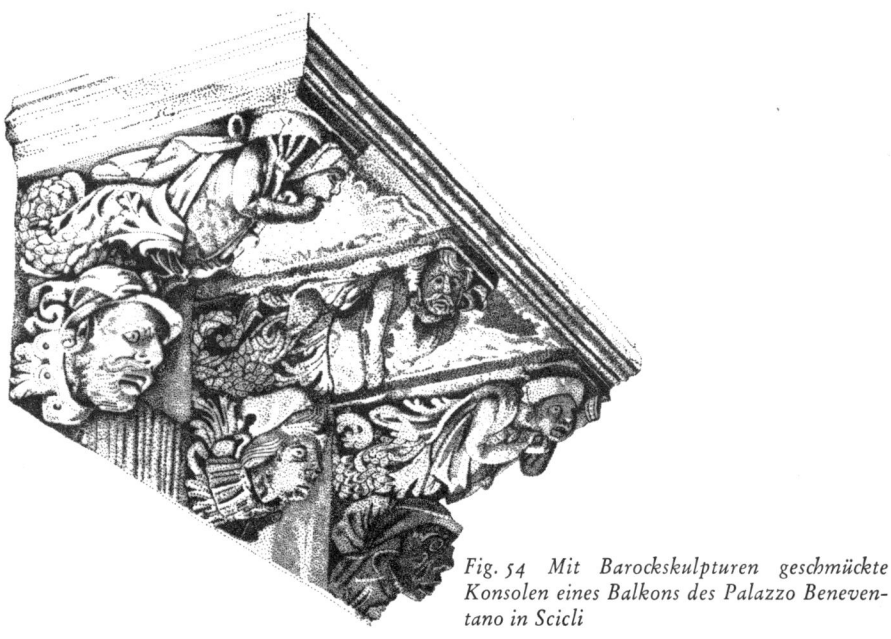

Fig. 54 Mit Barockskulpturen geschmückte Konsolen eines Balkons des Palazzo Beneventano in Scicli

grotesken Skulpturen geschmückt sind, wie wir es u. a. in phantasievoller Weise am Palazzo Beneventano des 18. Jh. in *Scicli* sehen (s. Fig. 54).

Ganz anders dagegen ist die sakrale Barockarchitektur; hier hat sich besonders R. GAGLIARDI bei seinen Kirchenbauten in *Modica, Noto* (S. Chiara, Abb. 64; S. Domenico, Abb. 67) und *Ragusa* (S. Giorgio, Abb. 68) hervorgetan. Die Kirchenfassaden sind zumeist auf drei oder fünf Achsen aufgebaut, immer bildet aber der Mittelturm den künstlerisch gestärkten Akzent; der Skulpturenschmuck wirkt nun, im Vergleich zu den Villen von *Bagheria*, eher feierlich ruhig, kraftvoll, aber nicht überladen.

Alle drei genannten Städte: *Modica, Noto* und *Ragusa* waren Opfer des großen Erdbebens von 1693, so daß sie fast vollständig wiederaufgebaut werden mußten, wobei Noto die schönste aller sizilischen Barockstädte geworden ist. Die Stadt beeindruckt ganz besonders durch ihren regelmäßigen Stadtplan und durch das edle Baumaterial, mit dem durchweg alle Bauwerke errichtet wurden.

Noto

Noto ist ein besonderes Juwel sizilischer Stadtgründungen. Die Stadt entstand Ende des 17. Jh. und bietet ein schönes Beispiel harmonischer Barockarchitektur Siziliens, die teilweise auch von französischen und süddeutschen Strömungen beeinflußt wurde: Während die sizilischen Baumeister sich bei der Kathedrale von Noto unverkennbar an den Entwurf von Mansarts Notre-Dame in *Versailles* anlehnten, zeigt die Grundrißlösung der Chiesa del Montevergine mit ihrer stark konkav eingezogenen Fassade eine gewisse Ähnlichkeit mit der Dreifaltigkeitskirche von J. B. Fischer von Erlach in *Salzburg*.

Die Entstehung der Barockstadt Noto hängt unmittelbar mit der vorangegangenen Zerstörung der alten Stadt durch das schwere Erdbeben von 1693 zusammen. Nach dieser Katastrophe entschlossen sich die Stadtväter, das neue Noto nur etwa 16 km weiter nördlich vom großen Trümmerfeld zu errichten. Mit der Planung wurden hauptsächlich die drei lokalen Baumeister R. GAGLIARDI, P. LABISI und A. MAZZA beauftragt; der von ihnen sehr übersichtlich entworfene Stadtplan (s. Fig. 55) zeigt harmonische Regelmäßigkeit: Parallel zu einem leicht ansteigenden Hang liegen die drei Hauptachsen der Stadt (Via Cavour, Corso Vittorio Emanuele und Via Ducezio) in Ost-West-Richtung, die von mehreren Haupt- und Nebenstraßen rechtwinklig gekreuzt werden, die den Hang in Richtung Norden hinaufführen.

Zwei äußerst geschickte Platzlösungen am Corso Vittorio Emanuele und eine weitere im Norden der Stadt bilden kleine Kommunikationsoasen bürgerlichen Lebens, die in

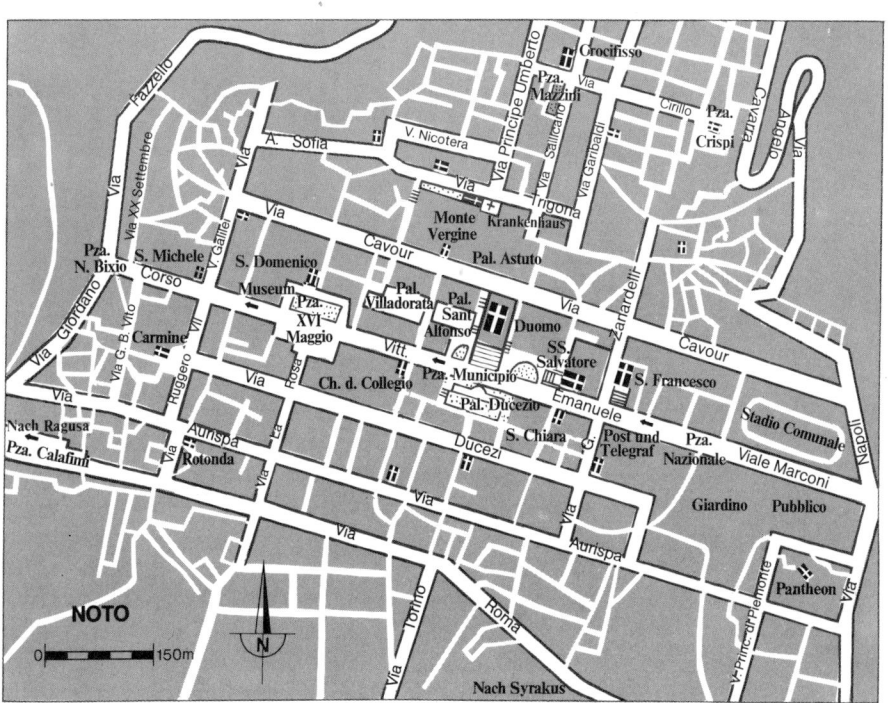

Fig. 55   Grundrißplan der Barockstadt Noto

der Art städtebaulich gelöst worden sind, daß jeder Platz von einer prachtvollen Barockkirche beherrscht wird: Piazza Municipio mit dem Dom, Piazza XVI. Maggio mit der Chiesa S. Domenico und Piazza Mazzini mit der Kirche SS. Crocifisso.

Die Barockarchitektur der Kirchen, Adelspaläste und Wohnhäuser von Noto zeigt überall gleichermaßen Meisterschaft im Entwurf, in der Ausführung und in der Auswahl des Baumaterials. Überwiegt bei der Sakralarchitektur die Vorliebe für elegante Kurvaturen und zweigeschossige Fassaden mit drei oder fünf Achsen, selten mit zwei gedrungenen Ecktürmen, so zeigt die Profanarchitektur viele klassizistische Fassadenelemente und groteske Skulpturen mit reichhaltiger manieristischer Formphantasie, die gerade bei der Gestaltung von Balkonen fast zum Exzeß ausufert.

Il Duomo (S. Nicola di Mira e S. Corrado; Abb. 65)

Der Dom von Noto wurde gleich zu Beginn des Wiederaufbaus der Stadt im Jahre 1693 begonnen. Unbekannt ist, welcher Architekt für dieses Meisterwerk die verantwortliche Planung übernommen hatte. Sicher ist nur, daß der Entwurf auf die Notre-Dame in *Versailles* von J. H.-Mansart (1598–1666) zurückgeht (s. Fig. 56). Beide Hauptfassaden sind ungewöhnlich breit angelegt, wobei das giebelbekrönte Mittelfeld von zwei massigen und gedrungenen Türmen flankiert wird. Charakteristisch für beide Entwürfe ist das Motiv der acht (in Versailles vier) freistehenden Säulen mit korinthischen (in Versailles ionischen) Kapitellen, das sich sowohl im Obergeschoß, als auch im Erdgeschoß wiederholt. Auch entspricht die Dachlösung der Türme von Noto mit ihrem kuppelartigen Abschluß konsequent der Idee von Mansart. Der Dom war nicht vor 1770 vollendet; 1771 errichtete G. DI LORENZO die monumentale Freitreppe des Domplatzes, durch die die Breitenwirkung der Domfassade noch stärker akzentuiert wird.

Im einzelnen sind noch nachstehende Barockbauten von Noto besonders sehenswert:

Fig. 56 *Notre-Dame in Versailles von J. H.-Mansart. Die Fassade dieser Kirche zeigt eine auffallende Verwandtschaft mit der Kathedrale von Noto (vgl. Abb. 65)*

S. Domenico: Die Kirche wurde in den Jahren 1703–1727 errichtet, wobei die schöne Fassade mit ihren eleganten Architekturdetails von R. GAGLIARDI aus der Zeit 1732–36 stammt; ein kleines Meisterwerk, das in seiner Konzeption an Gagliardis auf Sizilien unerreichte Virtuosität barocker Architekturformen erinnert, wie wir sie aus *Ragusa Ibla* (S. Giorgio und S. Giuseppe) und *Modica* (S. Giorgio) kennen.

Palazzo Villadorata: Prachtvoller Adelspalast von P. LABISI aus dem Jahre 1737 mit reichhaltigen barocken Details.

Chiesa del Collegio: Barockkirche der Jesuitenmönche, wahrscheinlich zwischen 1736 und 1746 von R. GAGLIARDI errichtet.

Palazzo Ducezio (heute Municipio): Einzigartiger Entwurf eines sehr langgestreckten Gebäudes mit drei offenen Säulenhallen mit konkaven Eckausbildungen. Architekt war V. SINATRA (1746), ein Schüler von Gagliardi. Das Obergeschoß wurde auch von Sinatra entworfen, aber erst viel später errichtet.

S. Salvatore: Klosteranlage aus der Zeit um 1750.

S. Monte Virgine: Barockkirche von V. SINATRA mit Einflüssen von FISCHER VON ERLACH (s. o.).

SS. Crocifisso: Kraftvoller Barockbau aus der Zeit um 1715; im Innenraum befindet sich eine schöne Marmorstatue von FR. LAURANA aus dem Jahre 1471: ›Madonna col Bambino‹ (sog. Madonna della Neve).

Chiesa di S. Chiara: Sehr schlichte, aber wirkungsvolle Barockkirche von R. GAGLIARDI (1730; s. Abb. 64).

97 PANTÁLICA Sikuler-Nekropole des 13.–8. Jh. v. Chr. mit ca. 5000 Felsgräbern

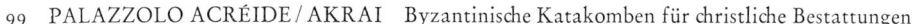

98 PALAZZOLO ACRÉIDE (das antike Akrai) Griechisches Theater für ca. 6000 Zuschauer
(3 Jh. v. Chr./Hieron II.)

99 PALAZZOLO ACRÉIDE / AKRAI Byzantinische Katakomben für christliche Bestattungen

100   PALAZZOLO ACRÉIDE / AKRAI   Christliches Felsengrab in den Katakomben

101 PALAZZOLO ACRÉIDE / AKRAI   Gepflasterte Römerstraße im Nordwesten der antiken Stadt

102 TAORMINA   Westportal des Palazzo Corvaia aus dem 15. Jh. mit arabisch-normannischen Einflüssen

▷

103 TAORMINA Westfassade des Domes (13./14. Jh.)

104, 105 TAORMINA Palazzo dei Duchi di S. Stefano aus dem 14./15. Jh. und Fensterdetail vom Palazzo Corvaia, 15. Jh.

106 RANDAZZO Südfassade der Kathedrale S. Maria (1217–1239). Die einzelnen Quadersteine bestehen aus schwarzer Lava

107   RANDAZZO   Drei-Apsiden-Ostwerk der Kathedrale S. Maria (1217–1239)

108 CATANIA Fontana dell'Elefante, Wahrzeichen der Stadt, 1736 von G. B. Vaccarini geschaffen. Der Elefant besteht aus schwarzem Lavastein

109 CATANIA Kastell Ursino (von Friedrich II. 1239–1250 errichtet)

110 MESSINA Fontana di Orione (von Montorsoli, 1547–1550) und Normannen-Dom (nach den Zerstörungen durch das Erdbeben von 1908 und den Folgen des Zweiten Weltkrieges wiedererrichtet; der Campanile ist ein Werk des 20. Jh.)

111 MESSINA SS. Annunziata dei Catalani, Normannen-Kirche mit Zentralkuppel aus dem 12./13. Jh. (stark restauriert)

112 MESSINA Fontana die Orione von Montorsoli (1547–1550)

113 MESSINA Westportal des wiederaufgebauten Normannen-Doms

115 S. BIAGIO (bei Castoreale Terme) Gut erhaltene Fußboden- und Wandkonstruktion des Dampfbades einer römischen Villa (zweite Hälfte des 2. Jh. n. Chr.)

◁ 114 TINDARI (Tyndaris) Römisches Stadtquartier mit dem basilikaförmigen Tor (3./2. Jh. v. Chr.)

116 SOLUNTO Römisches Atriumhaus (3. Jh. v. Chr. – 2. Jh. n. Chr.)

117 CACCAMO Stadtansicht mit dem Chiaramonte-Kastell (14. Jh.)

118 TINDARI (Tyndaris) Griechisches Theater aus dem 4. Jh. v. Chr., später von den Römern für Gladiatorenkämpfe umgebaut

119 CEFALÙ Westfassade des Normannen-Doms. Die Kirche wurde 1131 von Roger II. gegründet, die Fassade von G. Panettera entstand 1240

120   CEFALÙ   Stadtansicht von Westen mit Normannen-Dom

121   CEFALÙ   Ostwerk des Normannen-Doms

122 CEFALÙ Die Mosaiken in der Ostapsis des Normannen-Doms stammen aus dem Jahre 1148, sie gehören zu den ältesten und schönsten von ganz Sizilien

123, 124 GOLA DEL ALCANTARA (arabisch: ›Brücke‹) Flußlauf zwischen dem Etna und dem Peloritani-
Gebirge. Die Alcantara-Schlucht wird von steilen Wänden aus Lava- und Tuffsteinen flankiert

125 TAORMINA Das ›griechische Theater‹ mit Blick auf den Etna; Gründung des 3. Jh. v. Chr., im 2. Jh.
n. Chr. umgebaut, danach Schauplatz römischer Gladiatorenkämpfe

Der Anschluß Siziliens an das italienische Mutterland (17. März 1861)

Seit Anfang des 19. Jh. gärte auf Sizilien eine immer stärkere Unruhe unter der Bevölkerung, die schließlich 1848 zum ersten großen, jedoch erfolglosen Aufstand gegen das spanische Königshaus der Bourbonen führte. Zwar versuchte König Ferdinand II., Sizilien mit einer neuen Verfassung zur Ruhe zu bringen, doch es war zu spät, auch sie konnte den sich ankündigenden nationalen Freiheitskampf nicht mehr aufhalten, zu sehr hatte die stark verarmte Bevölkerung der Insel Jahrhunderte lang unter dem ausbeuterischen Joch der Bourbonen leiden müssen. Schnell wurde nun aus dem Inselaufstand ein nationales Begehren, denn schon bald sprach sich Francesco Crispi, einer der Führer des Aufstandes von 1848, für den Anschluß an das italienische Mutterland aus, da man glaubte, nur noch über diesen Weg die Befreiung Siziliens erlangen zu können. Nun überschlugen sich die Ereignisse geradezu: Am 11. Mai 1860 landete Giuseppe Garibaldi mit einer kleinen Schar Freiwilliger aus ganz Italien (ca. 1200) bei *Marsala* und konnte die königlichen Truppen Spaniens schon am 6. Juni zur Kapitulation zwingen. Nun erlaubte der bourbonische König Franz II. eine Volksabstimmung auf Sizilien, die aber am 22. Oktober zugunsten des Anschlusses an Italien ausfiel, woraufhin Franz II., nach einigem Widerstand, am 14. Februar 1861 die Flucht ergriff. Viktor Emanuel II. wurde am 17. März 1861 zum König über das endlich mit Sizilien und Neapel vereinte Italien gekrönt.

Doch hören wir zu diesen vielschichtigen Ereignissen den sizilischen Nobelpreisträger für Literatur, TOMASI DI LAMPEDUSA (1896–1957), der in seinem Werk ›Der Leopard‹[61] den Umbruch dieser Epoche im Zusammenhang mit tiefverwurzelten Traditionen des Adels und Bürgertums zu schildern weiß: Sachlich analysierend begründet Fürst Don Fabrizio die Ablehnung des Angebots von Chevalley di Monterzuolo, als politischer Abgeordneter Siziliens im italienischen Parlament für die Zukunft des nun endlich vereinten Italien aktiv mitzuwirken:

»Hören Sie mir zu ... Hätte es sich um einen Ehrenbeweis gehandelt, einfach um einen Titel, den man auf die Visitenkarte setzt, und damit gut, so hätte ich ihn gern angenommen: ich finde, in diesem für die Zukunft des italienischen Staates entscheidenden Augenblick ist es Pflicht eines jeden, seine Zustimmung zu geben und den Eindruck von Uneinigkeit zu vermeiden vor jenen Staaten des Auslandes, die uns teils mit Furcht betrachten, teils mit Hoffnung; beide werden sich als unbegründet erweisen – aber im Augenblick existieren sie ... Wir Sizilianer sind von einer langen, sehr langen Führerschaft von Regierenden her, die nicht von unserer Religion waren, die nicht unsere Sprache sprachen, daran gewöhnt, uns mit Winkelzügen durchzuhelfen. Hätte man das nicht getan, so wäre man den Steuereintreibern aus Byzanz, den Emiren aus der Berberei, den Vizekönigen aus Spanien nicht entronnen. Jetzt hat es diese Wendung genommen, nun sind wir einmal so. Ich hatte gesagt ›Zustimmung‹, nicht ›Teilnahme‹. In dem letzten halben Jahr, seit euer Garibaldi in Marsala an Land gegangen ist, sind viel zu viele Dinge geschehen, ohne daß man uns befragt hätte, als daß man jetzt ein Glied des alten leitenden Standes darum angehen könnte, sie weiterzuentwickeln und zur Vollendung zu bringen. Ich will jetzt nicht darüber diskutieren, ob das, was man getan hat, übel oder gut war; ich von mir aus glaube, daß vieles übel gewesen ist; aber ich will Ihnen sogleich etwas sagen, was Sie selbst erst verstehen werden, wenn Sie ein Jahr unter uns gelebt haben. In Sizilien ist es nicht von Wichtigkeit, ob man übel oder ob man gut tut: die Sünde, die wir Sizilianer nie verzeihen, ist einfach die, überhaupt etwas zu ›tun‹. Wir sind alt, sehr alt. Es sind zum mindesten fünfundzwanzig Jahrhunderte, daß wir auf den Schultern das Gewicht hervorragender, ganz verschiedenartiger Kulturen tragen: alle sind sie von außen gekommen, keine ist bei uns von selbst gekeimt, in keiner haben wir den Ton angegeben; wir sind Weiße und ebenso weiß wie die Königin von England; und doch sind wir seit zweitausendfünfhundert Jahren eine Kolonie. Ich sage das nicht, um mich zu beklagen: es ist unsere Schuld. Aber einerlei – wir sind müde und leer ... Im übrigen habe ich Ihnen schon gesagt: es ist zum größten Teil unsere Schuld. Sie sprachen noch eben von einem Sizilien, das jung vor die Wunder der modernen Welt tritt; ich von mir aus sehe eher eine Hundertjährige, die in ihrem Rollstuhl zur Londoner Weltausstellung geschleppt wird, die nichts versteht, die auf alles pfeift, auf die Stahlwerke von Sheffield wie auf die Spinnereien von Manchester, die sich nur danach sehnt, in ihren Halbschlaf zurückzufinden, in die begeiferten Kissen, unter dem Bett das Nachtgeschirr ... Den Schlaf, den Schlaf wollen die Sizilianer, und sie werden immer den hassen, der sie wecken will, brächte er ihnen auch die schönsten Geschenke; und – im Vertrauen gesagt – ich hege starke Zweifel, ob das neue Reich in seinem Gepäck für uns viele Geschenke hat. Alle Offenbarungen des sizilianischen Wesens kommen aus krankhafter Träumerei; auch die heftigsten: unsere Sinnlichkeit ist Sehnsucht nach Vergessen; unsere Flintenschüsse und Messerstiche Sehnsucht nach Tod; eine Sehnsucht nach wollüstiger Unbeweglichkeit – das heißt: wieder nach Tod – sind unsere Trägheit und auch unsere Eisgetränke; unsere grüblerische Art richtet sich auf das Nichts, als wollten wir damit die Rätsel des Nirwana lösen. Daher rührt es, daß bestimmte Menschen bei uns ein Übergewicht gewinnen: die, die wenigstens halbwach sind; daher diese berühmte Verspätung um ein Jahrhundert, was die künstlerischen und intellektuellen Offenbarungen in Sizilien anbetrifft: etwas Neues zieht uns nur an, wenn es schon verblichen ist, unfähig, strömenden Leben Raum zu geben; daher die verwunderliche Erscheinung, daß sich gegenwärtig Mythen bilden, die verehrungswürdig sein würden, wenn sie wirklich alt wären, die aber nichts weiter sind als unglückselige Versuche, in eine Vergangenheit einzutauchen, die uns nur, weil sie tot ist, anzieht . . .

Wir sind zu viele, als daß es nicht Ausnahmen gäbe; auf unsere Halbwachen habe ich im übrigen schon hingewiesen. Was diesen jungen Crispi betrifft, so werde ich es sicher nicht erleben – aber Sie werden wohl beobachten können, ob er nicht im Alter in unsere wollüstige Erstarrung zurückfällt: das tun alle . . .

Die Sizilianer, ich hätte hinzufügen müssen: Sizilien, die Umwelt, das Klima, die sizilianische Landschaft. Das sind die Kräfte, die zugleich – und vielleicht mehr als alle Fremdherrschaften und Schändungen – unseren Geist gebildet haben: diese Landschaft, die keine Mitte kennt zwischen üppiger Weiche und vermaledeiter Wüste; die niemals eng ist, nie nur bescheidene Erde, ohne Spannung, wie ein Land sein müßte, das vernünftigen Wesen zum Aufenthalt dienen soll; dieses Land, das wenige Meilen voneinander entfernt die Hölle um Randazzo hat und die Schönheit der Bucht von Taormina. Dieses Klima, das uns sechs Fiebermonate von vierzig Grad auferlegt. Zählen Sie sie, zählen Sie sie: Mai, Juni, Juli, August, September, Oktober; sechsmal dreißig Tage Sonne senkrecht auf den Kopf; dieser unser Sommer, ebenso lang und schrecklich wie der russische Winter, und man kämpft gegen ihn an mit geringerem Erfolg; Sie wissen es noch nicht– aber bei uns kann man sagen, es regne Feuer wie auf die verfluchten Städte der Bibel; wenn ein Sizilianer in nur einem jener Monate ernstlich arbeiten wollte, würde er die Energie verbrauchen, die für drei ausreichen muß. Und dann das Wasser: das ist entweder nicht vorhanden oder man muß es von so weit herholen, daß jeder Tropfen mit einem Tropfen Schweiß bezahlt werden muß; und danach wieder die Regengüsse, immer ungestüm: sie bringen die ausgetrockneten Flußbetten zu wahnwitzigem Überschäumen, sie ersäufen Tiere und Menschen genau da, wo vor vierzehn Tagen die einen wie die anderen vor Durst verreckt sind. Die Heftigkeit der Landschaft, diese Grausamkeit des Klimas, diese ständige Gespanntheit, wohin man auch blickt, auch diese Denkmäler der Vergangenheit, großartig, aber unbegreiflich, weil nicht von uns errichtet: sie stehen um uns her wie wunderschöne, stumme Gespenster. All die Regierungen, Fremde in Waffen, gelandet von wer weiß wo, denen man sogleich diente, die man rasch verabscheute und nie begriff, die sich ausdrückten nur in Kunstwerken, die für uns rätselhaft blieben, und leibhaftig in den Eintreibern von Steuergeldern, die hernach anderswo ausgegeben wurden – alle diese Dinge haben unseren Charakter gebildet, und darum bleibt er bedingt von äußeren Schicksalsfügungen, weit mehr noch als von dieser entsetzlichen Insularität des Geistes . . .

Ich leugne nicht, daß einige Sizilianer, die von der Insel fortgekommen sind, es fertigbringen, sich von dem Zauber freizumachen: man muß jedoch zusehen, daß sie sehr, sehr jung fortziehen: mit zwanzig Jahren ist es schon zu spät, die Kruste ist fest: sie werden davon überzeugt bleiben, daß ihr Land ein Land sei wie alle anderen, nur ruchlos verleumdet; daß die normale Kultur hier sei, das Ungereimte draußen, außerhalb Siziliens . . .

Ich bin ein Repräsentant des alten Standes, unausweichlich verknüpft mit dem bourbonischen Regime, an dieses Haus gebunden mit den Banden des Anstands in Ermangelung derer der Neigung. Ich gehöre einer unglücklichen Generation an, die zwischen der alten und der neuen Zeit steht und sich in beiden unbehaglich fühlt. Zudem bin ich, wie Sie zweifellos bemerkt haben, frei von Illusionen; und was würde der Senat anfangen mit mir, mit einem unerfahrenen Gesetzgeber, dem die Fähigkeit fehlt, sich selbst zu täuschen – dieses wesentliche Erfordernis für einen, der die anderen führen will? Wir von unserer Generation müssen uns in eine Ecke zurückziehen, um den Purzelbäumen und Luftsprüngen der Jungen um diesen wunderschön geschmückten Leichenwagen zuzusehen. Ihr braucht jetzt Junge, gewandte junge Menschen, deren Sinn mehr dem Wie offen ist als dem Warum, die auch geschickt darin sind, ihr bestimmtes Sonderinteresse mit den unbestimmten öffentlichen ideellen Forderungen zu maskieren – ich meine: es ihnen anzupassen . . .

Die Sizilianer wollen gewiß nie, daß es besser wird, aus dem einfachen Grunde, weil sie glauben, sie seien vollkommen; ihre Eitelkeit ist stärker als ihr Elend; jede Einmischung von Fremden – sei es, daß sie wirklich anderen Ursprungs, sei es, daß sie, wenn Sizilianer, unabhängigen Geistes sind – verwirrt ihr Phantasieren darüber, daß sie die Vollendung erreicht hätten, läuft Gefahr, ihre wohlgefällige Erwartung des Nichts zu stören; diese Menschen, die von einem Dutzend verschiedener Völker mit Füßen getreten wurden, glauben, sie selbst mit ihrer ›kaiserlich-herrlichen Vergangenheit‹ hätten ein Recht auf prunkvolle Leichenfeiern. Meinen Sie wirklich, Sie wären der erste, der hofft, Sizilien in den Fluß der Weltgeschichte hineinleiten zu können? Wer weiß, wie viele mohammadanische Imame, wie viele Ritter des normannischen Königs Roger, wie viele Gelehrte der Hohenstaufen, wie viele Barone der Anjou, wie viele Gesetzeskundige Seiner Katholischen Majestät sich die gleiche schöne Tollheit ausgedacht haben, wie viele spanische Vizekönige, wie viele Reformationen planende Beamte des Neapolitaners Karl III.! Und wer weiß heute noch, wer sie waren? Sizilien hat schlafen wollen trotz ihrer Anrufungen; warum hätte es auf sie hören sollen? Es ist ja doch reich, ist weise, ist ehrlich, von allen bewundert und beneidet, in einem Wort: es ist vollkommen!

Jetzt redet man auch bei uns nach, was Proudhon und ein kleiner deutscher Jude – an dessen Namen ich mich nicht erinnere – geschrieben haben, schuld an dem schlimmen Stand der Dinge hier und anderswo sei die Herrschaft der Großgrundbesitzer – das heißt, sozusagen, die meine. Es mag sein. Aber Großgrundbesitz hat es überall gegeben, ebenso wie die fremden Invasionen. Ich glaube nicht, daß die englischen ›squires‹ oder die französischen großen Herren ihren Besitz besser verwaltet haben als die Salina. Die Ergebnisse indes sind verschieden. Der Grund für die Verschiedenheit muß jenes Gefühl von Überlegenheit sein, das in jedem sizilianischen Auge blitzt; wir selber nennen es Stolz: in Wirklichkeit ist es Blindheit. Für jetzt, für lange ist da nichts zu machen. Es tut mir leid – aber für das Politische kann ich auch nicht einen Finger hinhalten. Sie würden ihn mir abbeißen. Das sind Dinge, die man Sizilianern nicht sagen kann . . .

All das hätte nicht dauern dürfen – und doch wird es dauern, immer; das menschliche ›Immer‹ wohlverstanden, ein Jahrhundert oder zwei ... Danach wird es anders sein, aber schlechter. Wir waren die Leoparden, die Löwen: unseren Platz werden die kleinen Schakale einnehmen, die Hyänen; und alle zusammen, Leoparden, Schakale und Schafe, werden wir weiter daran glauben, daß wir das Salz der Erde seien ...«[62]

Anmerkungen

1 J. W. Goethe: *Italienische Reise*, 2. Teil, 13. Mai 1787
2 Homer: *Odyssee*, XII, 73–126; Übersetzung von Thassilo von Scheffer
3 Für ein intensives Studium sei hier verwiesen auf L. B. Brea: *Alt-Sizilien. Kulturelle Entwicklung vor der griechischen Kolonisation*, Köln 1958
4 Die Portalplatten von Castelluccio haben eine gewisse Ähnlichkeit mit den Tempelreliefs der Tarxien-Periode auf Malta
5 Dies gilt fast für die gesamte Vorgeschichte Siziliens, wie oben erläutert wurde, da die Menschen ihre Behausungen wohl vorzugsweise aus vergänglichen Baumaterialien (Stroh, Schilf, luftgetrocknetem Lehm u. a.) errichteten
6 Pantálica scheint ein Name aus byzantinischer Zeit für das sagenhafte Hybla zu sein
7 Pantálica I: 1250–1000 v. Chr., Pantálica II: 1000–850 v. Chr., Pantálica III: 850 bis 730 v. Chr., Pantálica IV: 730–650 v. Chr.
8 Aus Thrinakia bei Homer (Od. XII, 127) wird bei Thukydides Trinakria = ›Insel mit drei Vorgebirgen‹
9 Homer: *Odyssee*, IX; 105–115, 166/169, 252–278, 287–293, 343–352; Übertragung von Thassilo von Scheffer
10 Thukydides: *Geschichte des peloponnesischen Krieges*, VI, 2
11 Einige antike Autoren vertreten den Standpunkt, die Sikaner seien die autochthone Bevölkerung Siziliens, so auch Diodor (V, 6, 1), was jedoch von heutigen Altertumsforschern widerlegt werden konnte
12 Homer: *Odyssee*, XXIV, 306 ff.
13 In Ostspanien gründeten die Sikaner die Stadt Sikane und nannten den Fluß der Stadt Sikanos (heute Jucar)

14 Ilion, das homerische Troja. Die Identität beider bestreiten einige antike Historiker ebenso wie einige moderne Forscher. Homer hat möglicherweise die zu seiner Zeit bereits verlassenen imposanten mykenischen Ruinen von Hisarlik als die prachtvolle griechische Stadt Troja beschrieben. Der vorgeschichtliche Name von Hisarlik ist unbekannt.
15 Homer: *Ilias*, XIV, 387–401; Übertragung von Thassilo von Scheffer
16 Nach antiken Überlieferungen dürfte dies – hypothetisch – um 1200 v. Chr. gewesen sein
17 Dionysios von Halikarnassos (1. Jh. v. Chr.) berichtet dagegen, die Elymer seien nur wenige Jahre vor den Sikulern aus Italien gekommen (I, 22, 3)
18 Nach Thukydides (VI, 2) um 1030 v. Chr.; nach Hellanikos (I, 22, 2–4) um 1270 v. Chr.
19 Paolo Orsi und andere Prähistoriker gehen davon aus, daß Sikaner und Sikuler die gemeinsamen Ureinwohner Italiens waren
20 So berichtet es Strabon (64 v. Chr. bis 26 n. Chr.) in Buch VI, 260
21 868 v. Chr. versuchte Assurnasirpal II. neben Byblos, Tyros und Sidon auch phönizisches Herrschaftsgebiet sich tributpflichtig zu machen
22 Herodot: VII, 157
23 Herodot berichtet sogar, daß die Siege bei Salamis und bei Himera am gleichen Tag errungen worden seien (VII, 166, 1–4)
24 Herodot: VII, 163, 1
25 Pindar: *Zweite Pythische Ode*
26 Pindar: *Erste Pythische Ode* ›für Hieron von Syrakus nach seinem Siege mit dem Wagen‹
27 Das Tyrannengeschlecht der Deinomeniden geht auf Deinomenes von Gela zu-

rück, den Vater von Gelon, Hieron I., Polyzelos und Thyrasybulos

28 Platon, griechischer Philosoph (428–349 v. Chr.), war neun Jahre Schüler des Sokrates. *Der Staat (Politeia)*, Platons Hauptwerk

29 Halykos, heute Platani genannt, Flußlauf zwischen Sciacca und Agrigent, der an der Küste von Eraclea Minoa mündet

30 Plutarch: *Lebensbeschreibungen*, II: ›Timoleon‹, 37, 15–27

31 Nach Thukydides (6; 4, 2) wurde Selinus 628 v. Chr., nach Diodor (13; 59, 4) 651 v. Chr. gegründet

32 *Homerischer Hymnos an Demeter*, Vers 1–23/30–32; Übersetzung von Eckart Peterich

33 Eckart Peterich: *Sizilien*, Einzelausgabe aus *Italien, III*, München 1974

34 ›Cardo‹ und ›Decumanus‹ sind Begriffe aus der römischen Architektur, die hier aber durchaus anwendbar sind

35 Die Ecksäulen des griechischen Tempels werden jeweils doppelt gezählt

36 G. Gruben: *Die Tempel der Griechen* (S. 303), München 1976

37 Der dorische Eckkonflikt ergibt sich, wenn Architrav (A) und Triglyphe (T) ungleich breit sind (was fast immer der Fall war); werden dann die angrenzenden Metopen um jenen Differenzbetrag vergrößert, so wird eine unangenehm auffallende Unregelmäßigkeit sichtbar, die es zu beseitigen galt, woraufhin im griechischen Mut-

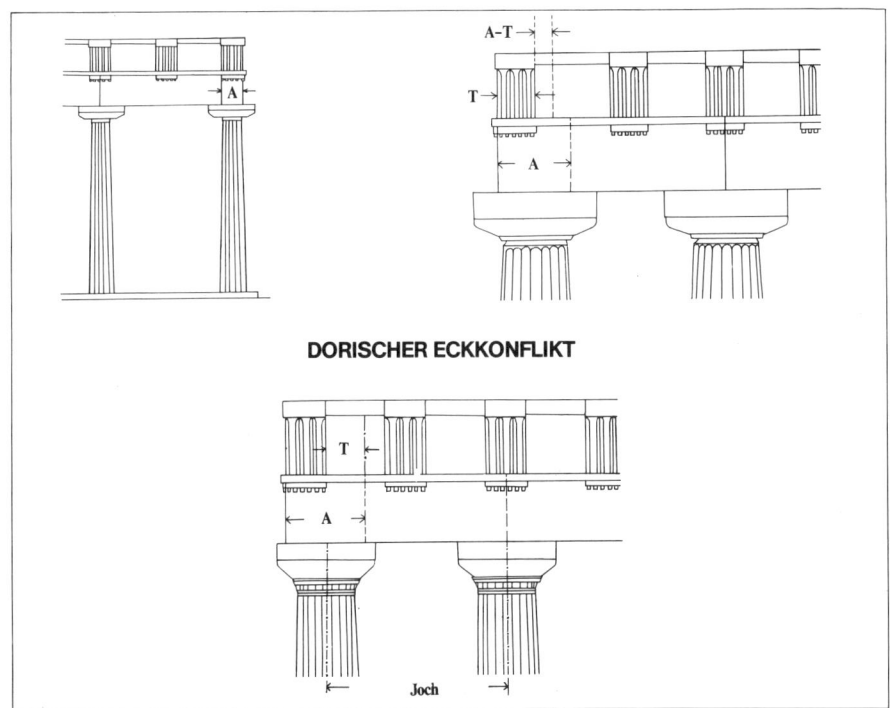

Fig. 57 Der dorische Eckkonflikt. (Zeichnung des Verfassers; nach G. Gruben) A = Architrav, T = Triglyphe

terland angestrebt wurde, die Triglyphen in gleicher Breite durchzubilden und nur jeweils die Eckjoche um den Fehlbetrag (Architrav minus Triglyphe) zu kontrahieren (s. Fig. 57)

38 G. Gruben: *Die Tempel der Griechen* (S. 281), München 1976

39 Daß auch zwischen den Anten des Pronaos *zwei* Säulen standen, ist eine Annahme; bisher lieferte der Baubefund weder einen Beweis dafür noch dagegen

40 Empedokles: *Fragment 112*

41 J. W. Goethe: *Italienische Reise,* Agrigent, 25. April 1787, 2. Teil

42 G. Gruben: *Die Tempel der Griechen* (S. 306), München 1976

43 J. W. Goethe: *Italienische Reise,* Agrigent, 25. April 1787, 2. Teil

44 J. W. Goethe: *Italienische Reise,* Segesta, 20. April 1787, 2. Teil

45 Strabo, *Erdbeschreibung,* 6. Buch, 2. Kap., 7 (273)

46 Eunus ließ sich ›Antiochus, König der Syrer‹, nennen; er soll »weissagender Zauberkünstler« gewesen sein und soll 70 000 bis 200 000 Gefolgsleute gehabt haben

47 *Apostelgeschichte* 28, 11–14: Die Reise des Paulus von Cäsarea über Kreta, Malta und Sizilien nach Rom

48 Maximianus Herkulius war 307 ein zweites und 309 ein drittes Mal für kurze Zeit Kaiser

49 Vortreffliche Beweise dieser Interpretation liefert der Ausgräber der Villa, G. V. Gentili, in: *Die Kaiserliche Villa bei Armerina,* Rom 1971

50 Praxiteles, athenischer Bildhauer, zählt zu den größten Meistern des 4. Jh. v. Chr.

51 Ovid (43 v. Chr. bis 18 n. Chr.): *Metamorphosen,* X, 86–96, 143/44; XI, 1–7, 20–25, 39–48

52 Ovid: *Metamorphosen,* IX, 164–199

53 Ovid: *Metamorphosen,* X, 106–111, 130 bis 140

54 Ibn Haukal, berühmter arabischer Reiseschriftsteller und Geograph, um 925 n. Chr. in Nisibis (Mesopotamien) geboren, begann nach eigenen Angaben 943 seine Weltreise und kam 973 nach Palermo/Sizilien

55 Übersetzung von A. Fr. Graf von Schack, in: *Geschichte der Normannen auf Sicilien,* Berlin 1889

56 Erich Caspar: *Roger II. (1101–1154) und die Gründung der normannischsizil. Monarchie* (S. 9 f.), Innsbruck 1904

57 Der genaue Titel lautet: *Nuzhat al-mustāq fī 'Khtirāq al-āfāq*

58 Theophanes Carameus: ›Homiliensammlung von Scorso (1644)‹, in: Erich Caspar: *Roger II.* (S. 459–468), Innsbruck 1904

59 Heinz Löwe: ›Die Staufer als Könige und Kaiser‹, in: *Die Zeit der Staufer,* Bd. III., Stuttgart 1977

60 Steven Runciman: *Die sizilianische Vesper* (S. 228 f.) München 1959

61 Neben Tomasi di Lampedusa erlangten folgende sizilische Schriftsteller Weltruhm: Giovanni Verga (1840–1922), Luigi Pirandello (1867–1936), Salvatore Quasimodo (1901–1968, Nobelpreis 1959), Vitaliano Brancati (1907–1954), Elio Vittorini (1908–1966) und Leonardo Sciascia (1921 geb.)

62 Tomasi di Lampedusa: *Der Leopard* (S. 124 ff.), Hamburg 1975 (rororo)

Chronologie der sizilischen Geschichte im Vergleich zu Griechenland und Italien

Zeit/Epoche (v. Chr.)	Sizilien	Italien	Griechenland
6000/5000	*Paläolithikum:* Felsmalereien in der Addaura-Grotte bei Palermo und auf Levanzo (Fig. 1, 2, 3)	*Paläolithikum:* Menschen wohnen in Höhlen auf der Halbinsel von Otranto (Monte Gargano), Nardo u. a. a. Orten	*Paläolithikum:* Spuren von menschlichen Besiedlungen während des Paläolithikums sind nur spärlich vorhanden.
4. Jahrtausend	*Neolithikum:* Stentinello-Kultur; Diana-Stil auf den Äolischen Inseln	*Neolithikum:* Siedlungen mit kreisförmigen oder ovalen Umwallungen; ab 4500 (?) Keramik-Funde in Manfredonia, Matera u. a. Orten (Sgraffito-Technik); Sesklo-Kultur bis etwa 2900	*Neolithikum:* Einfachste Wohnsiedlungen; sog. *Sesklo-Kultur;* besonders in Thessalien und um Korinth verbreitet; um 3500 älteste Siedlungsspuren auf der Akropolis in Athen
3. Jahrtausend	*Kupferzeit:* Neue Völkerscharen kommen nach Sizilien; ›Glockenbercher‹-Import aus Spanien und Frankreich. Vielseitige regionale Kulturentwicklungen: Conca d'Oro-Stil; Serraferlicchio-Stil u. a.	*Kupferzeit:* Parallelen zur Dimini-Kultur Griechenlands sind erkennbar, speziell auf Capri und Sorrent; steinzeitliche Weiterentwicklung in der Siedlung Serra d'Alto; Lagozza-Kultur (3000–2000) in Norditalien	*Kupferzeit:* Um 3000/2600 entstehen vor allem in Thessalien immer mehr Siedlungen (sog. *Dimini-Epoche);* Einwanderungen von Anatolien und Nordafrika (speziell nach Kreta)
2000–1100	*Bronzezeit:* *Capo-Graziano Kultur* auf den Äolischen Inseln; dichte Besiedlung bei Tindari; Castelluccio-Kultur und Thapsos- Kultur	*Bronzezeit:* Familienbestattungen in Flur Gaudo bei Paestum, um Neapel, Buccino, Mirabella Eclano u. a.	*Bronzezeit:* Auf Kreta entsteht mit der *minoischen Epoche* die erste europäische Hochkultur: Ältere Palastzeit (2000 bis 1700); Jüngere Palastzeit (1700–1400); Nach-Palastzeit (1400–1100)
	Um 1400 Milazzese-Kultur auf den Äolischen Inseln. Starke Einflüsse aus Ägypten und der mykenischen Welt. Um 1250 neue Einwanderungsvölker: *Ausonier, Morgeter* und *Sikuler* kom-	Seit ca. 1500–1000 *Apennin-Kultur* (Coppa Nevigata südlich des Gargano) Ausbreitung von Otranto bis Ancona, vereinzelt auch in Etrurien, enge Beziehungen zu den Balkanländern.	Um 1500 Beginn der *mykenischen Epoche;* erste Schachtgräber; um 1500 mykenische Kuppelgräber, um 1350 ›Schatzhaus des Atreus‹ in Mykene. Auf Kreta vollzieht sich der

Sizilien	Italien	Griechenland
men nach Sizilien. *Pantálica-Kultur*	Um 1400 Handelsverbindungen zum mykenischen Reich; Exportware von der Insel Rhodos. Mykenisch-griechische Handelsfaktorei auf Scoglio di Tonno (1330–1150)	Übergang vom Minoischen zum Mykenisch-Griechischen (1470–1400). Untergang von Troja (VII A) um 1200
Um 1000 – 6. Jh. Phönizische Einwanderung nach Sizilien Elymer in Erice und Segesta, Griechen aus Chalkis, von Rhodos und Kreta gründen die ersten griechischen Städte: 750 *Megara Hyblea* – 735 *Naxos* – 734 *Syrakus* – 729 *Catania* – 690 *Gela* – 648 *Himera* – 628 *Selinunt* – 582 *Agrigent*	Um 1000 Einwanderung der Italiker; Villanova-Kultur: lateinisch-faliskische, umbrisch-sabellische und illyrische Stämme ab 900 Einwanderung der Etrusker (wahrscheinlich aus Kleinasien, Troja?) 753 *Gründung Roms* 750–550 Gründung der griechischen Kolonien in Unteritalien – ›Magna Graecia‹ 750–510 Herrschaft der sieben sagenhaften Könige über Rom von Romulus bis Superbus	Vor 1000 Ionier und Äoler besiedeln die kleinasiatische Küste 9./8. Jh. Entstehung der homerischen Dichtungen der ›Ilias‹ und ›Odyssee‹; Geometrische Vasenmalerei 814/13 *Gründung von Karthago* um 800 Synoikismos (›Zusammensiedlung‹) von Sparta 776 *1. olympische Spiele* 8. Jh. Griechen gründen im westlichen und östlichen Mittelmeergebiet verschiedene Städte: *Kyme, Sinope* und *Trapezunt* 735 Gründung von Naxos auf Sizilien 734 Gründung von Syrakus auf Sizilien Ende 8. Jh. 1. Messenischer Krieg um 660 Griechen aus Korinth und Kerkyra (Korfu) liefern sich die erste Seeschlacht untereinander

Sizilien	Italien	Griechenland
		seit ca. 650 Aufkommen der Tyrannis in Griechenland
		um 624 Drakon, der erste Gesetzgeber Athens
	um 600 Gründung eines *Zwölf-Städte-Bundes*	600/594 *Solonsche Verfassung;* Errichtung der Timokratie
570–554 Phalaris, Tyrann von Agrigent	um 540 Seesieg der Etrusker und Karthager über Griechen bei Alalia	560–510 Tyrannenherrschaft des Peisistratos und seiner Söhne
		ab 530 Rotfigurige Vasenmalerei
		527 Tod des Peisistratos in Athen
	510 1. Vertrag zwischen Karthago und der römischen Republik	508/7 Reformen des Kleisthenes in Athen; Gründung der Demokratie
491–478 Gelon, Tyrann von Gela und Syrakus		490 *Schlacht bei Marathon*
489–472 Theron, Tyrann von Akragas (Agrigent)		um 488 Tod des Sparterkönigs Kleomenes I., sein Nachfolger wird Leonidas
480 *Schlacht bei Himera:* Theron und Gelon schlagen die Karthager		480 *Schlacht bei Salamis*
485–467 Hieron I., Tyrann von Gela und Syrakus; *Pindar, Aischylos* u. a. Dichter bei Hieron I.		479 Schlacht bei Platää und Mykale
474 Hieron I. schlägt bei Kyme die Etrusker	474 Hieron I. schlägt bei Kyme die Etrusker; *Ende der etruskischen Herrschaft*	
471 Beginn einer ›demokratischen Regierung‹; *Empedokles*		um 453 Waffenstillstand zwischen Athen und Sparta

Sizilien	Italien	Griechenland
	um 450 ›*Zwölftafelgesetz*‹ (starker Einfluß der solon'schen Gesetzgebung)	450 Athen siegt erneut bei Salamis über die Perser
		448/47 Panhellenischer Kongreß des *Perikles*
		446/45 30jähriger Frieden zwischen Athen und Sparta
		431–404 Peloponnesischer Krieg
427 Dorisch-sizilische Städte verbünden sich gegen ionisch-sizilische Städte		427 *sog. 1. sizilische Expedition der Athener*
424 Frieden zwischen den dorischen und ionischen Städten Siziliens		
415–413 Athens Kriegsexpedition gegen Sizilien, das athenische Heer und die Flotte werden von Syrakus geschlagen		415 *sog. 2. sizilische Expedition der Athener*
		413 Die athenische Expedition scheitert auf Sizilien
430–376 Dionysios I. Tyrann von Syrakus; *Platon* in Syrakus	406–396 10jähriger Krieg mit Veji	411 Abschaffung der athenischen Demokratie; Ausbau der Oligarchie
		408 Alkibiades in Athen
		406 Athen schickt eine Gesandtschaft zu den Karthagern nach Sizilien
		401 ›Der Zug der Zehntausend‹
	387 Niederlage der Römer gegen die Kelten	399 *Tod des Sokrates*
		379 Auflösung des chalkischen ›Staates‹
	367/66 Licinisch-sextische Gesetze	378/77 2. Attischer Seebund
356–347 Errichtung eines Idealstaates nach Platons grundlegenden Ideen	348 2. Vertrag zwischen Rom und Karthago	356–323 *Alexander d. Gr.*
	343–341 1. Samniterkrieg	347 Platon stirbt
	340–338 Latinerkrieg	

Sizilien	Italien	Griechenland
347–345 Dionysios II. Tyrann von Syrakus		333 Schlacht bei Issos
345–337 Timoleon von Korinth führt in Syrakus die Demokratie ein	326–304 2. Samniterkrieg	323 Alexanders Tod; Aufteilung seines Weltreiches
316–289 Agathokles, Tyrann von Syrakus	306 3. Vertrag zwischen Rom und Karthago	
	298–290 3. Samniterkrieg	294 Demetrios Poliorketes wird König von Makedonien.
288–279 Mamertiner fallen nach Sizilien ein	295 Roms Frieden mit den Etruskern nach dem Sieg bei Sentinum	
280 Pyrrhos von Epirus hilft Hiketas von Syrakus im Kampf gegen Karthago	285–282 Rom festigt seine Macht nach den Siegen über die Kelten in Mittelitalien	280 Pyrrhos wird Bundesgenosse von Sizilien gegen die Karthager
274–215 Hieron II. Tyrann von Syrakus	272 Die griechischen Städte Unteritaliens werden Bundesgenossen Roms	
264–241 1. Punischer Krieg zwischen Rom und Karthago um und auf Sizilien	264–241 1. Punischer Krieg	
254 Palermo (Panormos) wird von den Römern erobert		
247–242 Hamilkar Barkas zieht sich mit den karthagischen Truppen vor den Römern auf den Pellegrino und nach Eryx zurück		
241 West-Sizilien wird die erste römische Provinz		228–223 Höhepunkt der ätolischen Herrschaft in Griechenland
212 Marcellus erobert Syrakus; *Archimedes* wird von einem römischen Soldaten erschlagen	218–201 2. Punischer Krieg	215–205 1. Makedonischer Krieg
210 v. Chr. – 440 n. Chr. Sizilien unter römischer Herrschaft	202 Hannibals Heer wird vernichtet; Scipio erhält den Ehrennamen ›Africanus‹	200–197 2. Makedonischer Krieg
		195 Hannibal bei Antiochos III. in Ephesos

Sizilien	Italien	Griechenland
	192–188 Roms Krieg gegen Antiochos III.; Feldzug nach Baktrien	
		168 Die Römer dringen nach Griechenland vor
	149–146 3. Punischer Krieg und Eroberung Karthagos durch P. C. Scipio	146 Der Achäische Krieg; Zerstörung Korinths; Griechenland unter römischer Herrschaft
135–131 1. Sklavenkrieg (Eunus)	133 Attalos III. von Pergamon vererbt Rom sein Reich	(bis 395 n. Chr.)
104–101 2. Sklavenkrieg	133–121 Reformbewegungen der Gracchen	
	88–84 Mithridates VI. ruft im Osten (von Pontus) zum Aufstand gegen Rom auf	
	88 ›Vesper von Ephesos‹; 80 000 Römer werden ermordet	
	82–79 Diktatur Sullas; 90 Senatoren und 2600 Ritter werden ermordet	
73–71 C. Verres unterschlägt als römischer Statthalter Siziliens ›Millionenbeträge‹	73–71 Spartacus' Sklavenaufstand	
70 Cicero klagt C. Verres an, der in Rom verurteilt wird	70 Konsulat des Pompeius und Crassus	
		67–49 Friedensperiode für die griechische Welt
	60 1. Triumvirat des Pompeius, Crassus und Caesar	
	58–51 Eroberung Galliens durch Caesar	
	15. 3. 44 Ermordung Caesars	
	43 2. Triumvirat des Octavianus, Antonius und Lepidus	

Sizilien	Italien	Griechenland
	36 Vermählung des Antonius mit Kleopatra	
		27 Griechenland ist senatorische Provinz Roms mit dem Namen ›Achaia‹

Zeitrechnung n. Chr.

Sizilien	Italien	Griechenland
	9 n. Chr. Schlacht im Teutoburger Wald	
		49–58 Apostel Paulus in Athen, Korinth und Saloniki
	61 Apostel Paulus in Rom	
	64 Brand von Rom	
		67 ›Achaia‹ wird von Nero für frei erklärt
		124/132 Hadrian in Athen
	253 Aufteilung des Reiches in Ostrom (Byzanz) und Westrom	
		267 Die Goten plündern Athen
		284–305 Kaiser Diokletian, Ende des autonomen griechischen ›Gemeindestaates‹
	312 Schlacht an der Milivischen Brücke	
	330 *Konstantinopel* (Byzanz) wird Hauptstadt des Oströmischen Reiches	
	335 1. ökumenisches Konzil (in Nicäa durch Konstantin)	
		393 Die letzten ›Olympischen Spiele‹ der Antike
		395/96 Alarich verwüstet Griechenland; Griechenland kommt zum Oströmischen (byzantinischen) Reich
	408 *Ravenna* wird Hauptstadt des Weströmischen Reiches	

Sizilien	Italien	Griechenland
	410 Westgoten plündern Rom	
440 n. Chr. Wandalen unter Geiserich brechen nach Sizilien ein		
	455 Wandalen plündern Rom	
	488–93 Theoderich, König der Ostgoten, wird König über Italien	
		529 Justinian läßt in Athen die Universität schließen; Veröffentlichung des ›Codex Justinianus‹
535–827 Sizilien wird ›byzantinische‹ Provinz des Oströmischen Reiches	728 Beginn des römischen Kirchenstaates	
663–668 Der byzantinische Kaiser Konstans II. verlegt seine Residenz von Konstantinopel nach Syrakus, wo er 668 ermordet wird		730 Beginn des Bildersturms (›Ikonoklasmus‹)
	751 Aistulf erobert Ravenna	
	773/74 Karl d. Gr. erobert das Langobardenreich	
	774–887 Italien unter den Karolingern	
	800 *Karl d. Gr.* wird in Rom von Papst Leo III. zum Kaiser gekrönt	
		807 Die Athenerin Theophano wird byzantinische Kaiserin
17. 6. 827 Araber besetzen Sizilien		826 Araber erobern Kreta
831 *Palermo* wird Hauptstadt der Araber	846 Sarazenen plündern Rom	
	888–924 Italienische Nationalkönige	904 Araber plündern Saloniki
901–1072 Sizilien unter arabischer Herrschaft	962–1266 Italien unter den deutschen Kaisern	961 Nikephoras erobert Kreta zurück
	11. Jh. Schwere Auseinandersetzungen zwischen Papst und den römischen Kaisern (s. Friedrich II.)	

Sizilien	Italien	Griechenland
	1054 ›Schisma‹: Ost- und Westkirche	1054 Endgültige Trennung der christlichen Kirche in Ost und West (sog. ›Schisma‹)
1060 Roger de Hauteville versucht vergeblich bei Messina zu landen		
18. 5. 1061 Die Normannenbrüder Roger und Robert Guiskard landen auf Sizilien		
5. 1. 1072 Die Normannen erobern Palermo		
	1078 Robert Guiskard erobert Rom	
		1081 Der Normannenfürst Robert Guiskard, Bruder von Roger I., dringt bis nach Makedonien und Thessalien vor
1091–1194 Sizilien unter normannischer Herrschaft	1122 Das Wormser Konkordat beendet den Investiturstreit	1096–1099 1. Kreuzzug unter Leitung von Robert von der Normandie
22. 6. 1101 Roger I. stirbt		
1112 Roger II. übernimmt als 17jähriger die Staatsgeschäfte		
25. 12. 1130 Roger II., König der ›Monarchia Sicula‹		
26. 2. 1154 Roger II. stirbt; Wilhelm I. wird sein Nachfolger		1147–1149 2. Kreuzzug unter Führung des Staufers Konrad III. und Ludwig VII. von Frankreich
1186 Konstanze, Tochter Rogers II., heiratet Heinrich VI., Sohn Friedrichs I. Barbarossa		1185 Saloniki wird von den Normannen erobert; diese werden später bei Mosynopolis besiegt und verlassen dann Griechenland
1189 Mit Wilhelm II. stirbt der letzte normannische König; *Konstanze* wird Thronerbin		1189–92 3. Kreuzzug unter Führung des Staufers Kaiser *Friedrich I. Barbarossa;* Byzanz verliert Zypern

Sizilien	Italien	Griechenland
25. 12. 1194 Heinrich VI. wird der erste normannisch-staufische König über Sizilien		
1194–1266 Sizilien unter staufischer Herrschaft		
26. 12. 1194 *Friedrich II.*, Sohn der Konstanze und Heinrichs VI., wird geboren		1195 Byzanz zahlt an Heinrich VI. Tribut
17. 5. 1198 Friedrich II. König von Sizilien		1202–1204 4. Kreuzzug von Papst Innozenz III. ausgerufen; Gründung des ›Lateinischen Kaiserreiches‹
	1204 *Venedig* wird erste See- und Handelsmacht	1204 Konstantinopel (Istanbul) wird geplündert
1215 Friedrich II. deutscher König		1204–1669 Kreta unter venezianischer Herrschaft
1220 Friedrich II. römischer Kaiser	1220 Friedrich II. wird in Rom zum römischen Kaiser gekrönt	
		1224 Theodor Angelos von Epirus erobert das ›Lateinische Königreich‹ Saloniki
		1228–1229 5. Kreuzzug unter Friedrich II.
13. 12. 1250 Friedrich II. stirbt in Apulien		1284–1254 6. Kreuzzug unter Ludwig IX.
		1261 Michael VIII. in Konstantinopel; Ende des ›Lateinischen Kaiserreiches‹; Wilhelm II. Villehardouin muß Mistra und Teile der Peloponnes an Michael VIII. abtreten
1266–1282 Sizilien unter der Herrschaft der Anjou		
31. 3. 1282 Sizilische Vesper; Volksaufstand gegen die Franzosen	1265 Karl v. Anjou wird Senator von Rom	

Sizilien	Italien	Griechenland
1282–1516 Sizilien unter der Herrschaft des Hauses Aragon	1268–1494 Lehnsherrschaften in Italien	1270 7. Kreuzzug unter Ludwig IX., der in Tunis stirbt
1302 ›Frieden von Caltabellotta‹, Aussöhnung zwischen Franzosen und Spaniern	1303 Gründung der Universität von Rom	
	1305–1377 Exil der Päpste in Avignon	1309–1522 Ordensritter von Rhodos
	1378–1418 ›Schisma‹ der Westkirche	1387 Osmanen erobern Saloniki
		1395–1403 Athen unter venezianischer Herrschaft
		1396 Osmanen vernichten ein christliches Bündnisheer bei Nikopolis
1434 In *Catania* entsteht die erste sizilische Universität		1432 Fast die ganze Peloponnes ist wieder unter griechischer Herrschaft
	1452 Friedrich III. wird zum letzten römischen Kaiser gekrönt	
		1453 *Eroberung von Konstantinopel.* Ende des Oströmischen (byzantinischen) Reiches
		1456 Osmanen erobern Athen
		1460 Osmanen erobern Mistra und die Peloponnes; der Parthenon wird islamisches Gotteshaus
		1461 Ganz Griechenland unter osmanischer Herrschaft
	1492 Chr. Kolumbus aus Genua ›entdeckt‹ Amerika	
	1506 Julius II. erneuert den Kirchenstaat	
1516–1713 Sizilien und Neapel unter spanischer Krone		
1516/1523 Volksaufstände gegen die spanischen Vizekönige		

Sizilien

Italien

Griechenland

1540 Gründung des Jesuiten-
ordens
1559–1713 Italien unter
spanischer Herrschaft
1571 Seesieg über die Türken
bei Lepanto

1591 Gründung der Universität von *Messina*
1647/48 Volksaufstände
1669 Schwerer Etna-Aus-
bruch; über 100 000 Tote

1655 Christina v. Schweden
Konvertitin in Rom

1645–1669 Kretischer Krieg
zwischen Türken und
Venezianern

1683 Papst Innozenz XI. siegt
mit seinem Verbündeten
Leopold I. über die
Türkei bei Wien

1669–1821 Kreta unter türki-
scher Herrschaft

1700–1720 Sizilien an das
Haus Savoyen

1713–1780 Österreich erhält
Teile Italiens
1718 Venedig verliert im
Osten alle Ländereien an
die Türken

1689–1725 Russische Ein-
mischungen, durch Peter
d. Gr., in Griechenland

1720–1735 Sizilien unter öster-
reichischer Verwaltung
1735–1759 Sizilien an das
spanische Haus Bourbon
1759–1825 Ferdinand IV.
König von Neapel und
Sizilien; ab 1816 König
›Beider Sizilien‹

1721 Kaiserliche, neapolitani-
sche und spanische Trup-
pen plündern Rom

1769 Russische Truppen landen
auf der Peloponnes

1796–1805 Koalitionskriege
gegen Frankreich
1797 Frieden von Campo
Formio: Italien wird
aufgeteilt
1814 ›Wiener Kongreß‹:
Südtirol, Lombardei,
Venetien und Triest
fallen an Österreich
1815–1848 Nationale Frei-
heitsbewegungen

1821–1832 Die griechischen
Unabhängigkeitskriege
1823 *Lord Byron* nimmt am
griechischen Freiheits-
kampf teil
1830 Griechenland wird
souveränes Königreich;
Otto I. von Bayern wird
König in Nauplia

11. 5. 1860 G. Garibaldi lan-
det mit Freiheitskämp-
fern bei *Marsala* – An-
schluß an das italienische
Mutterland

Sizilien

28. 12. 1908 Schweres Erdbeben bei Messina; über
84 000 Tote

Juli 1943 Amerikaner landen
auf Sizilien; schwere
Bombenschäden

1950 Sizilien wird zum
›Entwicklungsgebiet‹
erklärt; Gründung einer
Entwicklungskasse:
›Cassa per il Mezzogior-
no‹; Teilenteignung der
Großgrundbesitzer

Italien

1861–1921 Konstitutionelles
›Königreich Italien‹
1866 ›Frieden von Wien‹:
Österreich muß Venetien
an Italien abtreten

1919 ›Frieden von Saint-
Germain‹: Österreich
muß Südtirol, Triest und
Istrien an Italien abtre-
ten
1922–1945 Faschistische Herrschaft Mussolinis, vom
König zum Minister-
präsidenten ausgerufen –
Bündnis mit Hitler
1947 ›Frieden von Paris‹:
Italien verliert Südtirol,
Istrien und Triest
1949 Italien wird NATO-
Mitglied

1954 Italien erhält von
Jugoslawien Triest
zurück
1955 Italien wird UNO-
Mitglied

Griechenland

1863 Georg I. König von
Athen

1912 Georg I. wird ermordet,
sein Sohn Konstantin I.
wird neuer König
1913 Kreta wird dem griechischen Mutterland
angeschlossen

1941–1945 Deutsch-italieni-
sche Besetzung Griechen-
lands

1946–1949 Bürgerkriege

1964 Konstantin II. neuer
König
21. 4. 1967 Militärputsch in
Griechenland, bis 1974
Militärjunta
8. 12. 1974 Die Bevölkerung
entscheidet sich bei einer
Volksabstimmung gegen
die Monarchie und für
ein demokratisches
Regierungssystem

Die dorische Säulenordnung

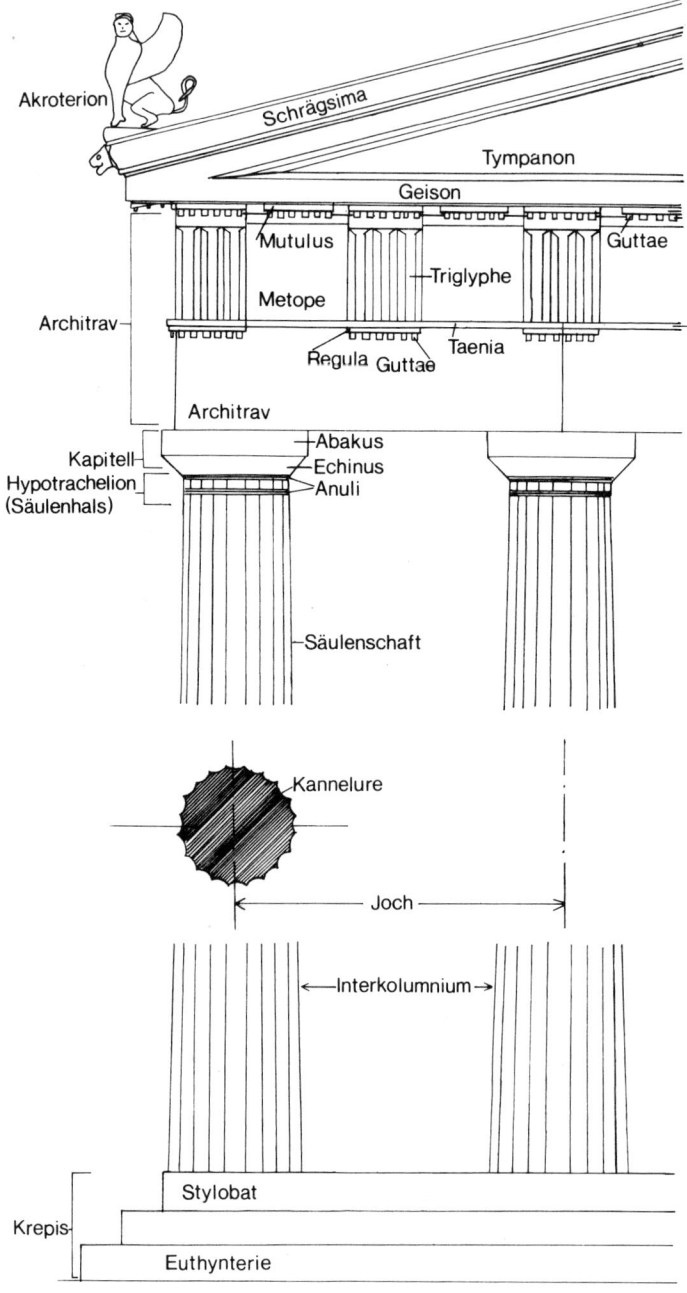

Fig. 58   Die dorische Säulenordnung. (Zeichnung des Verfassers)

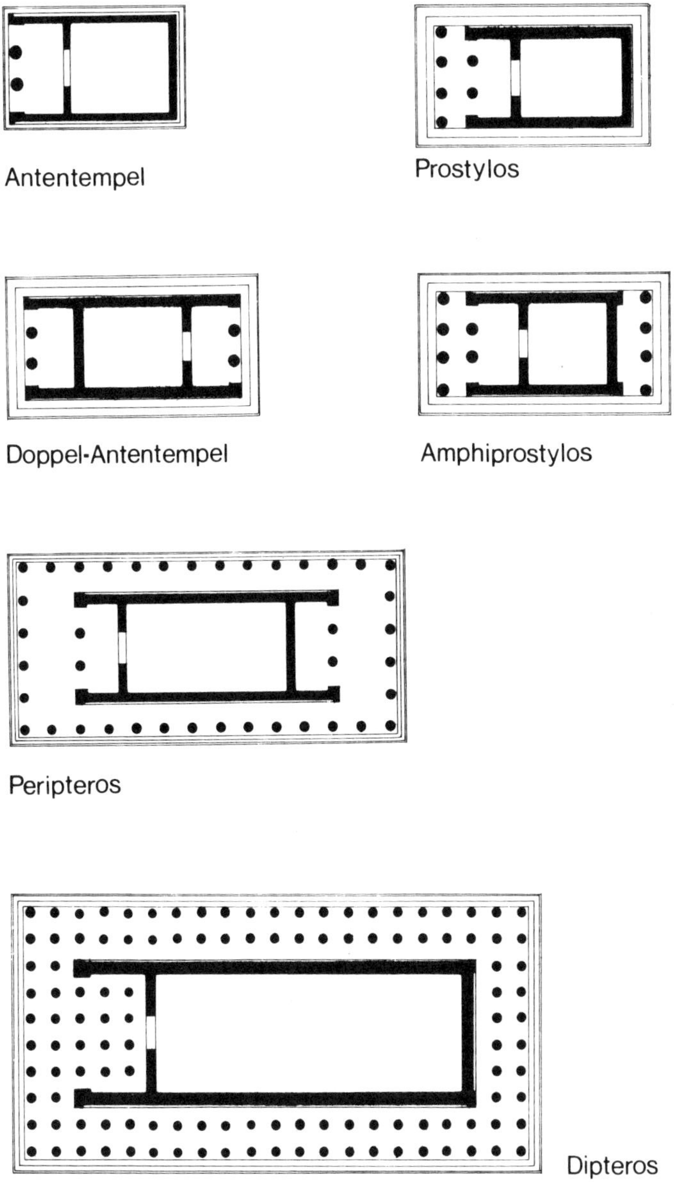

Der griechische Tempel

Antentempel

Prostylos

Doppel-Antentempel

Amphiprostylos

Peripteros

Dipteros

Fig. 59 Die Entwicklungsstufen des griechischen Tempels vom Antentempel zum Dipteros (Zeichnung des Verfassers)

Sachwortverzeichnis

Abakus   Rechteckige Abdeckplatte über einem Säulenkapitell (s. Fig. 58)

Achämeniden   Persische Dynastie (etwa 700 bis 330 v. Chr.), die unter Kyros und Darius das erste ›Weltreich‹ gründete, das von Alexander d. Gr. (um 330 v. Chr.) vernichtet wurde

Additiv   Etwas hinzufügend; in der Architektur mehrere Gebäude aneinanderreihend

Adorant   Männliche oder weibliche Gestalt, eine Gottheit anbetend

Adyton   Allerheiligster Raum in einem griechisch-römischen Tempel, der nur von Priestern betreten werden durfte

Agorá   Marktplatz einer antiken Stadt, auf dem sich das öffentliche Leben abspielte

Akropolis   Burgberg mit einer Stadtanlage oder einem heiligen Bezirk (z. B. Akropolis von Athen)

Amphiprostylos   Griechischer Tempel mit Vorhalle und Säulenhalle an der Vorder- und Rückseite (s. Fig. 59)

Ante   Stirnseite einer Wand, die bei griechischen Tempeln durch Mauervorsprünge gekennzeichnet ist (s. Fig. 59)

Antithetisch   In Plastik und Malerei zwei sich gegenüberstehende symmetrisch angeordnete figurale Motive

Anuli   (Meist) drei ringförmige Profile auf dem Echinus des dorischen Kapitells (s. Fig. 58)

Apotheose   Ein Mensch wird zu einem Gott erhoben

Apsis   Halbkreisförmige Nische im Altarraum christlicher Kirchen; erscheint in den islamischen Gotteshäusern (Moscheen) als Mihrab

Aquädukt   Brücke für Wasserzuleitung

Architrav   Rechteckiger Balken aus Holz oder Stein, mit dem man u. a. beim griechischen Tempel die Säulenstellung überspannte (s. Fig. 58)

Autochthone   Alteingesessene und bodenständige Urbevölkerung eines Kulturkreises

Basilika   Mehrschiffige überspannte Halle; sie diente den Römern als Gerichtsgebäude und wurde von den Christen als Versammlungsraum übernommen

Basis   Sockel von Statuen, Säulen und Pfeilern

Bosse   Rauh bearbeitete Außenfläche eines Quadersteines

Buleuterion   Rathaus der Griechen in der Antike

Caldarium	Römisches Warmbad
Cardo	Nord-Süd-Hauptstraße einer römischen Stadtanlage
Cella	Hauptraum eines griechisch-römischen Tempels
Chthonisch	Erdverbunden, zum Bereich der Erde gehörig
Decumanus	Ost-West-Hauptstraße einer römischen Stadtanlage
Deinomeniden	Tyrannengeschlecht des 5. Jh. v. Chr. in Syrakus
Dipteros	Tempel mit zwei umlaufenden Säulenreihen und mindestens acht Frontsäulen (s. Fig. 59)
›Dorischer Eckkonflikt‹	Siehe Anm. 37 / Fig. 57 (S. 255)
Dromos	Korridor unter freiem Himmel
Enklave	Einschluß eines Gebietes
Entasis	Leichte, konvexe ›Schwellung‹ dorischer Säulen
Epiphanie	Erscheinung einer Gottheit
Eroten	Geflügelte knabenhafte Jünglinge, aus dem griechischen Liebesgott Eros entstanden (römisch: Amor wird zu Amoretten; in der Renaissance: Putten)
Euthynterie	Unterstes Fundament der Krepis (s. Fig. 58)
Exedra	Halbkreisförmiger oder dreiseitig geschlossener Versammlungsplatz unter freiem Himmel
Fresko	Wandmalerei auf feuchtem Putz
Hippodamos von Milet	Griechischer Architekt und Städtebauer des 5. Jh. v. Chr., der erstmals eine Stadt nach einem rechtwinkligen Straßensystem anlegte (s. S. 95)
Idol	Abbild einer Gottheit
Ikonographie	Beschreibung von Bildwerken nach ihrem Inhalt und ihrer Formgestaltung
Ikonoklasmus	Bilderstreit
Ikonostase	Bilderwand, die in orthodoxen Kirchen das Allerheiligste vom Gemeinderaum abtrennt
Ilion	Das homerische Troja

In situ	Am ursprünglichen Ort
Interkolumnium	Zwischenraum zwischen zwei Säulen (s. Fig. 58)
Joch	Säulenabstand von Achse zu Achse (s. Fig. 58)
Kanneluren	Vertikale konkave Ausarbeitungen des Säulenschaftes (s. Fig. 58)
Kapitell	Oberstes Architekturglied einer Säule oder eines Pfeilers (s. Fig. 58)
Kline	Bettartige Liege, die in der Antike (speziell bei den Römern) sowohl zum Schlafen und Essen als auch als Totenbett diente
Kratér	Mischkrug für Wein
Krypta	Unterirdischer Kultraum
Libation	Trankopfer für die Gottheit
Megalithkultur	Kultur der Jungsteinzeit, während der die Gräber aus Megalithen (großen Steinen) errichtet wurden
Mégaron	Hausform von länglichem Grundriß mit einer Vorhalle an der Schmalseite, durch die man den Innenraum betreten kann
Metope	Platte, die den Raum zwischen zwei Triglyphen verkleidet (s. Fig. 58)
Mihráb	Gebetsnische, die nach dem Vorbild der im christlichen Kirchenbau üblichen Ostapsis für die islamische Moschee übernommen wurde
Mohammad (570?–632 n. Chr.)	Arabischer Prophet, Stifter der islamischen (mohammadanischen) Weltreligion
Monolith	Säule oder Pfeiler aus einem einzigen Werkstein
Narthex	Geschlossene Vorhalle einer orthodoxen Kirche
Nekropole	Totenstadt, Begräbnisstätte
Neolithikum	Vorgeschichtliche Zeiteinteilung: Jungsteinzeit
Nymphaion	Brunnen, der einer Nymphe geweiht ist
Odeion	Theaterähnliches Gebäude der Antike für musikalische oder schauspielerische Aufführungen
Opisthodom	Rückhalle eines griechischen Tempels
Orthostaten	Unterste Schicht einer Mauer (Tempelwand), bestehend aus hochkant stehenden Quadern
Ossilegium	Begräbnisstätte für die Gebeine vieler Toter
Pantokrator	Christus als Weltenrichter

Papyrus	Nilschilf-Pflanze, die zur Herstellung von papierähnlichem Schreibmaterial diente; von den Arabern nach Sizilien importiert
Pektorale	Kostbarer Brustschmuck, der oftmals mit mythischen oder religiösen Motiven verziert ist
Peribolos	Umfriedung eines Heiligtums
Peripteros	Tempel mit einer Säulenhalle (s. Fig. 59)
Peristasis	Säulenhalle des Peripteros (s. Fig. 59)
Peristyl	Säulenhalle, die einen Innenhof umschließt
Plinthe	Rechteckige Standplatte, die unter einer Säulenbasis angeordnet ist
Polychromie	Bemalung mit kräftig abgesetzten Farben
Polythron	Wandfläche, die von mehreren nebeneinanderstehenden Türen durchbrochen ist
Portikus	Säulenhalle
Prätorium	Amtssitz eines römischen Statthalters
Pronaos	Vorhalle eines griechischen Tempels
Rotunde	Gebäude über einem runden Grundriß
Sima	Architekturdetail am Giebel eines Tempels (s. Fig. 58)
Skene	Bühnengebäude des griechisch-römischen Theaters
Symmachie	Bundesgenossenschaft altgriechischer Städte
Taenia	Vorspringendes Profil am Architrav des dorischen Tempels (s. Fig. 58)
Tambour	Zylinderförmiger Unterbau einer Kuppel
Témenos	Umfriedeter Bezirk eines Heiligtums
Terrakotta	Aus gebranntem Ton hergestellte Plastiken, Gefäße und Architekturglieder
Tholos	Rundbau
Thrinakria	Das homerische Sizilien
Torus	Gewölbtes Rundglied einer Säulenbasis
Triglyphe	'Dreischlitz', viereckige Platte mit Relief zwischen zwei Metopen (s. Fig. 58)
Tumulus	Vor- und frühgeschichtliches Hügelgrab

Viadukt   Straßenbrücke über eine Schlucht

Ziste   Kastenförmige Vertiefung, meist mit Platten ausgekleidet

Zyklopenmauerwerk   Aus unbehauenen und unregelmäßigen Felsblöcken sorgfältig geschich-
                               tetes Mauerwerk

Ausgewählte Literatur

Ältere Reisebeschreibungen

Goethe, J. W.: *Italienische Reise* (von 1786), Taschenbuch

Grass, Karl: *Sizilische Reise oder Auszüge aus dem Tagebuch eines Landschaftsmalers*, Stuttgart/Tübingen 1815

Lanza di Scalea, Pietro: *Donne e gioielli in Sicilia nel medio evo e nel Rinascimento*, Palermo 1892

Osterwald / de Gigault: *Voyage pittoresque en Sicile*, Paris 1822

Paterno, Ignazio P.: Viaggio per tutte le antichità della Sicilia, 3. ed., Palermo 1817

Tuzet, H.: *Voyageurs français en Sicile* ... (1802–1848), Paris 1945

Seume, J. G.: *Spaziergang nach Syrakus im Jahre 1802*

Swinburne, Henry: *Travels in two Sicilies in the years 1777, 1778, 1779 and 1780*, London 1790

Reiseführer und neuere Reisebeschreibungen

DU, Zeitschrift: *Kunst in Palermo*, Mai 1976, Zürich

Guadagna, Ingeborg: *Sizilien*, Leichlingen 1973

Guido, Margaret: *Sizilien*, Stuttgart 1969 (sehr guter archäologischer Führer)

Horst, E. / Rast, J.: *Sizilien*, Olten 1964

King, Russel: *Sicily*, Harrisburg 1973

Mocadam, Alta: *Sicily*, New York 1975

MERIAN, Zeitschrift: *Sizilien*, 8/29, 1976

Mock, H.: *Skizzen aus Sizilien*, München 1974

Nick, Dagmar: *Sizilien*, München 1976

Peterich, Eckart: *Sizilien*, München 1974; Einzelausgabe aus: *Italien III*

TCI (Touring Club Italiano: *Sicilia* (5. Aufl. Milano 1968); die beste und umfangreichste Arbeit über Sizilien (nur ital.)

Watkins, Paul: *See Sicily*, London 1974

Vor- und Frühgeschichte

Brea, Luigi Bernabò: *Alt-Sizilien*, Köln 1958

Brea, L. B. / Cavalier M.: *Il Castello di Lipari e il Museo Archeologico Eoliano*, Palermo 1977

Keller, J.: *Alter und Abfolge der vulkanischen Ereignisse auf den äolischen Inseln*, Freiburg 1967 (Berichte der naturw. Ges., S. 33–67)

Lenschau, Th.: *Zur Topographie des alten Akragas*, Berlin 1903

Poce, B.: *Arte e civiltà della Sicilia antica*, 4 Bde, 1935–49

Griechische und Römische Epoche

Chatto/Windus: *A History of Sicily* (3 Bde), London 1968

Ciancio, Salvatore: *Leontinoi-Lentini*, Rom 1967

Freeman, E. A.: *History of Sicily*, 4 Bde, Oxford 1891

Führer, J. / Schultze, V.: *Die altchristlichen Grabstätten Siziliens*, in ›Jahrbuch des kaiserlich deutschen archäologischen Instituts‹, Ergänzungsheft VII, Berlin 1907

Fuchs, Werner: *Die Skulptur der Griechen*, München 1969

Gabrici, E.: *Il Monumento della Malophoros a Selinunte*, in: ›Monumenti Antichi‹, Bd. XXX, Milano 1927

Gabrici, E.: *Per la storia dell'Architettura Dorica in Sicilia*, in: ›Monumenti Antichi‹, Bd. XXXV, Milano 1933

Gentili, G. V.: *Die kaiserliche Villa bei Piazza Armerina*, Rom 1971

Gruben, Gottfried: *Die Tempel der Griechen*, München 1976, 2. Aufl.

Griffo, P. / Matt, L. v.: *Gela*, Genf 1963

Gsänger, H.: *Sizilien*, Freiburg 1968

Hulot, J. / Fougères, G.: *Sélinunte, Colonie Dorienne en Sicile*, Paris 1910

Jantzen, U.: *Bronzewerkstätten in Großgrie-chenland und Sizilien*, Berlin 1937

König, René: *Sizilien*, München 1957

Koldewey, R. / Puchstein, O.: *Die griechischen Tempel in Unteritalien und Sicilien*, 2 Bde, Berlin 1899

Marconi, P.: *Agrigento arcaica: ›Il Santuario della Divinità ctonie e il Tempio detto di Vulcano*, Rom 1933

Meister, Klaus: *Das griechische Sizilien*, Stuttgart 1969

Rossbach, Otto: *Das alte Henna*, Leipzig/ Berlin 1912

Schillmann, Fr.: *Geschichte und Kultur einer Insel*, Leipzig 1935

Schmoll, Ulrich: *Die vorgriechischen Sprachen Siziliens*, Wiesbaden 1958

Staufenberg, A. Graf von: *Trinakria*, München 1963

Wentker, Hermann: *Sizilien und Athen*, Heidelberg 1956

Wintermeyer, Ulrike: *Die polychrome Reliefkeramik aus Centuripe*, in: ›Jahrbuch des Deutschen archäologischen Instituts‹, Bd. 90/ 1975, S. 136–241, Berlin 1976

Araber, Normannen, Staufer

Agnesi, Vladimiro: *Breve Storia dei Normanni in Sicilia*, Palermo 1972

Caspar, Erich: *Roger II. (1101–1154)*, Innsbruck 1904

Demus, Otto: *The Mosaics of Norman Sicily*, London 1949/50

Engels, Odilo: *Die Staufer*, Stuttgart ²1977

Gravina, D. B.: *Il duomo di Monreale*, Palermo 1859/69

Heinisch, K.: *Kaiser Friedrich II. in Briefen und Berichten seiner Zeit*, 1968

Kehr, Karl Andreas: *Die Urkunden der normannisch-sizilischen Könige*, Aalen 1962

Kitzinger, E.: *The Mosaics of Monreale*, Palermo 1960

Krönig, W.: *The Cathedral of Monreale*, Palermo 1966

Norwich, John: *Die Wikinger im Mittelmeer*, Wiesbaden 1968

Runciman, Steven: *Die sizilianische Vesper*, München 1959

Schack, Adolf Fr. von: *Geschichte der Normannen in Sicilien*, Stuttgart 1889 (mit Übersetzung der ›Beschreibung Palermos‹ des Arabers Ibn Haukal aus dem 10. Jahrhundert)

Toesca, P.: *La Cappella Palatina*, Milano 1955

Willemsen, Carl A.: *Kaiser Friedrich II. und sein Dichterkreis*, Wiesbaden 1977

Renaissance- und Barockzeit

Bellafiore, G.: *La Civiltà artistica della Sicilia*, Florenz 1963

Blunt, A.: *Sizilischer Barock*, Frankfurt 1972

Boeckler, A.: *Die Bronzetüren des Bonanus von Pisa und des Barisanus von Trani*, Berlin 1953

Calandra, E.: *Breve storia dell' Architettura in Sicilia*, Bari 1938

Caraciolo, E.: *La Ricostruzione della Val di Noto*, Palermo 1964

Delogou, Raf.: *La Galleria Nazionale della Sicilia*, Rom 1962

Hittord, J. J. / Zanth, L.: *L'architecture moderne de la Sicile*, Paris 1835

Lauts, Jan: *Antonello da Messina*, Wien 1940

Meli, F.: *Matteo Cornilivari e l'architettura del quattro e cinquecento in Palermo*, Rom 1958

Pisani, Nicolò: *Noto Barocco e opera d'arte*, Syrakus 1953

Sitwell, Sir O.: *Discursion on Travel, Art, Life*, London 1925

Ziino, V.: *Contributi allo studio dell'architettura del' 700 in Sicilia;* Palermo 1950

Sizilische Weltliteratur

Lampedusa, T. di: *Der Leopard*, Hamburg 1975

Pirandello, Luigi: *Sechs Personen suchen einen Autor*, Berlin 1925

- *Man weiß nicht wie*, Leipzig 1935
- *Der Rauch*, Stuttgart 1956
- *Die Peduaner Mütze*, Zürich 1959
- *Angst vor dem Glück*, Heidelberg 1954/ München 1962
- *Humoresken und Satiren*, Heidelberg 1962
- *Wie ein Tag* (dt.-ital.), München 1976
- *Die Wandlungen des Mattia Pascal*, Frankfurt/M. 1976

Quasimodo, Salv.: *Das Leben ist kein Traum* (dt.-ital.), München 1960
- *Ein offener Bogen* (dt.-ital), München 1963

- *Insel des Odysseus*, Frankfurt/M. 1967

Sciascia, Leonardo: *Tote Richter reden nicht*, Köln 1974
- *Majorana: Das Mysterium eines verschwundenen Atomphysikers*, Stuttgart 1977
- *Todomodo: Das Spiel um die Macht*, Köln 1977

Verga, Giovanni: *Trockenes Brot*, Kassel 1954
- *Cavalleria rusticana* (dt.-ital.), München 1976

Vittorini, Elio: *Die rote Nelke*, Frankfurt 1964

Kartenmaterial

Carta automobilistica:

Touring Club Italiano 1:200.000 Blatt 25 West-Sizilien ⎫ Sehr gute Straßenkarten mit allen
Touring Club Italiano 1:200.000 Blatt 26 Ost-Sizilien ⎬ wichtigen archäologischen Ortsan-
Touring Club Italiano 1:200.000 Blatt 27 Süd-Sizilien ⎭ gaben

Istituto Geografico Visceglia – Rom 1:10.000, versch. Stadtpläne
Istituto Geografico Militare – Rom 1:50.000, versch. Blätter von Sizilien
Istituto Geografico Militare – Rom 1:25.000, versch. Blätter von Sizilien

Nachweis der Farbaufnahmen, die nicht vom Autor stammen

Colour Library International, England: XII, XXII, XXIX

Spectrum Colour Library, London: IV, V

ZEFA, Düsseldorf: VI, IX (Konrad Helbig), XIII, XVII, XXIII (Heil), XIV (Konrad Helbig), XV (Heil), XVI (Konrad Helbig), XXIV, XXV (Walther), XXVI–XXVIII

Praktische Reisehinweise

Wie kommt man nach Sizilien?

1. Mit dem eigenen Auto

a) Entlang der Ostküste Italiens (Adriatisches Meer):
München – Rosenheim (61 km) – Innsbruck E 86/E 17 (104 km/165 km) – Brixen E 6/A 13/A 22 (73 km/238 km) – Bozen E 6/A 22 (48 km/286 km) – Trient (50 km/336 km) – Verona E 6/A 22 (91 km/427 km) – Padova E 13/A 4 (86 km/513 km) – [Venedig (31 km/544 km) Abstecher] Padova – Bologna E 7/A 13 (110 km/ 623 km) – Rimini A 14 (108 km/731 km) – Ancona A 14 (86 km/817 km) – Pescara A 14 (160 km/977 km) – Foggia A 14 (177 km/1154 km) – Bari 4 14/A 17 (128 km/1282 km) – Táranto; Landstraße 100 und 7 (86 km/1368 km) – Villapiana Lido; Landstraße 106 (120 km/ 1488 km) – Frascineto; Landstraße 92 (24 km/1512 km) – Cosenza A 3 (58 km/ 1570 km) Reggio di Calabria (192 km/1762 km) – Autofähre nach Messina/Sizilien

b) Durch die Toscana und weiter entlang der Westküste Italiens (Tyrrhenisches Meer):
München – Verona (wie oben: 427 km) – Módena E 6/A 22 (82 km/509 km) – Bologna (37 km/546 km) – Firenze/Florenz E 6/A 1 (101 km/647 km) – Rom A 1 (272 km/ 919 km) – Napoli/Neapel A 2 (215 km/ 1134 km) – Salerno A 3 (55 km/1189 km) – Frascineto A 3 (191 km/1380 km) – Cosenza A 3 (58 km/1438 km) – Reggio di Calabria A 3 (192 km/1630 km) – Autofähre nach Messina/Sizilien

2. Mit dem Zug (Stand: Juli 1979)

ab München	7.40 Uhr	ab München	13.55 Uhr	ab München	23.15 Uhr
an Rom	21.05 Uhr	an Neapel	8.50 Uhr	an Rom	13.45 Uhr
ab Rom	22.10 Uhr	ab Neapel	10.24 Uhr	ab Rom	17.10 Uhr
an Messina	8.05 Uhr	an Messina	17.55 Uhr	an Messina	3.40 Uhr

ab Mailand fährt täglich nach Messina und Palermo der ›Trans-Europ-Notte‹.

3. Mit dem Flugzeug

Direktflüge nach Sizilien gibt es nicht. Von der BRD, Österreich und der Schweiz fliegen täglich mehrere Linienmaschinen Mailand und Rom an, von hier aus fliegen täglich mehrmals Alitalia-Maschinen Palermo und Messina an. Flugzeit ca. 3 Stunden ab München bei günstigen Umsteigeverbindungen.

Verkehrsverbindungen auf Sizilien

a) Bus- und Zugverbindungen

Die Insel verfügt über ein gut ausgebautes Zug-Streckennetz und Omnibus-Verkehrsnetz, mit denen man alle wichtigen Sehenswürdigkeiten Siziliens erreichen kann.

b) Sizilische Inselverbindungen

Liparische Inseln
Milazzo – Lipari/Vulcano/Salina:
mehrmals täglich mit Motorschiff und Tragflügelboot

Lipari – Panarea/Vulcano:
3x wöchentlich

Lipari – Salina/Filicudi/Alicudi
täglich

Egadische Inseln
Trapani – Favignana/Levanzo/Marettimo
im Sommer mehrmals täglich

Palermo – Ustica:
im Sommer mehrmals täglich

Trapani – Pantelleria:
montags, donnerstags, samstags

Palermo – Pantelleria:
tägliche Flugverbindung

Klima auf Sizilien

Durchschnittliche Tagestemperaturen der letzten 10 Jahre in °C (1. Spalte absolut höchstes Max. / 2. Spalte absolut höchstes Min.)

	Januar max./min.	Februar max./min.	März max./min.	April max./min.	Mai max./min.	Juni max./min.
Catania	15,2 5,6	16,4 5,8	17,7 6,7	19,9 8,0	23,7 12,4	28,1 15,9
Messina	13,8 9,2	14,8 9,1	16,5 9,8	18,8 12,0	22,8 15,1	27,5 17,9
Palermo	14,4 8,3	15,5 8,6	16,9 9,6	19,4 11,8	28,3 15,0	27,7 18,9
Taormina	14,9 9,1	15,6 9,4	16,1 10,0	19,7 11,9	24,0 15,3	28,3 18,1
	Juli max./min.	August max./min.	September max./min.	Oktober max./min.	November max./min.	Dezember max./min.
Catania	30,8 18,8	31,5 19,1	29,3 17,6	24,4 13,7	20,4 10,0	16,8 6,6
Messina	30,0 22,0	30,2 22,6	27,7 20,7	23,1 16,8	20,0 13,3	15,5 10,3
Palermo	30,0 21,6	30,3 22,3	28,4 20,4	23,7 16,5	19,4 12,9	16,0 9,8
Taormina	31,3 21,9	32,7 23,1	30,2 20,9	24,8 16,9	20,2 13,7	16,4 9,8

Durchschnittliche Wassertemperaturen

in °C	April	Mai	Juni	Juli	Aug.	Sept.	Okt.
Palermo/Nordküste (Tyrrhenisches Meer)	16,6	19,3	22,4	27,8	26,5	24,1	22,4
Taormina/Ostküste (Ionisches Meer)	17,6	18,3	23,0	23,5	24,2	23,3	18,4

Wichtige Adressen

ENIT (Staatliches Italienisches Fremdenverkehrsamt)
BRD
Berliner Allee 26; ℘ 1 35 46/7
D-4000 *Düsseldorf*

Kaiserstraße 65; ℘ 23 12 13
D-6000 *Frankfurt/Main*

Goethestraße 20; ℘ 53 03 69/
53 39 33
D-8000 *München 2*

Österreich
Kärntnerring 4; ℘ 654 374 /
651 630
A-1010 *Wien*

Schweiz
2 Rue Thalberg; ℘ 310 520 /
310 529
Ch-1201 *Genève*
Via Pretorio 1; ℘ 35 666 / 25 272
c/o Vany Lantin
Ch-6900 *Lugano*
Uraniastraße 32; ℘ 273 638
Ch-8001 *Zürich*

Diplomatische Vertretungen auf Sizilien

BRD
Deutsches Konsulat
Via Quintino Sella; ℘ 213 377
I-90139 *Palermo*

Deutsches Honorarkonsulat
Via Pietro Verri 9; ℘ 430 555
I- 95128 *Catania*
Via San Camillo 16; ℘ 640 18
I-98100 *Messina*

Österreich
Österreichisches Wahlkonsulat
Via G. d'Annunzia 14; ℘ 26 75 03
I-90144 *Palermo*

Schweiz
Schweizerisches Konsulat
Via XX Settembre 45 G; ℘ 27 49 89
I-95129 *Catania*

Für Reisevorbereitungen

Assessorato Regionale per il
Turismo
(Landesministerium für
Tourismus)
Via Emanuele Notarbartolo 11
I-90141 *Palermo*

Ente Provinciale per il Tourismo
(Landesfremdenverkehrsamt)
Piazza Cavour 19, ℘ 0922/26926
I-92100 *Agrigento*

Largo Paisiello 5; ℘ 095/27 87 20
I-95124 *Catania*

Via Calabria Isolato 301;
℘ 090/548 61
I-98100 *Messina*

Piazza Castelnuovo 35;
℘ 091/245080
I-90141 *Palermo*

Corso Gelone 92 C; ℘ 0931/27607
I-96100 *Siracusa*

XENOS – Studienreisen
Klaus Gallas
Amalienstraße 89, ℘ 089/286066
D-8000 *München 40*

Sizilische Spezialitäten

Arancine	Fleischklößchen bestehend aus Reis, Eiern, Käse; in heißem Öl gebraten
Aneletti gratinati	In Ringe geschnittene Tintenfische, paniert, mit viel Knoblauch und Pfeffer gewürzt und im Rohr gebraten
Bottarga di Tonno	Thunfischrogen gebraten oder gekocht mit Öl und viel Zitrone angemacht
Braciole di pesce spada	Schwertfischschnitzel
Cannoli	Süße Teigrollen mit kandierten Früchten, Quark oder Schokoladensoße gefüllt
Caponata	In Scheiben geschnittene Auberginen mit viel Knoblauch und Zwiebeln gewürzt
Cuscusu	Fischsuppe mit verschiedenen Teigwaren
Farsumagru	Mit harten Eiern gefüllter Rinder- oder Kalbsbraten
Fritella	Gemüsesuppe bestehend aus Blumenkohl, Bohnen, Erbsen, Tomaten und viel Zwiebeln
Frutta alla martorana	Marzipansüßspeisen
Spaghetti alla Norma	Spaghetti mit frischer Tomatensoße, Auberginenscheiben und Quark

Sizilische Weine

Rotweine

Ambrato Comiso	Kirschroter, trockener Wein zum Essen
Corvo Casteldaccia	Rubinroter Wein, vorzüglich zu Wildbret geeignet
Eloro	Granatfarbener, trockener Trinkwein
Etna	Rubinroter, trockener Tischwein; muß mindestens zwei Jahre lagern, starker Erd/Lava-Geschmack
Marsala	Bernsteinfarbiger, trockener (sehr süßer) Dessertwein

Weißweine

Albanello Syrakus	Trockener Tisch- und Dessertwein
Corvo Casteldaccia	Trockener Tischwein, besonders zu Fischgerichten geeignet
Eloro	Goldfarbener, trockener Trinkwein
Etna	Trockener Tischwein, mit starkem Erd/Lava-Geschmack
Malvasier	Süßer, aromatischer Dessertwein
Mamertino	Sehr blumiger und fruchtiger Tisch- und Dessertwein (wurde bereits von Cäsar getrunken)
Muskateller (Syrakus)	Goldfarbiger Dessertwein; muß mindestens drei Jahre lagern

Sizilischer Festkalender

1. Januar	Capodanno/Neujahr
6. Januar	Epifania/Dreikönigsfest, wird besonders großartig in *Palermo* gefeiert
3.–5. Februar	S. Agata in *Catania;* Volksfest mit Prozessionen und Tanzspielen
Ende Februar	*Agrigent:* La Sagra del Mandorlo/Fest der Mandelblüte; internationales Folkloretreffen

Acireale:
Castelvetrano: } Eindrucksvolles Karnevalsfest
Trápani: Kindermaskenfest

19. März	*Ribera* (nahe Agrigent): ›Vampa‹ / ›Austreibung des Winters‹
Gründonnerstag	›Giovedì Santo‹: Eindrucksvolle Prozession in Volkstrachten; besonders schön in *Caltanissetta*
Karfreitag	›Venerdì Santo‹: Großartige Mysterienprozessionen in *Piana degli Albanesi* und *Trápani;* Passionsspiele in *Gela* und *Isnello* bei Palermo; schöne Umzüge in *Acireale* und *Enna*

Ostern	›Pasqua‹: Auferstehungsspiele in *Castelvetrano;* ›Fest der Diavolata‹ in *Adrano*
15. April	*Sciacca:* ›Die Heiligen Dornen Christi‹
23. April	Auf ganz Sizilien – Fest des S. Giorgio
1./2. Mai	*Mellili:* Dankfest für die Wunderheilungen des S. Sebastiano
1. Sonntag im Mai	*Syrakus:* ›Patrocinio di S. Lucia‹; Umzüge in historischen Trachten
8./9. Mai	Trecastagni: S'Alfia-Fest; Umzüge mit den buntbemalten sizilischen Karren (Carretti)
Pfingsten	›Pentecoste‹ in *Trápani* S. Liberante-Fest; auf der Straße werden Bohnen mit Tintenfisch gegessen
29. Juni	›Fest des Heiligen Petrus‹; in allen Fischerhäfen der Insel
2. Juli	*Enna:* ›Prozession des Goldenen Schiffes‹
1. und 2. Sonntag im Juli	
	›Erntefest‹ auf Sizilien
11.–15. Juli	Palermo: ›Fest der Heiligen Rosalia‹
Juli/August	Theater- und Opernaufführungen in den antiken Theateranlagen oder Schlössern von *Enna, Marsala Tindari, Trápani* und *Syrakus*
10.–15. August	*Erice/Trapani:* ›Blumenfest‹
13./14. August	*Piazza Armerina:* ›Palio dei Normanni‹, Erinnerungsfest an die Befreiung von den Arabern durch Roger I. im Jahre 1071
6.–8. September	*Palermo:* ›Fest der Madonna delle Milizie‹
8. September	*Tindari:* ›Fest der Schwarzen Madonna‹
27. September	*Palermo:* ›Fest der Fischer‹
1. November	›Ognissanti‹ (Allerheiligen); großer Feiertag auf ganz Sizilien: Nach alter Tradition bringen die Toten in der Nacht vom 31. Oktober zum 1. November den Kindern Geschenke; am Allerheiligentag finden dann auf den Friedhöfen die Klagegesänge für die Toten statt.
8. Dezember	Festa dell'Immacolata (Mariä Empfängnis)

Kurzinformation von A–Z

Autoreisen:
Die Straßenverhältnisse in Italien und auf Sizilien sind durchweg als gut zu bezeichnen.

Für die Einreise nach Italien/Sizilien benötigen Bürger der BRD, Österreichs und der Schweiz nur einen nationalen Führerschein; unbedingt empfehlenswert ist eine Vollkasko-Versicherung für die Dauer des Italienaufenthaltes.

Zweimal im Jahr erhält jeder Autoreisende für 400 l *Benzingutscheine*.
Die höchstzulässigen Fahrgeschwindigkeiten in Italien betragen für Pkw:

Autobahnen	*Straßen*
Pkw bis 599 ccm:	
90 km/h	80 km/h
Pkw von 600 bis 900 ccm:	
110 km/h	90 km/h
Pkw von 901 bis 1300 ccm:	
130 km/h	100 km/h
Pkw ab 1301 ccm:	
140 km/h	110 km/h
Motorräder bis 99 ccm:	
verboten	80 km/h
Motorräder von 100 bis 149 ccm:	
verboten	90 km/h
Motorräder ab 150 ccm:	
130 km/h	100 km/h

In geschlossenen Ortschaften gilt in Italien generell Tempo 50.

Pkw-Fahrer, die mit einer Autofähre von Genua oder Neapel nach Palermo, Catania oder Syrakus fahren, erhalten auf die *Schiffspassage 50 %/o Ermäßigung*.

Ärztliche Versorgung für Ausländer:

In allen ENIT-Büros liegen jeweils die neuesten Adressenlisten deutschsprachiger Ärzte aus; Deutsche und Österreicher werden in Italien gegen Vorlage eines ›*Internationalen Krankenscheins*‹ behandelt, den Sie bei Ihrer Krankenkasse erhalten (ca. 3–4 Wochen vor Reisebeginn beantragen).

Devisen:

Es dürfen nur max. 100 000 Lit. pro Person nach Italien ein- bzw. ausgeführt werden. Für den Fall, daß der Reisende mitgeführte Devisen wieder ausführen möchte, muß er bei seiner Einreise unbedingt das Formular Mod. V 2 ausfüllen. Ist der Tourist nicht im Besitz des Mod. V.2, kann er Devisen im Gegenwert von 200 000 Lire (ca. 550 DM) pro Person ausführen. Bei allen Banken Italiens können *Euro-Schecks* eingelöst werden und von *Postsparbüchern* bis zu 150 000,– Lit. abgehoben werden.

Museen:

Das italienische Kulturinstitut gibt sog. ›*Tessera-Schecks*‹ heraus, die ein Jahr lang zum kostenlosen Eintritt aller staatlichen Museen und Ausgrabungsstätten berechtigen: Preis Lit. 600; zu beziehen durch:
Dresdner Bank (BRD)
ÖAMTC/ARBÖ/Creditanstalt – Bankverein (Österreich)
Schweizerischer Bankverein / Schweizerische Kreditanstalt.

Problematisch in Italien/Sizilien sind die unterschiedlichen Öffnungszeiten von Museen und Ausgrabungsstätten; es empfiehlt sich, diese jeweils neu zu erfragen!

Öffnungszeiten

Banken: von 8.30–13.30 Uhr; sonntags und samstags geschlossen
Geschäfte: von 8.30–12.30 Uhr und von 15.30–19.30 Uhr; sonn- und feiertags geschlossen.
Tankstellen: meist zwischen ca. 12.00 und 14.30 Uhr geschlossen.

Post (Auslandsgebühren):

Ansichtskarte	Lit. 100
Brief (bis 20 g)	Lit. 150

Rettungsdienst:
(ärztlicher Nothilfedienst)
›Pronto Soccorso‹; dieser Rettungsdienst ist in allen größeren Ortschaften etabliert und unter der *Rufnummer 113* zu erreichen.

Telefon:
In Italien kann man nicht mit Geldmünzen sondern nur mit sog. ›Gettoni‹ (Wert 50 Lire) telefonieren, die an jedem Kiosk zu haben sind; oftmals werden sie auch als Wechselgeld herausgegeben.

Zeit:
Auf Sizilien wird vom 1. Juni bis 28. September die ›Sommerzeit‹ eingeführt; während dieser Monate ist es also in Italien 13.00 Uhr, wenn es in der BRD 12.00 Uhr ist.

Palermo (Stadtführer)

Geschichte

Die weite Bucht der Conca d'Oro, ›Die goldene Muschel‹ (Landschaftsbezeichnung für die Bucht von Palermo), östlich vom Monte Pellegrino, das Gebiet der modernen Stadt Palermo, war bereits seit dem 3. Jahrtausend v. Chr. von Sikanern und Elymern besiedelt. Im 8. Jahrhundert v. Chr. gründeten dann die Phönizier an der Stelle des heutigen Normannen-Palastes eine Siedlung, die später von den Griechen ›Pánormos‹ (›Großer Hafen‹) genannt wurde, woraus schließlich der Name *Palermo* entstand.

Bereits im 6. Jh. v. Chr. von den Phöniziern erweitert, dehnte sich das antike Palermo nun vom heutigen Normannen-Palast bis zum Domplatz aus, und erstreckte sich nach einer weiteren Baumaßnahme des 4. Jh. v. Chr. sogar bis zum Quattro Canti, womit bereits zu jener Zeit die große Nord-Süd-Straßenachse Palermos vom Normannen-Palast bis zum Hafen, der heute Cassaro (Corso Vittorio Emanuele) für Jahrtausende festgelegt war (s. Fig. 60).

Von 254 v. Chr. bis 491 n. Chr. war Palermo ausschließlich unter römischer Herrschaft und stand während dieser Epoche stets im Schatten der berühmten griechischen Städte: *Syrakus, Gela, Agrigent, Selinunt* und *Segesta.*

Nachdem Palermo um 450 n. Chr. von dem Wandalenfürsten Geiserich erobert wurde und sich 491 n. Chr. den Ostgoten ergeben mußte, wurde die Stadt 535 n. Chr. durch Belisar endlich von den fremden Eindringlingen befreit, und gehörte fortan bis 831 n. Chr. zum Oströmischen (Byzantinischen) Reich; eine Epoche, die für Sizilien und Palermo verhältnismäßig unkriegerisch verlief, während der Palermo sogar durch Papst Gregor d. Gr. (590–604) zum Verwalter der westsizilischen Kirchengüter eingesetzt wurde.

Zur Zeit der arabischen Expansionen im Mittelmeerraum, gelangten die Stämme der Aghlabiden aus Nordafrika (Tunis) nach Sizilien, wo sie seit 827 einen unerbittlichen Kampf um die Insel führten, in dessen Verlauf Palermo 831 von den Arabern erobert wurde und fortan als *Bulirma* bis zum Jahre 1072 die arabische Hauptstadt Siziliens war; womit die traditionsreiche ehemalige Hauptstadt der Insel, Syrakus, von Palermo für immer abgelöst wurde (s. S. 181).

Doch schon bald mußte Sizilien/Palermo erneut fremde Herren erdulden: Am 5. Januar 1072 eroberten bei einem Großangriff auf Palermo die Normannenbrüder Roger (I.) und Robert Guiskard die Stadt, die schließlich von 1091 bis 1194 für ein Jahrhundert Hauptstadt des normannischen Königreiches (›Monarchia Sicula‹) wurde. Nun wurde Palermo, besonders durch die Baumaßnahmen unter der Herrschaft Rogers II. und Wilhelms II., eine der schönsten Städte Europas. Auch während der folgenden Stauferzeit von 1194 bis 1266 blieb Palermo Hauptstadt der Insel, wobei die Stadt nun besonders durch Friedrich II. stark gefördert wurde.

Die Übergangzeit unter Karl von Anjou (1266–1282), der mit aller Härte das normannisch-staufische Königsgeschlecht ausrottete (s. S. 210), und die Aragonische Epoche (1282–1516) waren sowohl für Palermo, als auch für die ganze Insel eines der düstersten Kapitel in ihrer jahrhundertealten Geschichte; ein Zustand, der sich auch nicht während der Epoche der spanischen Vizekönige (1516–1713) besserte.

Erst mit dem Anschluß Siziliens an das italienische Mutterland durch Garibaldi (im Jahre 1860) konnte sich Palermo langsam von den vielen Fremdherrschaften erholen. Sofort wurde ein umfangreiches Bauprogramm in Angriff genommen, so daß Palermo schon bald wieder würdige Hauptstadt Siziliens wurde.

Erster Spaziergang: Vom Normannen-Palast zur Via Maqueda (Süd-Ost-Quartiere)

1* Normannen-Palast (Palazzo Reale)

* Zu diesen Ziffern, von 1 bis 18, siehe den Stadtplan Fig. 60, S. 290/91

Die flache Hügelkappe, auf der der Normannen-Palast (s. Fig. 61 u. Abb. 6) die ganze Stadt überragt, ist das älteste Siedlungsgebiet Palermos; hier gründeten die Phönizier eine ihrer frühesten Städte auf Sizilien, die später von Griechen und Römern erobert und erweitert wurde. Die jahrtausendalte Geschichte Palermos brachte jedoch so tiefgreifende Veränderungen mit sich, daß heute an der Stelle des Normannen-Palastes auch nicht die geringsten baulichen Fragmente an die glanzvolle Zeit der Antike erinnern.

Die älteste Bausubstanz Palermos geht auf die Araberzeit (9. Jh.) zurück, die an der Stelle der phönizischen Urgründung einen prunkvollen Palast mit schützender Festung (›Kasr‹ = ›Cassaro‹) errichteten, der später von den Normannen erweitert und umgebaut, zum Königssitz der ›Monarchia Sicula‹ auserwählt wurde. Z. Zt. Friedrichs II. war der Normannen-Palast Treffpunkt vieler europäischer und arabischer Gelehrter,

Fig. 60 Palermo: die südlichen Stadtquartiere

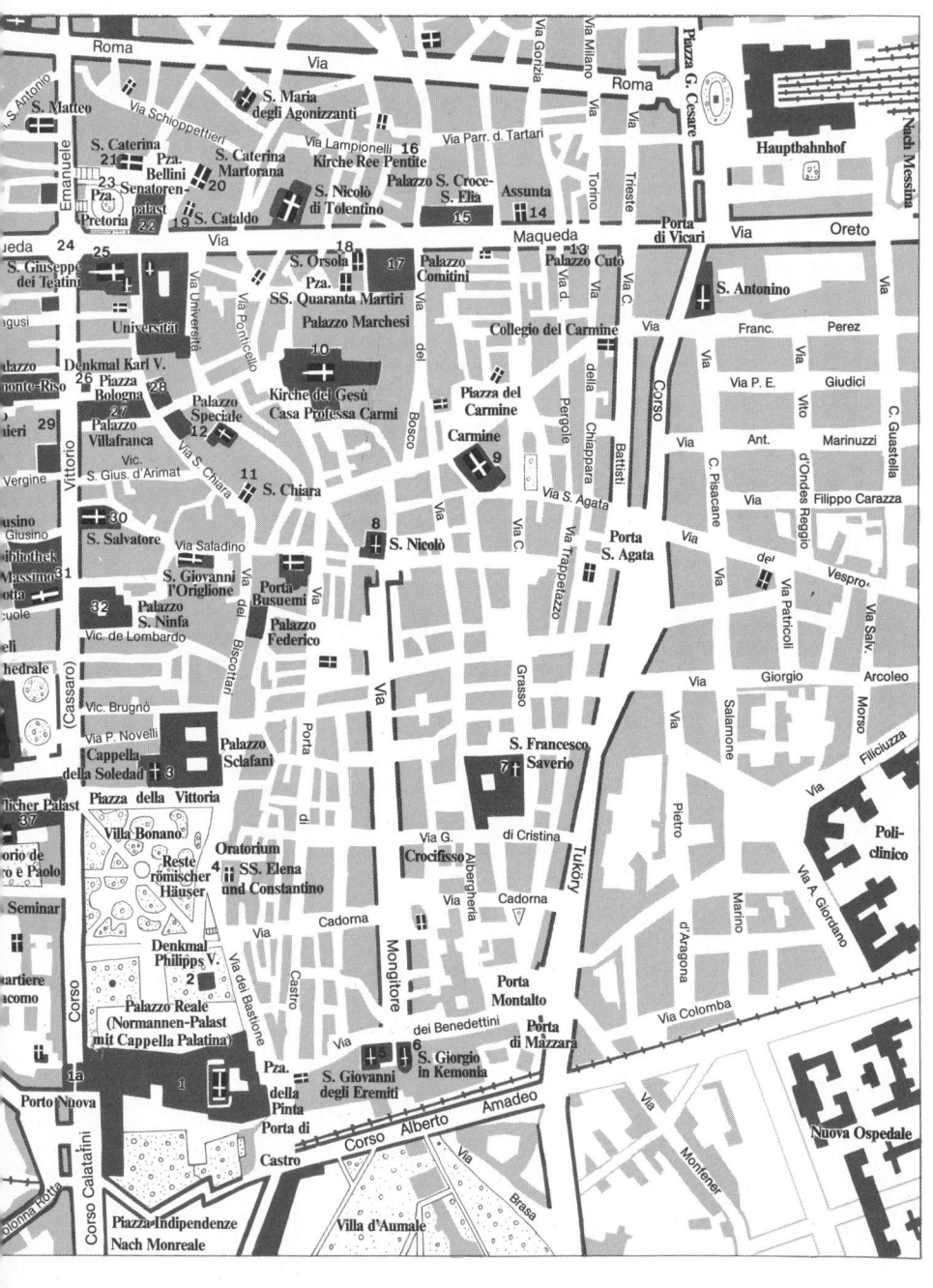

Roma
Via
Roma
Via Schioppetteri
S. Maria
degli Agonizzanti
Via Lampionelli 16
Via Parr. d. Tartari
S. Caterina
21
S. Caterina
Martorana
Kirche Ree Pentite
Palazzo S. Croce-
S. Elia
Assunta
14
Pza.
Bellini
23
20
S. Nicolò
di Tolentino
15
Senatoren-
palast
22
19 S. Cataldo
Via
Maqueda
13
Porta
di Vicari
Via
Oreto
Pretoria
ueda 24
25
S. Giuseppe
dei Teatini
18
S. Orsola
17 Palazzo
Comitini
Palazzo Cutò
S. Antonino
Pza.
SS. Quaranta Martiri
Franc.
Perez
agusi
Università
Palazzo Marchesi
Collegio del Carmine
Via
Via P. E.
Giudici
alazzo
26
Piazza
Denkmal Karl V.
28
10
Piazza del
Carmine
C. Guastella
nonte-Riso
Bologna
27
Palazzo
Ant.
Marinuzzi
ieri 29
Palazzo
Villafranca
Speciale
12
Kirche del Gesù
Casa Professa Carmi
Carmine
d'Ondes Reggio Filippo Carazza
Vergine
S. Gius. d'Arimat
11
S. Chiara
9
usino
Giusino
30
S. Salvatore
Via Saladino
8
S. Nicolò
Porta
S. Agata
Vespro
iibliothek
Massimo 31
S. Giovanni
l'Origlione
Porta
Busuemi
Via S. Agata
Via Patricoli
Via Salv.
otta
cuole
32
Palazzo
S. Ninfa
Palazzo
Federico
eli
Vic. de Lombardo
Via
Giorgio
Arcoleo
hedrale
(Cassaro)
Vic. Brugnò
Porta
S. Francesco
Saverio
licher Palast
37
Via P. Novelli
Cappella
della Soledad 3
Piazza della Vittoria
Palazzo
Sclafani
di
7
Poli-
clinico
orio de
ro è Paolo
Villa Bonano
Oratorium
SS. Elena
4
Via G.
di Cristina
Crocifisso
Seminar
Reste
römischer
Häuser
und Constantino
Cadorna
artiere
acomo
Via
Cadorna
Denkmal
Philipps V.
2
Via dei Bastione
Porta
Montalto
Palazzo Reale
(Normannen-Palast
mit Cappella Palatina)
6
dei Benedettini
Porta
di Mazzara
Porto Nuova
1a
Pza.
della
Pinta
5 S. Giovanni
degli Eremiti
S. Giorgio
in Kemonia
Nuova Ospedale
Porta di
Castro
Corso Calatafini
Porta di
Castro
Corso Alberto
Amadeo
Via
olonna Rotta
Piazza Indipendenze
Nach Monreale
Villa d'Aumale

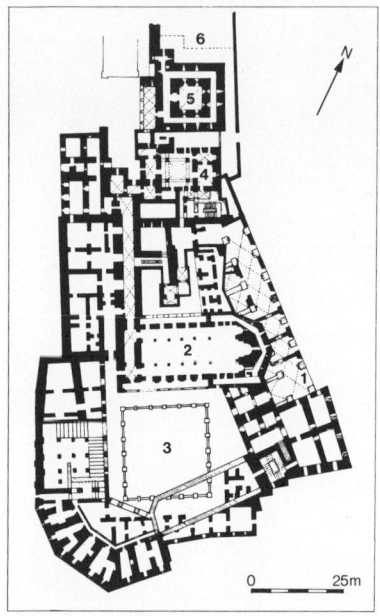

Fig. 61   Palermo: Palazzo Reale

1 Eingang
2 Cappella Palatina (im 1. Obergeschoß)
3 Cortile Maqueda
4 Sala di re Ruggero (im 2. Obergeschoß)
5 Torre Pisana
6 Porta Nuova (außerhalb der Palastanlage)

Künstler und Dichter; doch nach dem Untergang der normannisch-staufischen Königs-herrschaft auf Sizilien verfiel der einst mit pulsierendem Leben erfüllte Palast zuneh-mend. Und schließlich war der gesamte Gebäudekomplex, mit Ausnahme der Cappella Palatina, bereits im 16. Jh. ein unübersehbares Ruinenfeld. Von den spanischen Vize-königen 1555 wieder restauriert, wurde der Normannen-Palast wieder Sitz vieler Kö-nige mehrerer Fremdherrschaften. Seit 1947 sind die Gebäude Amtssitz der sizilischen Regierung.

Cappella Palatina (s. Fig. 61, Nr. 2)
Die Cappella Palatina (Königskapelle Rogers II.) wurde zwischen 1132 und 1140 als zweigeschossiger Bau freistehend im Innenhof des Normannen-Palastes so errichtet, daß die Kapelle im Obergeschoß liegt. Der einst bewußt auf Platz- und Raumwirkung an-gelegte Baukörper ist heute von Anbauten aus verschiedenen Jahrhunderten völlig in die Gesamtbausubstanz des Palastes einbezogen; lediglich die elegante Südfassade mit offener Säulenhalle läßt die einstige Wirkung der Kapelle ein wenig erahnen. Die figu-ralen Mosaiken der Säulenhalle stammen aus der Zeit um 1800 und sind Kopien der ursprünglich hier angebrachten Mosaiken von Pietro Oddo aus dem 16. Jh.
    Der Innenraum der Kapelle zeigt einen schönen dreischiffigen Basilika-Typus, die prunkvolle Ausgestaltung läßt sowohl byzantinische und arabische, als auch nord-ländische Stileinflüsse erkennen (s. S. 205 ff., Einweihungspredigt der Cappella Palatina). Fußboden und Sockelpartien des Innenraumes sind mit kostbaren Marmorintarsien

verkleidet, die kunstvolle orientalische Ornamente und geometrische Motive zum Inhalt haben. Die Decke des Mittelschiffes besticht durch das für christliche Gotteshäuser sehr seltene Stalaktitgewölbe mit zahllosen prächtigen Motiven kirchlicher und weltlicher Themen; so ist u. a. Johannes der Täufer Arm in Arm mit dem persischen Dichter Omar -e Chajjâm (1040–1123) dargestellt. Mit zu den bedeutendsten Kostbarkeiten der Capella Palatina gehören die goldgrundigen Mosaiken mit ausdrucksstarken figuralen Motiven, die Geschichten des Alten und Neuen Testamentes erzählten. Die Meisterwerke, an denen sowohl byzantinische Künstler aus Konstantinopel als auch einheimische Künstler Siziliens gearbeitet haben, sind in der Zeit von 1140 bis 1150 entstanden.

Ostwerk:
Norden: ›Maria mit dem Christuskind‹; ›St. Andreas‹; ›Madonna mit Kind und Heiliger‹ (Arbeit des 19. Jh.) – Mitte: ›Christus der Pantokrator‹ (12. Jh.); ›Madonna/ Maria Magdalena/Johannes der Täufer‹ (19. Jh.) – Süden: ›Die Geburt Christi‹; ›St. Paulus‹; ›St. Anna mit Kind und Heiliger‹ (19. Jh.).

Kuppelraum:
›Christus der Pantokrator und die acht Engel‹ (u. a. Raphael, Michael und Gabriel); verschiedene Propheten, u. a. David, Salomo, Zacharias und Johannes der Täufer (am Tambour); die vier Evangelisten Matthäus, Markus, Lukas und Johannes (in den ›Nischen‹).

Westwand:
›Christus der Pantokrator‹; ›Erzengel Michael und Gabriel‹; ›Die Apostel Petrus und Paulus‹ (Arbeit aus dem 15. Jh.); darunter befand sich ehemals der Königsthron Rogers II.

Nördliches Seitenschiff:
Im Bereich des Kirchenschiffes sind Episoden aus dem Leben des Apostels Petrus dargestellt.

Mittelschiff:
An der Nord- und Südwand über den Arkaden sind Themen des Alten Testaments dargestellt, beginnend mit der ›Schöpfungsgeschichte‹ bis hin zum ›Kampf Jakobs mit dem Engel‹ (s. auch Monreale S. 210 ff.).

Südliches Seitenschiff:
Im Bereich des Kirchenschiffes sind Episoden aus dem Leben des Apostels Paulus erzählt. – *Südwand des Sanktuariums:* ›Verkündigung‹; ›Der Traum Josephs‹; Die Flucht nach Ägypten‹; ›Darstellung im Tempel‹ (zum Mittelschiff hin); ›Taufe Christi‹; ›Verklärung Christi‹; ›Erweckung des Lazarus‹; ›Einzug in Jerusalem‹. – Weitere Kunstwerke in der Cappella Palatina: Kanzel im Südschiff mit den Symbolen der vier Evangelisten; filigran gearbeiteter Kerzenständer (aus normannischer Zeit für die Osterkerze, ca. 4,50 m hoch).

Öffnungszeiten:
Sommer: 9.00–13.30 Uhr / 15.00–18.00 Uhr; Winter: 9.00–16.00 Uhr; sonn- und feiertags 9.00–13.00 Uhr.

Sala di re Ruggero (s. Fig. 61, Nr. 4)

Prunkraum Rogers II. mit farbenprächtigen goldgrundigen Mosaiken aus der Zeit um 1170. Die Themen der Darstellungen zeigen elegante symmetrisch angeordnete Flora- und Faunamotive sowie Jagdszenen. Diese Mosaiken gehören mit zu den eigentümlichsten und zugleich eindrucksvollsten der Normannenzeit.

Öffnungszeiten:
Sommer: 9.00–13.00 Uhr / 15.00–18.00 Uhr; Winter: 9.00–16.00 Uhr; sonn- und feiertags: 9.00–13.00 Uhr; freitags geschlossen.

1a Porta Nuova

Der Triumphbogen Karls V., zur Erinnerung an seinen Sieg bei Tunis (1535), geht auf die Tradition der römischen Triumphbogen zurück. Er wurde erst 1583, Jahrzehnte nach dem Sieg, beeinflußt von Renaissance und Manierismus errichtet. 1667 durch einen Blitzschlag zerstört, wurde er um 1761 fast originalgetreu wieder aufgebaut. Die vier torsohaften, afrikanischen Männerfiguren an der Südseite symbolisieren den Sieg Karls V. über Afrika (Abb. 5).

2 Denkmal Philipps V.

Der Gesamtentwurf des Denkmals stammt von Carlo d'Aprile aus dem Jahr 1661; die einzelnen Bildhauerwerke schufen L. Geraci, V. Guercio und die Brüder G. und P. Serpotta. Ursprünglich war das Werk zu Ehren Philipps IV. errichtet, seine Statue wurde jedoch 1848 bei den Volksaufständen in Palermo erheblich zerstört, so daß sie durch eine Statue Philipps V. (von N. Morello 1806–1875) ersetzt wurde. Zu dessen Füßen erscheinen kniend vier nackte Könige, Besiegte Philipps: M. Babdelin, König von Granada (Europa); Tremisen, König von Mauretanien (Afrika); Capoulicano, König der Azteken (Amerika); Carralat, Tyrann von Mindanao (Asien). Die acht rundplastischen Werke auf der Balustrade symbolisieren die von Philipp IV. eroberten Länder.

3 Palazzo Sclafani

Großzügige Palastanlagen im normannischen Stil, den 1330 Matteo Sclafani errichten ließ. Durch die Jahrhunderte durch An- und Umbauten stark verunstaltet – der Bau wurde zeitweise als Krankenhaus, dann als Kaserne genutzt –, spiegelt heute nur noch die Ostfassade mit dem Hauptportal die elegante normannische Architektur wider; der ›Adler, der einen Hasen schlägt‹, oberhalb des Portals ist eine Arbeit von B. Pisano.

4 Kirche und Oratorio dei S. Elena e Costantino

(Eingang zwischen Hausnummer 22 und 23): Kraftvolle Renaissance-Kirche aus der Zeit 1587–1602; das Oratorium stammt aus dem Anfang des 18. Jh. und zeigt Fresken von G. Serenario (1694–1759) mit Themen aus dem Leben Helenas und Konstantins.

5 S. Giovanni degli Eremiti

An der Stelle dieser eleganten Normannenkirche befand sich seit dem 6. Jh. ein von

Papst Gregor d. Gr. stark gefördertes Benediktinerkloster. Roger II. nahm sich ebenfalls dieser Abtei an, ließ sie restaurieren, schenkte den Klosterbrüdern Feudalgüter und gab 1132 den Auftrag zum Bau der Kirche S. Giovanni degli Eremiti. Dieses Gebäude ist einer der frühesten normannischen Sakralbauten auf Sizilien und zeigt die Vorliebe für arabisch-islamische Architekturmotive. Der klare Grundriß in Form eines ›Antonius-Kreuzes‹ mit seinen beiden Seitenkapellen im Osten besticht sowohl durch seine Raumwirkung, als auch durch seine äußeren Bauglieder: nahezu majestätisch erheben sich die eleganten roten Kuppeln über den sehr strengen Kubus; Campanile, Kuppeln und Baumaterial zeugen von einer ungemein spannungsvollen Architektur. Die additiven Kuppeln im Innenraum sind durch kraftvolle Gurtbögen abgestützt, wobei ihre Raumwirkung der des Längsschiffes entgegenwirkt (Abb. 16 u. Umschlagrückseite). Ruhe und Geborgenheit strahlt der Kreuzgang des Klosters aus, der, wie die von Monreale und Cefalù, etwa aus dem Ende des 12. Jh. stammt (Farbt. VI).

An der Südseite von S. Giovanni befinden sich noch seltene Fragmente einer Hof-Moschee aus der Araberzeit.

Öffnungszeiten:
Sommer: 9.00–13.00 Uhr / 15.00 Uhr bis Sonnenuntergang; Winter: 9.00 Uhr bis Sonnenuntergang; sonn- und feiertags 9.00–13.00 Uhr; dienstags geschlossen.

6 S. Giorgio in Kemonia
Auch an dieser Stelle befand sich zur Normannenzeit eine Klosteranlage der Weißen Benediktiner, die jedoch völlig zerstört wurde. Der heutige Kirchenbau entstand 1765, eine wenig gelungene und schwere Architektur.

7 S. Francesco Saverio
Barockkirche von Angelo Italia (Jesuitenmönch) aus der Zeit von 1685 bis 1710. Der von einer mächtigen Zentralkuppel gekrönte Baukörper zeigt eine harmonische Portalfassade, die von Campanilen flankiert wird (die südliche Fassade wurde nie vollendet). Im Innenraum befindet sich in einer kleinen Südkapelle (rechts) eine schöne Holzfigur des Erzengels Michael; ein Werk von A. Rallo (1684).

8 Turm der S. Nicolò-Kirche
Der Turm von S. Nicolò gehört zu den spärlichen Fragmenten der ehemaligen Stadtmauer der Altstadt (Paleopolis) Palermos. Die sorgfältige Mauerwerkstechnik und die eleganten Spitzbogenfenster lassen eine Datierung in das 14. Jh. zu; später wurde der Turm als Campanile für die angebaute Kirche S. Nicolò genutzt.

9 Chiesa del Carmine
Bereits seit dem 13. Jh. hatte der Karmeliter-Orden hier eine stattliche Kirche, die 1626 abgerissen wurde, um der heutigen Barockkirche von B. und M. Smiriglio (1626/27) Platz zu machen; der mächtige Kuppelaufbau mit zartgrün lasierten Ziegeln war jedoch

erst 1681 vollendet. Im Jahre 1814 erneuerte man die Westfassade, die durch ihre schlichten und einfachen Bauglieder überzeugt; beachtenswert ist die Stuckfigur der Madonna mit Kind aus dem 18. Jh. Der Innenraum der dreischiffigen Kirche erinnert an die Kirchenbauten der römischen Spätrenaissance, leider wurde er durch übertriebene Stuckarbeiten stark verunstaltet. – Sehenswerte Einzelkunstwerke: ›Madonna del Carmelo‹, farbige Holzfigur aus dem späten 16. Jh., dazu Kleid und Silbermantel aus dem Jahre 1729 (diese kostbare Statue ist verschlossen, der Küster zeigt sie Ihnen jedoch gern); – schöne Holzstatue des Heiligen Elias aus dem Jahre 1668; – mehrere Bilder von Tommaso de Vigilia (Ende 15. Jh.); – Statue der S. Caterina von A. Gagini (1521) u. a.

10 Chiesa del Gesù und Casa Professa dei Gesuiti

Die leider während eines schweren Bombenangriffes von 1943 stark zerstörte, heute wieder rekonstruierte Kirche, ist das älteste Jesuiten-Gotteshaus Siziliens. Der spanische Vizekönig G. de Vega holte den Jesuitenorden 1549 nach Palermo zur Unterstützung seiner Macht. Bereits 1564 errichteten die Jesuiten nach Plänen ihres Bruders G. Tristani eine sehr reizvolle Renaissancekirche, die jedoch in der Zeit von 1591 bis 1633 erweitert wurde, so daß der Innenraum heute als Verschmelzung von Renaissance und Frühbarock erscheint. Bei dieser Erweiterung hielt man zwar an den neuen Proportionen des Mittelschiffes fest, verbreiterte aber den Innenraum über die Seitenschiffe hinaus. Die farbigen (teils figuralen) Stuckarbeiten und Fresken sind Arbeiten von verschiedenen Künstlern des 17./18. Jh. Die mächtige Vierungskuppel, die im 16. Jh. errichtet wurde, mußte schon im 17. Jh. und wiederum nach der Zerstörung von 1943 erneuert werden.

Im Innenraum der Kirche befinden sich mehrere schöne Werke der Renaissance- und Barockzeit: äußerst gelungen ist die Gestaltung der westlichen Innenwand; Stuckarbeit des 18. Jh. Im Tympanonfeld gefällige Plastiken und Marmorarabesken – manieristische Statue ›Madonna col Bambino‹. Über dem Portal der Westfassade die schöne Statue der ›Madonna della Grotta.‹

11 Chiesa S. Chiara

Einschiffige Kirche aus dem Jahre 1678 mit Fresken von A. Grano; die Kirche steht an der Stelle eines von M. Sclafani 1344 errichteten Gotteshauses.

Der heutige Innenraum birgt teilweise schöne Barockbilder: ›St. Franziskus verschenkt seine Kleider‹, ›S. Chiara schneidet sich ihre Haare ab‹ – beides Werke von G. Borremans (1670–1740); ›Grablegung Christi‹ von G. Serenario (1694– 1759); ›S. Chiara‹ 1719 von O. Sozzi (1696–1765) u. a.

12 Palazzo Speciale

Ehemals prachtvoller Palastbau des Pietro Speciale, Richters von Palermo; der 1468 errichtete Bau zeigt harmonische, spätgotische Bauglieder.

Das Hauptportal ist ein Werk des 17. Jahrhunderts und führt zu einem offenen Treppenhof des 18. Jahrhunderts.

13 Palazzo Cutò

Schwerer Barockbau von P. Amato (1634–1714) vom Ende des 17. Jh.; der sehr langgestreckte Baukörper ist nur wenig gegliedert und wirkt in der Via Maqueda fast erdrückend.

14 Chiesa dell'Assunta

Barockkirche aus der Zeit 1625/28; gestiftet von der Herzogin von Montalto, die sich ins Kloster zurückzog, ihr Gatte A. Moncada folgte ihr bald. Die Fresken des Innenraumes stammen von dem Barockmaler A. Grano, die Stukkaturen von G. Serpotta; besonders schön ist das Bildnis der Heiligen Teresa, die St. Josef das Modell der Kirche übergibt – ein Gemälde von G. Serenario.

15 Palazzo S. Croce / S. Elia

Dieses Palastgebäude des 18. Jh. ist eine der gelungensten architektonischen Leistungen im Palermo jener Epoche, leider befindet sich der Bau in einem sehr verwahrlosten Zustand, der die einstige Pracht kaum erkennen läßt.

16 Chiesa di Ree Pentite

Der spätgotische Bau ist der S. Maria delle Grazie geweiht und stammt aus dem 16. Jh. Stark beschädigt, zeigt gerade die Fassade zur Via Divisi eine gut erhaltene spätgotische Portalkomposition, wie sie auf Sizilien sehr selten ist.

17 Palazzo Comitini

Barockpalast von Nicolò Palma aus der Zeit von 1766 bis 1771, den der damalige Bürgermeister von Palermo, M. Gravina, in Auftrag gegeben hat. Die 1931 durchgeführten Restaurierungen haben leider den reinen Barockstil erheblich beeinträchtigt. Einige Innenräume zeigen gutes Rokoko-Schmuckwerk wie etwa der ›Rote Saal‹ und der ›Grüne Saal‹; das heutige Sitzungszimmer der Präfektur Palermos ist von G. Martorana 1770 ausgestaltet worden; hier befinden sich auch einige Bilder von Elia Interguglielmi (* ? bis 1773).

18 Chiesa di S. Orsolo

Barockkirche aus der Mitte des 17. Jh., die spätestens 1662 vollendet war. Die Kirche gehörte den Ordensbrüdern ›Compagnia dell'Orazione della Morte‹, die bei Prozessionen stets schwarze Gewänder trugen und die Pestopfer der Stadt bestatteten. Der einschiffige Innenraum besitzt schöne Rokoko-Stukkaturen von G. Serpotta aus dem Jahre 1784 (in den beiden östlichen Seitenkapellen). Das Portal ist mit den eigentümlichen Motiven ›der büßenden Seelen, die von Flammen verschlungen werden‹ und dem ›Symbol der Eitelkeit‹ (Engel und Totenköpfe) geschmückt.

Zweiter Spaziergang: Von der Piazza Pretoria entlang dem Corso Vittorio Emanuele (Cassaro) und zum Archäologischen Museum

19* Normannenkapelle S. Cataldo

* Zu diesen Ziffern, von 19 bis 44, siehe den Stadtplan Fig. 60, S. 290/91

Meisterwerk normannischer Architektur (Abb. 7). Produkt einer harmonischen Verschmelzung von streng nördlichen Bauideen und dem eleganten Kuppelmotiv der islamischen Welt; auf einem einfachen rechteckigen, nach Osten ausgerichteten Kubus schweben drei grazile, leuchtend rote Kuppeln; unterhalb des umlaufenden Zinnenmotives gliedert sich die Längsfassade in drei abgestufte Rundbogenfelder mit Fenstern und einem schmaleren ohne Fenster, eine Proportionierung, die sich an der Westfassade wiederholt. Die kleine Kapelle wurde 1160 von dem Admiral Maione di Bari in Auftrag gegeben und gehört somit der Zeit Wilhelms I. an. Den Schlüssel für den schlichten Innenraum von S. Cataldo erhält man beim Custode der östlich anschließenden Kirche La Martorana.

20 La Martorana

Kirche der S. Maria dell'Ammiraglio (s. Fig. 62). Kostbares Juwel der normannischen Baukunst, nur mit der Cappella Palatina, Monreale und dem Dom von Cefalù zu vergleichen. Das edle Bauwerk wurde 1143 von G. Antiochia, Großadmiral Rogers II., gegründet; Alfons von Aragon übergab 1433 die Kirche den benachbarten Benediktinermönchen, deren Kloster 1194 von der Heiligen Eloisa Martorana errichtet wurde, nach der man fortan die Normannen-Kirche benannte.

Fig. 62 Palermo: La Martorana. (Aus: Guida d'Italia, ›Sicilia‹; TC I, Milano 1968)

A Campanile

B ehemaliger Normannenhof, Barockerweiterung des 16./17. Jh.

C Ursprünglicher Normannenbau (Vier-Säulen-Kirche)

D Barocke Erweiterung der Ostapsis (17. Jh.)

E Normannen-Mosaik: Christus krönt Roger II.

F Normannen-Mosaik: Groß-admiral Antiochia kniet vor Maria

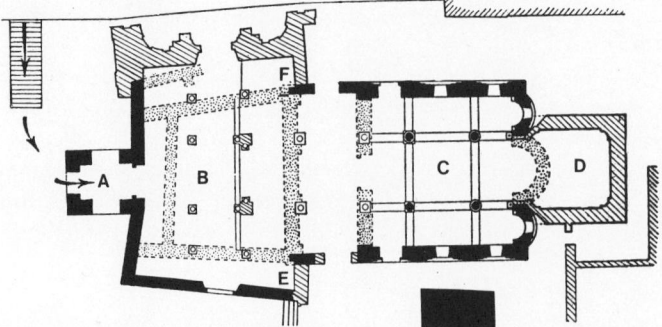

Der ursprüngliche Entwurf von 1143 sah eine klassische Vier-Säulen-Kirche mit Zentralkuppel nach byzantinischer Tradition vor, die bereits im 12. Jh. (spätestens 1185) durch eine Vorhalle mit Hof und Campanile nach Westen hin erweitert wurde. Die barocken Veränderungen aus dem Jahre 1588 griffen schließlich so stark in die ursprüngliche Bausubstanz ein, daß die Kirche von den Außenfassaden her gar nicht mehr als Normannenkirche zu erkennen war und ist; lediglich der Campanile zeigt die gelungene Normannenarchitektur mit katalonischen Einflüssen (Abb. 8) – wobei die Kuppel des Campanile leider zerstört ist. Bedauerlicherweise zerstörte man Ende des 17. Jh. die noch gut erhaltenen Mosaiken der Mittelapsis, um ein Presbyterium errichten zu können (1683/86). Der Innenraum zeigt heute eine eigentümliche Mischung aus normannischen und barocken Elementen, wobei sich die herrlichen normannischen Mosaiken kontrastreich von den barocken Zutaten abheben:

Westteil (ehemaliger normannischer Hof): Barocke Ausmalung des Gewölbes von O. Sozzi (1744); *Mittelteil* (ehemalige normannische Vorhalle): Freskenschmuck in ›glühenden‹ Farben von G. Borremans; 1717 – besonders schön die ›Hochzeit zu Kana‹ und die ›Flucht nach Ägypten‹.

Normannische Mosaiken: (Erste Hälfte 12. Jh.) *Nördliche Apsis:* ›St. Joachim‹ – *Südliche Apsis:* ›St. Anna‹ – *Triumphbogen Ostseite:* ›Verkündigung‹, ›Erzengel Michael und Gabriel‹ – *Zentralkuppel:* ›Christus und vier Engel‹; am *Tambour* sind die ›Vier Evangelisten‹ dargestellt – *Nördliches Seitenschiff:* ›Andreas, Petrus, Philippos, Thomas‹ – *Südliches Seitenschiff:* ›Paulus, Jakobus, Bartholomäus, Simon‹ – *Westliches Joch* der ursprünglichen Normannenkirche: ›Die Geburt Christi‹ (im Norden); ›Der Marienschlaf‹ (im Süden) – *Ostwand* des barocken Anbaus: ›Großadmiral G. Antiochia kniet vor Maria‹ (im Norden); ›Christus krönt König Roger II.‹ (im Süden).

Unregelmäßige Öffnungszeiten! Am Vormittag wird in der Kirche ein griechisch-orthodoxer Gottesdienst abgehalten; kurz vor und kurz nach der Messe beste Gelegenheit für eine Besichtigung.

21 Chiesa di S. Caterina

Renaissance-Kirche aus der Zeit von 1566 bis 1596, deren klar gegliederte und reich ornamentierte Südfassade sich als Hauptportal zur Piazza Bellini hin öffnet; besonders reizvoll sind das kräftige durchlaufende Gesims über dem Portal und die eleganten korinthischen Pilasterkapitelle. Der sehr eigentümliche Grundriß der Kirche zeigt ein langgestrecktes Schiff mit unregelmäßig angeordneten Seitenkapellen. Die Ausgestaltung des Innenraumes erstreckte sich über fast zwei Jh., u. a. beteiligten sich daran so bedeutende Künstler wie G. Amato (1643–1732) und F. Randazzo (* ? bis 1744). Vortrefflich sind die farbenprächtigen Fresken des Deckengewölbes, die die ›Verherrlichung der Heiligen Caterina‹ zum Inhalt haben (von F. Randazzo) und die Darstellung des ›Triumphes der dominikanischen Mönche‹ in der mächtigen Kuppel (schöne Malerei von Vito d'Anna aus dem Jahre 1751). Der Altar an der Nordwand, eine gute Arbeit von A. Palma (1664–1730), ist mit einer Caterinen-Statue von A. Gagini (1534) geschmückt.

Fig. 63   Palermo: Palazzo del Municipio aus der Zeit um 1736

22   Palazzo del Municipio (Senatorenpalast)

Das 1463 von dem Bürgermeister P. Speciale gegründete Rathaus wurde im 16. und
17. Jh. wesentlich erweitert; bei dem Erdbeben von 1823 jedoch so stark beschädigt, daß
1875 abermals Restaurierungen (von G. D. Almeyda) durchgeführt wurden, die dem
Bauwerk aber vieles von seinem einstigen Charme genommen haben (s. Fig. 63). Von
der einst reich geschmückten Fassade zur Piazza Pretoria sind heute nur noch die
›S. Rosalia-Statue‹ (Schutzpatronin von Palermo, oberhalb des Kranzgesimses) – eine
gute Arbeit von Carlo d'Aprile aus dem Jahre 1661 – und ein klassizistischer Marmor-
Adler von S. Valenti (1835–1903) erhalten.

23   Piazza Pretoria

Ursprünglich war die Piazza Pretoria (Abb. 14) als Parkanlage geplant, schließlich entschlossen sich aber die Stadtväter Palermos im Jahre 1573, den manieristischen Brunnen
von Fr. Camiliani zu erwerben, den der Künstler 1554/55 für die Villa Don Pietro di
Toledos in Florenz geschaffen hatte. 1574 errichtete dann Francescos Sohn Camillo aus
644 Marmoreinzelteilen den Brunnen so, wie er noch heute auf der Piazza steht (Abb.
15).

24 Quattro Canti (Piazza Vigliena)

Die Quattro Canti ist eine kühne und ausgesprochen gelungene städtebauliche Schöpfung Palermos aus dem 17. Jh. Bereits im Jahre 1608 legte der römische Architekt Giulio Lasso seinen Entwurf vor, nach dem die Piazza Vigliena das Zentrum Palermos wurde, von dem aus sich die vier neuen Stadtteile ausfächerten; die vier Fassaden des kreisförmigen Platzes wurden im Stil der römischen Spätrenaissance errichtet und waren bereits 1620 vollendet. Der Aufbau der Fassaden zeigt eine konsequente Anwendung der griechischen Säulenordnung: vom Erdgeschoß zum 2. Obergeschoß schmücken abwechselnd dorische, ionische und schließlich korinthische Kapitelle die unterschiedlich gestalteten Pilaster der Etagen; die verschiedenen Skulpturen an den Fassaden stellen im *Erdgeschoß* die ›Vier Jahreszeiten‹, im *1. Obergeschoß* ›Spanische Adlige‹ und im *2. Obergeschoß* die ›Vier Stadtheiligen Palermos‹ dar. *Südliche Ecke:* ›Der Frühling‹ von G. Tedeschi, ›Karl V.‹ von C. d'Aprile, ›S. Cristina‹. *Westliche Ecke:* ›Der Sommer‹ von G. Tedeschi, ›Philipp II.‹ von C. d'Aprile, ›S. Ninfa‹. *Nördliche Ecke:* ›Der Herbst‹ von N. la Mattina, ›Philipp IV.‹ von C. d'Aprile, ›S. Oliva‹. *Östliche Ecke:* ›Der Winter‹ von N. la Mattina, ›Philipp III.‹ von C. d'Aprile, ›S. Agata‹.

25 Chiesa di S. Giuseppe dei Teatini

Schon bald nach dem die Theatiner-Mönche 1602 nach Palermo gekommen waren, konnten sie inmitten der Stadt ein großes Grundstück erwerben, auf das sie nach Plänen ihres Klosterbruders Giacomo Besio in der Zeit von 1612 bis 1645 diese kraftvolle Barockkirche errichteten. Fast während der gesamten zweiten Hälfte des 17. Jh. waren dann viele Künstler mit der Innengestaltung beschäftigt; 1725 ließ G. Mariani die mächtige Zentralkuppel errichten, und 1738 schuf B. Pampillonia die schöne Statue des Heiligen Gaetano, die die Fassade zum Corso V. Emanuele schmückt.

Der monumentale Innenraum ist als dreischiffige Anlage mit zwei zusätzlichen Seitenschiffen angelegt, in denen die Kapellen untergebracht sind. Alle Decken und Gewölbe zeigen farbintensive Fresken mit Themen aus dem Leben von verschiedenen Heiligen: *Mittelschiff:* ›Episoden aus dem Leben des Heiligen Gaetano‹ von F. Tancredi (1655 bis 1725); im *Presbyterium* befinden sich Fresken von A. Carrea und G. Calandrucci (beide 17. Jh.); in der *Kuppel* ist der ›Triumph des A. Andrea Avellino‹ ausdrucksstark von G. Borremans (1724) dargestellt.

Von dem weiteren Kircheninventar seien besonders erwähnt: Hölzerne Emporenfenster an der *Westwand* – Altar mit Marmorintarsien im *nördlichen Kreuzarm* von A. Palma – meisterhaftes Kruzifix von Frate Umile da Petralia (Anfang des 17. Jh.) *über dem Altar,* u. a.

26 Denkmal Karls V.

Die Bronzestatue Karls V. (1516–1554) wurde 1631 von Scip. Li Volsi geschaffen und zeigt den spanischen Herrscher wie er den Eid auf die Verfassung des sizilischen Königreiches leistet (1535); die Basis der Statue stammt von G. Cirasolo und L. Geraci, die Reliefs mit dem Königsadler und der siebenköpfigen Hydra schuf G. Travaglia im Jahre 1632.

27 Palazzo Villafranca

Streng gegliederte Fassade aus dem 18. Jh.; hier übernachtete am 27. Mai 1860 Garibaldi.

28 Palazzo Ugo

Wenig proportionierter Palast aus dem Anfang des 18. Jh.; die Fassade zur Piazza Bologni konnte 1713 fertiggestellt werden, zeigt aber noch intensiv den Geschmack der zweiten Hälfte des 17. Jh.

29 Palazzo Belmonte-Riso

Kraftvoller Barockbau mit klassizistischen Stilelementen von V. Marvuglia aus dem Jahre 1784; die Innenräume besitzen teilweise noch schöne Malereien von A. Manno (1755–1791).

30 Chiesa di S. Salvatore

An der Stelle der von Robert Guiskard 1072 gegründeten Basiliano-Kirche ließ man 1528 die Kirche im Renaissance-Stil erneuern und beauftragte später P. Amato mit einem neuen Entwurf; er errichtete zwischen 1682 und 1702 die Chiesa di S. Salvatore. Der strenge Barockbau zeigt einen elliptischen Zentralraum, über dem eine mächtige Kuppel schwebt.

31 Collegio Massimo der Jesuiten (Biblioteca Nazionale)

Renaissancebau aus dem Jahre 1586; gleich daneben befindet sich die Kirche S. Maria della Grotta (1615) mit kraftvoller Barockfassade.

32 Palazzo Castrione – S. Ninfa

Palastbau aus dem späten 16. Jh. mit manieristischen Stilelementen und frühbarocker Fassade.

33 Die Kathedrale

Der Domplatz von Palermo ist seit vielen Jahrhunderten Schauplatz öffentlicher Versammlungen, Feiern und Kundgebungen; oftmals wurden hier auch Folterungen und Hinrichtungen durchgeführt.

Die ehrwürdige christliche Basilika, die ehemals an dieser Stelle stand, wurde während der arabischen Epoche zu einer Moschee umfunktioniert; mit der Normannenherrschaft auf Sizilien wurde sie zwar wieder ihrer christlichen Bestimmung übergeben, fiel jedoch bald dem Neubau von 1170/85 zum Opfer, den Erzbischof G. Offamilio

(Walther of the Mill), der auch Minister Wilhelms II. war, errichten ließ. Dieser wohl ehemals sehr eindrucksvolle Normannenbau erhielt im 14./15. Jh. umfangreiche gotische Erweiterungen und wurde 1781–1804 von F. Fugo grundlegend umgebaut, so daß heute von dem ursprünglich normannischen Kern nur noch sehr wenig zu erkennen ist. Eine ungefähre Vorstellung der ehemals prachtvollen normannischen Architektur vermittelt besonders das Ostwerk der Kathedrale (Abb. 1); elegant und fantasievoll überschneiden sich die einzelnen Spitzbögen, die durch schwarze Lavasteine stark betont werden; darüber schweben Zinnen, als gehörten sie zu einer Burganlage. Das gotische Portal der Südfassade ist ein Meisterwerk aus der Blütezeit der katalanischen Gotik und stammt aus dem Jahre 1453; das Tympanonfeld des Portals ist mit schönen figuralen Motiven geschmückt und schwebt über drei grazile gotische Spitzbögen; links und rechts sind je ein Wehrturm miniaturhaft danebengestellt (Abb. 3). Der von kühler Pracht erfüllte dreischiffige Innenraum der Kathedrale besitzt teilweise kostbare Kunstwerke aus der Renaissance- und Barockepoche: Taufbecken mit Adam und Eva von F. und G. Pennino (1801; in der Nordwestkapelle); ›Madonna di Libera Inferni‹, Marmorstatue von Fr. Laurana (1469; nördliches Seitensch. östl. Kapelle); Altar der Assunta von A. Gagini (1535; südl. Kreuzarm) u. a.

In den beiden westlichen Kapellen des Südschiffes befinden sich die *Sarkophage der normannischen und staufischen Könige:* Vor der Südwand: *Roger II.,* gest. 1154 (links), und *Konstanze,* Tochter Rogers II., gest. 1198 (rechts); in der Reihe davor: *Wilhelm,* gest. 1338 (in der linken Wand eingelassen), ein Nachkomme Friedrichs II.; *Friedrich II.,* römischer Kaiser und deutscher König, gest. 1150 (links); *Heinrich VI.,* Vater Friedrichs II., Gemahl der Konstanze, gest. 1197 (rechts); *Konstanze von Aragon,* 1. Gemahlin Friedrichs II., gest. 1222 (in der rechten Wand eingelassen).

Ferner sind besonders sehenswert der Domschatz und die Krypta.
Öffnungszeiten: unregelmäßig.

34   Chiesa di Badia Nuova (S. Maria di Monte Oliveto)
Renaissancebau aus der Mitte des 16. Jh., dessen Fassade einige interessante Skulpturen schmücken. Im Innenraum sind teilweise schöne Malereien von Pietro Novelli (1603 bis 1647); ›Himmelfahrt Christi‹ und von A. Grano (1683–1718; er malte die Fresken in der Vorhalle und die in der Sakristei); die Stuckarbeiten stammen von Gia. und Giu. Serpotta (1693).

35   Palazzo Agnello
Palastbau aus dem 16. Jh in schlichter Formensprache toskanischer Architektur.

36   Cappella dell'Incoronazione
Die Baugeschichte dieser Kirche geht weit bis zum 6. Jh. zurück; zu jener Zeit stand hier bereits eine Basilika, zu der wohl eine Kapelle gehörte. Die Tatsache, daß Roger I. sich hier krönen ließ, brachte es mit sich, daß von Roger II. bis Martin von Aragon (1402)

alle sizilischen Könige hier gekrönt wurden. Nach der Königskrönung zeigte sich der neue Monarch auf der Loggia, die in engem architektonischen Bezug zur Kathedrale steht, seinem Volk. Leider wurde das Gebäude bei den Freiheitskämpfen Garibaldis im Jahre 1860 erheblich zerstört und bis heute nicht sachgemäß restauriert.

37 Der Erzbischöfliche Palast und das Alte Seminar

1460 ließ Erzbischof Simone di Bologna diesen prachtvollen Bau im Stil der katalanischen Gotik errichten; im 18. Jh. wurden erhebliche Umbauten vorgenommen. Aus dieser Zeit stammen auch einige Malereien von G. Borremans (1733/34), die in einem großen Saal angebracht wurden.

Im zweiten Hof des Palastes befindet sich der Eingang zum **Diözesanmuseum**; eine Gemäldeausstellung mit vielen guten Werken des 16.–19. Jh.

Öffnungszeiten:
Im Sommer: 9.00–13.00 Uhr und 16.00–18.00 Uhr; im Winter: 9.00–12.00 Uhr und 14.00–16.00 Uhr; sonn- und feiertags: 9.00–12.00 Uhr.

38 Chiesa della Concezione

Von der Außengestaltung her sehr schlicht wirkende Kirche des Frühbarocks (1604); im Innenraum befinden sich gute Arbeiten von G. Amato, P. Novelli u. a.

39 Chiesa di S. Agostino

Dieser Kirchenbau geht auf das 13. Jh. zurück und wurde mittels Spenden der Familien Chiaramonte und Sclafani finanziert. Das Portal besticht durch seine einfache geometrische Form und die schönen stilisierten Blumenornamente; prachtvoll ist die elegante Rosette über dem Portal, die von sorgfältiger Steinmetzarbeit zeugt und in der sich harmonische Proportionen widerspiegeln.

Das Kirchenschiff ist mit Stukkaturen von G. Serpotta (1675) ausgeschmückt und besitzt einige kostbare Gemälde.

40 Teatro Massimo

Monumentaler Theaterbau nach Plänen von G. B. Basile (1875–1895 errichtet); dieser klassizistische Bau ist eine konsequente Abkehr von der vorangegangenen Barockzeit, wobei dem Bau besonders eine ausgewogene Maßstäblichkeit fehlt.

41 Oratorio di S. Caterina d'Alessandria

Schlichter Kirchenbau des 18. Jh. mit Stukkaturen von G. Serpotta und einigen seiner Schüler.

42 Chiesa di S. Ignazio all'Olivella

Die Kirche des Filippini-Ordens (seit 1593 in Palermo) wurde 1598 von Ant. Mottone errichtet und zeigt eine gute Arbeit im römischen Barockstil; die mächtige Zentralkuppel stammt dagegen erst aus dem Jahre 1732. Während der dreischiffige Innenraum der Kirche mit klassizistischen Malereien von V. Marvuglia (1772) und A. Manno (1790) ausgeschmückt ist, wurden das Oratorium (im Süden) mit klassizistischen und Rokoko-Elementen gestaltet. Ferner befinden sich in der Kirche einige wertvolle Gemälde und Plastiken (von P. Novelli, S. Conca u. a.).

43 Das Archäologische Nationalmuseum

Das archäologische Museum ist heute in den ehemaligen Klostergebäuden des Filippini-Ordens untergebracht; die Gebäude stammen aus dem 16. Jh. und zeigen Einflüsse aus der Spätrenaissance, dem Manierismus und der toskanischen Architektursprache.

Das Museum verfügt über eine wertvolle archäologische Sammlung, die jeder Sizilienbesucher unbedingt aufsuchen sollte.

Öffnungszeiten:
Wochentags: 9.00–15.00 Uhr; sonn- und feiertags: 9.30–13.00 Uhr; montags geschlossen.

Erdgeschoß (Auswahl)

Kleiner Innenhof (in den beiden nördlichen Räumen): ›Löwe, der einen Stier angreift‹, aus Halaesa (6. Jh. v. Chr.) – Punische Grabstele und männlicher Torso, aus Mozia (Ende 6. Jh. v. Chr.) – Zwei anthropoide Sarkophage, aus der phönizischen Stadt Cannita (5. Jh. v. Chr.) – Thronende weibliche Göttin, aus Solunto, archaische Kunst (6. Jh. v. Chr.).

Kreuzgang (großer Innenhof): versch. römische Fragmente, Sarkophage u. a. (ca. 1. Jh. v. Chr.).
Saal mit dorischen Kapitellen vom Tempel G in Selinus u. hellenist. Skulpturen.
Funde vom Heiligtum der Demeter Malophoros (Doppelstelen etc. s. S. 95) in Selinus (6.–4. Jh. v. Chr.) – Weihinschrift vom Tempel G in Selinus – Löwenkopfdachspeier aus Agrigent (5. Jh.).

Saal von Selinus: Hier sind die berühmten Metopenskulpturen der verschiedenen Tempel von Selinus untergebracht:
Tempel Y (Lage in Selinus unbekannt;
um 550 v. Chr.): ›Sphinx‹ – ›Apollo, Artemis und Leto‹ – ›Zeus entführt in Gestalt eines Stieres Europa nach Kreta‹ – ›Herakles und der kretische Stier‹.
Tempel F (500/490 v. Chr.): ›Athena (?) tötet einen Giganten‹ und weitere Kampfszenen zwischen Göttern und Giganten.
Tempel C (550/530 v. Chr.): ›Apollon fährt einen Vierspänner, von Leto und Artemis begleitet‹ – Herakles und die Kerkopen‹ – ›Athena hilft Perseus die Gorgo töten‹ (Abb. 21).
Tempel E (480/460 v. Chr.): Von den ursprünglich zwölf Metopen sind noch vier erhalten: ›Athena tötet den Giganten Enkelados‹ – ›Hera entschleiert sich dem Zeus‹ (s. Fig. 24) – ›Herakles tötet eine Amazone‹ – ›Aktaion wird von Artemis' Hunden zerfleischt‹. – Im selben Raum: Rundaltar vom Demeter-Malophoros-Heiligtum, auf dem Eos und Kephalos dargestellt sind (5. Jh. v. Chr.). – Im Norden des Saals führt eine Tür zur *Etruskischen-Sammlung* mit teilweise sehr schönen Grabstelen aus Chiusi (s. Abb. 22/23).

1. Obergeschoß

Nördlicher Gang: römische, griechische und phönizische Kleinkunst.

Westlicher Trakt: Statuetten, Terrakotten und Bronzen aus Centuripe, Selinus, Solunto u. a. Grabungsorten; der bronzene Widder stammt aus dem 3. Jh. v. Chr. und gehörte ehemals zu einem Widder-Paar.

Südlicher Gang: Terrakotta-Statuen vom Demeter-Malophoros-Heiligtum in Seli-nus (7.–5. Jh. v. Chr.; ca. 12 000 Stück).

Mitteltrakt: Funde aus der Gegend um Palermo.

Östlicher Trakt: Griechische und römische Skulpturen (Kaiserporträts) des 2 und 1. Jh. v. Chr.

2. Obergeschoß

Wird vollständig neu eingerichtet; ist z. Z. (Dez. 1977) geschlossen.

44   Politeama des Garibaldi

Klassizistischer Theaterbau von G. D. Almeyda aus dem Jahre 1784; die bronzene Quadriga stammt von Mario Rutelli (1859–1941).

Dritter Spaziergang von der Via Roma zum Foro Italico (Nord-Ost-Quartiere)

1*   Chiesa di S. Anna

* Zu diesen Ziffern, von 1–31, siehe den Stadtplan Fig. 64, S. 308/09

Kraftvoller parlermitanischer Barockbau aus der Zeit von 1606 bis 1632; die eindrucksvolle Fassade stammt dagegen erst aus dem Jahre 1736 und wurde von G. B. Amico entworfen. Die teilweise manieristischen Skulpturen stammen von G. Pennino und L. Marabitti. Der Innenraum zeigt nur noch wenige Deckengemälde des 18. Jh. (von F. Tancredi), des weiteren einige Kunstwerke des 17./18. Jh.

2   Palazzo Scavuzzo

Adelspalast des frühen 16. Jh.; während das Portal schöne spätgotische Bauformen zeigt, erscheinen die Fenster in einem reifen Renaissance-Stil.

3   Palazzo Aiutamicristo

Einer der schönsten Palastbauten von ganz Palermo. Das sehr weitläufige Gebäude, das sich um drei Innenhöfe gruppiert, geht auf die Planung von M. Carnalivari zurück, der das Gebäude in den Jahren 1490–1495 im ausgereiften Stil der katalanischen Gotik errichtete. Während die Fassade in der Via Garibaldi leider durch barocke Balkone in ihrer Reinheit stark verunstaltet wurde, zeigt gerade der große Hof des Palastes (durch das Tor von Hausnummer 23 zu erreichen) edle gotische Architektur.

4 Chiesa della Magione (SS. Trinità)

Die Magione-Kirche ist einer der ausgereiftesten Normannenbauten Siziliens, sie wurde um 1150 von Matteo d'Aiello (Kanzler Rogers II.) gegründet und schon bald den Zisterzienser-Mönchen übergeben. Mit der Thronbesteigung des Staufers Heinrich VI. (1194) fiel die Kirche in den Besitz des ›Ordens der Teutonici‹, der jedoch mit dem Untergang der Stauferherrschaft auf Sizilien so stark an Bedeutung verlor, daß die Kirche nun den Bourbonen zufiel.

Restaurierungsarbeiten der letzten Jahre ließen den Bau nahezu vollständig in seiner rein normannischen Architektur wieder erstehen (Abb. 17, 18). Die schlichte Ornamentik und wohlproportionierte Fassadengliederung des strengen kubischen Bauwerkes zeugen von der großen Meisterschaft normannischer Architektur – eine Architektur, die frei von Überladenheiten ist und keine Kunstgriffe anwendet. Der sehr schlichte Innenraum – befreit von den vielen Zusätzen der vergangenen Jahrhunderte – ist eine wohltuende Oase in der hektischen Stadt Palermo. Die Kirche besitzt eine ausgezeichnete moderne Orgel.

Öffnungszeiten: unregelmäßig; Schlüssel in dem Haus gegenüber dem Hauptportal.

5 Chiesa di S. Maria degli Angeli; ›La Gancia‹

Ehemaliges Hospital der Franziskaner-Mönche, das um 1490 gegen den Willen Papst Innozenz' VIII. (1484–1492) mitten in Palermo errichtet wurde; 1508 genehmigte Papst Julius II. nachträglich die Bauarbeiten. Die Hauptfassade zeigt eine interessante Mischung aus katalanischer Gotik und Frührenaissance; der Innenraum birgt gute Stuckarbeiten von G. Serpotta und schöne Malereien von F. Tancredi. Von den vielen bedeutenden Kunstwerken der heutigen Kirche seien besonders erwähnt: hölzerne Kassettendecke des 16. Jh. – Orgel von Raffaele La Valle (Ende 16. Jh.) – Altarbild (Nordkapelle) von P. Novelli (1640) – Gaginische ›Pieta‹ (nördliche Seitenkapelle).

6 Palazzo Abatelli (Nationalgalerie)

Äußerst gelungener Palastbau der Familie Abatelli, den der Architekt Matteo Carnalivari im Jahre 1495 im Stil der katalanischen Gotik mit Vorläufern der Renaissance errichtete; das prachtvolle Gebäude ging 1526 in den Besitz der Dominikanermönche über. Das eigenwillige *Hauptportal* besticht durch seine rhythmischen Seilornamente, die eine reizvolle Licht- und Schattenwirkung erzeugen (Abb. 9). Der Innenhof des Palastes zeigt eine elegante Arkadenlösung nach klassischem Vorbild der Renaissance.

Heute ist in dem Palastbau die Nationalgalerie Siziliens mit erlesenen Kunstwerken untergebracht:

Erdgeschoß

Rundplastische Werke des 15. Jh.; Kunstobjekte der arabischen Epoche; Werke von *Francesco Laurana:* ›Eleonora d'Aragona‹, Madonna ›Edicola degli Ansalone‹, und von *Antonello Gagini:* ein Hochrelief, Heilige und Madonnen; Monumentalge-

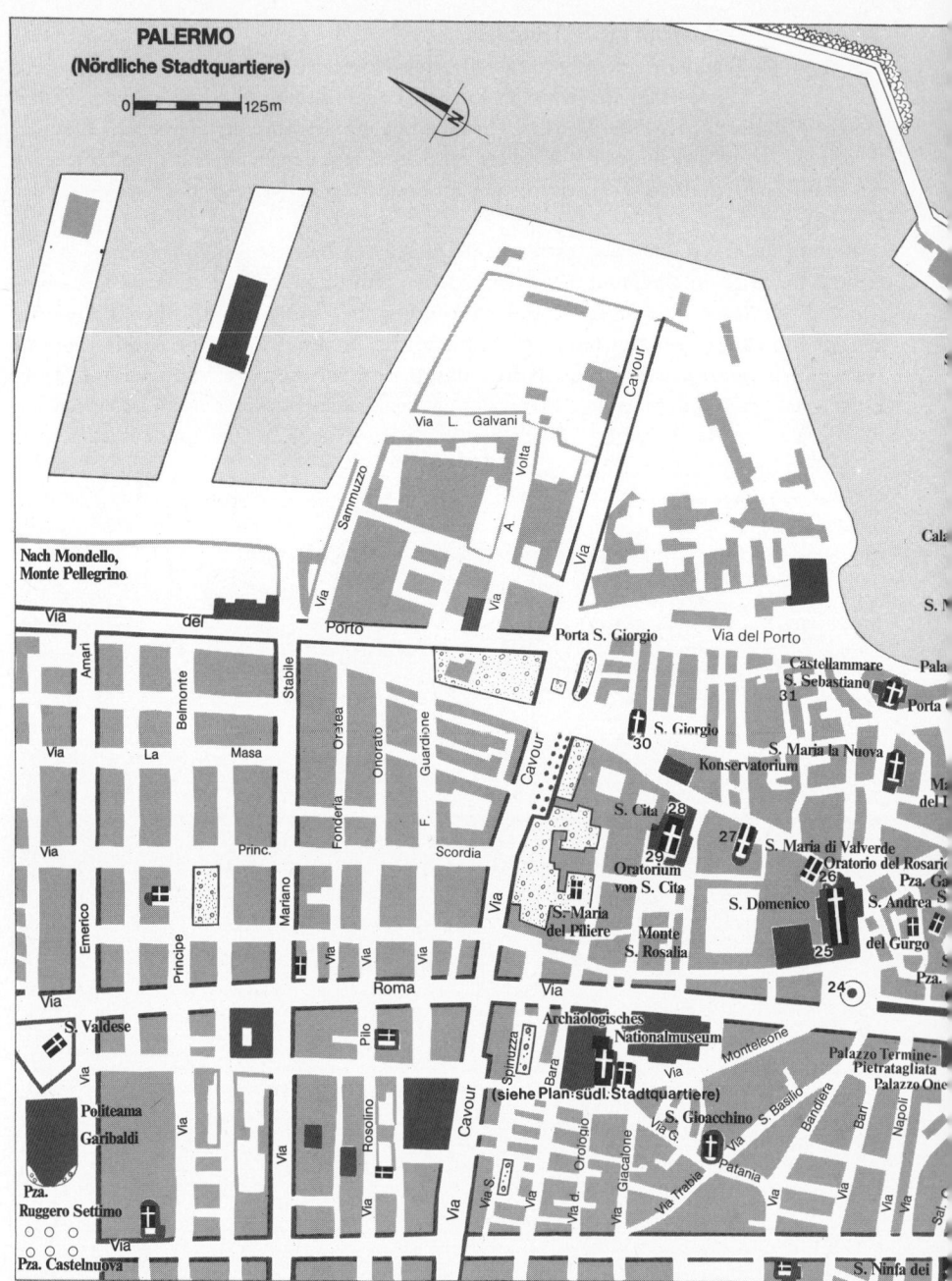

Fig. 64   Palermo: die nördlichen Stadtquartiere

S. Erasmo

Nach Cefalù
und zur Normannenkirche
S. Giovanni dei Lebbrosi

Italico

Via

Palazzo Forcella
Porta dei Greci

10

Porta Reale

Villa Giulia

11

Foro

12

Palazzo Felice

Palazzo
Petrulla

8 S. Mattia

Piazza
Kalsa

Via Torremuzza

Via N. Cervello

Orto
Botanico

Via Butera

Palazzo
della
Zecca

13

Emanuele

Pietà

7

6

Cappella
Chiaramonte

Via Alloro

Scopari

Via

S. Teresa

9

Pza.
dello Spasimo

Spasimo

14 Giovanni
Napoletani

Palazzo
Chiaramonte

15

Palazzo
Abatelli
Gancia

(Nationalgallerie)

Via 4 Aprile

5

Oratorio dei Bianchi
S. Maria della Vittoria

Via dello Spasimo

Via

Duca

d'Archirati

orto Salvo

19

Giardino
Garibaldi

16

Vic. do Palagonia
Palazzo
Galletti

Via della

Vetriera

SS. Giuliano und Euno

18 Fontana
del Garraffo

inanze

Pza.
Marina

17 S. Maria dei
Miracoli

Pza. S. Euno

Porta Castrofilippo

Vittorio

Via dei Bottai

Merlo

Via Lungerini

Via Castrofilippo

Pza. Magione

Via F. Riso

Via

S. Nicolò
lo Reale

S. Francesco
d'Assisi

20

Via A.

Via Schiavuzzo

Via S. Carlo

Alloro

4

La Magione
(Della Trinità)

Immacolatella
Oratorium
S. Lorenzo

21

Palazzo Cattolica

S. Venera

raffello
arktplatz)

Paternostro

Magione

S. Carlo

Oratorium
della Pace

Porta Garibaldi

Mille

dei

Früheres Kloster
der Immacolata Concezione

Palazzo
Scavuzzo

2

3

Palazzo
Aiutamicristo

Garibaldi

Corso

Rosario

Gregorio

Pza. Cassa
di Risparmio

(Cassaro)

Palazzo
1

Valguarnera-Ganci

Via

Lincoln

Via

22

S. Anna

Pza. S. Anna

Via

Roma

Hauptbahnhof

S. Antonio

S. Maria

Via

Via Schioppettieri

Lamplonelli

Via Parr. d. Tartari

Via

Torino

Trieste

S. Matteo

S. Caterina

Martorana

Pza.
Bellini

S. Nicolò
di Tolentino

Assunta

Senatoren-
palast

S. Cataldo

Palazzo S.
Croce-S. Elia

Corso

ciferi

S. Giuseppe

Via

Maqueda

Palazzo Comitini

Nach Monreale
und S. Spirito

mälde ›Der Triumph des Todes‹, imposante Darstellung des Todes, dessen Pferd über die Köpfe der Menschheit (Päpste, Bischöfe, Könige, Fürsten, Bürgerschaft) hinwegschreitet. Das Gemälde gehörte wahrscheinlich zu einem größeren Bilderzyklus des 15. Jh.; die Technik der Malerei ähnelt stark der Wachsmalerei.

Obergeschoß (s. Fig. 65)

Saal VII: Gemälde des 13./14. Jh. – ›Die Auferstehung des Lazarus‹ – ›Madonna dell'Umiltà (1346), von B. da Camogli – ›S. Nicola‹ von G. di Pietro – ›Madonna in trono‹ von Turino Vanni (1349–1438) – ›S. Giorgio und S. Agata‹ von Jacopo di Michele – sehr ausdrucksstarkes Kruzifix von Maestro della Croce di Castelfiorentino (Abb. 10) – byzantinisches Mosaik ›Madonna mit dem Christusknaben‹ – ›Die Beweinung Christi und die Auferstehung‹, sehr feinfühlige Arbeit des 13. Jh. – ›Trinità ed Annunciazione‹, prachtvolle Arbeit eines unbekannten Künstlers (Ende 13. Jh.?).

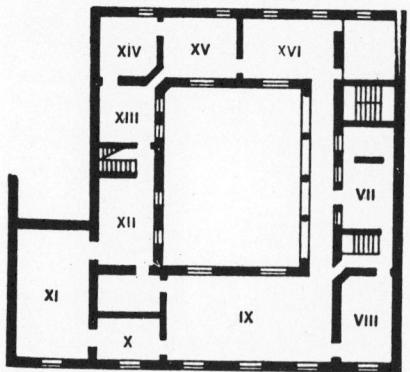

Fig. 65 Palermo: Palazzo Abatelli – Obergeschoß. (Aus: Guida d'Italia, ›Sicilia‹; TC I, Milano 1968)

Saal VIII: Meisterwerke des 15. Jh. von verschiedenen Künstlern: Großartiges Kruzifix (unbek. Künstler) – mehrere Tafelbilder – ›Krönung der Jungfrau durch einen Erzengel‹.

Saal IX: Werke sizilischer Künstler des späten 15. Jh.: Prachtvoller Altar von Maestro del Polittico di Corleone – herrliches Triptychon von einem Künstler aus Monreale – ›Abraham und die drei Engel‹, eindrucksvolle Malerei von Tommaso de Vigilia (1460–1494; von dem Künstler gibt es noch weitere Bilder in diesem Saal) – Kruzifix von P. Ruzzolone (1484–1526).

Saal X: Mehrere Meisterwerke von *Antonello da Messina* (1430–1479): ›L'Annunziata‹ (ein prachtvolles Gegenstück befindet sich in der neuen Pinakothek in München), S. Gregorio, S. Girolamo und S. Agostino (Porträtdarstellungen von Antonello, s. S. 226 ff.) Des weiteren befinden sich in diesem Saal Arbeiten von M. Basaiti (1470–1530).

Saal XI: Gute Arbeiten des 15./16. Jh. von P. Ruzzolone (›Peter und Paul‹, 1494) und von R. Quartararo (1443–1506; ›Peter und Paul‹, ›Marienkrönung‹).

Saal XII: Werke des frühen 16. Jh.: ›Die Ausschüttung des Heiligen Geistes‹ und andere Darstellungen vom Maestro della Pentecoste – ›Das Streitgespräch des Heiligen Tommaso‹ von M. di Laurito (1501 bis 1536) u. a.

Saal XIII: Reife Werke des 16. Jh. von: Jean Gossaert (1472–1536), Jean Provost (1470–1529), A. Isembrandt (1510–1551), Maestro del Santo Sangue (16. Jh.) u. a.

Saal XIV: Werke des 16. Jh. von verschiedenen Meistern u. a.: Leonardo da Pistoia (um 1542/48) und einem anonymen toskanischen Maler.

Saal XV: Meisterwerke von Vincenzo da Pavia (um 1519–1557): ›Der Eremit S. Corrado‹ (1548) – ›Die Geburt Christi‹ – ›Die Flucht nach Ägypten‹ – ›Die Beweinung Christi‹. *Saal XVI:* Gute Meisterwerke des späten 16. Jh., frühen 17. Jh. und 18. Jh. von verschiedenen Künstlern u. a.: Simone di Wobreck (1557–1586; ›Trinità e Santi‹), Cavalier d'Arpino (›Andromeda‹), Palma il Giovane (1544–1628; ›Die Beweinung Christi‹), *Pietro Novelli* (1603–1647; ›Madonna in Gloria e Santi‹ – ›Christus und der Hauptmann‹ – ›Kommunion der Heiligen Maria‹), C. Giaquinto (1703–1765) und Francesco Albani (1578–1660).

7 Chiesa di Madonna della Pietà

Prachtvoller Barockbau, der in den Jahren 1678–1684 als Ersatz für die einstige Kapelle des Palazzo Abatelli errichtet wurde. Die kraftvolle und sehr klare Fassade zeigt eine leidenschaftliche Rhythmisierung und stammt von *Giacomo Amato* (1643–1732), der sich ganz bewußt an die Architektur des römischen Frühbarocks von Carlo Rainaldi angelehnt hat (1611–1691; von ihm u. a.: S. Maria dei Miracoli, Piazza del Popolo, Rom). Der gut proportionierte Innenraum birgt Stukkaturen von P. Serpotta und G. Lazzara sowie Fresken von G. Borremans, die in 31 Bildfeldern Episoden und Wunder aus dem Leben der hl. Caterina und des hl. Domenikus erzählen. Das monumentale Mittelbild zeigt die ›Verherrlichung des Dominikaner-Ordens‹ von A. Grano von 1708.

8 Chiesa di S. Mattia

Ehemals anmutvolle Barockkirche von G. Amato aus dem Jahre 1686 mit mächtiger Zentralkuppel; heute zeigt der Innenraum wenig geglückte Beton-Restaurierungen.

9 Chiesa di S. Teresa

Reife Barockarbeit des berühmten sizilischen Architekten *G. Amato* aus Palermo. Amatos dominierendes Bauwerk auf der Piazza Kalsa zeigt im Entwurf zwei Stockwerke, im Gegensatz zur ›Madonna della Pietà‹ besitzt es jedoch keine emporstrebende Höhenentwicklung, sondern ist verstärkt auf Breitenwirkung ausgerichtet, was besonders durch den abgestuften Mitteltrakt erreicht wurde. Auch greift Amato bei S. Teresa auf das Motiv ›Pilaster – Säule‹ zurück und bildet das Gesims nicht so schwer und massig wie bei Madonna della Pietà aus.

10 Palazzo Forcella

Palastbau der Familie Forcella aus dem Jahre 1820, dessen Fassade sich von der stark zerstörten *Porta dei Greci* nach Westen parallel zum Foro Italico entlangzieht. Die Architektur der Nordfassade zeigt eine Mischung aus arabischen Elementen.

11 Villa Giulia und der Botanische Garten

Gartenanlåge aus der Zeit des spanischen Vizekönigs M. C. di Stigliano (1777/78), in der bereits Goethe gerne verweilte (›Italienische Reise‹, Palermo, 7. April 1787):

»In dem öffentlichen Garten, unmittelbar an der Reede, brachte ich im Stillen die vergnügtesten Stunden zu. Es ist der wunderbarste Ort von der Welt. Regelmäßig angelegt, scheint er uns doch feenhaft; vor nicht gar langer Zeit gepflanzt, versetzt er ins Altertum. Grüne Beeteinfassungen umschließen fremde Gewächse, Zitronenspaliere wölben sich zum niedlichen Laubengange, hohe Wände des Oleanders, geschmückt von tausend roten nelkenhaften Blüten, locken das Auge. Ganz fremde, mir unbekannte Bäume, noch ohne Laub, wahrscheinlich aus wärmern Gegenden, verbreiten seltsame Zweige. Eine hinter dem flachen Raum erhöhte Bank läßt einen so wundersam verschlungenen Wachstum übersehen und lenkt den Blick zuletzt auf große Bassins, in welchen Gold- und Silberfische sich gar lieblich bewegen, bald sich unter bemooste Röhren verbergen, bald wieder scharenweis, durch einen Bissen Brot gelockt, sich versammeln. An den Pflanzen erscheint durchaus ein Grün, das wir nicht gewohnt sind, bald gelblicher bald blaulicher als bei uns. Was aber dem Ganzen die wundersamste Anmut verlieh, war ein starker Duft, der sich über alles gleichförmig verbreitete, mit so merklicher Wirkung, daß die Gegenstände, auch nur einige Schritte hintereinander entfernt, sich entschiedener hellblau voneinander absetzten, so daß ihre eigentümliche Farbe zuletzt verloren ging, oder wenigstens sehr überbläut sich dem Auge darstellten. Welche wundersame Ansicht ein solcher Duft entfernteren Gegenständen, Schiffen, Vorgebirgen erteilt, ist für ein malerisches Auge merkwürdig genug, indem die Distanzen genau zu unterscheiden, je zu messen sind; deswegen auch ein Spaziergang auf die Höhe höchst reizend ward. Man sah keine Natur mehr, sondern nur Bilder, wie sie der künstlichste Maler durch Lasieren auseinander gestuft hätte.

Aber der Eindruck jenes Wundergartens war mir zu tief geblieben; die schwärzlichen Wellen am nördlichen Horizonte, ihr Anstreben an die Buchtkrümmungen, selbst der eigene Geruch des dünstenden Meeres, das alles rief mir die Insel der seligen Phäaken in die Sinne sowie ins Gedächtnis. Ich eilte sogleich einen Homer zu kaufen, jenen Gesang mit großer Erbauung zu lesen und eine Übersetzung aus dem Stegreif vorzutragen, der wohl verdiente, bei einem gute Glase Wein von seinen strengen heutigen Bemühungen behaglich auszuruhen.« *Öffnungszeiten:* täglich von 9–12 Uhr.

12 Porta Felice

Die Errichtung der Porta Felice geht auf die großzügige Stadtplanung des spanischen Vizekönigs M. Collona zurück, der im Jahre 1581 die wichtige Nordsüd-Mittelachse von Palermo, den Cassaro, nach Norden hin, bis zum Hafen verlängern ließ. Als Gegenpol zur *Porta Nuova* (Abb. 5) am Südende des Corso Vittorio Emanuele mußte daraufhin ein ebenbürtiges Portal entstehen, das der Vizekönig nach seiner Gemahlin Felice Orsini benannte. Die Grundsteinlegung erfolgte zwar schon 1582, doch konnte der ursprünglich im Renaissance-Stil geplante Bau erst im Jahre 1637 fertiggestellt werden. Maßgeblich beteiligt waren an dem Projekt vor allem die Architekten P. Novelli, V. Tedeschi und M. Smiriglio; neben klassizistischen Elementen sind nun aber auch manieristische Einflüsse erkennbar.

13 Chiesa di S. Maria della Catena

Ursprünglich bildeten der Palazzo della Zecca (aus dem 17. Jh., heute fast vollständig rekonstruiert), die Kirche S. Giovanni dei Napoletani und S. Maria della Catena einen großen Gebäudekomplex, der heute durch den Cassaro zerschnitten wird. S. Maria della Catena ist ein Meisterwerk der katalanischen Gotik, das schon das Aufkommen der Renaissance erahnen läßt: die kraftvollen Strebepfeiler, nüchternen Schießschartenfenster und eleganten Spitzbogenelemente wirken fast wie ein Fremdkörper inmitten der umliegenden grauen Häusermassen. Äußerst gelungen ist auch der offene Portikus, der klare Renaissance-Formen erkennen läßt. An den Portalen befinden sich kostbare Bildhauerarbeiten von *Vincenzo Gagini* (1527–1595): harmonische Rankenmotive, sowie Episoden aus dem Alten und Neuen Testament.

14 Chiesa S. Giovanni dei Napoletani

Renaissancekirche, die in dem langen Zeitraum von 1526 bis 1617 errichtet wurde. Der Innenraum zeigt schöne Stukkaturen und Malereien des 18. Jh.; besonders sehenswert ist die hölzerne Orgel von Raffaele La Valle (1543–1621).

15 Palazzo Chiaramonte

Die Familie Chiaramonte stellte während des 14. Jh. mehrere Herrscherpersönlichkeiten, die mit zu den bedeutendsten Siziliens zählen, ihre Besitztümer und Kastelle waren auf der ganzen Insel weit verstreut. Manfred I., Graf von Modica, Großadmiral des sizilischen Königs (Friedrich III. von Aragon), legte bereits 1307 den Grundstein für dieses festungsartige Gebäude, an dem noch Manfred II. weiterbauen ließ, das aber erst in der Zeit von 1377 bis 1390 von Manfred III. vollendet werden konnte. Der prachtvolle Palast, dessen Innenräume z. Zt. restauriert werden, zeigt eine klare Architektur, frei von Überladenheiten und überzeugend durch seine edlen Bauglieder (Abb. 20). Von 1468–1517 war der Palast Sitz der spanischen Vizekönige, später war er Gefängnis und Folterkammer, bis er als Gerichtsgebäude genutzt wurde.

16 Palazzo Galletti

Kraftvolles Gebäude aus dem 16. Jh. (stark restauriert) im ausgereiften Renaissance-Stil, noch mit vollgotischen Elementen des 15. Jh. (Haus Nr. 5 der Via V. Palagonia)

17 Chiesa di S. Maria Miracoli

Schöne Renaissance-Kirche (1547 begonnen) von Fazio Gagini; der krönende ›Vorbarock‹-Giebel deutet bereits auf die sich ankündigende neue Epoche.

18 Fontana Garraffo

Harmonische Brunnenanlage von G. Vitaliano nach einem Entwurf von Paolo Amato. Die plastische Arbeit stammt aus dem Jahre 1698 und war ursprünglich auf der Piazza Garaffo aufgestellt, bis sie 1862 zur Piazza Marina gebracht wurde.

19 Chiesa di S. Maria di Porto Salvo

Kirchenbau von A. Gagini aus dem Jahre 1526; das ursprüngliche Gebäude mußte 1581 einer Straßenerweiterung teilweise geopfert werden, dennoch lassen sich die klaren Formen der katalanischen Gotik auch im Umbau gut erkennen.

20 Chiesa di S. Francesco d'Assissi

Die dreischiffige Anlage wurde in den Jahren 1255–1277 errichtet und gehört zu den bedeutendsten Kirchenbauten Palermos. Überzeugend und gut gelöst beherrscht das 1302 entstandene Hauptportal den weiten Vorplatz der Kirche (Abb. 19). Während des 14. Jh. errichtete man in den Seitenschiffen verschiedene Kapellen, die die klare Architektur des Chiaramonte-Stils zeigen. Die Hauptsehenswürdigkeiten sind die kostbaren Werke von *Fr. Laurana*, der 1468 die ›Mastrantonio‹-Kapelle (4., von Westen gezählt) im nördlichen Seitenschiff gestaltete und damit den Durchbruch der Renaissance auf Sizilien ermöglichte, das bis dahin noch stark von der katalanischen Gotik beherrscht war: Das kraftvolle Tonnengewölbe dieser Kapelle wird links und rechts von schweren Mauerpfeilern getragen, die an ihren Stirnseiten mit kostbaren Hochreliefs von Fr. Laurana geschmückt sind. – *Untere Zone:* Vier Kirchenlehrer; *Mitte:* Die vier Evangelisten; *Oben:* Die Propheten Jesaja und Jeremia. In der Kapelle rechts daneben befinden sich ausdrucksstarke Fresken eines unbekannten Künstlers, die deutlich an die Werke Giottos erinnern. Des weiteren befinden sich in den verschiedenen Kapellen gute Arbeiten von: Domenico Gagini (1420–1492), Antonio Gagini (1541–1575), Pietro Novelli (1603–1647) u. a.

21 Oratorio di S. Lorenzo

Totenkapelle der Franziskanermönche aus der Mitte des 16. Jh. In den Jahren 1699–1706 schmückte G. Serpotta die Kapelle mit kunstvollen Stukkaturen aus: Die Dekoration ist äußerst gelungen und zeigt tragische Szenen, die von lebenslustigen Kindern eingerahmt sind; immer wieder ist man von dem unerschöpflichen Einfallsreichtum in Verbindung mit einem ausgewogenen Realismus überrascht. Die verschiedenen Malereien stellen Episoden aus dem Leben des Heiligen Lorenz und des Heiligen Franziskus dar.

Von höchstem künstlerischen Rang ist das Altarbild von *Caravaggio* (vgl. S. 227), das die ›Geburt Jesu‹ darstellt, der die Heiligen Lorenz und Franziskus beiwohnen; ein Gemälde voller Dramatik und tiefer Religiosität, das 1609 entstanden ist – vortrefflich gelungene Licht-Schattenwirkung.

22 Chiesa di S. Antonio

Die Gründung der Kirche erfolgte im 13. Jh.; der Bau wurde aber am Anfang des 14. Jh. mit Mitteln der Familie Chiaramonte im gotischen Stil umgebaut. Nach den Zerstörungen durch das Erdbeben von 1823 wurden erhebliche Veränderungen durchgeführt.

23 ›Vucciria‹ Vecchia – Marktstraße

Eine der schönsten und interessantesten Marktstraßen Siziliens, die etwa parallel zum Cassaro von der Piazza Garaffello zur Piazza Caracciola und weiter zur Via Roma verläuft. Besonders sehenswert sind hier die vielen Fischstände mit ihrem farbenprächtigen Angebot verschiedener Meeresfrüchte.

24 Piazza S. Domenico

Die ursprünglich sehr reizvolle Platzanlage, hat leider viel von ihrem Charme durch die moderne Via Roma verloren; die einst großartige Wirkung des Platzes kann man jedoch noch dann erahnen, wenn man sich durch die engen Gassen zur Piazza begibt. Mitten auf dem Platz erhebt sich die Säule der ›Immacolata‹, von T. M. Napoli 1724 im Auftrag von Karl VI. errichtet, aber erst 1726 von G. Amico vollendet (Abb. 12).

25 Chiesa di S. Domenico

Die Dominikanermönche gelangten bereits 1217 nach Palermo, gründeten zu Beginn des 14. Jh. ihr erstes Gotteshaus an dieser Stelle, das sie 1458 durch ein zweites Kirchengebäude ersetzten; im Jahre 1636 wurde schließlich nach Plänen von Andrea Cirincione der heutige Bau errichtet. Die Kirche S. Domenico zählt zu den schönsten und interessantesten Barockkirchen Palermos, die bereits einen fließenden Übergang zum Rokoko erkennen läßt (Abb. 11). Im Innenraum befinden sich schöne Malereien und gute Plastiken u. a. von: P. Amato, A. Carrera, A. Gagini, P. Novelli, F. Paladino, V. da Pavia, L. Pennino und V. Villareale.

26 Oratorio del Rosario

Das kleine Kirchlein der ›Rosenbruderschaft‹ wurde 1578 errichtet und birgt schöne Stukkaturen von G. Serpotta aus der zweiten Hälfte des 17. Jh. Das bedeutendste Kunstwerk im Innenraum ist das von weichem Gefühlsausdruck gezeichnete Altarbild der ›Rosenmadonna‹ von *Anthonis van Dyck* (1599–1641) aus dem Jahre 1628. – (Den Schlüssel der Kirche erhalten sie beim Kustoden in der Via Bambinai Nr. 16).

27 Chiesa di S. Maria di Valdere

Ehemalige Klosterkirche der Karmeliter-Mönche, die 1633 von Mariano Smiriglio erweitert wurde. Die kostbaren Marmorarbeiten des Innenraums gestalteten in den Jahren 1694–1716 die beiden Architekten P. Amato und A. Palma. Die sehr farbintensiven Fresken (›Verklärung Christi‹) stammen von O. Sozzi (1750). Das ergreifende Altarbild der ›Madonna del Carmelo‹ ist ein Meisterwerk von *P. Novelli* (1641/42). Während das Seitenportal zur Piazza aus dem Jahre 1691 stammt, wurde der Campanile erst 1730 errichtet.

28 Chiesa di S. Cita

Von der ehemals dreischiffigen Anlage (1369 gegründet) aus der Zeit von 1586 bis 1603 ist heute nur noch das Mittelschiff erhalten. Die kraftvolle Spätrenaissance-Fassade wurde erst 1781 vollendet. Das Kirchenschiff birgt kostbare Plastiken des berühmten sizilischen Bildhauers *Antonello Gagini:* ›Marmorbogen des A. Scirotta‹ (1527) – ›Seitenkapelle der Familie Platamone‹ (1526). Die barocke Gestaltung des Innenraums stammt von G. Vitaliano (1696/1722), G. Serpotta und P. dell'Aquila.

29 Oratorio del Rosario di S. Cita

Das Oratorium birgt Stukkaturen von G. Serpotta, die er fantasievoll und äußerst lebendig gestaltete (1686/1718).

30 Chiesa di S. Giogio dei Genovesi

Schlichter Kirchenbau im Stil der römischen Spätrenaissance, der nach einem Entwurf von Giorgio di Faccio in den Jahren 1579–1591 erbaut wurde. Im Inneren einige gute Gemälde von J. Palma il Giovane (1544–1628), Bernardo Castello (1557–1629) und Filippo Paladino (1544–1614).

31 Chiesa di S. Sebastiano

Die Kirche stammt aus dem Anfang des 16. Jh., gehört der Renaissance-Epoche an, läßt aber schon Barockelemente erkennen. Die Fresken des Innenraums gehören dem 18. Jh. an und stammen von A. Palma und D. M. Calvarino.

Sehenswürdigkeiten außerhalb des Zentrums von Palermo

Chiesa di S. Giovanni dei Lebbrosi (Südosten – auf dem Corso dei Mille): Ältestes normannisches Bauwerk der Stadt, das 1070 von Roger I. gegründet wurde. Das schlichte Bauwerk zeigt bereits alle Eigentümlichkeiten der normannischen Architektur; geschickt wurde hier das orientalische Kuppelmotiv mit der schweren Architektur des Nordens verschmolzen.

Öffnungszeiten: täglich 8.30–10.00 Uhr und 17.00–20.00 Uhr

Chiesa di S. Spirito (Süden – in der Via dei Vespri): Prachtvoller Normannenbau aus der Zeit Wilhelms II., der das Gebäude 1173/78 errichten ließ; besonders reizvoll ist die lebendige Fassadengestaltung – das schlichte Quadermauerwerk ist mit eleganten Rundbogenfenstern geschmückt. Der Friedhof von S. Orsola und die Kirche S. Spirito waren am 31. März 1282 Schauplatz der ›Sizilischen Vesper‹ (s. S. 223 ff.); ein Volksaufstand gegen die Fremdherrschaft der Franzosen, der sich von Palermo schnell wie ein Lauffeuer über die Insel ausbreitete.

Öffnungszeiten: täglich von 9.00–12.00 Uhr.

Cuba (Corso Calatafimi Nr. 94): Ehemaliger Normannen-Palast Wilhelms II., aus dem Jahre 1180, der einst Zentrum eines königlichen Gartens war. Heute liegt das Gebäude inmitten einer trostlosen Kasernenanlage. Der sehr beschädigte Baukörper läßt noch immer die Eleganz der normannischen Architektur erkennen; anmutvoll sind die Fassaden des massigen Kubus mit schlanken Spitzbogen-Scheinfenstern plastisch gestaltet. – Das Gebäude ist nur schwer zugänglich; es gibt keine offiziellen Öffnungszeiten.

Zisa (Westen – Piazza Principe di Camporeale): Graziler, prachtvoller Normannen-Palast, der von Wilhelm I. gegründet und von Wilhelm II. vollendet wurde (1154–1166). Wie der Name ›Zisa‹ (arab.: ›al aziz‹ = edel, vornehm), so geht auch der Grundriß des Palastes auf arabische Vorläufer zurück; langgestreckt, besitzt er in additiver Reihung vier Räume, die mit kostbaren normannischen Mosaiken ausgeschmückt sind. Erinnerungen an ›1001 Nacht‹ und den Orient ruft der ›märchenhafte‹ Brunnenhof der Zisa wach, der mit kostbaren Stalaktitgewölben und feinen Mosaiken geschmückt ist. Leider wurde das Gebäude erheblich zerstört, dennoch gehört es zu den bedeutendsten normannischen Baudenkmälern Siziliens. – Das Gebäude ist nur schwer zugänglich; es gibt keine offiziellen Öffnungszeiten.

Katakomben dei Cappuccini (Westen – Piazzi Cappuccini/Corso Calatafimi): In den Katakomben des Kapuzinerklosters befinden sich etwa 8000 mumifizierte Leichen aus dem 17.–19. Jh. Seit dem 17. Jh. ließen sich bis 1881 die wohlhabenden Bewohner von Palermo nach einem spanischen ›Totenbrauch‹ bestatten; Männer, Frauen und Kinder, die von ihren Angehörigen immer wieder neu bekleidet wurden, sitzen, liegen oder hängen da in endlosen Reihen (Abb. 13), ein makabres und bestürzendes Schauspiel (Kindern sollte man diese Besichtigung ersparen).
Öffnungszeiten: täglich 9.00–12.00 Uhr und 15.30–17.00 Uhr.

Monte Pellegrino (458 m): »Der Monte Pellegrino ist das schönste aller Vorgebirge der Welt« (Goethe). Von hier aus hat man einen prachtvollen Blick über Palermo und das fruchtbare Hinterland bis hin nach Solunto, Monreale und Mondello. Die schönste Tageszeit ist der frühe Morgen, die Ostsonne im Rücken, breitet sich Palermo in frischen Farben den sanften Hang bis zum Meer hinunter aus.
Vom 13. bis 15. Juli feiern die Bewohner von Palermo das Fest ihrer ›Schutzpatronin Rosalia‹, die in einer Felsgrotte des Pellegrino verehrt wird. Rosalia, 1130 geboren, soll 1166 als Einsiedlerin auf dem Monte Pellegrino gestorben sein. 1624 erschien sie einem Jäger und befreite die Stadt von einer schrecklichen Pest.

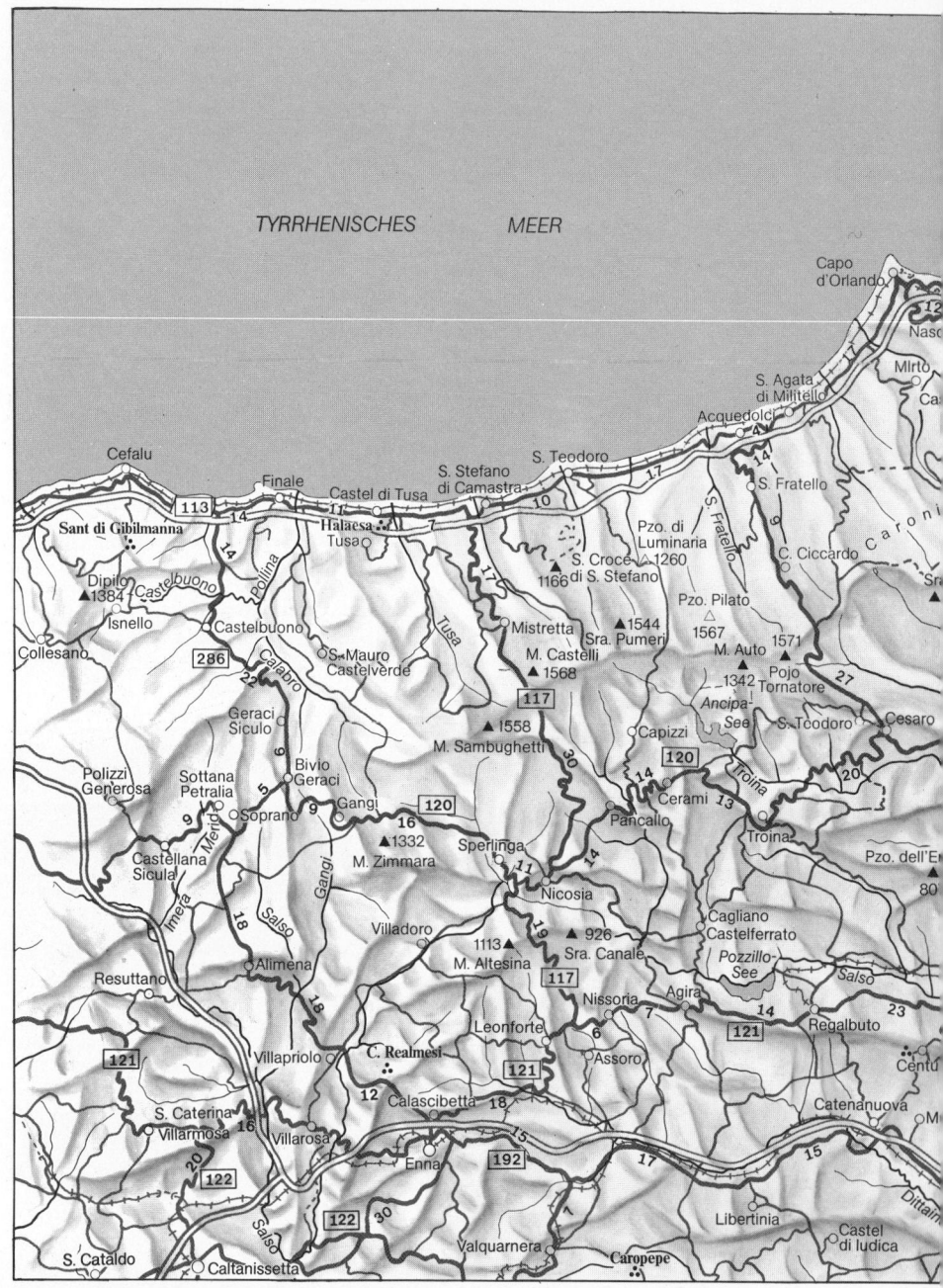

Fig. 66 Nordost-Sizilien

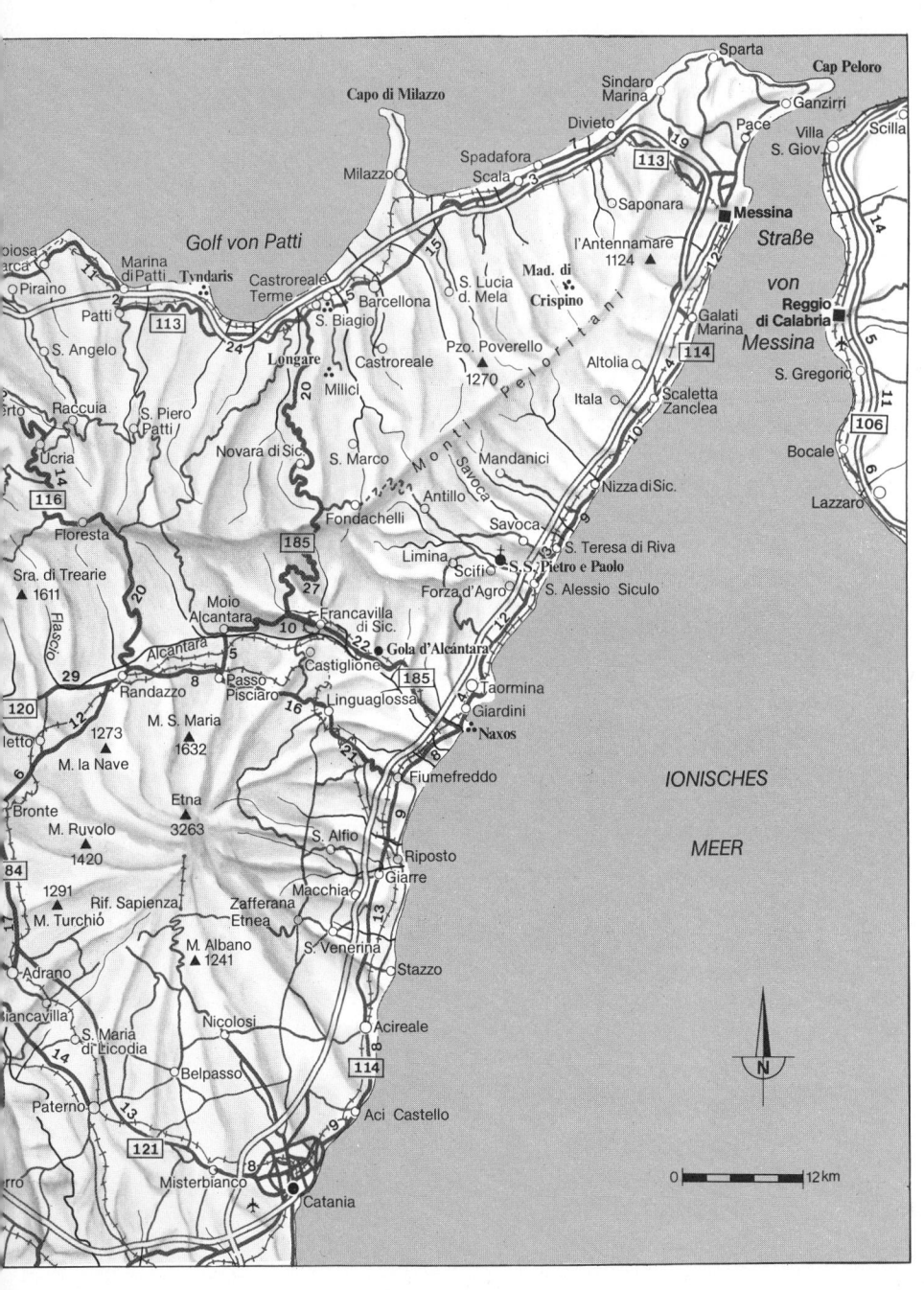

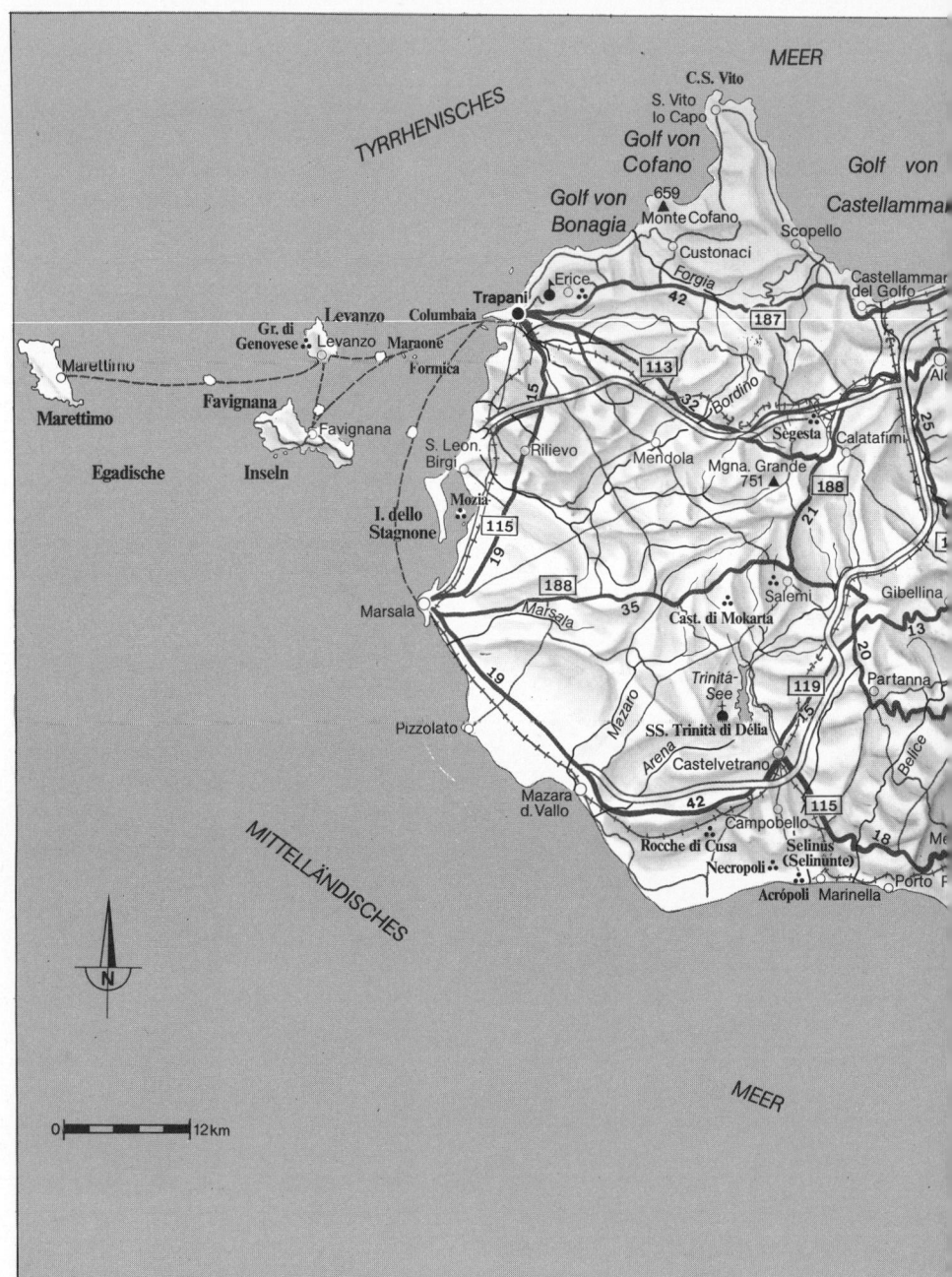

Fig. 67   *Nordwest-Sizilien*

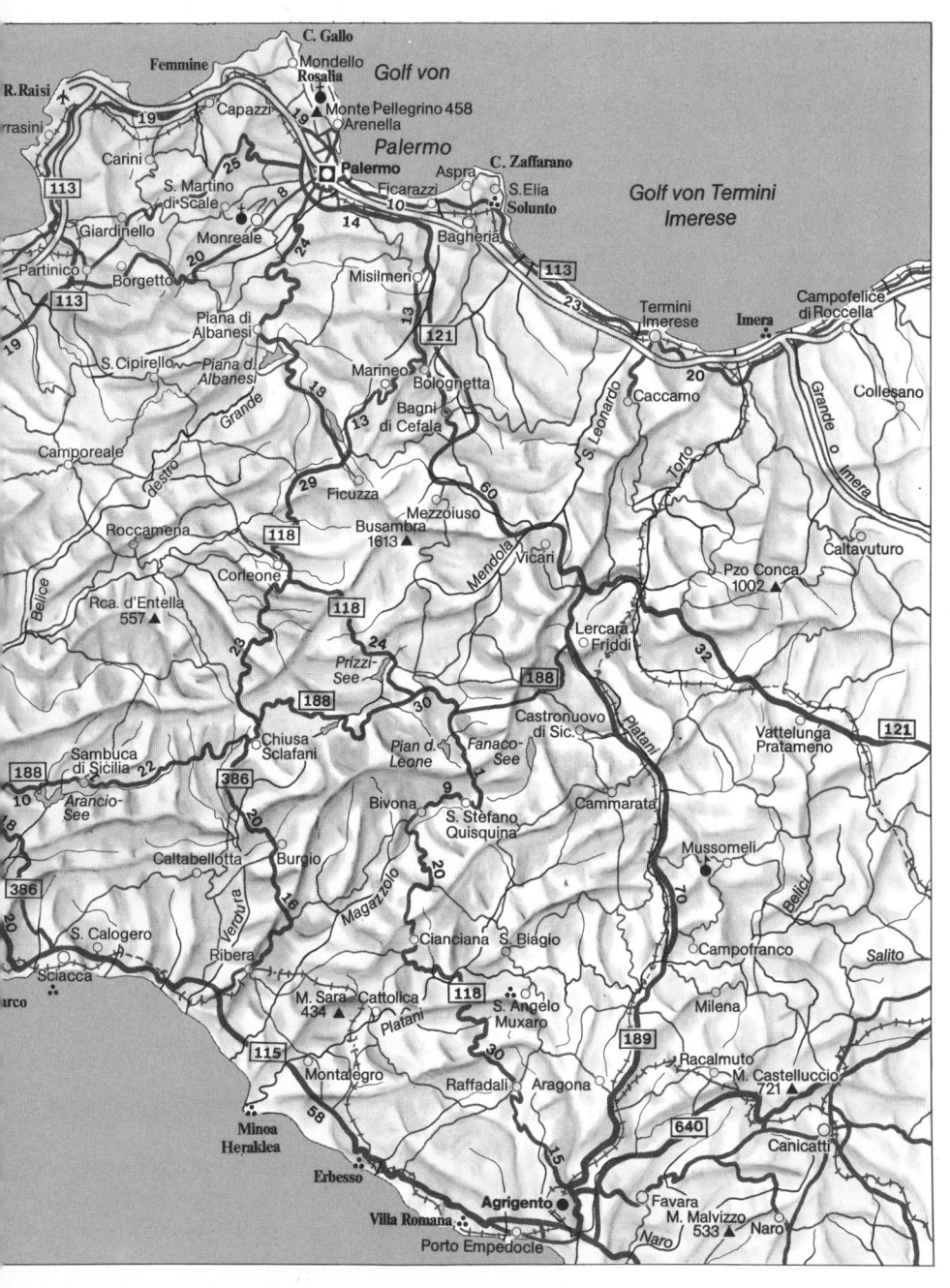

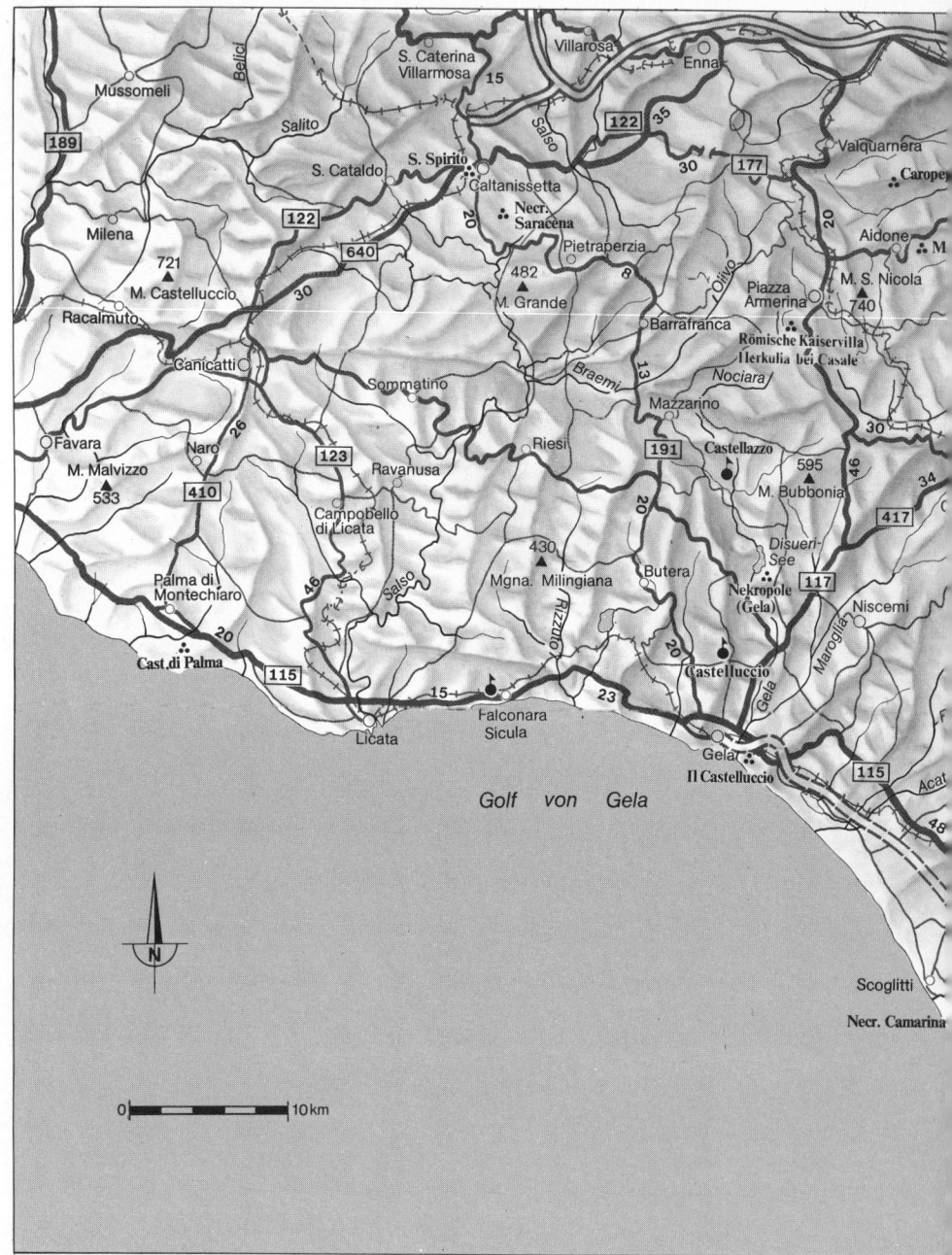

Fig. 68   *Südost-Sizilien*

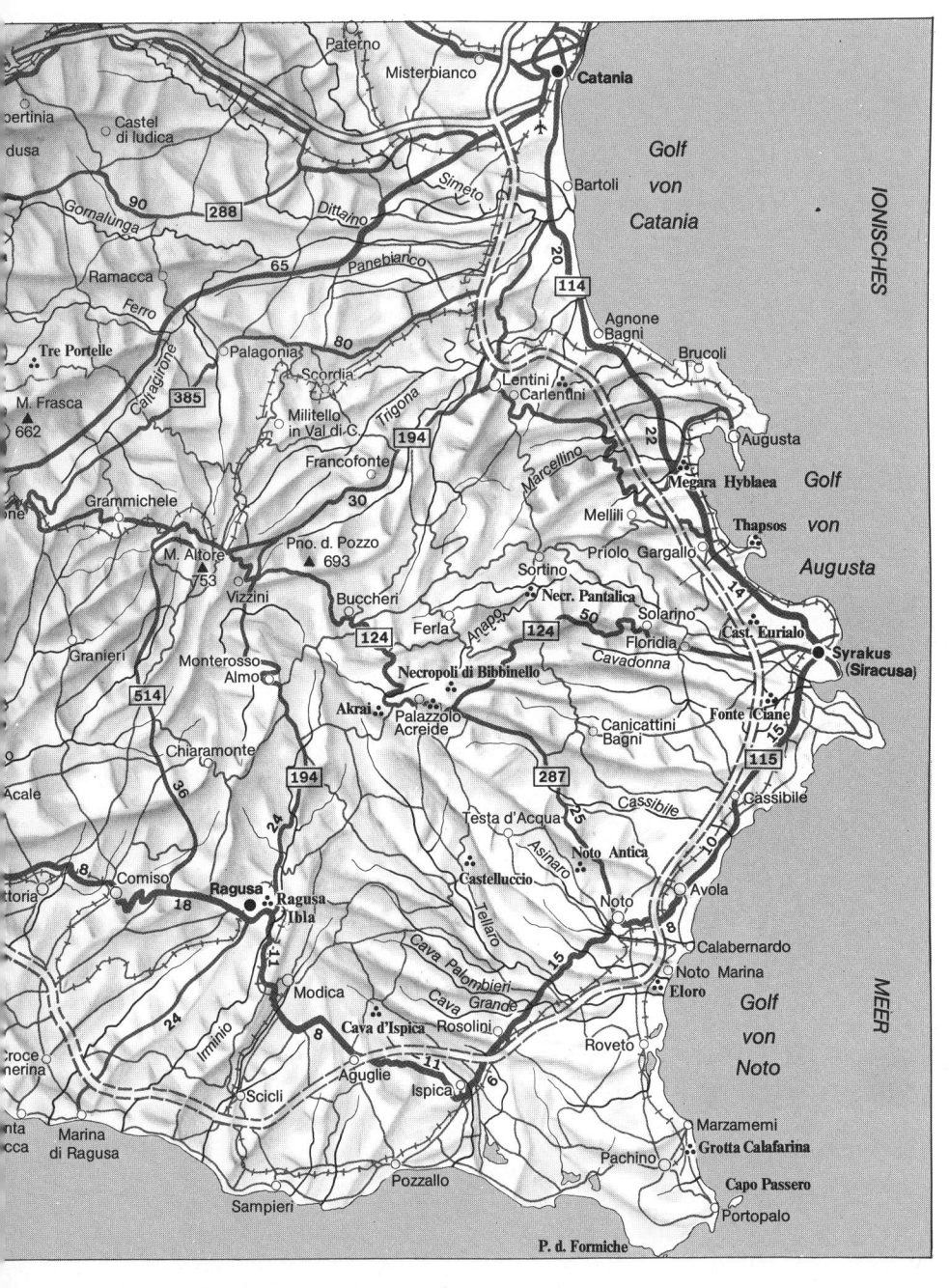

ABC-Kurzbeschreibungen der Orte mit den wichtigsten Sehenswürdigkeiten*

* (s. dazu die Karten S. 318–323)

Aci Castello (9 km nördlich von Catania – S 114)
Schöne Küstenlandschaft am Fuße des Etna, die von einem mächtigen Normannen-Kastell aus dem Jahre 1076 überragt wird; viele Häuser des Dorfes, wie auch das Kastell, wurden aus Lavasteinen gebaut.

Acireale (17 km nördlich von Catania – S 114)
Das antike Xinophia (731 v. Chr. von Griechen gegründet), später von den Römern Acis genannt; 1642 gab Philipp IV. der Stadt den Namen Aci-Reale. Mehrfach durch Vulkanausbrüche zerstört, erscheint die Stadt heute fast als homogene Barockanlage. – Sehenswürdigkeiten: *Dom* (1597–1618) mit einer schönen Statue von Blandamonte (1668) – *Palazzo Comunale* (1659) – *Kirche S. Sebastiano* aus der ersten Hälfte des 17. Jh. – *Palazzo Pennisi* mit einer schönen griechisch/sikulischen Münzsammlung.

Addaura (Monte Pellegrino bei Palermo)
Felsgrotte mit wertvollen Ritzzeichnungen aus der Altsteinzeit (s. S. 21; Fig. 3). Die Grotte ist nur mit einer Besuchererlaubnis zu besichtigen; erhältlich im Archäologischen Museum Palermo.

Adrano (35 km nordwestlich von Catania).
Das von Dionysios I. um 400 v. Chr. gegründete Hadrianum, von dem nur noch spärliche Festungsmauern im Süden der Stadt erhalten sind. – Besonders sehenswert ist das *Normannen-Kastell* Rogers I., in dem ein kleines Museum mit erlesenen lokalen Fundobjekten untergebracht ist (Öffnungszeiten: täglich 9.00–16.00 Uhr; sonn- und feiertags 9.00–13.30 Uhr; montags geschlossen). In der *Chiesa di Madre,* einer ursprünglich normannischen Kirche, trennen 16 Basaltsäulen das Mittelschiff von den beiden Seitenschiffen; nach einer Überlieferung sollen die Säulen vom römischen Hadrian-Tempel stammen. Flußaufwärts über dem Simeto spannt sich eine *Brücke* aus der Araber-Zeit.

Agrigent (Akragas)
Beschreibung des antiken Akragas, s. S. 124 ff.

Weitere Sehenswürdigkeiten (s. Fig. 25): *S. Maria dei Greci:* Dorischer Tempel auf der antiken Akropolis, inmitten der modernen Stadt Agrigent. Der Tempel wurde wahrscheinlich 488 v. Chr. von Theron gegründet und war wohl der Athena geweiht; heute befindet sich über den Grundmauern die Kirche S. Maria aus dem

13. Jh. mit Freskenfragmenten. Von einem schmalen Kellerraum aus kann man noch den Stylobat und einige dorische Säulentrommeln des Athena-Tempels erkennen. – Der Schlüssel befindet sich beim Kustoden in der Via Gubernatis Nr. 21.

Chiesa die S. Spirito (Via Porcello): Prachtvolle Klosteranlage aus dem 13. Jh. mit sehr gefälliger Architektur; ausgezeichnet erhalten sind die Fenster und Portale (katalanische Gotik) in dem ehemaligen Klosterhof. – Öffnungszeiten: täglich 9.00–12.00 und 16.00–18.00 Uhr.

Dom: (Corso Umberto I) Ursprünglich normannische Gründung des 13./14. Jh. von Gerlando; der Campanile stammt aus dem 14. Jh., die restaurierte Holzdecke aus dem Jahre 1688.
Kirche *San Biagio* und *Demeter-Tempel:* Am Osthang der antiken Stadtmauer (Rupe Athena) befinden sich die Fundamente des im Jahre 480 v. Chr. von Theron gegründeten Demeter-Tempels, darüber erhebt sich eine schlichte mittelalterliche Kirche aus gutem Quadermauerwerk (Abb. 52). Etwa 200 m weiter westlich führt eine ›Felsentreppe‹ zum sog. *Felsheiligtum der Demeter.* Dieses Heiligtum, eines der ältesten von Agrigent, lag außerhalb der griechischen Stadt und wurde bereits in archaischer Zeit (also vor Demeter und Persephone) verehrt (s. S. 89 ff.).

San Nicola: Kirche aus dem 13. Jh. mit gotischem Portal, das von zwei Anten mit schönem dorischen Fries getragen wird. In einer südlichen Seitenkapelle der Kirche befindet sich der *Phädra-Sarkophag*, ein meisterhaftes Werk der antiken Bildhau-

erkunst, dessen Entstehung umstritten ist: die einen sehen in der Arbeit eine römische Kopie des 4. Jh. v. Chr. nach einem griechischen Original, andere halten es für ein attisches Original des 3. Jh. v. Chr. Die Darstellung des Sarkophags hat den Mythos des Hippolytos, Sohn des Theseus und der Amazonenkönigin Hippolyta, zum Inhalt. Danach haßte Hippolytos alle Frauen und verweigerte sich auch der leidenschaftlichen Liebe seiner Stiefmutter Phädra, die sich daraufhin das Leben nahm. In seiner Trauer bat Theseus nun Poseidon, sie an seinem Sohn zu rächen. Poseidon entsandte einen wilden Stier zu Hippolytos, der mit einem Vierergespann auf der Jagd war, woraufhin die Pferde scheuten, Hippolytos vom Wagen stürzte und zu Tode geschleift wurde. – Der Sarkophag zeigt folgende Episoden des Mythos:
›Ein Bote überbringt Hippolytos die Liebesbotschaft der Phädra‹ (Längsseite) – ›Phädras Schmerz über die Weigerung des Hippolytos‹ (Querseite) – ›Hippolytos befindet sich auf einer Eberjagd‹ (Längsseite) – ›Der Tod des Hippolytos‹ (Querseite).

Oratorium des Phalaris: späthellenistischer Altar oder Tempel aus dem 2. Jh. v. Chr.; zu dieser Zeit entstand auch die halbkreisförmige theaterähnliche Anlage. Außerhalb der Stadtmauer (bei Tor IV) befindet sich das *Grab des Theron*, ein römisches Grabgebäude (75 v. Chr.) in Hausform mit dorischem Gesims und ionischen Ecksäulen, zwischen denen Scheintüren angelegt sind (Abb. 50). Folgt man der Straße parallel zur Stadtmauer in Richtung Osten (nach Gela), so zweigt nach etwa 300 m rechts ein schmaler Pfad ab, der zum *Tempel des Asklepios* führt. Dieser kleine dorische Tempel stammt wohl aus dem 5. Jh. und ist ein seltenes Beispiel eines Pseudoperipteros mit schönen kannelierten Halbsäulen (Abb. 51). Weiter außerhalb der Stadt in Richtung Westen liegen in reizvoller Landschaft die spärlichen Fragmente des *Vulcano-Tempels* (oder Hephaistos geweiht), der um 430 v. Chr. erbaut wurde.

Das hellenistisch-römische Stadtviertel ist ein schönes Beispiel römischer Stadtplanung vom 2. Jh. v. Chr. bis zum 4./5. Jh. n. Chr. In einigen der hellenistischen Peristylhäusern und in den römischen Atriumhäusern, die nach einem rechtwinkligen Straßensystem angelegt sind, wurden teilweise gut erhaltene Fußbodenmosaiken gefunden.

Archäologisches Museum: Saal 1: Dokumentation über die archäologischen Untersuchungen des antiken Akragas – *Saal 2:* Vor- und frühgeschichtliche Funde des 2./1. Jahrtausends bis zur S. Angelo-Muxaro-Epoche. – *Saal 3:* Griechische Vasen, die chronologisch vom 6.–4. Jh. v. Chr. aufgestellt sind. – *Saal 4:* Fragmente von verschiedenen Tempeln (6. Jh. v. Chr. bis zum Hellenismus) – *Saal 5:* zahlreiche Opfergaben von verschiedenen Heiligtümern aus dem Gebiet von Agrigent. – *Saal 6:* Rekonstruktionsvorschläge verschiedener Forscher für den Tempel des Olympischen Zeus (s. S. 129 ff., Fig. 29, 30). – *Saal 7:* Grabungspläne und Funde aus der hellenistisch-römischen Stadt. – *Saal 8:* Fragmente mit verschiedenen Inschriften. – *Saal 9:* Griechische, Römische und Normannische Münzsammlung (Zutritt nur mit Sondererlaubnis) – *Saal 10:* Griechisch-römische Skulpturen. – *Saal 11:* Funde von verschiedenen Nekropolen. – *Säle 12/13:* Funde aus der Frühgeschichte Agrigents, vor der griechischen Stadtgründung. – *Saal 14:* Schöne Funde aus Minoa Heraklea und andere Stätten. – *Saal 15:* Dokumentation über die antike Stadt Gela. – *Säle 16/17:* Verschiedene Funde aus dem Gebiet von Caltanisetta. – *Saal 18:* Verschiedene Kleinfunde. *Öffnungszeiten:* Täglich 9.00–15.00 Uhr; sonn- und feiertags 9.00–12.00 Uhr; montags geschlossen.

Alcamo (46 km westlich von Palermo – S 113)
Die ursprüngliche Gründung des Sarazenenfürsten Al Kamûk auf dem 826 m hohen Monte Bonifato wurde 1233 durch eine Neugründung der heutigen Stadt von Friedrich II. ersetzt; von hier aus genießt man einen prachtvollen Blick über die Bucht von Castellamare. Sehenswürdigkeiten: *S. Francesco d'Assisi* (1625) mit zwei schönen Statuen von A. Gagini ›S. Marco‹ und ›S. Maddalena‹ aus dem Jahre 1520. – *Chiesa Matrice* aus dem 14. Jh., 1669 von G. Diamante umgebaut; schöne Fresken von G. Borremans (1736/37), ›S. Pietro‹, Statue von A. Gagini (1556).

Alcantara (15 km westlich von Taormina)
Durch Lavaströme und Tuffablagerung reizvoll geformte Schlucht, durch die sich ein reißender Wildbach schlängelt. – Die Schlucht kann nur mit Stiefeln begangen werden

(können dort geliehen werden); man sollte unbedingt bis zum Wasserfall vordringen. Beste Tageszeit: früher Nachmittag; Mindestaufenthalt für die Flußwanderung ca. 2 Stunden (Abb. 123, 124).

Bagheria (14 km östlich von Palermo)
Kleines Städtchen mit den schönsten Barockvillen von ganz Sizilien (s. S. 228 f.). *Villa Palagonia*, 1705 von Tommaso Napoli errichtet, im 18. Jh. mit grotesken und monströsen Skulpturen geschmückt (s. Fig. 53). – *Villa Valguarnera*, ebenfalls von T. Napoli geplant und in den Jahren 1713–1737 errichtet. – *Villa Cattolica* und *Villa Larderia,* beide Bauten entsprechen im Grund- und Aufriß sowie in der Detailplanung so sehr den beiden erstgenannten Villen, daß sie wohl auch von T. Napoli entworfen worden sein dürften. – *Villa Rammaca*, liegt etwa 2 km außerhalb von Bagheria am Fuße des Monte d'Aspra, im Gegensatz zu den anderen Villen ist sie nur eingeschossig errichtet.

Butera (22 km nördlich von Gela)
Prachtvolles Gebirgsdorf mit *Normannen-Kastell* aus dem 11. Jh. (1098 von Roger II. gegründet) und Sikuler-Nekropole (7.–3. Jh. v. Chr.), deren Fundobjekte sich im Museum von Gela befinden.

Caccamo (12 km südlich von der Nordküstenstraße bei Termini Imerese).
Malerisches Gebirgsdorf – eine ursprüngliche Gründung der Karthager. – Sehenswürdigkeiten: gut erhaltenes *Kastell* aus dem 14. Jh. (s. Abb. 117) – *Dom* (S. Giorgio, normannische Gründung aus dem Jahre 1090, in den späteren Jahrhunderten mehrfach umgebaut und restauriert (1477/1614/1660). Im Innenraum der Kirche befinden sich drei schöne Plastiken von FR. LAURANA: ›Pietá‹, ›Madonna col Bambino‹ und ›Annunciazione‹.

Calascibetta (7 km nördlich von Enna)
Ursprünglich arabische Gründung ›Kalat Scibet‹; hier errichtete Roger I. im Jahre 1062 ein Kastell. In der *Chiesa Matrice* aus dem Jahre 1340 befinden sich einige gute Kunstwerke von F. Paladino (1613).
Landschaftlich sehr lohnender Ausflug!

Caltabellotta (22 km nordöstlich von Sciacca)
Schauplatz des 2. Sklavenkrieges (104–101 v. Chr.), in dem die Bevölkerung Siziliens gemeinsam mit den Sklaven um bessere Lebensbedingungen kämpfte. – Am westlichen Dorfeingang befinden sich einige *sikulische Felsgräber*. – Das mächtige *Kastell* oberhalb der Stadt ist eine Gründung Rogers I. (1090). – Am 19. April 1302 wurde hier nach der ›Sizilischen Vesper‹ (s. S. 223 ff.) der Frieden mit den Franzosen geschlossen. – In der *Chiesa del Carmine* befindet sich eine schöne Madonnen-Statue von A. Gagini (1534).

Caltagirone (65 km östlich von Enna)
Landschaftlich sehr reizvoll gelegene Gebirgsstadt mit mehreren Sehenswürdigkeiten:
Chiesa del Gesù aus dem Jahre 1570 mit einem prachtvollen Gemälde von CARAVAGGIO:
›Natività e Annunciazone‹. – *Museo della Ceramica* (in der Via Roma); dieses Museum
besitzt neben dem Keramik-Museum in Faenza (50 km südöstlich von Bologna) die
großartigste Sammlung keramischer Erzeugnisse des 13.–19. Jh. von ganz Italien und
ist *sehr sehenswert!* – Der *Dom* (S. Giuliano) aus dem Jahre 1818 (Umbau) birgt einige
Meisterwerke von G. Vaccaro (1793–1866). – *S. Maria del Monte* aus dem Jahre 1143.
S. Salvatore mit Plastiken von A. Gagini.

Caltanissetta
Ehemaliges Zentrum des sizilischen Schwefelbergbaus, in dem bis zu 80 % des Welt-
bedarfs gefördert wurden (19. Jh.). Die Provinzhauptstadt besitzt ein angenehmes
urbanes Fluidum und birgt viele Sehenswürdigkeiten: *Badia di S. Spirito* (2,5 km auf
der Straße N 122 nach Enna), – *Normannen-Kirche* Rogers II. (1153) mit sehr seltenen
Fresken des 12./13. Jh. – *Dom* aus dem Jahre 1570 mit Malereien von G. Borremans
(1720). – *S. Agata* aus dem Jahre 1605. – *Museo Civico:* Schöne Sammlung archäologischer Fundobjekte aus verschiedenen Sikulerstädten (s. Fig. 13). 4 km außerhalb der
Stadt an der Straße SS 191 liegt die *sikulisch-griechische Nekropole* ›Gebel-Habib‹ und
ein *Kastell* (›Kalat‹) aus der Araber-Zeit.

Camarina s. Kamarina

Casale Römische Kaiservilla s. S. 162 ff.

Castelbuono (9 km östlich von Cefalù)
Malerisches Gebirgsdorf mit schönem Normannenkastell, das auf die Araber zurück-
geht (S. Anna-Kapelle). – *Chiesa Matrice Vecchia*, schöne Kirche aus dem 14. Jh. (1494
Umbau) mit der ›Madonna degli Angeli‹ von A. Gagini.

Castellammare del Golfo (Nordküste) Ehemaliger Hafen der Elymerstadt Segesta.

Castelluccio (15 km westlich von Noto – SS 115 + Landstraße)
In Castelluccio blühte einst die bedeutendste Kultur der frühen Bronzezeit (s. S. 25;
Abb. 81); mehr als 200 *Felsgräber* wurden in den nördlichen Felswänden des Dorfes
entdeckt, die nur sehr mühsam zu finden sind (ortskundigen Führer mitnehmen!).

Castelvetrano (42 km östlich von Marsala)
Stadt mit mehreren sehenswerten Baudenkmälern: *Chiesa Madre* aus dem Jahre 1520
mit einem schönen Renaissance-Portal und Stuckaturen von E. Serpotta. – *S. Domenico:* Kirche aus dem Jahre 1470, in der heute ein kleines archäologisches Museum

untergebracht ist. – *S. Giovanni Battista* mit einer guten Marmorstatue (›Battista‹, 1522) von A. Gagini. – *Fontana della Ninfa* von O. Nigrone aus dem Jahre 1615 (Abb. 37). – Ca. 6 km außerhalb der Stadt in Richtung Westen liegt die prachtvolle Normannen-Kirche *SS. Trinità di Delia* aus dem 12. Jh. (Abb. 38).

Catania

Eine der ältesten Städte Siziliens, die bereits lange vor der griechischen Stadtgründung im Jahre 729 v. Chr. (Katane) besiedelt war; so fand man auf einer vorgriechischen Nekropole aus der Zeit um 800 v. Chr. sowohl einheimische als auch importierte Keramiken. Durch einen schweren Vulkanausbruch des Etna während der Antike (121 v. Chr.) wurde die griechische Stadt jedoch völlig von heißen Lavaströmen überdeckt, so daß nur noch Baudenkmäler aus der Zeit des Römischen Imperiums und den späteren Epochen erhalten geblieben sind. Catania wurde aber auch in den späteren Jahrhunderten nicht von Naturkatastrophen verschont: 1169 Erdbeben (1500 Tote) – 1689 Etna-Ausbruch (16 000 Tote; die ganze Umgebung wird verwüstet) – 1818 Erdbeben. Während der Zeit der Normannen und Staufer wurde Catania ebenfalls mehrfach zerstört: 1194 durch Heinrich VI. und 1232 durch Friedrich II. Unter der spanischen Herrschaft gelangte Catania wieder zu einer Blütezeit; 1434 ließ Alfonso V. von Aragon in Catania die *erste sizilische Universität* gründen.

Sehenswürdigkeiten: Inmitten eines großen Häusermeers der sehr verkehrsreichen Stadt liegt hinter dem Haus Nr. 47 der Via Teatro Greco (geöffnet 9.00–13.00 Uhr / 15.00 bis Sonnenuntergang) ein monumentales *römisches Theater* aus dem 2. Jh. n. Chr.; nur wenige Meter weiter westlich befindet sich ein antikes *Odeion*, in dem einst Musikaufführungen und Rezitationen stattfanden. (Die beiden Gebäude sind auch von der Via Vittorio Emanuele zu erreichen!). – *Fontana dell' Elefante*, Wahrzeichen der Stadt Catania; schöner Barockbrunnen von G. B. Vaccarini aus dem Jahre 1736 mit einem Lavastein; Elefant aus der Römerzeit (Abb. 108). – Der *Dom* (S. Agata): dreischiffige Anlage mit antiken Säulen, die Vaccarini während der Bauzeit von 1730–36 aus dem römischen Theater herbeischaffen ließ. Besonders schön im Innenraum ist die S. Agata-Kapelle. – *Amphitheater* (Piazza Stesicoro): Monumentale Arena mit einem Grundriß von 71 x 51 m; das Gebäude stammt aus dem 2./3. Jh. und faßte ehemals 16 000 Zuschauer. – *Castello Ursino*: eindrucksvolles Stauferkastell Friedrichs II. (1239/50), das ursprünglich direkt am Meer stand, doch 1669 ergossen sich die Lavamassen so weit, daß der Küstenverlauf weit nach Osten verlagert wurde. Heute ist in dem Kastell das *Stadtmuseum* (Museo Comunale) untergebracht, in dem neben römischen Fragmenten auch Kunstobjekte des 14./16. Jh. ausgestellt sind (geöffnet täglich 10.00–14.00 Uhr; sehr unregelmäßig!). – An der Nordseite des Kastells, direkt über dem Eingang ist noch der *Kaiseradler* Friedrichs II. erhalten. – *Geburtshaus von V. Bellini* in der Via Vittorio Emanuele. – *Chiesa di S. Giuliano* von Vaccarini (1738–60).

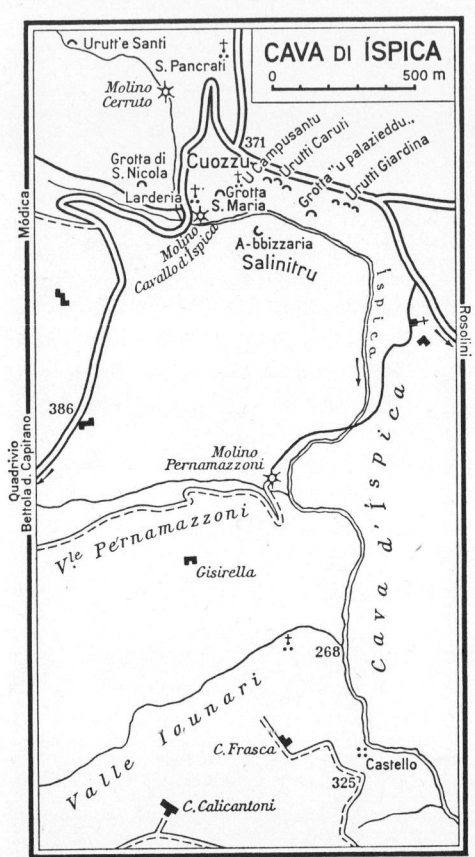

Fig. 69   Cava d'Ispica. (Aus: Guida d'Italia, ›Sicilia‹, TC I, Milano 1968)

Cava d'Ispica (12 km östlich von Rosolini/Modica)
Eindrucksvolles Tal mit Hunderten von teilweise mehrgeschossigen Felshöhlen: die ursprünglich prähistorischen Behausungen dienten den Sikulern als Nekropole, waren dann Katakomben der Christen, um schließlich im Mittelalter wieder als Wohnstätten zu dienen. – Die sehenswertesten Grotten sind: *Grotta S. Maria – Grotta di S. Nicola – Urutti Giardina* und die byzantinische Kirchenruine *S. Pancrati* (s. Fig. 69).

Cefalà Diana (ca. 33 km südlich von Palermo – S. 121)
In Bolognetta folgen Sie der alten Landstraße nach Villafrati; nach ca. 6 km kommen Sie durch eine Talsenke. Bei einer kleinen Brücke führt ein Pfad westlich zu einem verfallenen Gebäudekomplex, in dem sich eine *arabische Badeanlage* des 11. Jh. befindet: das bedeutendste (leider nur fragmentarisch) erhaltene arabische Baudenkmal Siziliens. Auf dem weiter südwestlich gelegenen Hügel (657 m) finden sich imposante Reste einer arabischen Festung (1063).

Cefalù
Cefalù ist die ehemalige Sikulerstadt Cephaloedium (9.–8. Jh. v. Chr.); in der sizilischen Geschichte taucht die Stadt namentlich erst 396 v. Chr. auf (Bündnis mit den

Karthagern). Seit der römischen Eroberung Siziliens widerfuhr der Stadt das gleiche wechselvolle Schicksal wie den anderen Städten der Insel.

Sehenswürdigkeiten: sog. *Diana-Tempel;* hoch oben auf der Festung befindet sich eine riesige aus dem Fels gehauene Zisterne, die von mächtigem Zyklopenmauerwerk eingefaßt ist; ein ungewöhnliches Heiligtum, das etwa aus dem 6. Jh. v. Chr. stammt. – *Museum Mandralisca* (Via Mandralisca Nr. 13; geöffnet wochentags 10.30–11.30 und 16.30–18.30 Uhr); schöne Sammlung griechischer Vasen und Kleinfunde (Münzen). Von den Kunstwerken des 14./18. Jh. sei besonders das Männerporträt ›Ritratto‹, 1465) von ANTONELLO DA MESSINA erwähnt. – *Osterio Magno:* ehemals prachtvoller Palast Rogers I., von dem noch ein schönes Obergeschoßfenster erhalten ist (Corso Ruggero, Ecke Via G. Amendola). – Der *Normannen-Dom:* Roger II. legte 1131, als er in Seenot geriet, das Gelübde ab, im Falle seiner Errettung in Cefalù ein Gotteshaus zu errichten; am 7. Juni 1131 war die Grundsteinlegung für einen der ersten ganz großen Normannenbauten. Roger ließ wahrscheinlich für dieses architektonische Meisterwerk einen Baumeister aus seiner nördlichen Heimat holen, der das Gotteshaus als ›romanischen Normannenbau‹ errichtete – eine Architektur voller Kraft und Spannung, ausgewogen und rhythmisch – eine Architektur gleich versteinerter Musik. Doch es dauerte mehr als ein Jahrhundert, bis der Bau vollendet war: 1240 errichtete der Architekt Panettera das Meisterwerk der Westfassade, der er die beiden massigen Türme beistellte; die dreibogige Loggia zwischen den Türmen ist dagegen erst ein Werk des 15. Jh. von einem Künstler aus Como (1471). Bedauerlicherweise sind die Mosaiken der dreischiffigen Anlage (90 x 40 m) mit langgestrecktem Querschiff, die 1148 vollendet waren, nur noch in der Ostapsis erhalten; diese Meisterwerke gehen deutlich auf die Kunst der Byzantiner zurück und gehören zu den gelungensten Arbeiten der normannischen Mosaikkunst (s. Farbt. IX u. Abb. 119–122). – Cefalù ist eine reizvolle Hafenstadt und vorzüglich für einen längeren Aufenthalt geeignet.

Centuripe (an den Südwestausläufern des Etna gelegen)
Ehemalige Sikulerstadt, die später von Griechen und Römern besiedelt war, von deren Stadtanlage einige Teile freigelegt worden sind; 1233 nach einem Aufstand von Friedrich II. zerstört, wurde die Stadt erst wieder 1548 aufgebaut.

Cómiso (17 km westlich von Ragusa)
Alte Sikulerstadt, sehr schöne Lage, besitzt einige interessante Kunstwerke: *Castello Feudale* der Familie Naselli d'Aragona aus dem 14. Jh. – *S. Francesco* aus dem Jahre 1517 mit einer Madonnen-Statue von A. Gagini – *Chiesa SS. Annunziata* von 1772/93.

Eloro (Helorus) (7 km südöstlich von Noto; verhältnismäßig schwer zu finden)
Griechische Stadt aus dem 7. Jh. v. Chr. von der bisher nur spärliche Reste freigelegt

wurden. – Neben dem nur etwa 100 m entfernten Sandstrand von Eloro bietet sich weiter südlich auf dem Bauernhof ›Il Roveto‹ eine gute Möglichkeit zum Campen. Weiter nördlich erhebt sich inmitten eines Waldes eine alleinstehende Säule (›Pizzuta‹): sie stammt aus dem 3. Jh. v. Chr. und diente mit ihrer unterirdischen Grabkammer als Familiengrab.

Enna

Die schönste aller sizilischen Gebirgsstädte; für einen längeren Aufenthalt im Landes-inneren sehr gut geeignet. Von hier aus lassen sich zahllose interessante Ausflüge ge-stalten; die Hotels sind alle zumeist sehr bescheiden.

Enna, inmitten einer dramatischen Landschaft gelegen (Farbt. XXXII), mit klarem Blick zum ›Monster‹ Etna, ist eine der ältesten Siedlungsplätze der Insel. Während der Antike wurde die Stadt Zentrum des von Griechenland nach Sizilien gebrachten De-meter-Persephone-Kultes (s. S. 90 ff.).

Als Sizilien römische Provinz war, gingen von Enna die revolutionären Bewegungen der Sklavenbefreiungen aus (Eunus, s. S. 156). Während dieser Zeit hieß die Stadt ›Castrum Henae‹; ein Name, der von den Arabern zu ›Casr-janni‹ verstümmelt wurde, den die Bevölkerung bis zum 19. Jh. als ›Castrogiovanni‹ weiterführte, bis sich endlich der Name Enna durchgesetzt hatte.

Sehenswürdigkeiten: *Museo Alessi* (direkt am Dom, Piazza Mazzini): ausgewählte kleine archäologische Sammlung lokaler Fundobjekte; schönes byzantinisches Kru-zifix; Gemälde des 15./17. Jh. und wert-voller Domschatz. – *Castello di Lombar-dia:* massiger Festungsbau Friedrichs II., einst von zwanzig Wehrtürmen gekrönt, später war das Gebäude die Residenz Friedrichs III. von Aragon. Vor der Ost-flanke des Kastells erhebt sich der Felsen ›Rocca di Cerere‹, wo in der Antike der Demeter-Tempel stand, den 480 v. Chr. Gelon errichten ließ. Von hier aus pracht-voller Blick zum Etna und nach Calasci-betta (schöne mittelalterliche Gassen!). – *Dom:* Gründung im Jahre 1307, wurde 1446 durch eine Brandkatastrophe fast vollständig zerstört; beim Wiederaufbau im 16. Jh. wurde die Kirche barockisiert. An der Südfassade befindet sich noch ein schönes zugemauertes Portal im Stil der katalanischen Gotik. – *Chiesa di S. Chiara:* Kirchenbau aus dem Jahre 1725. – *Real-mese:* nur 2 km außerhalb der Stadt auf der Straße nach Petralia liegt rechts hinter einem Wald eine Nekropole aus der Zeit 850–730 v. Chr. mit ca. 300 Felsgräbern.

Eraclea Minoa   s. Minoa Heraklea

Erice (14 km nordöstlich von Trapani)

Das antike Eryx, im Mittelalter auch ›Monte San Giuliano‹ (630 m) genannt, war das Haupttheiligtum der Elymer (s. S. 58), das stark unter karthagisch-punischem Einfluß stand. In Eryx erhob sich ehemals ein Tempel der großen ›Erd- und Fruchtbarkeits-göttin‹, die wohl auf frühe minoische Gottesvorstellungen zurückging, die von den

Griechen Aphrodite, von den Karthagern Astarte und von den Römern Venus Erycina genannt wurde. Der Sage nach soll der heilige Tempel von Aeneas gegründet und von Daidalos in glanzvoller Pracht errichtet worden sein; andere Quellen der Mythologie wissen zu berichten, daß Eryx, Sohn der Aphrodite, die Stadt gegründet habe, der später im Zweikampf mit Herakles getötet wurde (s. S. 17). Sowohl von dem Tempel der Aphrodite als auch von der Aphrodite-Quelle sind keinerlei Fragmente mehr erhalten, selbst die Standorte der Gebäude sind nicht mit Sicherheit identifiziert; wahrscheinlich stand der Tempel ehemals dort, wo sich heute das mächtige (stark rekonstruierte) Normannen-Kastell (12./13. Jh.; Farbt. XXIII) erhebt. – Erice ist eine zauberhafte mittelalterliche Stadt, die mit ihren romantischen Gassen zum längeren Verweilen einlädt (kleine Hotels – ausgezeichnet ›La Pineta‹ – gute Restaurants).

Sehenswürdigkeiten: *Chiesa Matrice:* prachtvolle Kirche im Chiaramonte-Stil aus dem Jahre 1314 mit freistehendem Campanile (Farbt. XXII; Abb. 36). Das Kirchenschiff birgt eine gute Marmorstatue (›Madonna col Bambino‹, 1469) von FRANCESCO LAURANA (evtl. stammt dieses Werk von Dom. Gagini!). – *Biblioteca Comunale* (Museum, auf der Piazza Umberto I; täglich 9.00–13.00 und 15.00– 17.00 Uhr, unregelmäßig geöffnet): schöne Sammlung lokaler archäologischer Funde; Marmorgruppe von A. Gagini u. a. – *S. Giovanni Battista* (am östlichen Stadtrand): Kuppelkirche des 13. Jh. mit Werken von Antonio und Antonello Gagini. – *Antike Stadtmauern:* An der Nordspitze der Stadtanlage befinden sich noch Reste der karthagischen Verteidigungsmauern (5. Jh. v. Chr.).

Falconara (11 km östlich von Licata, – N 115)
Schönes Kastell aus dem 15. Jh. mit einer kleinen Keramiksammlung, die leider nur sehr unregelmäßig geöffnet ist (Abb. 55).

Forza d'Agro (10 km nördlich von Taormina – SS 114)
Mittelalterliche Hafenortschaft, von deren Gassen und Häusern noch viele aus dem 15./16. Jh. stammen; schönes *Normannen-Kastell* (s. Fig. 52).

Frazzanò (10 km südlich vom Capo d'Orlando – nördliche Küstenstraße Cefalu/ Milazzo
Ca. 2 km außerhalb der Ortschaft erhebt sich inmitten einer vegetationsreichen Landschaft ein *normannisches Kloster* des 11. Jh., das von Roger I. gegründet wurde.

Gangi (28 km südlich von Cefalù – östliche Autobahnabfahrt Tre Monzelli)
Eindrucksvolle ›Höhlenlandschaft‹ an den Hängen des Monte Nebrodi. Die ursprünglich sikulische Bergstadt – eine Enklave, auch während der griechischen Epoche – wird teilweise heute noch bewohnt; die sikulischen Höhlen sind heute jedoch mit einfachen Hausfassaden verblendet. – Sehr lohnender Ausflug, da Gangi eine der eigentümlichsten urbanen Siedlungen Italiens ist.

Gela

Gela ist eine der bedeutendsten griechischen Städte Siziliens, die 690 v. Chr. auf siku-lischem Herrschaftsgebiet vornehmlich von Griechen der Inseln Rhodos und Kreta gegründet wurde, wobei besonders das rhodische Element die kulturelle Entwicklung der Stadt geprägt hat. Gelon (5. Jh. v. Chr.), Tyrannen-Nachfolger von Hippokrates, führte Gela zur größten Machtausdehnung, er konnte sowohl Syrakus als auch Megara Hyblea erobern und kolonisierte später Kamarina, womit er uneingeschränkter Herr-scher Süd-Ost-Siziliens war. – An seinem Hofe starb 456 v. Chr. Aischylos. Der wei-tere Verlauf der Stadtgeschichte entspricht der des griechischen Siziliens (s. S. 66 ff.); doch bereits 282 v. Chr. wurde die Stadt von den Mamertinern für immer zerstört. Cicero berichtet zwar noch von einer neuen Besiedlung, Strabo schreibt jedoch, daß Gela nicht mehr bewohnt sei.

Äußerst arm an antiken Baudenkmälern besitzt Gela jedoch ein ausgezeichnetes Museum, das zu den besten Siziliens zählt und Meisterwerke aus allen Bereichen des griechischen Kunsthandwerks besitzt; be-sonders sehenswert ist die Münzsammlung mit knapp 5000 Münzen aus archaischer Zeit (vor 490 v. Chr.), Silber- und Gold-münzen des 5. Jh. v. Chr., Goldmünzen aus der spätrömischen Kaiserzeit (5. Jh. n. Chr.). – Großartige Architekturfrag-mente – meisterhafte Vasensammlung – Kleinfunde aus den weiteren lokalen Be-reichen Gelas (Piano della Fiera: Dolmen-grab, Abb. 63; Butera Manfria, Disueri u. a., Abb. 73, 74, 75, 79). – Auf dem anti-ken Akropolishügel im Osten der moder-nen Stadt ist von den beiden *Athena-Tem-peln,* die einst hier verehrt wurden, nur noch eine dorische Säule vorhanden. Die bedeutendste Attraktion Gelas ist die Fe-stungsanlage von *Capo Soprano* (am Westrand der Stadt), die erst 1948 ent-deckt worden ist und die *besterhaltene*

griechische Stadtmauer der ganzen antiken Welt ist; die Befestigung stammt aus dem Jahre 339 v. Chr. und wurde von Timo-leon nach einer neuartigen Konstruktion durchgeführt; so wurde die Zweischalen-wand im unteren Bereich aus sorgsam zu-sammengefügten Quadern errichtet, mas-siv genug, um Rammböcken standhalten zu können, der obere Bereich dagegen wurde aus luftgetrockneten Lehmziegeln aufgebaut (Abb. 60, 61, 62). Außerhalb dieser Befestigungsanlage, nördlich vom Haupteingang, entdeckte man Reste einer öffentlichen *griechischen Badeanlage* aus dem 4. Jh. v. Chr.

Gela selbst ist eine unangenehme hek-tische Stadt; unmittelbar am Capo Sopra-no befindet sich eine kleine saubere Fami-lienpension. Das Museum von Gela wird seit geraumer Zeit umgebaut und ist sehr häufig verschlossen; ansonsten sollen fol-gende Öffnungszeiten gelten: wochentags 9.00–13.00, 15.00–17.00 Uhr; im Winter 9.30–14.00 Uhr; montags geschlossen.

Halaesa (24 km östlich von Cefalù)

Auf der Straße N 113 in Castel di Tusa in Richtung Tusa abbiegen, nach etwa 4 km befindet sich am linken Flußufer bei der Kapelle S. Maria di Palati das archäologische

Grabungsgebiet der ehemaligen Sikulerstadt Halaesa. Nach Diodor wurde die Stadt 403 v. Chr. von dem Sikulerfürsten Archonides von Herbita gegründet. Das bisher nur wenig erforschte Gebiet zeigt Reste einer Stadtanlage, die ähnlich wie Solunto und Selinus nach einem rechtwinkligen Straßensystem angelegt war. Neben Spuren einer *Agora* mit Säulenumgängen, eines hellenistischen *Apollon-(?)Tempels* und spärlichen *Befestigungsanlagen* ist nichts ausgegraben. – Schöne unverfälschte Landschaft.

Himera (19 km westlich von Cefalù)
Die Stadt wurde 648 v. Chr. von Chalkidiern gegründet und war im Jahre 480 v. Chr. Schauplatz des glorreichen Sieges der sizilischen Griechen über die Karthager – eine nationale Großtat ohne Beispiel (s. S. 65). Von der einst blühenden Stadt sind heute nur noch die spärlichen Fragmente des *Zeus-Eleutherios-(?)Tempels* erhalten, der genau an der Stelle errichtet wurde, wo sich die siegreiche Schlacht ereignet haben soll. Der dorische Tempel von Himera mit seinen sechs Front- und vierzehn Längssäulen entspricht bis zur letzten Detailplanung exakt den griechischen Tempeln in Selinus, Agrigent und Syrakus (s. S. 353); die hier gefundenen schönen Löwenkopf-Wasserspeier (50 Stück) befinden sich im Archäologischen Museum Palermo.

Imera s. Himera

Itàla (20 km südlich von Messina – Straße N 114, in Itàla Marina abzweigen!)
Etwa 1,5 km hinter der Ortschaft (hinter einer Brücke links) erhebt sich die imposante Normannen-Kirche *S. Pietro*, die Roger I. 1093 nach seinem Sieg über die Sarazenen errichten ließ. Das dreischiffige Gebäude zeigt schöne Ziegelsteinblendfassaden; ein früher Vorläufer der nahegelegenen SS. Pietro e Paolo-Kirche (Farbt. VII, VIII) in *Scifi.* – Lohnender Abstecher!

Kamarina (35 km südwestlich von Ragusa)
Die Stadt wurde 599 von Syrakus aus gegründet und erlebte die gleiche wechselvolle Geschichte wie Syrakus und Gela. Die spärlichen Ruinen der antiken Stadt liegen außerhalb der Ortschaft S. Croce Camerina; teils vom Dünensand verweht, teils von einem ›Touristen-Getto‹ eingesäumt, sind die Fragmente nur schwer zugänglich. Nach der Eroberung durch die Mamertiner im Jahre 280 v. Chr. wurde die Stadt endgültig im 1. Jh. v. Chr. aufgegeben.

Kamikos
Sagenhafte Stadt des Königs Kakalos, der den minoischen Baumeister Daidalos in seine Dienste nahm (s. S. 13); ist wahrscheinlich identisch mit S. Angelo Muxaro.

Lentini (Leontinoi; 47 km nordwestlich von Syrakus)
»Die Stadt Leontinoi wendet sich, was ihre natürliche Lage anbetrifft, dem Norden zu.

Mitten durch die Stadt läuft ein ebenes Tal, dort stehen Regierungsgebäude, Gerichtshöfe und die Agora. Auf jeder Seite des Tales zieht sich ein Hügelrücken hin, der durchgehend steil ist; die ebene Fläche auf dem Hügelkamm ist mit Häusern und Tempeln bedeckt. Die Stadt besitzt zwei Tore, eins am Südende des Tales, das nach Syrakus führt, das andere an seinem Nordende, es führt in die sogenannte Leontiner Ebene, das Fruchtland ...«   Polybios (200–129 v. Chr.?), 2. Buch

Die im Jahre 730 v. Chr. von Chalkidiern aus Naxos (bei Taormina) gegründete Stadt war ein Bollwerk gegen die weiteren Expansionen von Syrakus und zugleich ein Verteidigungsposten für das reiche chalkidische Ackerbauland, gegründet im Kernland der Sikuler; wahrscheinlich war dies die Stelle ihrer Stadt ›Xouthia‹.

Seit Marcellus die Stadt erobert hatte, verlor Lentini jedoch immer stärker an Bedeutung, 848 von den Arabern wieder besiedelt, wurde die Stadt 1693 durch ein schweres Erdbeben erheblich zerstört. Die außerhalb der modernen Stadt liegende *archäologische Zone* (südlich) ist zwar nur wenig erforscht, aber dennoch sehr sehenswert. In einer ruhigen zarten Hügellandschaft breiten sich auf mehreren Bergkuppen und an flachen Hängen die spärlichen antiken Baureste aus; hier ist es eine Nekropole, dort ein gutes Stück Stadtmauer, andernorts eine sikulische Grotte mit spärlichen byzantinischen Fresken und wieder an einem anderen Platz sind es die Fundamente eines Tempels, die, wahllos verstreut, der antiken Stätte einen ganz besonderen Reiz verleihen.

In der Stadt Lentini an der Piazza del Lucio befindet sich ein kleines *Museum* mit einer guten Darstellung der archäologischen Untersuchungen von Lentini. Öffnungszeiten: täglich 9.30–13.00 und 15.00–17.00 Uhr, sonn- und feiertags 9.30–13.00; montags geschlossen.

Lilybaeum   s. Marsala

Marsala
Das antike Lilybaeum, 397 v. Chr. von Hamilkar gegründet, ist bisher fast überhaupt noch nicht erforscht worden, so daß die Stadt noch viele Geheimnisse der Antike verborgen hält.

Am 11. Mai 1860 landete Garibaldi mit seinen Verbündeten in Marsala, um Sizilien vom Joch der Bourbonen zu befreien (s. S. 249).

Sehenswürdigkeiten: Am *Capa Boeo* befinden sich Reste römischer Villen und Thermenanlagen, die teilweise noch gut erhaltene Fußbodenmosaiken aufweisen (3. Jh. n. Chr.). – *Dom:* Der ursprüngliche Normannenbau ›S. Tomaso di Canterbury‹ wurde im 18. Jh. grundlegend umgebaut und birgt einige gute Arbeiten von A. und D. Gagini.

Mazara del Vallo (22 km südlich von Marsala)
Ehemalige Hafenstadt Karthagos, wurde 409 v. Chr. von Hannibal während des 1. punischen Krieges (s. S. 155) erobert, 827 von den Arabern bei ihrer Landung auf Sizilien

zerstört und von Normannen wieder aufgebaut; Roger I. hielt hier in Mazara 1097 das ›1. normannische Parlament‹ ab. – Sehenswürdigkeiten: *S. Nicolò Regale:* reizvolle kleine Normannenkapelle aus dem 12.Jh. (Abb. 39). – *Dom:* ursprünglich normannische Gründung (1073), wurde im 16. Jh. umgebaut und erhielt 1906 eine neue Fassade; im Innenraum befinden sich einige schöne Werke von Antonello Gagini: ›Trasfigurazione‹ (1537). ›S. Vincenzo‹ (1532); der Sarkophag des Bischofs Monteaperto ist eine Arbeit von Dom. Gagini (1485). – *Kastell:* von den Arabern errichtet, von den Normannen erweitert und von Manfred III. Chiaramonte als Residenz genutzt. – *Fischmarkt und Hafen,* gute Fischrestaurants!

Megara Hyblea (19 km nördlich von Syrakus; auf der Straße SS 114 kurz nach km-Stein 136 rechts abbiegen: Pfad ca. 2 km folgen, nach der Eisenbahnbrücke liegt rechts die antike Stadt).

Der fruchtbare Küstenstreifen von Megara Hyblea war bereits während des Neolithikums in Form einer eingefriedeten lockeren Streusiedlung bewohnt. Später, wohl etwa um 750 v. Chr. (nach Thukydides 728 v. Chr.), erlaubte die sikulische Urbevölkerung den Griechen aus Megara, hier zu siedeln – also noch vor der Stadtgründung von Syrakus (735 v. Chr.) durch die Korinther, die mit der Lage von Syrakus einen bedeutend günstigeren Küstenplatz ausgewählt hatten. Noch während der römischen Epoche erlebte Megara Hyblea seinen Untergang, 214 v. Chr. zerstörte Marcellus die Stadt, die daraufhin nie wieder besiedelt wurde.

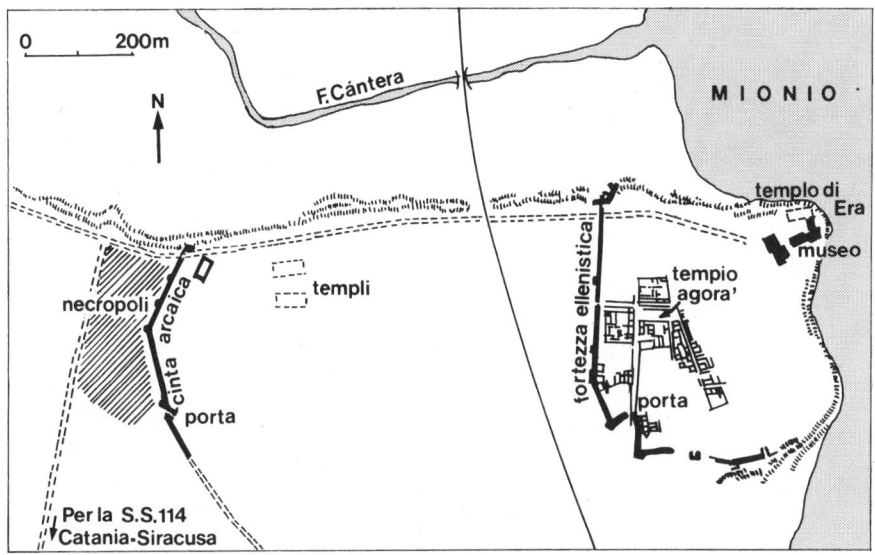

Fig. 70   Megara Hyblea. (Nach: Guida d'Italia, ›Sicilia‹, TC I, Milano 1968)

Das von französischen Archäologen erforschte Grabungsgelände (s. Fig. 70) ist besonders durch seine einsame Lage und durch die Fülle von nur wenig geordnetem antiken Baumaterial sehr reizvoll und lohnt die Mühe dieses kleinen Abstechers. Neben großzügigen Straßenanlagen, Wohnquartieren, *Agora* und Wasserleitungen sind besonders die Fragmente eines dorischen *Tempels* aus dem 5. Jh. (?) v. Chr. sehenswert, der mit seinen geringen Farbspuren ein gutes Beispiel der Polychromie griechischer Tempel ist. – Sehr lohnend ist auch der Besuch des kleinen *Museums* an der Küste.

Messina

Messina ist identisch mit dem antiken ›Zankle‹, das 730 v. Chr. von Griechen aus Chalkis und Cumae gegründet wurde; 493 v. Chr. wurde es von Bewohnern aus Milet und Samos erobert, 396 v. Chr. zerstörten die Karthager die Stadt, die im 3. Jh. v. Chr. von den Mamertinern als Hauptstützpunkt genutzt wurde. Trotz detaillierter Kunde von der Geschichte der Stadt konnte Zankle bisher noch nicht eindeutig lokalisiert werden. – Sowohl unter den Byzantinern und Arabern, als auch unter den Normannen, Staufern und spanischen Vizekönigen erlangte die neue Stadt Messina schnell große Bedeutung, wurde jedoch häufig von schweren Katastrophen heimgesucht: 1743 Pest (40 000 Todesopfer) – 1783 zerstört ein Erdbeben die Stadt (1200 Todesopfer) – 1823 Überschwemmungskatastrophe – 1854 Cholera-Epidemie (15 000 Todesopfer) – 1908 zerstört ein Erdbeben die Stadt (60 000 Todesopfer).

Sehenswürdigkeiten: *Normannen-Dom:* das ehemals prachtvolle Normannengebäude Rogers II. aus dem 12. Jh. ist heute nicht mehr erhalten. Das Gebäude, das sich heute auf der Piazza Duomo erhebt, ist eine Original-Konstruktion nach alten Kupferstichen und Plänen, die nach der völligen Zerstörung durch den Bombenangriff von 1943 erforderlich war; aber auch das 1943 zerstörte Gebäude war bereits eine Rekonstruktion, die nach dem Erdbeben von 1908 gebaut wurde; lediglich das Mittelportal der Westfassade ist noch ein gotisches Originalstück des im 15./16. Jh. umgebauten Normannen-Doms (Abb. 113; s. a. Fig. 71 u. 72); die Skulpturen der Archivolte stammen u. a. von P. da Bonate: ›Vergine e Angeli‹ (1468) und G. B. Mazzola: ›Madonna col Bambino‹ (1534). Der Campanile an der Nordflanke ist ein Entwurf von Fr. Valenti, der die Rekonstruktion leitete; die ›größte Uhr der Welt‹ im Glockenturm ist eine Arbeit von D. Ungerer (1933). Im Innenraum der Kirche befinden sich mehrere Meisterwerke des 16./18. Jh. von A. Gagini, G. B. Quagliata, G. Serpotta u. a.
Orion-Brunnen, ebenfalls auf der Piazza Duomo, im Norden, schöner Marmorbrunnen (Abb. 110/112) von G. A. Montorsoli (1547/50). – *SS. Annunziata dei Catalani* (s. Abb. 111): prachtvoller Normannenbau mit Zentralkuppel und lebendiger Fassadengestaltung; das Gebäude aus dem 12. Jh. ist trotz mehrerer Erdbeben verhältnismäßig gut erhalten. Besonders eindrucksvoll ist das Ostwerk mit seiner vorgeblendeten Arkadenfassade, die von schlanken Säulchen getragen wird. – Nur vormittags (10.00–12.00 Uhr) geöffnet. – *S. Francesco d'Assisi:* rekonstruierter Normannenbau des 13. Jh. (in der Via S. Fr.

Fig. 71   Messina: Piazza Duomo und Normannen-Dom (rechts) im Jahre 1822.

Fig. 72   Messina:
Krypta des
Normannen-Doms.
(71 und 72 aus:
Achille Étienne
Gigault de la Salle,
›Voyage Pittoresque
en Sicile‹, Bd. II;
Paris 1822)

339

d'Assisi). – *Fontana del Nettuno:* schöner Brunnen von G. A. Montorsoli (1557); Neptun steht zwischen Skylla und Charybdis; die Statuen sind Kopien des 19. Jh., die Originale befinden sich im Museo Nazionale. – *Museo Nazionale* (stadtauswärts Via della Libertà): das Museum birgt kostbare Meisterwerke von internationalem Rang: ANTONELLO DA MESSINA: ›Madonna col Bambino‹ (1473) – Saal II; FRANCESCO LAURANA: ›Madonna col Bambino‹ (1469) – Saal XI; CARAVAGGIO: ›Adorazione dei pastori‹ (1604) und ›Resurrezione di Lazzaro‹ (1608/09) – Antonella Gagini: ›Gesù in trono e Angeli‹ (16. Jh.) und ›S. Antonio da Padova‹ (16. Jh.) – Saal XI; die Originale des Nettuno-Brunnens von Montorsoli befinden sich im Garten.

Milazzo (45 km westlich von Messina)

Die etwa 7 km lange und 1 km breite Halbinsel Milazzo war bereits im 9./8. Jh. v. Chr. von Sikulern besiedelt; doch bereits im Jahre 716 v. Chr. gründeten hier Griechen aus Zankle die Stadt ›Mylai‹ und lebten wahrscheinlich friedlich mit den Sikulern auf der Halbinsel zusammen. Leider sind von der antiken Stadt nur spärliche Fragmente vorhanden.

Mit Ausnahme des mächtigen Hafenkastells Friedrichs II. bietet Milazzo keinerlei Sehenswürdigkeiten. Besonders reizvoll dagegen ist die Nordspitze *Capo di Milazzo* (schöne Badebuchten, guter Campingplatz) mit prachtvollem Blick zu den *Liparischen Inseln* (täglich Verbindungen s. S. 282).

Mili S. Pietro (9 km südlich von Messina)

Kurz vor der Ortschaft erhebt sich eine ehrwürdige Klosteranlage, die 1082 von Roger I. gegründet wurde; besonders reizvoll ist die kleine Kapelle S. Maria: frei von Überladenheiten, kraftvoll und doch grazil wirkt der kubische Baukörper; sein überhöhter Tambour, sowie die elegante Zentral- und die verspielte Narthexkuppel rücken das Gebäude in eine harmonische Maßstäblichkeit.

Minoa Heraklea (35 km westlich von Agrigent, – Straße SS 115 bis ca. 2 km nach Largo Gorgo; hier links abbiegen; nach ca. 3 km Straßengabelung – rechts zum Strand – links nach Minoa Heraklea)

Nach Berichten Diodors gründeten die Bewohner von Selinus im 7. Jh. v. Chr. an der Stelle einer minoischen Siedlung eine neue Kolonie, wobei der Name ›Minoa‹ auf den sagenhaften König Minos von Kreta zurückgeht (s. S. 13); den Beinamen ›Heraklea‹ erhielt die Stadt wohl nicht vor der zweiten Hälfte des 4. Jh. v. Chr.

Die Besichtigung der Ausgrabungen (s. Fig. 73) ist sehr zu empfehlen: Die Stadtanlage stammt etwa aus der Zeit 320/300 v. Chr.; besonders eindrucksvoll ist das *Theater* (mit Plastikstufen abgedeckt), von hier aus öffnet sich ein prachtvoller Blick über die etwa 75 m hohen weißen Steilfelsen und den weitauslaufenden Sandstrand (Campingmöglichkeit!); in den Häusern der *Wohnstadt* (im Westen) und den öffent-

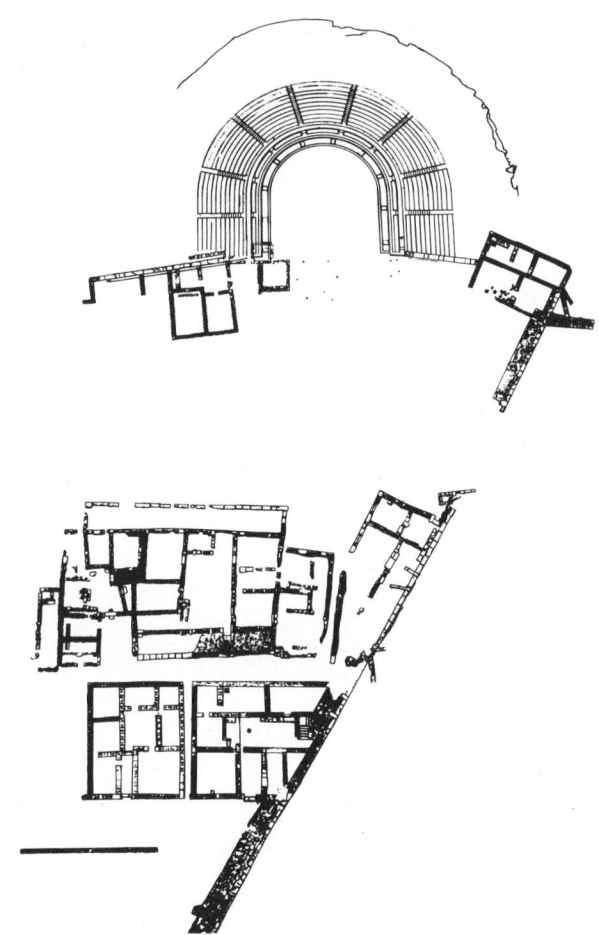

Fig. 73   Minoa Heraklea

lichen Gebäuden der Agora befinden sich noch vereinzelt Mosaikfragmente. Das kleine Museum zeigt eine gute Dokumentation der Grabungsergebnisse und birgt schöne Funde aus Minoa Heraklea (leider sehr unregelmäßig geöffnet!).

Módica (12 km östlich von Ragusa)
Reizvolle Gebirgsstadt, die auf eine sikulische Gründung zurückgeht; besonders sehenswert sind einige Barockkirchen: *S. Giorgio:* eindrucksvolle Fassade mit kräftigem Mittelturm und monumentalem Treppenaufgang; dieses Meisterwerk mit schönen dreigeschossigen korinthischen Doppelsäulen ist eine Arbeit von Rosario Gagliardi (1702/38) und gehört zu den bedeutendsten Barockkirchen Siziliens. – *S. Maria in Betlem:* Gründung aus dem Jahre 1400, bei dem Erdbeben von 1693 zerstört, im 18./19. Jh. rekonstruiert;

341

sehenswert im Innenraum ist die reich geschmückte *Cappella del Sacramento*. – *S. Maria di Gesù:* der Bau aus dem 15. Jh. zeigt Details der katalanischen Gotik.

Monreale s. S. 210 ff.

Morgantina (10 km nordöstlich von Piazza Armerina – Straße N 117 in Richtung Enna; noch 3,5 km rechts – über Aidone in Richtung Raddusa – nach 4,2 km links abbiegen – nach ca. 2,5 km endet die Straße – 1 km Fußweg – rechts: die Ausgrabungen)
Die sehr fruchtbare Hügellandschaft von Morgantina war bereits seit der Bronzezeit besiedelt, aus jener Epoche wurde besonders viel Castelluccio-Keramik gefunden; später wurde die sikulische Urbevölkerung intensiv durch die Thapsos-Kultur (13. Jh. v. Chr.), die ausonische Epoche (12. Jh. v. Chr.) und von Elementen der S. Angelo-Muxaro-

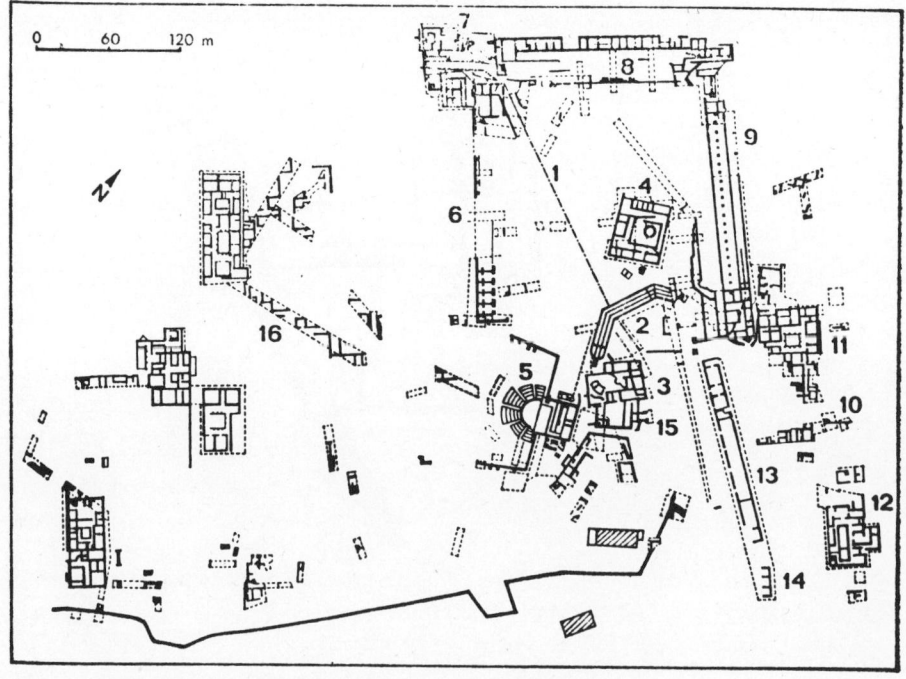

Fig. 74   Morgantina. (Aus: Guida d'Italia, ›Sicilia‹, TC I, Milano 1968)
1 Agora, Hauptmarktplatz der Stadt von ca. 200 x 200 m, der im Westen, Norden und Osten von offenen Säulenhallen eingefaßt war 2 polygonale Sitzstufen für öffentliche Versammlungen 3 südliche Agora 4 Heiligtum mit tholos-artigem Rundbau 5 Theater aus dem 4. Jh. v. Chr. mit einer Inschrift von Dionysios 6 westlicher Portikus 7 Bouleuterion 8 Gymnasion 9 östlicher Portikus 10 östliche Wohnquartiere 11 Atriumhaus mit dorischen Kapitellen 12 ›Haus des Ganymed‹ mit einem Mosaik aus dem 3. Jh. v. Chr.: ›Ganymed wird vom Adler in die Lüfte gehoben‹ 13 öffentlicher Kornspeicher 14 Backofen 15 Demeter-Persephone-Heiligtum (4. Jh. v. Chr.) 16 westliche Wohnquartiere

Kultur (7. Jh. v. Chr.) geprägt, bis schließlich Sikuler und Griechen aus Chalkis seit der ersten Hälfte des 6. Jh. v. Chr. hier nebeneinander lebten und die Chalkidier (?) eine befestigte Stadt errichteten. Die ausgegrabene antike Stadtanlage mit interessantem Straßen-Rasterplan stammt dagegen etwa aus dem 4./3. Jh. v. Chr.

Von ganz besonderem städtebaulichen Interesse ist die weite polygonale *Agora* mit großzügigen Treppenanlagen für öffentliche Versammlungen (Abb. 59). Für die Besichtigung der Ausgrabungen (s. Fig. 74) sollte man sich viel Zeit nehmen, um auch die Landschaft genießen zu können.

Motya (Mozia; 9 km nördlich von Marsala)

Die hochinteressanten Ausgrabungen auf der kleinen Insel Motya legten die einzige karthagische Stadt Siziliens frei, die bereits Ende des 8. Jh. v. Chr. von den Karthagern als Handelsvorposten genutzt wurde. Die Karthager bauten im 6. Jh. v. Chr. Motya zu einem Landeplatz für ihre kriegerischen Expansionen nach Sizilien aus. Nun befestigte man auch die etwa 1 qkm große Insel mit starken Verteidigungsmauern und legte eine großzügige Stadt an; besonders interessant ist die kleine *Dockanlage* nahe dem Südtor, in dem kleine Schiffe (bis zu 18 m) sicher ankern konnten. Schon bald nachdem Motya 397 v. Chr. von Dionysios erobert und zerstört wurde, bauten die Karthager die Stadt nicht mehr neu auf, sondern siedelten die Familien zur nahe gelegenen Stadt Lilybaeum um. Das archäologische Grabungsgelände und das kleine *Museum von Motya* gehören mit zu den interessantesten Fundorten von ganz Sizilien; an kaum einem anderen Ort kann man die antike Stadtstruktur mit Agora, Nekropole, Wohnquartieren, Tempelbezirk und Hafen so gründlich studieren wie hier. Die im Privatbesitz befindliche Insel (Stiftung Whitaker) und das kleine Museum sind in gut gepflegtem sehenswerten Zustand.

Bei den alten Salzgärten *(Contrada spagnola)* kann man täglich (außer montags) zwischen 8.30 und 14.00 Uhr mit der dort angebrachten Glocke den Custode von Motya herüberrufen, der den Fährdienst zur Insel organisiert. Für mehr als 10 Personen ist schriftliche Anmeldung erforderlich, zu richten an: Fondazione G. Whitaker, Palermo, Via Dante 167.

Mussomeli (100 km südlich von Palermo – Straße N 189)

Romantisches Bergdorf mit schönem *Chiaramonte-Kastell* von Manfred III. (1370).

Naro (21 km nordöstlich von Agrigent)

Mittelalterliches Gebirgsstädtchen mit gut erhaltenem *Chiaramonte-Kastell* und schöner Barockkirche *S. Francesco* (17. Jh.).

Naxos (5 km südlich von Taormina)

Naxos ist die älteste griechische Siedlung auf Sizilien; die Stadt wurde Thukydides zufolge 735 v. Chr. von Chalkidiern aus Euböa gegründet und nach der Zerstörung durch Dionysios I. (403) mit der Neu-Gründung von ›Tauromenion‹ (Taormina) aufgegeben. Die neuesten archäologischen Forschungsergebnisse sprechen jedoch bereits für eine Gründung von Naxos im Jahre 757 v. Chr. Die spärlichen Baureste von Naxos, die freigelegt wurden, vermitteln nur einen oberflächlichen Eindruck der Stadt.

Nicosia (43 km nördlich von Enna)

Gebirgsstadt auf vier zerklüfteten Bergkuppen, die bereits von den Sikulern besiedelt waren. Leider hat die Stadt vieles von ihrem einstigen mittelalterlichen Glanz verloren, da sie häufig zerstört worden ist. – Hier besiegte Roger I. die Araber, und 1535 besuchte Karl V. die Stadt. – Sehenswürdigkeiten: Ruinen des *Normannen-Kastells*. – *Dom* aus dem 14. Jh. mit gotischem Portal. – *S. Maria Maggiore:* die Gründung der Kirche geht auf das Jahr 1276 zurück, der Bau wurde jedoch im 18. Jh. nach einem Erdrutsch erheblich restauriert; im Innern befindet sich der sog. ›Marmorthron‹ Karls V. von Antonello Gagini (1512).

Noto s. S. 229

Palazzolo Acréide (43 km westlich von Syrakus)

Das antike ›Akrai‹, 664 v. Chr. von Syrakus aus gegründet, spielte in der Antike nur für kurze Zeit gemeinsam mit Syrakus eine bedeutende Rolle für Sizilien: Gelon aus Syrakus und sein Schwiegervater Theron aus Akrai errangen 480 v. Chr. gemeinsam den glorreichen Sieg bei Himera über die Karthager (s. S. 65).

Westlich von Palazzolo Acréide liegt die *antike Stadt Akrai,* von der bisher nur wenige Bauten freigelegt wurden. Großartig sind das *kleine Theater* (6000 Zuschauer) von Hieron II. aus dem 3. Jh. v. Chr. (Abb. 98), die gut gepflasterte *Römerstraße* (Abb. 101) westlich vom Theater und die *frühchristlichen Gräber* in den Steinbrüchen von Akrai, die teilweise erste Versuche gelungener ›Grab-Architektur‹ zeigen (Abb. 99, 100). Interessant in den Steinbrüchen (Latomien) ist ebenfalls ein einfaches *Flachrelief* mit zwei verschiedenen Bankettszenen: römische Krieger bringen ein Trankopfer oder Weihgeschenk dar (links); griechische Helden versammeln sich zum Festmahl (rechts).

Ca. 2 km südöstlich von den Ausgrabungen befindet sich der sog. *Sontini* (der Kustode vom Theater führt Sie dorthin): hier sieht man zwölf verschiedene, aus dem Felsen herausgearbeitete ›Kybele-Statuen‹, die leider fast bis zur Unkenntlichkeit verwittert sind; Kybele, die große Göttin orientalischen Ursprungs, die ›Magna Mater‹, deren Kult sich im 5. Jh. v. Chr. in Griechenland ausbreitete und 204 v. Chr. von Phrygien als orgiastischer Kult direkt nach Rom gelangte. Hier in Akrai erscheint sie in folgender Begleitung: mit kleinen Männern mit phrygischen Mützen (als Priester der Göttin); zwischen Hermes und dem Silen Marsyas; mit den Dioskuren zu Pferde; mit einem Löwen, der zu Füßen der Göttin liegt. (Wahrscheinlich waren die Figuren ehemals bemalt).

In Palazzolo Acréide befindet sich in der *Chiesa dell'Immacolata* aus dem 15. Jh. ein Meisterwerk von FRANCESCO LAURANA: ›Madonna col Bambino‹ (1470).

Palermo s. S. 288 ff.

Pantálica (35 km westlich von Syrakus; Straße N 124 in Richtung Palazzolo Acréide, bei km 30 rechts nach Ferla abzweigen, hier Schildern folgen; 9 km Pantálica. – Die Nekropole ist mit dem Auto von Sortino aus nicht zu erreichen!)

Inmitten einer heroischen Landschaft, an den Steilfelsen breiter Schluchten und Täler weitet sich die *größte Gräbergruppe Siziliens* aus (Abb. 97); in der Nekropole von Pantálica existieren etwa 5000 aus dem Fels gehauene Kammergräber des 13. bis 8. Jh. v. Chr. In jedem Grab wurden Skelette mehrerer Personen gefunden; somit muß das Dorf Pantálica, von dem man bisher nur das ›Anaktoron‹, ein Herrenhaus des Stammesfürsten nach mykenischer Bautradition, ausgegraben hat, einst dicht besiedelt gewesen sein. Wichtig für die Siedlungsgeschichte von Pantálica ist die Tatsache, daß man sich hier zu einem Zeitpunkt niederließ, da man die unsicheren kleinen Küstenortschaften wie z. B. Thapsos im Jahre 1270, aufgegeben hatte (s. S. 28 f.).

Für die Besichtigung von Pantálica sollte man sich einen Tag Zeit nehmen (in Verbindung mit Palazzolo Acréide), um auch die Landschaft genießen zu können, die zu schönen Wanderungen einlädt. Es empfiehlt sich, bereits beim ersten Schild ›Pantálica‹ zu parken (kurz vor dem antiken Burggraben ›Trincea‹). Hier folge man rechts einem Pfad, der fast parallel zum Anapo-Fluß verläuft und schließlich zum ›Anaktoron‹ führt, auf dem Wege liegen links in den Felswänden verhältnismäßig große Grabkammern (S. Micidiario) aus dem 9./8. Jh. v. Chr.

Vom Anaktoron gelangt man wieder zur Asphaltstraße, die rechts nach ca. 400 m endet und links zu Ihrem Wagen zurückführt. An den nördlichen Steilfelsen (rechts von der Straße) befinden sich die meisten Grabkammern (Abb. 97), die aus dem 12./11. Jh. stammen (der Abstieg ist nicht ungefährlich!). Lohnend ist auch ein Abstieg zum Flußbett des Anapo!

Paterno (20 km westlich von Catania)
Gebirgsstädtchen mit eindrucksvollem *Normannen-Kastell* auf einem hohen Lavafelsen; das Gebäude wurde 1073 von Roger I. gegründet, im 14. Jh. zerstört und daraufhin mehrfach restauriert.

Patti (42 km westlich von Milazzo)
Interessante Stadtanlage mit ringförmig angelegten Häusern; 1094 gründete Roger I. hier ein Benediktinerkloster, das im Laufe der Jahrhunderte Zentrum der Stadt geworden ist. Im *Dom* aus dem 18. Jh. befindet sich der Sarkophag der normannischen Königin Adelasia, Gemahlin Rogers I., Mutter Rogers II.

Pergusa-See (10 km südlich von Enna)
An dieser Stelle soll Hades Persephone, die Tochter Demeters, entführt haben; ein an-

derer Mythos verlegt die Stelle jedoch zur Fonte Ciane bei Syrakus (s. S. 357). Die ehemals idyllische Landschaft um den Pergusa-See wurde leider vor Jahren brutal zerstört; ganze Wälder wurden abgeschlagen, damit um den See eine Autorennstrecke entstehen konnte.

Petralia Soprano (39 km westlich von Nicosia)
Im Zentrum der Stadt steht die schöne Kirche *SS. Pietro e Paolo* mit Stileinflüssen aus mehreren Jahrhunderten, gut erhalten ist das Portal mit Doppelsäulen im Stil der katalanischen Gotik.

Piana degli Albanesi (24 km südlich von Palermo)
Mittelalterliches Städtchen, in dem 1488 Christen aus Albanien, von den Türken bedroht, Zuflucht fanden, die noch bis zur heutigen Zeit ihre griechisch-orthodoxen Sitten und Gebräuche beibehalten haben (Dialekt, Trachten, Festtage etc.). Noch heute ist die Stadt Bischofssitz für die albanischen Christen Italiens.

Piazza Armerina (36 km südl. von Enna)
Piazza Armerina ist eine verhältnismäßig junge Stadt; sie wurde etwa um 1200 von Guglielmo I. gegründet, nachdem er kurz zuvor die nahgelegene römische Kaiservilla bei Casale zerstört hatte (s. S. 162 ff.).

Piazza Armerina, inmitten einer sanften, von dichten Mischwäldern bestandenen Hügellandschaft gelegen, ist eine der schönsten innersizilischen Städte, die mit ihren malerischen Gassen und ihrer wertvollen Bausubstanz des 14./18. Jh. von einer urbanen Atmosphäre ist, die beste Voraussetzungen für einen längeren Aufenthalt bietet. Von hier aus lassen sich zahllose interessante Ausflüge in das reizvolle Umland gestalten: Zur römischen Kaiservilla Casale, nach Enna, nach Caltanissetta, Caltagirone, Morgantina etc.

Sehenswürdigkeiten: *Dom:* prachtvoller Barockbau aus dem Jahre 1604 mit elegantem Glockenturm im Stil der katalanischen Gotik (1425); im Inneren befindet sich neben Kunstwerken des 14.–18. Jh. ein sehenswerter Domschatz; beachtenswert sind ›Kreuzigungsszene‹ von Maestro della Croce di Piazza Armerina (1485) und ›Ecce Homo‹ von A. Gagini. – *Castello Arogonese:* kraftvoller Festungsbau aus der Zeit Martins II. (1391–1409), Königs von Sizilien, Enkel Peters IV. von Aragon. – *Chiesa del Collegio* und *Chiesa di* *S. Anna*, gelungene städtebauliche Platzlösung in der *Via Vittorio Emanuele*. – *Chiesa del Crocifisso:* Barockkirche aus dem Jahre 1670, 1785 erheblich umgebaut; kraftvolle Tambourkuppel. – *San Martino* aus dem 15. Jh. – *S. Andrea:* im Norden der Stadt (Via Andrea/Via S. Maria di Gesù), schlichte Normannen-Kirche aus dem Jahre 1096 mit teilweise gut erhaltenen Fresken.

Ragusa

Ehemalige Sikulerstadt ›Hybla Heraea‹; schöne Gebirgsstadt, auf zwei Hügelkappen gelegen, die durch eine tiefe Schlucht voneinander getrennt sind; mittelalterliche Gassen und Platzsituationen (Farbt. XXIX), reizvolle Dachlandschaft. In einem kleinen *Museum* (gleich hinter der Brücke links) befindet sich eine schöne Sammlung archäologischer Fundobjekte aus der Region Ragusa.

Sehenswürdigkeiten: *Dom:* schöner Barockbau aus der Zeit 1706/1760 mit breit angelegter Hauptfassade und kräftigen korinthischen Säulen. – *S. Maria delle Scale:* reizvolle Kirche oberhalb von Ibla aus dem 15. Jh. mit Stileinflüssen aus der katalanischen Gotik, der Renaissance und dem Barock. Über dem Altar ein Werk von G. Gagini: ›Transito della Vergine‹ (1538).

In Ragusa Ibla: *San Giorgio Vecchio:* verfallene Normannen-Kirche mit schönem Portal im Stil der katalanischen Gotik (Abb. 69). – *Chiesa di S. Giorgio:* eine der schönsten Barockkirchen Siziliens, von Rosario Gagliardi (1774/75; Farbt. XXX; Abb. 68). – *S. Giuseppe:* Barockkirche, die in ihrem Fassadenbau der Kirche S. Giorgio stark ähnelt – ebenfalls ein Meisterwerk von R. Gagliardi.

Randazzo (70 km nordwestl. von Catania)

»Die Hölle von Randazzo« (T. di Lampedusa): die Stadt liegt nur 15 km (Luftlinie) vom Kraterrand des Etna entfernt, wurde jedoch bisher noch niemals vom Lavastrom zerstört. Die prachtvollen Bauten der Stadt sind hauptsächlich aus Lavasteinen errichtet: *Chiesa di S. Maria:* gotischer Bau aus der Zeit 1217–1239 (Abb. 106/107) von eindrucksvoller strenger Architektur – S. Nicolò aus dem 14. Jh. – *S. Martino* aus dem 13./14. Jh. mit schönem romanischen Campanile.

S. Angelo Muxaro (30 km nördlich von Agrigent – N 118 bis Raffadali, dann Landstraße über S. Elisabetta)

Die Nekropole von S. Angelo Muxaro, dem antiken ›Kamikos‹ (s. S. 335), gehört neben der von Pantálica zu den eindrucksvollsten der ganzen Insel. Die *Gräber der Nekropole* liegen am Süd- und Westhang des Platani-Tals, stammen aus dem 11.–9. und 8.–5. Jh. v. Chr. und sind nicht nur hinsichtlich ihrer teilweise monumentalen Größe (Kreisrund bis zu 9 m Durchmesser) einzigartig für Sizilien, sondern besonders wegen ihrer Konstruktion: alle Gräber bestehen aus einem kleinen Vorraum (Türanschläge sind noch zu sehen; Abb. 53) und einer überkuppelten Grabkammer, die technisch vollkommen aus dem gewachsenen Fels herausgearbeitet wurde (Abb. 54). Besitzen die großen Grabkammern an den Innenwänden Bestattungsbänke, so wurden die Verstorbenen in den kleineren Gräbern auf den nackten Fels gelegt, links und rechts daneben stellte man die Opfergaben (Tonkrüge, Schmuck etc.) auf. Schöne Funde befinden sich im archäologischen Museum von Syrakus.

Ein Ausflug nach S. Angelo Muxaro ist besonders der herrlichen Landschaft wegen lohnend und sollte mit viel Zeit geplant werden (ein Tag). Die schönste Gegend ist zwischen S. Elisabetta und S. Angelo Muxaro, Straße N. 118 bis *Raffadali* – rechts nach *S. Elisabetta,* vor der Ortschaft linker Straßengabelung folgen, nicht in Richtung Aragona – nach ca. 10 km erhebt sich links auf einem Bergrücken *S. Angelo Muxaro!* Lassen Sie ihren Wagen rechts beim Brunnen stehen, folgen Sie der Asphaltstraße in Richtung zum Dorf, nach etwa 1,3 km, bei einer scharfen Rechtskehre (beim 2. Hinweisschild zu den Gräbern) führt links eine Treppe zu den schönsten Gräbern der Nekropole. Ein Rundweg führt Sie zum Talgrund und auch wieder zum Ausgangspunkt zurück (Parkplatz beim Brunnen).

S. Biagio (Nordküste bei Milazzo)
Direkt an der Hauptstraße Nr. 113 liegt im Süden der Ortschaft S. Biagio eine gut erhaltene weiträumige *römische Villa* des 2. Jh. n. Chr. (s. Fig. 75). Zwar besitzt sie keine so kostbaren Fußbodenmosaiken wie die römische Kaiservilla in Casale, dafür zeigt sie aber dem Besucher die Geheimnisse der römischen Haustechnik-Konstruktion (Abb. 115); bis ins letzte Detail kann hier die Wand- und Fußbodenkonstruktion eines römischen Dampfbades studiert werden. – Den Schlüssel zu der Ausgrabung und für das kleine *Museum* erhalten sie in der Fleischerei (Macelleria) direkt an der Hauptstraße beim Eingang zu der Villa.

S. Maria di Maniace (13 km westlich von Randazzo)
Ehemalige Benediktinerabtei aus dem Jahre 1174, die den Namen des byzantinischen

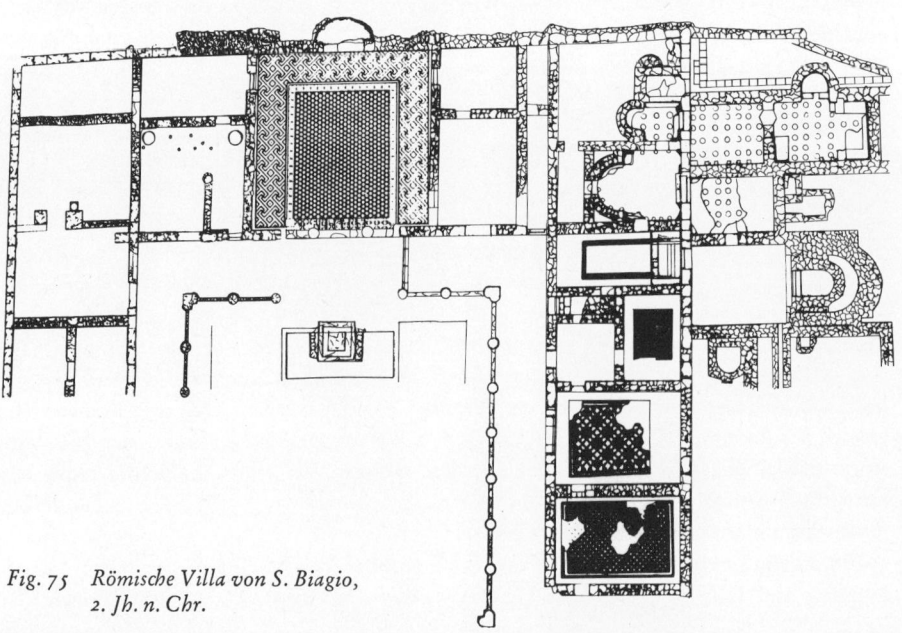

Fig. 75 Römische Villa von S. Biagio,
2. Jh. n. Chr.

Feldherrn G. Maniakes trägt, der hier im Jahre 1040 die Araber besiegen konnte; die kleine Normannen-Kirche schmückt heute ein gotisches Portal.

SS. Pietro e Paolo   s. Scifi

SS. Trinità di Delia   s. Castelvetrano

S. Vito lo Capo (Nordwestspitze Siziliens)
Kleine Hafenortschaft mit schönem Sandstrand und reizvollem Hinterland (Segesta, Erice, Trápani); gut geeignet für längeren Aufenthalt für Familien mit Kindern.

Sciacca (58 km nordwestl. von Agrigent)
Ursprüngliche Festung der Selinuntiner; in der Antike bereits wegen seiner heißen Schwefel- und Salzheilquellen bekannt, woraufhin die Römer die Stadt ›Thermae Selinuntinae‹ nannten. Den Namen Sciacca erhielt die Stadt erst von den Arabern (um 850).

Sehenswürdigkeiten: *Dom* (S. Maria Maddalena): frühe Gründung des 12. Jh.; die Fassade stammt aus dem 16. Jh. und wird von schönen Statuen von Antonio und Gian Dom. Gagini geschmückt: ›S. Pietro‹, ›S. Paolo‹, ›S. Maddalena‹, ›S. Calogero‹. Im Innenraum ein Meisterwerk von FRANCESCO LAURANA: ›S. Madonna della Catena‹ (um 1540) und ein weiteres von Antonello Gagini: ›SS. Pietro e Paolo‹ (1581). – *Chiesa di S. Margherita:* Kirche aus dem Jahre 1342, 1594 stark restauriert, schönes gotisches Portal; das Portal in der Via F. Incisa (Nordfassade) ist ein prachtvolles Werk von FRANCESCO LAURANA. – *Palazzo Steripinto:* ungewöhnliche Fassade im sog. ›sikulisch-katalonischen Stil‹ des 15. Jh. mit kräftigen Quadersteinen (Ecke Corso Vitt. Emanuele/Via Geradi). – *S. Maria di Valverde* (della Giummare): ursprünglicher Normannenbau, im 15. Jh. im Stil der katalanischen Gotik erneuert; das Portal stammt aus dem 16. Jh. (Via Valverde, im Osten der Stadt). *S. Nicolo:* gut erhaltene Normannen-Kirche mit vielen Ergänzungen späterer Jahrhunderte. – *Stufe vaporose naturali di S. Calogero* (›Dampfende Öfen‹): Ausfahrtsstraße Via Cronio, 8 km Richtung Norden, dann erreichen Sie hoch über der Stadt Sciacca die auf einer Bergkuppe gelegene Kuranstalt (Inhalationen, Schwitzbäder etc.), wo Sie die natürlichen Höhlen mit den ausströmenden heißen Dämpfen besichtigen können, in denen bedeutende Funde der Kupferzeit (3. Jt. v. Chr.) gemacht wurden, die auf einen frühen Götterkult schließen lassen, der die unheimlichen Mächte der Natur besänftigen sollte.

Scifi (15 km nördlich von Taormina)
Prachtvolle *Normannen-Kirche* (Farbt. VII, VIII) von 1170–72, die ursprünglich zu einem griechisch-orthodoxen Kloster gehörte (s. Inschrift Farbt. VIII). Der schlichte Baukörper zeigt eine zweigeschossige Fassadengliederung mit nur wenig Lichtquellen

für den Innenraum; die sich verschlingenden Blendarkaden der zweigeschossigen Längs-
wände versuchen, ein wenig der fast übermäßigen Höhenentwicklung des Baukörpers
entgegenzuwirken, die durch die dreiseitig geschlossene Apsis noch verstärkt betont
wird. – Sehr lohnender Ausflug; schöne ruhige Landschaft. Sie verlassen die Küstenstraße Nr. 114 nach Capo S. Aléssio links in Richtung Antillo und fahren parallel zum
Agrò-Fluß bis Scifi; vor der Ortschaft halten, rechts der Straße zum Fluß folgen, das
trockene Flußbett durchwandern, am anderen Ufer erhebt sich die Normannen-Kirche.

Segesta   s. S. 135 ff.

Selinunt (Selinus)   s. S. 71 ff.

Solunto (Solus; 17 km östlich von Palermo)
Die Ursprünge der antiken Stadt Solunto gehen weit ins 7. Jh. v. Chr. zurück, damals
errichteten die Karthager die Stadt als Vorposten für Panormus (Palermo) gegen die
immer stärker werdenden Expansionen der Griechen, die bereits bis nach Himera vor-
gedrungen waren. Von dieser ersten Stadtanlage existieren jedoch keinerlei Baureste
mehr, sie wurde 397 v. Chr. durch Dionysos I. zerstört und lag wahrscheinlich bei der
heutigen Ortschaft Cozzo Cannita (etwa 7 km südwestlich vom Ausgrabungsgelände).
Knapp 50 Jahre nach der Zerstörung durch Dionysios ließ um 350 v. Chr. Timoleon die

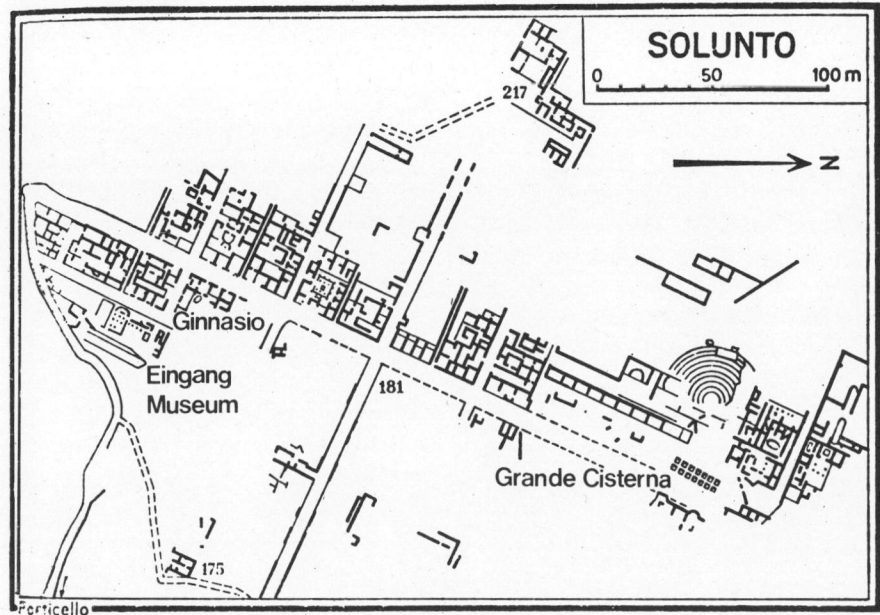

Fig. 76   Solunto. (Aus: Guida d'Italia, ›Sicila‹, TC I, Milano 1968)

neue Stadt Solunto, weiter zur Küste vorgelagert, nach einem modernen Straßenraster-plan anlegen (s. Fig. 76). Die ausgegrabenen Straßenzüge, die *Agora*, das *Theater*, die *Wohnquartiere* mit schönen Atrium-Häusern (Abb. 116) und die Funde in dem kleinen *Museum* vermitteln alle zusammen einen guten Eindruck einer antiken Wohnstadt des 3. Jh. v. Chr. bis zum 2. Jh. n. Chr., die für Sizilien ohne Beispiel ist. – Öffnungszeiten: täglich von 9.00 bis Sonnenuntergang; montags geschlossen!

Syrakus

Das Altstadtgebiet von Syrakus, die Insel ›Ortygia‹ (›Wachtelinsel‹), war bereits lange bevor die Griechen nach Sizilien kamen, besiedelt; archäologische Funde beweisen, daß hier während des 10.–8. Jh. v. Chr. Sikuler lebten. Mit der griechischen Stadtgründung von Syrakus im Jahre 734 v. Chr., durch die Korinther, begann die wechselvolle Ge-schichte der schönsten und interessantesten Stadt Siziliens; eine Geschichte, die exakt mit den historischen Epochen der Insel übereinstimmt, und umgekehrt, denn es waren die kulturellen Entwicklungen und die politischen Verhältnisse von Syrakus, die den gesamten historischen Verlauf Siziliens entscheidend geprägt haben (s. S. 67 ff.)

Sehenswürdigkeiten (s. Fig. 78): Der *Dom* (S. Maria del Piliero o delle Colonne): es gibt kaum ein anderes Gebäude in Europa, das so vortrefflich wie der Dom von Syrakus lebendig, eindrucksvoll und pla-stisch den schicksalhaften Wechsel der Ge-schichte von der Antike bis zum 20. Jh. er-zählt, denn im Bauern der heutigen christlichen Kirche befinden sich die Bau-reste des dorischen Tempels der griechi-schen Göttin Athena (s. Fig. 77, schwarz: antiker Tempel; schraffiert: spätere Bau-teile). Der ursprüngliche Athena-Tempel wurde nach der siegreichen Schlacht bei Himera im Jahre 480 v. Chr. von Gelon und Hieron an der Stelle eines alten Athe-

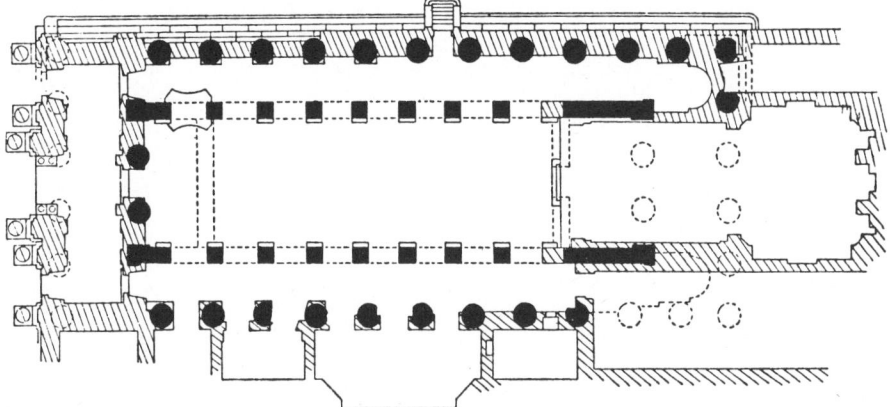

Fig. 77 Syrakus: der Dom (S. Maria del Piliero o delle Colonne). (Aus: Guida d'Italia, ›Sicilia‹, TC I, Milano 1968)

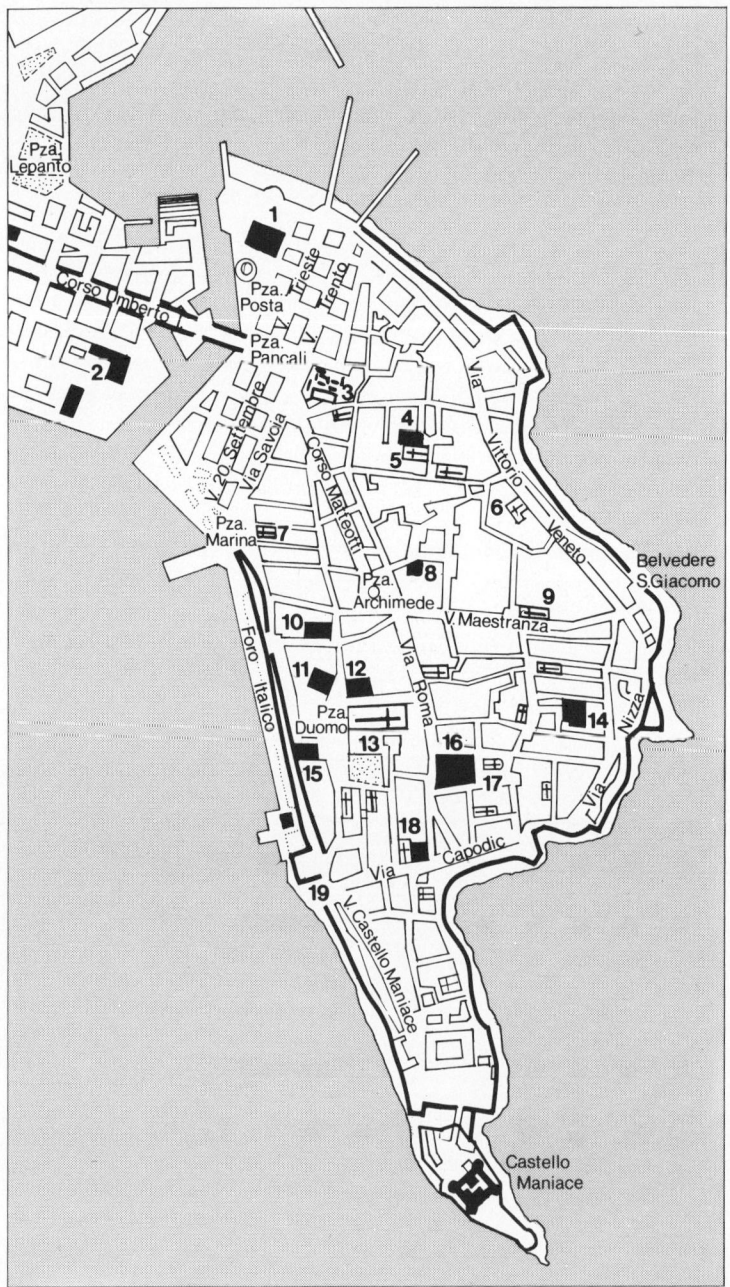

Fig. 78 Syrakus:
die Altstadt auf der
Insel Ortygia.
(Zeichnung des
Verfassers)

1 Post
2 Dogana
3 Apollon-Tempel
4 Biblioteca Comu-
  nale
5 S. Pietro
6 S. Filippo
7 S. Maria dei
  Miracoli
8 Palazzo Montalto
9 S. Francesco
10 Chiesa del Col-
   legio
11 Palazzo Beneven-
   tano
12 Municipio
13 Duomo
14 S. Giovanni
   Battista
15 Archäologisches
   Museum
16 Teatro Comunale
17 S. Giuseppe
18 Palazzo Bellomo
   (Museo
   Nazionale)
19 Arethusa-Brunnen

na-Heiligtums errichtet, wo bereits die Sikuler ihre Götter verehrten. Den Wunsch nach vollkommener Harmonie machte sich Gelon alle architektonischen Errungenschaften der ausgereiften Klassik zu Nutze, löste sich teilweise von altsizilischen Bautraditionen und gab selbst das für die sizilische Tempelarchitektur so bedeutende Adyton auf (s. S. 93 ff.); somit waren alle Voraussetzungen geschaffen, ein ausgereiftes Bauwerk nach der Tradition des griechischen Mutterlandes zu errichten: von den harmonischen Stylobat-Proportionen ausgehend (22,00 m x 55, 02 m, entspricht sich wie 2:5), näherte man sich nun mit einer 6 x 14 Säulen Peristasis nahezu dem klassischen Ideal von 6 x 13; damit vermied man ganz bewußt die sonst auf Sizilien übliche Längsstreckung des Tempels. Auch suchte man den dorischen Eckkonflikt zu lösen, der ansonsten auf Sizilien und in Unteritalien nur wenig berücksichtigt wurde (s. S. 255) – sowohl das Eckjoch, als auch das nächstfolgende Joch wurden kontrakiert (sog. ›doppelte Eckkontraktion‹), so daß die Verengung optisch kaum ins Gewicht fiel. Die einzelnen Bauglieder sind nach wie vor – der in Syrakus und auf Sizilien üblichen Bauweise entsprechend – schwer, wuchtig und massig; der Echinus der Kapitelle ist schwungvoll straff, die 20 Kanneluren des von einer feinen Entasis gespannten Säulenschaftes sind ungemein exakt und scharfkantig gearbeitet. – Dieses Meisterwerk der griechischen Architektur überlebte alle Stürme der sizilischen Geschichte: in frühchristlicher Zeit, spätestens im 7. Jh., wurde der Tempel zu einer dreischiffigen Basilika umgebaut; während der Araber-Zeit diente er den

Mohammadanern als Gotteshaus, und seit der Eroberung von Syrakus durch Roger I. (1093) ist das Gebäude bis zum heutigen Tage Bischofskirche der Stadt. Heute erhebt sich der ehemals ehrwürdige griechische Tempel als Barockkirche auf der *Piazza Duomo* (Abb. 83); hier bewundert man die kraftvolle dorische Architektur (Abb. 85, 86), dort offenbart sich dem Betrachter eine meisterhafte Barockarchitektur (Abb. 84) mit guter Detailausarbeitung von Andrea Palma aus dem Jahre 1728 – lebendige Architekturgeschichte aus 2500 Jahren ... – Im Kirchenschiff des Doms befindet sich neben vielen kostbaren Kunstwerken auch ein Meisterwerk von ANTONELLO DA MESSINA: ›S. Zosimo‹.

Apollon-Tempel (Apollonion): dieser kraftvolle dorische Bau ist der älteste Tempel von Syrakus, er wurde um 570/ 560 v. Chr. unmittelbar am Zugang der Insel Ortygia errichtet und trägt die Inschrift:

»Kleom(en) er hat (den Tempel) dem Apollon gemacht, (der Sohn) des Knidieidas, und Epikles die Säulen, schöne Werke.«

Hier in Syrakus wurde dem Baumeister ein Recht zugestanden, das in Griechenland nicht einmal dem Erbauer des Parthenon, dem Architekten Iktinos, gewährt wurde. Der Tempel des Apollon zeigt nur wenige Gemeinsamkeiten mit der Tempelarchitektur des griechischen Mutterlandes; lediglich die langgestreckte Cella mit zwei Reihen kleiner dorischer Säulen in zwei Etagen, die die Cella in drei Schiffe unterteilen, und die Peristasis (ohne Vorhalle) von 6 x 15 Säulen entsprechen dem Aufbau des Apollon-Tempels in Korinth, ansonsten greift man nach den archaischen Lösungen der sizilischen Tempelarchitektur: das Adyton bleibt für den Innenraum unentbehrlich (s. S. 95 ff.). Die Frontalität tritt an die Stelle der Allseitigkeit; der Ostseite wird eine 6 x 2 Säulen große Vorhalle vorgelegt, so daß der Tempel mit seiner Peristasis von nun 6 x 17 Säulen eine noch stärkere Längsstreckung erhält – die Joche werden geradezu willkürlich aufgeteilt; Längsseiten 3,33 m, Eckjoche der Fronten, 3,90 m, und das Mitteljoch der Fronten erreicht sogar die unglaubliche Weite von 4,15 m. Auch den Säulen haften archaische Züge an; sie zeigen nur 16 (statt sonst 20) Kanneluren mit einer sehr breiten und flachen Aushöhlung – der Echinus unter dem schweren Gehölz wirkt äußerst flach und zusammengedrückt (Abb. 95).

Arethusa-Quelle: An der Südküste der Insel Ortygia liegt von Papyrusstauden umstanden die Quelle der Arethusa, von der schon Pausanias folgendes zu berichten weiß:

»Auch das erzählt man noch über den Alpheios, daß er ein Jäger gewesen sei und sich in die Arethusa verliebt habe und daß auch sie Jägerin gewesen sei. Und Arethusa habe sich nicht heiraten lassen wollen und sei auf die Insel bei Syrakus mit Namen Ortygia gelangt und dort aus einem Menschen in eine Quelle verwandelt worden. Infolgedessen habe sich auch Alpheios aus Liebe in den Fluß verwandelt. Das ist an der Geschichte in bezug auf Alpheios nicht vernünftig, daß aber der Alpheios durch das Meer hindurchfließe und sein Wasser hier mit der Quelle vereinige, das nicht zu glauben, habe ich keinen Grund,

da ich weiß, daß der Gott in Delphi darin mit ihnen übereinstimmt, der den Korinthier Archias zur Gründung der Kolonie Syrakus aussandte und auch diese Verse sagte:

›Ortygie liegt im dämmernden Meer
über Trinakie, wo des Alpheios
Mündung aufsprudelt,
sich mischend mit den Quellen der
schön fließenden Arethuse.‹
Eben daraus, daß sich das Wasser des Alpheios mit der Arethusa vermischt, meine ich, ist auch die Sage von der Liebe des Flusses entstanden.«

Pausanias: V, 1. Buch, Elis

Palazzo Montalta: Palastbau aus dem Jahre 1397 mit eleganter Architektur im Chiaramonte-Stil mit gotischen Einflüssen. – *Palazzo Beneventano del Bosco:* Privatpalast mit schöner Fassade von Luciano Alì aus dem Jahre 1775. – *Municipio:* Palastgebäude mit lebendiger Fassadengestaltung von G. Vermexio aus der Zeit 1629–33; im Erdgeschoß des Palastes befindet sich eine Ausstellung vom alten ionischen Athena-Tempel, den Vorgängerbau des dorischen Tempels und heutigen Doms. – *Castello Maniace:* Seefestung am Südsporn der Insel Ortygia, 1239 von Friedrich II. errichtet; das Gebäude befindet sich heute auf Militärgelände. – *Palazzo Bellomo:* prachtvoller Palastbau aus der Staufer-Zeit (13. Jh.) mit Veränderungen im Stil der katalanischen Gotik (15. Jh.); heute ist in dem Gebäude das *Museo Nazionale* mit Meisterwerken des 8.–12. Jh.; besonders sehenswert sind in Saal III die Werke von FRANCESCO LAURANA: ›Madonna col Bambino‹ und ›Grabstele des G. Savastida‹ (1472), in Saal VI

VON ANTONELLO DEL MESSINA: ›Angelo dell' Annunciazione‹ und ›Madonna dell' Annunciazione‹ (1474). – *S. Martino* (von der Piazza Svevia durch die Via Salomone zur Via S. Martino): interessante frühchristliche Basilika des 6. Jh. (ehemaliger Bischofssitz) mit Veränderungen des 14./15. Jh.; elegantes gotisches Portal.

Museo Archeologico Nazionale

Erdgeschoß (siehe Fig. 79): – *Saal I:* Archaische Architekturfragmente des 6. bis 5. Jh. v. Chr. – *Saal II:* sikulische, griechische und römische Inschriften. – *Saal III:* Architekturfragmente der hellenistischen Zeit (3./2. Jh. v. Chr.). – *Saal IV:* Terrakotta-Architekturfragmente des Athena-Tempels (6. Jh. v. Chr.). – *Saal V:* Architekturfragmente aus hellenistischer und römischer Zeit, die Karyatiden stammen vom Theater in Syrakus, die Telamonen gehörten wohl ehemals zum Altar

Hierons II. – *Saal VI:* griechische, hellenistische und römische Sarkophage (7./5. Jh. v. Chr.). – *Saal VII:* Architekturfragmente des Athena- und Apollon-Tempels (Abb. 78); Funde von der Fonte Ciane, aus Megara Hyblea, Lentini, Gela (Gorgo-Haupt) und Kamarina (Akroterion in Form eines Reiters). – *Saal VIII:* Architekturfragmente vom Athena- und Apollon-Tempel. – *Saal IX:* ›Venus Anadyomene‹ (Venere Landolina), römische Kopie eines hellenistischen Originals (2. Jh. v. Chr.; Abb. 72), Herakles-Statue (um 300 v. Chr.). – *Saal X:* Archaische Skulpturen des 7.–6. Jh.; großartig ist die Göttin, die ihre Zwillinge säugt (6. Jh. v. Chr., aus Megara Hyblea); Terrakotta-Göttin aus Grammichele (530/520 v. Chr.). – *Saal XI:* griechische Skulpturen und römische Kopien (5.–4. Jh. v. Chr.). – *Saal XII:* hellenistische und römische Skulpturen; Zeus-Kopf aus dem Amphitheater

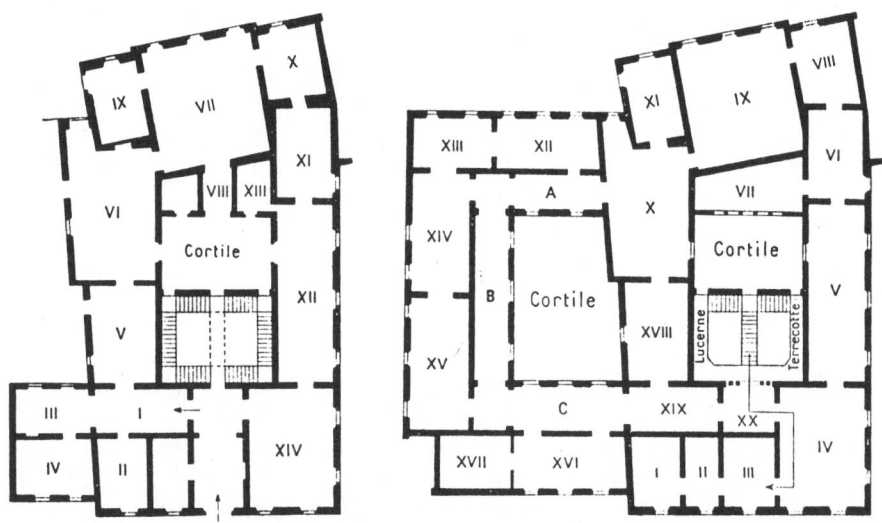

Fig. 79, 80 Syrakus: Archäologisches Museum, Erdgeschoß und Obergeschoß

von Syrakus, römische Mosaikfußböden. – *Saal XIII:* Porträtbüsten aus hellenistischer und römischer Zeit. – *Saal XIV:* frühchristliche und byzantinische Fundobjekte; Marmorsarkophag der Adelphia (um 340 n. Chr.; s. S. 159 u. Fig. 36).

Obergeschoß (siehe Fig. 80): – *Saal I:* Funde aus dem Paläothikum. – *Saal II:* neolithische Funde des 4. Jt. v. Chr. aus Stentinello, Ognina, Matnensa und Megara Hyblea. – *Saal III:* neolithische Funde aus Gräbern im Gebiet des Etna. – *Saal IV:* Funde des späten Neolithikums und der frühen Bronzezeit (3.–2. Jt. v. Chr.). – *Saal V:* Funde der Bronzezeit (14.–13. Jh. v. Chr.), die der Thapsos-Kultur angehören. – *Saal VI:* Grabbeigaben aus der Nekropole von Disueri bei Gela (11.–9. Jh. v. Chr.) und aus den Nekropolen von Giarratana und San Cataldo (11.–8. Jh. v. Chr.). – *Saal VII:* Funde der Bronze- und Eisenzeit (13.–6. Jh. v. Chr.) aus S. Angelo Muxaro. – *Saal VIII:* Fundobjekte des 8.–7. Jh. v. Chr. mit Einflüssen der griechischen Kolonisten (Fundort: Modica und Finocchito). – *Saal IX:* Funde aus den hellenisierten Sikulerstätten: Monte Casale, Monte San Mauro, und aus den griechischen Städten: Akragas, Akrai und Leontinoi. – *Saal X:* Funde der griechischen Epoche aus: Morgantina, Modica, Ragusa u. a. – *Saal XI:* Fundobjekte aus der Region des Etna: Calcanella (11. Jh. v. Chr.), Malpasso (10.–8. Jh. v. Chr.), Realmese (8.–7. Jh. v. Chr.) und Valle Coniglio (6.–5. Jh. v. Chr.). – *Saal XII/XIII:* Grabfunde von den Nekropolen in Syrakus (Fusco und Giardino Spagna, 8.–6. Jh. v. Chr.). – *Saal XIV/XV:* Funde aus der Nekropole

von Gela (7.–5. Jh. v. Chr.). – *Saal XVI:* Keramik aus Centuripe (4./1. Jh. v. Chr.) und Grabbeigaben von der Nekropole in Kamarina. – *Saal XVII:* z. Z. geschlossen. – *Saal XIX:* verschiedene Funde aus Akrai (Palazzolo Acréide). – *Saal XX:* Keramikfunde aus verschiedenen prähistorischen Grotten. – *Korridor A:* verschiedene Funde aus Syrakus, Scala Greca und Belvedere (8.–4. Jh. v. Chr.). – *Korridor B:* Keramiken aus Megara Hyblea vom 7. Jh. v. Chr. bis 483 v. Chr. (Zerstörung der Stadt). – *Korridor C:* Keramik aus Centuripe (4.–1. Jh. v. Chr.).

Sehenswürdigkeiten auf dem Festland

Chiesa di S. Lucia: die Gründung der Kirche geht auf byzantinische Zeit (6. Jh.) zurück; es folgten jedoch mehrere Umbauten (12./14./18. Jh.), die das ursprüngliche Gebäude stark veränderten; im Kirchenschiff ein Meisterwerk von CARAVAGGIO: ›Seppellimento di S. Luci‹ (1609).

Die antiken Baureste von Syrakus (s. Fig. 81)
Das griechische Theater: die ursprüngliche Anlage Hierons I. aus der Zeit um 470 v. Chr., in der u. a. Aischylos seine Werke aufführte, wurde nach 238 v. Chr. durch das ›größte Theater‹ der antiken Welt (138 m Durchmesser) ersetzt; alle Stufen wurden aus dem gewachsenen Fels herausgearbeitet, eine Arbeit, mit der die Tausende von Sklaven beschäftigt waren. – *Altar Hierons II.* (Abb. 87): Monumental-Altar aus der Zeit um 241–215 v. Chr., über 180 m lang, auf dem alljährlich (nach Diodor) 450 Stiere geopfert wurden. – *Amphitheater:* eine der monumentalsten rö-

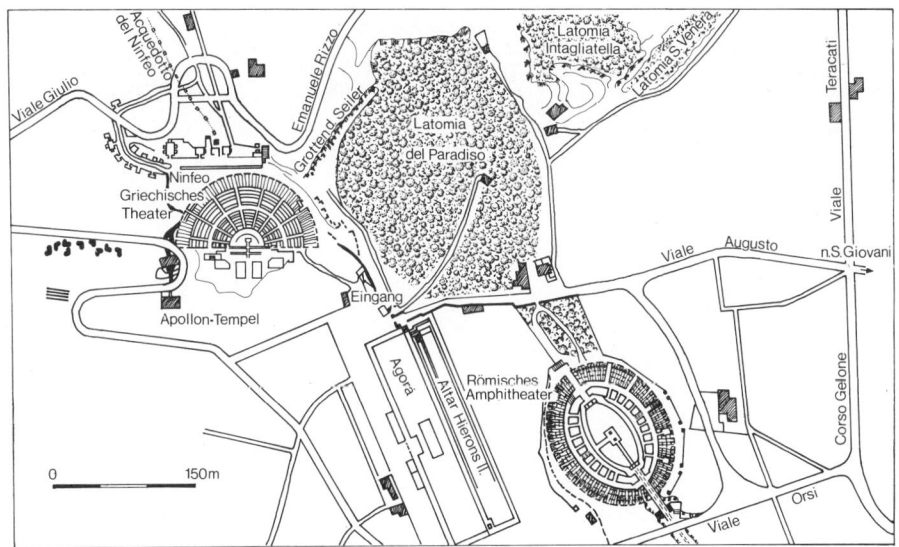

Fig. 81   Syrakus: das archäologische Grabungsgebiet. (Zeichnung des Verfassers)

mischen Anlagen (3. Jh. n. Chr.), in der Gladiatorenkämpfe stattfanden; die Funktion des Wasserbehälters in der Arena ist den Forschern bisher unklar. – *Latomien:* hier wurde von mehr als 7000 Sklaven in der Antike das Baumaterial für die prachtvollen Tempel und Heiligtümer der Stadt Syrakus herausgebrochen; ›Latomia del Paradiso‹ und ›Ohr des Dionys‹ mit hervorragender Akustik. – *Katakomben des S. Giovanni* s. S. 158 f. – *Römisches Theater* (westl. vom Bahnhof): das bisher noch nicht näher erforschte Theater stammt etwa aus dem 1. Jh. n. Chr. – *Tempel des Olympischen Zeus* (rechter Hand hinter der Brücke auf der Ausfahrtstraße nach Noto): frühes Heiligtum des 6. Jh. v. Chr. von dem noch zwei Säulen aufrechtstehen. – *Fonte Ciane* (Ausfahrtstraße nach Canicattini; nach ca. 3 km linke Abzweigung zur Fonte Ciane folgen, schmale Straße ca.

3,5 km, dann links; vor der Brücke liegt links die *Quelle der Kyane*): landschaftlich sehr reizvolle Exkursion; am Ufer des Ciane-Flusses stehen die einzigen (bis zu 6 m hohen) Papyrusstauden Europas (s. Fig. 85). Die Mythe berichtet, hier habe die Quellnymphe Kyane den Raub der Persephone vereiteln wollen; andere Berichte verlegen den Schauplatz dieses Geschehens an den Pergusa-See (s. S. 345). – *Fort Euryalus:* diese griechische Festungsanlage, etwa 7 km nördlich von Syrakus, gehört zu den bedeutendsten Verteidigungsanlagen der antiken Welt. Anfangs ließ Dionysios I. den nördlichen Hügelrücken nur mit einer kräftigen Mauer umfrieden, später, in der Zeit des 5. bis 3. Jh. v. Chr., baute man das Fort nach ganz bestimmten strategischen Gesichtspunkten aus (s. Fig. 82).

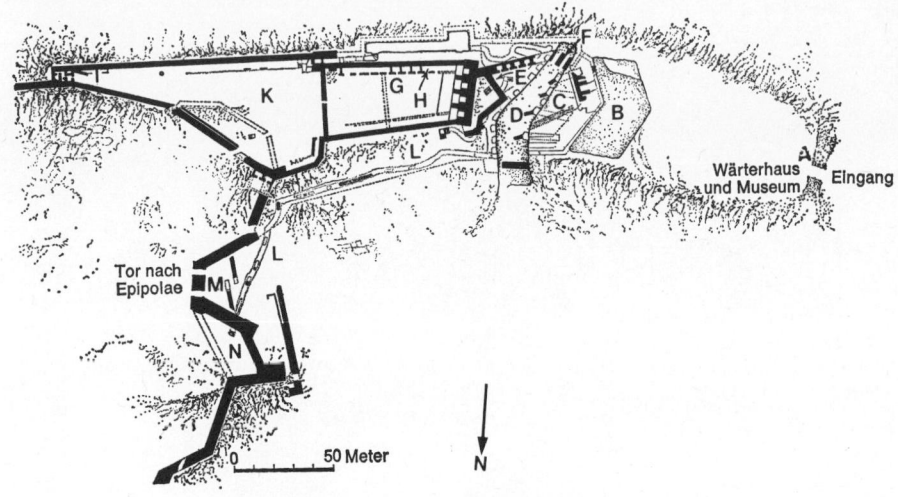

==== Untergrundstollen (unterirdische Gänge)

Fig. 82 Syrakus: Fort Euryalus
A, B, D tiefe Verteidigungsgräben, die aus dem gewachsenen Fels herausgearbeitet wurden
C westliches Außenfort (nie vollendet) zwischen Graben B und D zur Absicherung der Haupt-
festung E westliche Bastion, die den vier Haupttürmen vorgelagert war (s. Abb. 93) F Pfeiler
einer Brückenkonstruktion, die das Außenfort (C) mit der Bastion (E) verband G innere
Hauptbastion H südlicher Verbindungsgang (s. Abb. 94) K östliche Bastionen L unter-
irdischer Verbindungsgang vom Graben (D) zur Toranlage (M) M Toranlage nach Art einer
Zangenbefestigung (Epipolae-Tor) N nördliche Flankenbastion

Taormina

»Setzt man sich nun dahin, wo ehemals die obersten Zuschauer saßen, so muß man ge-
stehen, daß wohl nie ein Publikum im Theater solche Gegenstände vor sich gehabt.
Rechts zur Seite auf höheren Felsen erheben sich Kastelle, weiter unten liegt die Stadt,
und obschon diese Baulichkeiten aus neueren Zeiten sind, so standen doch vor alters
wohl eben dergleichen auf derselben Stelle. Nun sieht man an dem ganzen langen Ge-
birgsrücken des Ätna hin, links das Meerufer bis nach Catania, ja Syrakus; dann
schließt der ungeheure dampfende Feuerberg das weite breite Bild, aber nicht schrecklich, denn die mildernde Atmosphäre zeigt ihn entfesselter und sanfter als er ist. Wendet
man sich von diesem Anblick in die an der Rückseite der Zuschauer angebrachten Gänge,
so hat man die sämtlichen Felswände links, zwischen denen und dem Meere sich der
Weg nach Messina hinschlingt. Felsgruppen und Felsrücken im Meere selbst, die Küste
von Kalabrien in der weitesten Ferne, nur mit Aufmerksamkeit von gelind sich erheben-
den Wolken zu unterscheiden.«   J. W. Goethe: ›Italienische Reise‹, 7. Mai 1787

Taormina, das antike ›Tauromenion‹, wurde um 358 v. Chr. gegründet und erlebte wie alle anderen antiken Städte Siziliens eine sehr wechselvolle Geschichte. Über alle Jahrhunderte hinweg blieb Taormina aber eine der schönsten Städte der Insel, von jedem Touristen obligatorisch aufgesucht. Die Lage, das Klima und der urbane Charakter der Stadt, das ist es, was Taormina so liebenswert macht (Farbt. I, XXXI, XXXIII).

Sehenswürdigkeiten: Das heute noch erhaltene *Theater* wurde im 1. Jh. n. Chr. von den Römern auf den Fundamenten eines älteren Gebäudes aus der Zeit Hierons II. (3. Jh. v. Chr.) errichtet. Während der späten Kaiserzeit wurde dann nochmals ein Umbau erforderlich, da das Theater nun auch Circusspielen dienen sollte, woraufhin man die untersten Sitzreihen demontierte. Das noch gut erhaltene Szenengebäude, das einzige auf ganz Sizilien, war ehemals von zwei verschiedenen Säulenordnungen geschmückt. – Im Sommer finden hier Theater- und Opernaufführungen statt. Öffnungszeiten: täglich 9.00–13.00 und 15.00 bis Sonnenuntergang. Direkt am Eingang befindet sich das *Antiquarium* mit Architekturfragmenten des Theaters und von verschiedenen antiken Gebäuden der Stadt. – *S. Caterina:* Kirche aus dem 16. Jh., vor ihrer Nordseite liegen die Reste eines kleinen römischen *Odeons.* – *Palazzo Corvaia:* prachtvolles Gebäude aus dem Jahre 1410 mit schönen Baugliedern, die arabische und normannische Einflüsse verraten (Abb. 102, 105); heute ist in dem Gebäude das Städtische Verkehrsamt untergebracht. – *Palazzo Ciampoli* aus dem Jahre 1412 mit schönem Portal im Stil der katalanischen Gotik. – Der *Dom* (S. Nicola) stammt aus dem 13. Jh. und zeigt umfangreiche Veränderungen des 16. Jh.; auf der Piazza Duomo erhebt sich ein kleiner ›Barockbrunnen‹ aus dem Jahre 1635 (Abb. 103). – *Palazzo dei Duchi di S. Stefano:* elegante Architektur des 14./15. Jh. mit sorgsamer Detailausführung (Abb. 104). – Das ehrwürdige *Dominikanerkloster* aus dem 16. Jh. wurde zu einem Luxushotel umgebaut (schöner Kreuzgang und interessanter Garten!). – *Monte Tauro* mit Kastell und Grottenheiligtum ›Madonna della Rocca‹ (397 m, ca. 30 min. Fußweg); schöner Blick über die Küste von Taormino, zum Etna und nach Syrakus. – *Castel Mola* (Monte Venere, 885 m): spärliche Fragmente einer Burganlage; landschaftlich sehr reizvoll (3-Stunden-Wanderung).

Wer länger in Taormina bleiben möchte, sollte sich für die Stadt, nicht für die Küste entscheiden!

Thapsos (14 km nördlich von Syrakus) s. S. 27

Nach ca. 13 km, kurz vor Priolo Gargallo, zweigt rechts eine Straße zu einem Fabrikgebäude ab; hinter der Bahnüberquerung rechts, dann links und gleich wieder links führt ein schmaler Landsteg zur Insel. Gleich rechts auf dem umzäunten Gelände der Fabrik befinden sich Ausgrabungen einer Wohnstadt. An der Nordküste (westlich des Leuchtturmes) sowie an der Südspitze (ca. 150 m nördlich vom Steinhaus) liegen die schönsten Gräber von Thapsos.

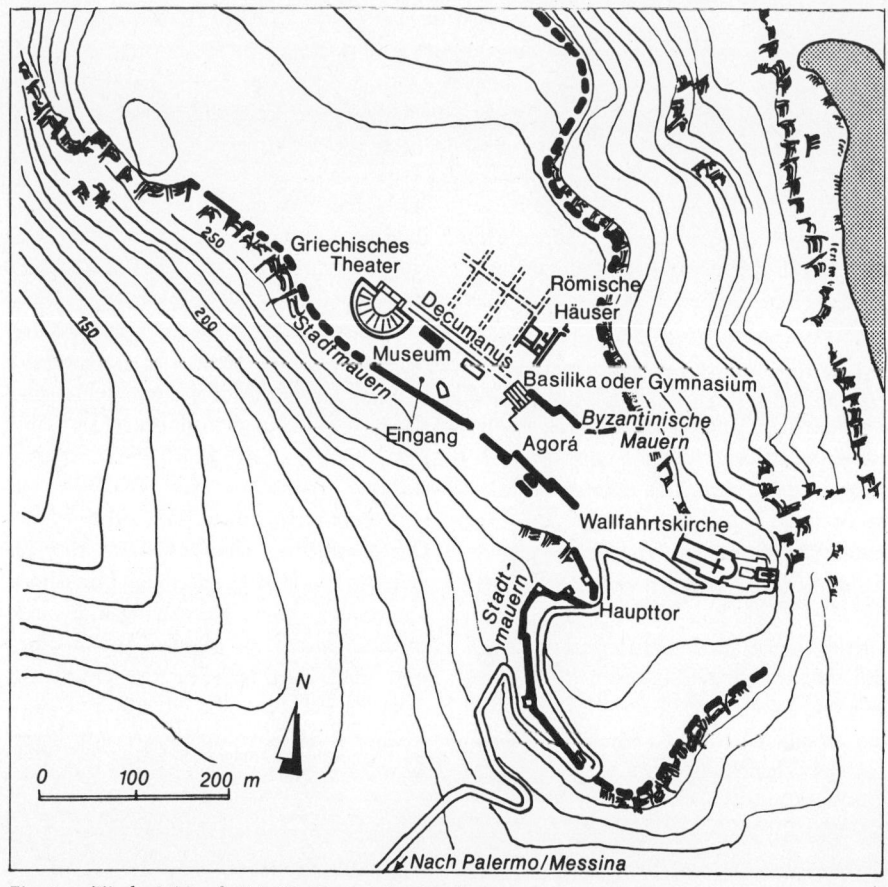

Fig. 83   Tindari (Tyndaris). (Zeichnung des Verfassers)

Tindari (Tyndaris; auf der Strecke Messina-Cefalù)
Die antike Stadt Tindari ist eine der letzten griechischen Gründungen auf Sizilien;
Dionysios I. ließ die Stadt im Jahre 396 v. Chr. für Syrakus als militärischen Vorposten der Nordküste errichten. Die Bewohner der Stadt waren zumeist Flüchtlinge
aus Griechenland, die sich hier nach dem Ende des Peloponnesischen Krieges eine bessere Zukunft erhofften. Die archäologischen Untersuchungen legten eine ›moderne‹
antike Stadt frei (s. Fig. 83), nach rechtwinkligem Straßensystem angelegt. Auf einem
hohen Vorgebirge gelegen, konzentrierten sich die Verteidigungsanlagen vorwiegend
auf den ungeschützten Westhang zum Hinterland hin. In den *Wohnquartieren* wurden
mehrere Atriumhäuser mit Fußbodenmosaiken freigelegt; auch fand man Räume mit
Rohrleitungssystemen eines Dampfbades. Das kleine *Theater* mit freiem Blick über

das weite Meer stammt aus dem 4. Jh. v. Chr. (Abb. 118) wurde aber sicherlich in der römischen Kaiserzeit umgebaut, um auch für Circusspiele und Gladiatorenkämpfe genützt werden zu können. Die monumentale *Propyläen-Anlage* im Südosten der Stadt zeigt im Grundriß basilikalen Charakter und ist ein prachtvolles Beispiel römischer Architektur des 3.–2. Jh. v. Chr. (Abb. 114). Weiter im Nordosten ist eine weiträumige *Agora* mit gut erhaltener Straßenpflasterung freigelegt. – Öffnungszeiten: Sommer: täglich 9.00–13.00 Uhr und 16.00–18.30 Uhr; Winter: 9.00–13.00 Uhr und 14.30–16.30 Uhr. – Ein Besuch von Tindari ist lohnend; auf ganz Sizilien gibt es kaum eine andere Stadt, die eine so intensive Atmosphäre ausstrahlt (es empfiehlt sich, hier mindestens einmal zu übernachten).

Trápani

Der fruchtbare Küstenstreifen von Trápani im Nordosten der Insel war bereits von den Sikulern besiedelt; später wurde die Stadt Hafen für die Elymer aus Eryx.

Sehenswürdigkeiten: *Dom* (S. Lorenzo): Gründung aus dem Jahre 1635 mit schöner Barockfassade (1740). – *S. Agostino:* schlichter Bau des 14. Jh. mit gotischem Portal und meisterhafter Fensterrose. – *S. Maria del Gesù:* prachtvolles Gebäude des 16. Jh. mit Einflüssen der Gotik und Renaissance; im Kirchenschiff eine Marmorstatue von Antonello Gagini: ›Madonna degli Angeli‹ (1521). – *Palazzo della Giudecca* (Via Giudecca Nr. 43): Palastgebäude mit Einflüssen aus Spanien im Stil der katalanischen Gotik. – *Santuario dell'Annunziata:* das schlichte Bauwerk wurde in der Zeit zwischen 1315–1332 errichtet, im 14. Jh. und 17. Jh. restauriert und zeigt ein kraftvolles gotisches Portal mit kunstvoller Fensterrose; das Kirchenschiff birgt schöne Kunstwerke des 14.–17. Jh. u. a.: Nino Pisanos ›Madonna di Trápani‹ (14. Jh.), von Antonio und Giac. Gagini ›Padre Eterno e Profeti‹. – *Museo Nazionale* mit teilweise kostbaren Meisterwerken des 11.–19. Jh. Öffnungszeiten: täglich 9.30–16.00 Uhr; sonntags: 9.30–13.00 Uhr; montags und freitags geschlossen!

Troina (68 km nordwestl. von Catania)
Ehemals sikulisches Siedlungsgebiet; die höchstgelegene Ortschaft Siziliens (1120), wurde 878 von den Arabern erobert und war seit 1062 Residenz Rogers I., der hier im Jahre 1088 Papst Urban II. empfing.

Vittoria (25 km westl. von Ragusa)
Reizvolle Stadt mit vielen schönen Barockbauten, die auf die spanische Stadtgründung der Vittoria Colonna im Jahre 1607 zurückgeht, Tochter des spanischen Vizekönigs Marcantonio Colonna.

Große Inselrundfahrt (Routenvorschlag)

Routenvorschlag für eine 2–4wöchige Rundfahrt, die in Messina beginnt und endet:

Messina (max. 1 Tag) – *Milazzo* (Campingplatz), *S. Biagio* (römische Villa), *Tindari* (griechisch/römische Stadt, mind. 1 Nacht) *Halaesa* (antike Stadt), Abstecher: *Castelbuono/Isnello, Cefalù* (mind. 1 Tag) – *Himera* (griechischer Tempel), Abstecher: *Caccamo, Solunto* (griechisch/römische Stadt), Küstenstraße über *Aspra* nach *Palermo* (mind. 3 Tage) –

Ausflüge von Palermo: *Monreale* (Normannen-Dom); *Misilmeri, Cefala Diana* (arabisches Bad); *Largo Piana d'Albanesi* (Stadt mit albanischer Bevölkerung); *Mondello, Monte Pellegrino* –

Alcamo, Segesta (griechischer Tempel), *S. Vito lo Capo* (Ruhe und Erholung, 2 Tage) – *Trapani, Erice* (1 Tag) – *Insel Mozia* (karthagische Stadt, mind. 1 Tag) – *Marsala, Mazara del Vallo, Castelvetrano, SS. Trinità di Delia* (Normannen-Kirche), *Selinus/Marinella* (1 Tag antike Stadt / 1 Tag Ruhe und Erholung) –

Sciacca, Caltabellotta (sikulische Nekropole/Normannenkastell/großartige Landschaft) – *Minoa Heraklea* (griechische Stadt, schöner Strand, kein Hotel, 1 Tag) –

Agrigent (mind. 3 Tage) – Ausflüge: *S. Angelo Muxaro* (tholos-artige Felsgräber) – *Canicatti, Caltanissetta* (Freskenmalerei des 13. Jh.) –

Enna (2 Tage) – Ausflüge: *Calascibetta, Nicosia, Troina* (erste Residenz Rogers I.) –

Agira – Piazza Armerina (2 Tage) – Ausflüge: Römische Kaiservilla in *Casale* (1 Tag); *Morgantina* (griechische Stadt); *Caltagirone – Barrafranca, Butera* (einziges Dolmengrab Siziliens) –

Gela – Vittorio, Comiso, Ragusa – Kamarina (griechische Stadt an der Küste), *Scicli, Modica Pachino, Portopalo* (Ruhe und Erholung) – *Eloro* (griechische Stadt, schöner Strand, Campingmöglichkeit – kein offizieller Platz), *Noto* –

Syrakus (mind. 3 Tage) – Ausflüge: *Palazzolo Acréide/Akrai* (griechische Stadt), *Pantálica* (größte antike Nekropole Siziliens mit ca. 5000 Felskammergräbern – mind. 1 Tag); *Fonte Ciane, Fort Euryalos; Thapsos* (sikulische Nekropole), *Megara Hyblea* (griechische Stadt) – *Lentini* (griechische Stadt);

Catania – Taormina (mind. 3 Tage) – Ausflüge: *Etna-Rundfahrt: Randazzo Bronte, Adrano, Centuripe* (griechische Stadt), *Paterno, Nicolosi*, Seilbahnstation zum *Etna* (1881 m), *Zafferana; Gola d'Alcantara* (Wasserfall); *Scifi* (normannische Kirche); *Itala* (normannische Kirche) – *Messina*.

Landschaft und Pflanzenwelt Siziliens

Von Wolfgang Lippert (Botanische Staatssammlung, München)

1 Oberflächengestalt und geologischer Aufbau

Nach Oberflächengestalt und geologischem Aufbau ist Sizilien die natürliche Fortsetzung Süditaliens und das Übergangsglied nach Afrika. Die Insel ist durch die nur 3 km breite, früher wegen ihrer Strudel (Skylla und Charybdis, s. S. 13 ff.) gefürchtete Straße von Messina, einen geologisch jungen Grabenbruch, vom italienischen Festland getrennt; die nachfolgend genannten Bergketten im Nordteil der Insel sind die nach Westen umgebogene Fortsetzung der kalabrischen Gebirge. Mit dem *Monte Ciccia* (609 m) unmittelbar über Messina beginnen die aus Graniten und Gneisen aufgebauten, ursprünglich mit dem Aspromonte verbundenen ›Monti Peloritani‹; sie erreichen in der *Montagna Grande (1374 m)* nordwestlich Taormina ihre größte Höhe. Die daran westlich anschließenden ›Monti Nebrodi‹, deren Name früher für die gesamte nördliche Bergkette gebraucht wurde, sind überwiegend aus tonig-sandigem Material aufgebaut; mit den Monti Peloritani sind ihnen die zahlreichen ›Fiumare‹ gemeinsam, tief eingeschnittene Täler, die fast zehn Monate des Jahres kein Wasser führen und nur als breite Schotterflächen in Erscheinung treten, in der restlichen Zeit aber mit riesigen Wassermassen wie reißende Ungeheuer ins Meer stürzen (so weist etwa der *Simeto,* der den Etna im Westen und Süden umfließt, in der Trockenzeit an seiner Mündung eine Wasserführung von 1 cbm/sec. auf, während er in der Regenzeit 1500 cbm/sec. ins Meer ergießt). Die bedeutendsten Nebroden-Gipfel sind *Monte Pomiere* (1496 m), *Monte Pelato* (1567 m), *Monte Soro* (oder *Sori*, 1847 m) und *Sierra del Re* (1757 m). Das Kalk- und Dolomitmassiv der ›Monti le Madonie‹ bildet den westlichen Endpunkt der nordsizilischen Bergkette; ihr höchster Punkt ist der *Piz Antenna* (1975 m). Nach Westen zu verlieren die Bergzüge an Höhe und laufen in ein welliges Hügelland aus, das erst im Nordwesten der Insel mit den sehenswerten Kalkmassiven des *Monte Pellegrino* (Goethe: »Das schönste Vorgebirge der Welt«), *Monte San Giuliano* (= Erice, s. S. 58) und des anschließenden *Monte Cofano* nochmals nennenswerte Erhebungen aufweist. Diese Kalkstöcke waren einst als Inseln vom sizilischen Festland getrennt, wie es heute noch bei den Egadischen Inseln zu beobachten ist. Einige Golfe, z. B. die von Termini, Palermo, Castellammare, gliedern die Nordküste; hier treten die Gebirge zurück, und fruchtbare Ebenen ziehen zum Meer hin; in einer der berühmtesten unter ihnen, der ›Conca e'Oro‹ (goldene Muschel) liegt die Hauptstadt der Insel: Palermo. Freilich bedürfen alle diese Verebnungen wasserbaulicher Maßnahmen, um die gleichmäßige Bewässerung der Kulturen zu ermöglichen und gleichzeitig vor Überschwemmungen zu schützen.

Fig. 84 Kraterrand
des Etna.
(Aus: Achille Étienne
Gigault de la Salle,
›Voyage Pittoresque
en Sicile‹, Bd. II;
Paris 1822)

Das ganze Innere Siziliens wird von einem weiten, heute fast baumlosen Berg- und Hügelland eingenommen (Farbt. XXXII), dessen höchste Erhebungen, *Monte Cammarata* (1579 m) und *Rocca Busambra* (1615 m) nochmals bedeutende Höhe erreichen; seine Ton- und Mergelschichten im Süden reichen bis zur Küste und sind mit den Formen Nordafrikas identisch.

Die sizilische Ostküste ist stark vulkanisch. Während im südlichsten Eckpfeiler der Insel, in den ›Monti Iblei‹ (hybläisches Bergland), einer urzeitlichen Vulkanlandschaft, der Vulkanismus zur Zeit ruht, ist das Wahrzeichen der Insel, das mächtige Massiv des *Etna* (3269 m; s. Fig. 84 u. Farbt. I, XXXI, XXXIII) noch in reger Tätigkeit. Dieser höchste Vulkan Europas (sein Krater liegt höher als die Zugspitze) ist wie der Vesuv ein Schichtvulkan, d. h. aus wechselnden Lagen von Lava, Bims und vulkanischer Asche aufgebaut. Seine Höhe ändert sich mit jedem Ausbruch; 1865 hatte er eine Maximalhöhe von 3313 m. Der Etna entstand im Tertiär als Inselvulkan in einem großen Einbruchskessel vor der damaligen Küste Siziliens. Durch ständiges Wachstum vereinigte er sich mit den Gebirgen an der heutigen Nordküste der Insel zu einer zusammenhängenden Landmasse; heute besitzt er eine kreisrunde Grundfläche von 40 km Durchmesser und 145 km Umfang. Sein steiler Gipfelkegel erhebt sich noch etwa 300 m über der 2800–3000 m hoch gelegenen, schwach geneigten Hochfläche, zu der der Berg mit meist sanfter Böschung emporsteigt. Dem Hauptkrater sind über 200 größere und kleinere parasitische Nebenkrater aufgesetzt; die bekanntesten sind die beiden ›Monti Rossi‹ oberhalb Nicolosi (Zeugen des Ausbruchs von 1669). Aus historischer Zeit kennt man etwa 100 Ausbrüche, davon im 18. Jahrhundert 15, im 19. Jahrhundert 19; das 20. Jahrhundert scheint diese Zahlen nicht zu erreichen. Die größten Ausbruchskatastrophen ereigneten sich 1669 (über 100 000 Tote) und 1908 (über 84 000 Tote). Am

Fuß des Etna breitet sich das fruchtbare Schwemmland des Simeto aus, in dem Catania, die zweitgrößte Stadt Siziliens liegt.

2 Klima

Sizilien hat typisches Mediterran-Klima (s. Tabelle S. 282). Die Durchschnittstemperatur des kältesten Monats liegt in Sizilien nicht unter 8–10 Grad, die Winter sind mild und regenreich (Oktober–April) und bringen nur auf den hohen Bergen Schnee. Die Sommer sind heiß und trocken; in der Zeit von Juni bis August herrscht 10 Stunden täglich Sonnenschein. Mehr als Durchschnittszahlen und statistische Erhebungen sagt die Schilderung Lampedusas aus (S. 249 ff.), die das Ausmaß der Belastung für die Menschen Siziliens erahnen läßt. Freilich trifft diese Schilderung, wie auch die Übersicht, im wesentlichen auf die Kulturzone zu und wird durch die geographischen Gegebenheiten stark modifiziert, besonders in den sizilischen Gebirgen.

3 Anpassung der Pflanzen

Da Hauptregenzeit und größte Hitze nicht gleichzeitig auftreten, sondern zur Zeit der größten Hitze Wassermangel, waren die Pflanzen gezwungen, angepaßte Formen zu entwickeln. Die *Hartlaubgehölze* (z. B. Erdbeerbaum, Lorbeer, Myrte, Oleander) haben harte, lederartige Blätter mit besonders dicker Oberfläche; manche Pflanzen haben auf der Blattunterseite, wo die verdunstenden Spaltöffnungen sitzen, eine dichte, silbern glänzende *Behaarung* als Strahlungs- und Hitzeschutz (z. B. Ölbaum); manche haben ihre *Blätter nadelförmig* ausgebildet (z. B. Baumerika), wieder andere Pflanzen *rollen ihre Blätter* um die Längsachse *ein*, so daß nur die dicke Blattoberseite der Hitze und dem Wind ausgesetzt, die verdunstende Unterseite aber geschützt ist (z. B. Lavendel, Rosmarin, Thymian); *dicke Schalen* voll aromatischer Öle halten Früchte saftig (Orangen, Zitronen); viele Pflanzen *stellen* während der heißen Jahreszeit *ihr Wachstum völlig ein* und beginnen erst mit dem Einsetzen der winterlichen Regenzeit wieder zu treiben; *einjährige* Pflanzen, von denen es in Sizilien weniger Arten gibt als bei uns, wachsen und blühen nur in der Zeit von Oktober bis April; dafür sind auf der Insel *Zwiebel- und Knollengewächse* weitaus häufiger als bei uns. Die Hauptblütezeit ist im April und Mai, dann leuchten alle Flächen in prächtigen Farben, auch der Boden des Kulturlandes ist mit einem Teppich von blühenden Unkräutern überzogen. Spätestens im Juni ist die ganze Pracht vorbei, nur Disteln und wenige andere Pflanzen sind dann noch blühend außerhalb der Kulturzone anzutreffen.

4 Vegetation als Ganzes – bestimmende Faktoren

Niederschläge und Böden
Das Bild der Vegetation Siziliens wird wesentlich bestimmt durch die Niederschlags-

armut im Süden und Osten (z. B. Agrigento 452 mm, Mazzarino 366 mm), die in scharfem Gegensatz steht zu der feuchten Nebelstufe in den Gebirgen (z. B. Mistrella 1012 mm, Floresta 1467 mm). Zum Vergleich die Niederschlagswerte von München (924 mm) und Oberstdorf (1741 mm). Diese Unterschiede in der für Pflanzen verfügbaren Feuchtigkeit (die nur durch Bewässerung in den Kulturen ausgeglichen werden können) sind kombiniert mit allen möglichen geologischen Unterlagen: Lehm, Mergel, Kalktuffe und Schwefel führende Gipse im Süden, Kalkstöcke mit oft senkrechten Wänden in den Gebirgsketten im Norden und Westen, Granite, Gneise und glimmerreiche Schiefer besonders in den Gebirgen um Messina, dazu alte vulkanische Laven und Basalte im Süden der Insel, und als höchste Erhebung von über 3000 m der noch tätige Etna mit seinen Aschen, Laven und Bimssteinen. Als Ergebnis dieser Mannigfaltigkeit der Lebensbedingungen finden sich heute auf der Insel zahlreiche Vegetationstypen, die jedoch nur unter Berücksichtigung ihrer *wechselvollen Geschichte* ausreichend zu verstehen sind.

Natürliche Vegetation
Sizilien hat dank seiner Lage im Zentrum der Mediterraneis, an der Grenze von östlichem und westlichem Mittelmeergebiet, Anteil an der Pflanzenwelt beider Räume. Während *langer erdgeschichtlicher Zeiten* war es durch Landbrücken mit Italien (und damit über die Gargano-Landbrücke zum heutigen Griechenland mit dem östlichen Mittelmeerraum), mit Sardinien, aber auch mit Nordafrika (und damit wieder mit Spanien) verbunden. Daraus wird verständlich, daß Sizilien sowohl die *größte Zahl an Pflanzenarten* unter allen mediterranen Inseln besitzt (rund 3000 gegenüber ca. 1500 auf Korsika/Sardinien und ca. 2000 auf Kreta) als auch daß seine Pflanzenwelt enge Beziehungen zu Sardinien, Nordafrika, Spanien, Griechenland und Kreta aufweist. Neben zahlreichen eigenständigen Arten gibt es viele, die auch in Spanien oder Nordafrika vorkommen oder den dortigen nahe verwandt sind, wie auch solche, für die das gleiche in östlicher Richtung gilt. Selbst Beziehungen der Pflanzenwelt zum saharosindischen Wüstengürtel (der sich von der Sahara bis Vorderindien erstreckt) oder auch zu Südafrika sind vorhanden. Eine Form des nordafrikanischen Munby-Veilchens etwa kommt in den sizilischen Gebirgen vor, das Etna-Veilchen ist Arten des Aspromonte und Kalabriens nahe verwandt, der dornige Etna-Tragant gehört zu einer Reihe von Arten, die in den Gebirgssteppen der Mediterraneis von Griechenland bis Nordafrika vorkommen, ebenso das sizilische Seifenkraut. Die Liste ließe sich beliebig verlängern, würde aber stets zeigen, daß für die Entstehungsgeschichte der sizilischen Vegetation nur autochthone Sippen aussagekräftig sind, die jedoch in der Landschaft nur selten ins Auge fallen (Farbt. XXXVIII, XXXIX).

Menschlich beeinflußte Vegetation
Für das Bild der heutigen Landschaft (insbesondere der unteren Lagen) waren aber die Veränderungen von weit größerer Bedeutung, die das Wirken des Menschen in histo-

rischer Zeit mit sich brachte. Seit ältester Zeit ist das ganze Mittelmeergebiet wie auch Sizilien Siedlungsgebiet des Menschen; dieser nahm Wildpflanzen in Kultur, züchtete sie weiter und legte damit den Grundstein für die Entwicklung der mediterranen Kultur. Seit mindestens 8000 Jahren hat der Mensch Bäume geschlagen (Baustoff, Brennmaterial), Äcker bestellt, Obstbäume gepflanzt, Schafe und Ziegen gezüchtet. Alle dafür nötigen Materialen wie auch den benötigten Platz bezog er zunächst aus der umliegenden Landschaft.

Durch seine Lage inmitten des Mittelmeeres – die Straße von Tunis (Sizilische Straße) trennt Sizilien auf knapp 150 km Entfernung von Cap Bon in Afrika, wo einst Karthago stand, aller ost-westlicher Schiffsverkehr muß an Sizilien/Malta vorüber – war Sizilien von altersher allen politischen und kulturellen Einflüssen ausgesetzt. Griechen, Karthager, Römer, Byzantiner, Normannen, Franzosen, Spanier waren nacheinander Herren der Insel; sie alle gestalteten die Landschaft, soweit es in ihren Kräften lag, nach ihren Vorstellungen und brachten neue Pflanzen mit. Viele, die uns heute bezeichnend für die Mittelmeervegetation erscheinen, sind ihr ursprünglich fremd. Man denke sich alle Orangen, Zitronen, Mandarinen, Akazien, Agaven, Aloe, die Bananen, Eukalypten, Opuntien, Palmen, Yuccas, sowie Reis, Tabak, Tomaten, Wassermelonen fort – um nur einige auffällige Beispiele zu nennen, die ursprünglich fremd auf Sizilien waren – und man wird das Vegetationsbild der Insel nicht wiedererkennen.

Phönizier und Griechen waren wahrscheinlich die ersten, welche Pflanzen mitbrachten: *Oliven, Feigen* und *Granatäpfel,* die alle wohl aus dem Orient stammen, wurden schon zu Ende der vorchristlichen Zeit kultiviert. Die erste Kenntnis vieler heutiger Kulturpflanzen geht auf den Zug Alexanders nach Vorderindien (331–324 v. Chr.) zurück; den *Reis* kannte bereits Theophrast (390–305 v. Chr.) als ein indisches Gewächs, ähnlich verhielt es sich mit der indischen *Baumwolle.* Eine wesentliche Rolle begannen viele dieser altbekannten Kulturpflanzen aber wohl erst unter dem Einfluß der Araber (8.–12. Jh.) zu spielen, die besonders die Kultur von *Reis, Zuckerrohr, Zitrone, Pomeranze* und *Dattelpalme* förderten und auch den *Papyrus* (s. Fig. 85 u. Abb. 96) einführten. Auch durch die Kreuzzüge wurden manche Pflanzen des östlichen Mittelmeerraumes bekannt, allerdings in geringem Umfang. Die erste Umschiffung des Kaps der Guten Hoffnung (1486) und die Ausbreitung der portugiesischen Kolonialmacht in Südasien brachte eine Fülle asiatischer Pflanzen (Farbt. XXXVI), darunter die *Orange.* Die Entdeckung Amerikas (1492) und seine Erschließung brachte im Verlauf des 16. und 17. Jahrhunderts eine ganze Reihe neuer Kulturpflanzen: *Agave, Mais, Tabak, Feigenkaktus* (Opuntia), *Stangenbohne, Tomate,* in Zierpflanzen *Yucca, Bougainvillea, Passionsblume, Wandelröschen, Korallenstrauch* (Farbt. XXXIV, XXXV, XXXVII), Pfefferbaum und viele mehr. In der Zeit der letzten 200 Jahre, d. h. etwa seit Mitte des 18. Jahrhunderts brachte der Ausbau der Kolonialwirtschaft und der stark zunehmende Weltverkehr zunächst eine weitere Zunahme des Sortiments an Kulturpflanzen. Erst 1810 wurde die *Grapefruit,* 1828 die *Mandarine* und gar erst 1860 *Eukalyptus* (aus Australien) eingeführt.

Fig. 85 Von den Arabern eingeführte Papyrusstauden an der Kyane-Quelle bei Syrakus. (Aus: Achille Étienne Gigault de la Salle, ›Voyage Pittoresque en Sicilie‹, Bd. II; Paris 1822)

5 Vegetationsgürtel – Vegetationstypen

Die sizilische Pflanzenwelt bietet heute eine kaum überschaubare Vielfalt an Formen und Farben, über die sich nur ein Überblick gewinnen läßt, wenn man sie anhand der durch die botanische Forschung gefundenen Vegetationsgürtel darstellt. Der folgende Überblick kann freilich keineswegs erschöpfend sein.

Steppen- und Halophyten-Vegetation

Beschränkt auf die trockensten und wärmsten Lagen im Süden und Südosten Siziliens ist eine Steppenvegetation, wie sie in gleicher Weise in Nordafrika, besonders in Tunesien, auftritt. Sie gehört zur saharo-sindischen Vegetationsregion. An den Lagunen, Strandsümpfen und Salinen der Insel wächst, meist in kleineren Flecken, eine typische Halophyten-(Salzpflanzen-)*vegetation*. Andere Vegetationstypen sind so kleinräumig verbreitet, daß sie hier vernachlässigt werden sollen.

Landschaftsbestimmend aber sind die folgenden Vegetationstypen. Es soll versucht werden, ihre natürlichen Pflanzengemeinschaften und die sie ersetzenden Kulturen nebeneinander vorzustellen, da beide in enger räumlicher Verzahnung auftreten.

Steineichen-Gürtel – Oliven-Zone

Der *Steineichen*-Gürtel (Quercus ilex) nimmt in Sizilien mit Ausnahme der Südküste die tiefsten Lagen vom Meer bis gegen 300 m ein, vereinzelt an günstigen Stellen bis gegen 600 m (Ficuzza). Die Hauptvegetation, die ohne menschlichen Einfluß fast das ganze Areal einnehmen würde, wird von einem immergrünen *Steineichen*-Wald gebildet, der einen reichen Unterwuchs von immergrünen Sträuchern aufweist (immergrüner Kreuzdorn, Erdbeerbaum, Myrten, Pistazien, Baumheide, Pfriemenginster und dergleichen mehr). An etwas feuchteren Stellen spielt in den Wäldern auch die *Korkeiche* (Quercus suber) eine wichtige Rolle, wobei noch unklar ist, ob dieser Baum westmediterraner Prägung wirklich einheimisch ist. Zum Steineichen-Gürtel gehören auch die Bestände von *Aleppo-Kiefern* (Pinus halepensis) im Osten Siziliens (Messina, Noto), die zumindest teilweise auf frühere Aufforstung zurückgehen, sich aber heute selbständig verjüngen. Ebenfalls hier einbezogen werden müssen die Wälder von *Platanen* (Platanus orientalis), die stellenweise vor allem in den Alluvionen der großen Flüsse im Osten der Insel vorkommen.

Heute allerdings, als Folge einer vieltausendjährigen menschlichen Beeinflussung, sind natürliche Wälder meist nur noch in verschwindenden Resten erhalten; größere Komplexe finden sich im Gebiet des Etna nur noch längs der Küste auf Dünen und Strandfelsen, in Alluvionen der Wildbäche und auf jungen, noch nicht in Kultur genommenen Laven, in der Madonie zwischen Geraci und Castelbuono und in den Nebroden (Bosco di Caronia).

Die Wälder des Steineichen-Gürtels treten aber an Umfang weit zurück gegenüber den *Macchien,* äußerst vielfältig zusammengesetzten Gesellschaften immergrüner Sträucher mit artenreichem Unterwuchs, die als Folge der Schädigung durch menschlichen Einfluß aus den Wäldern entstanden sind. Weitere Degradierung der Macchien durch Beweidung oder Brand führt zu *Gariguen, Tomillares* und anderen in ihrem Bewuchs recht lockeren Pflanzengesellschaften, unter denen die *Affodill*-Fluren die blütenreichsten sind. An Felsstandorten finden sich in diesem Bereich Bestände von *Baumwolfsmilch* (Euphorbia dendroides). Die Wildbäche sind von *Oleander* und *Tamarisken* gesäumt, die ökologisch etwa den Weidengebüschen unserer Flüsse entsprechen.

Das milde Klima, der fruchtbare Boden und das reichlich vorkommende Wasser hatten zur Folge, daß in den unteren Zonen der Nord-, Nordost- und Ostküste Siziliens das sehr ertragreiche und durch die Verschiedenheit der angepflanzen Gewächse überaus mannigfaltige Kulturland heute den weitaus größten Flächenanteil einnimmt. Die ursprüngliche Vegetation wurde bis auf verschwindende Reste verdrängt. Die außerordentlich fruchtbaren vulkanischen Verwitterungsböden haben dazu geführt, daß besonders die unteren Lagen des Etna zu einer ungemein dicht besiedelten Kulturlandschaft wurden; die Bevölkerungsdichte beträgt bis zu einer Meereshöhe von 800 m 359/km², für das Dreieck Catania-Nicolosi-Acireale sogar 1180/km². Insgesamt lebt mehr als die Hälfte der Sizilier im Bereich eines wenige km breiten Streifens entlang der Küste; nicht mehr als 5 % der Gesamtbevölkerung wohnen mehr als 40 km landeinwärts. Dörfer gibt es in Sizilien nicht, die sizilischen Bauern wohnen in Städten (Farbt. XXI, XXVI). 90 % der Sizilier sind in größeren Ortschaften ansässig, 72 % in Orten mit mehr als 10 000 Einwohnern. Die Notwendigkeit – zur Schonung des wertvollen Kulturlandes, aber auch zur Reduzierung der Temperaturextreme –, platzsparend in engem räumlichen Kontakt zu bauen, ist ein Kennzeichen vieler mediterraner Gebiete (Kreta, Peloponnes, Kalabrien). Bis etwa 500 m reicht die Zone intensivsten Anbaus in kleinen, gartenähnlichen Parzellen (den spanischen ›Huertas‹ entsprechend), in denen neben- und übereinander in mehreren Stockwerken (›cultura mista‹) *Getreide, Gemüse, Wein, Feigen, Mandeln, Oliven* und besonders *Orangen* und *Zitronen* angebaut werden. Berühmt sind die Agrumen der Gegend von Mascali, Giarre und Paterno. Diese Kulturen erfordern eine reichliche Bewässerung und gedeihen am Etna bis zu einer Höhe von 600 m, in begünstigten Lagen in kleinen Parzellen bis 900 m. 75 % der *Apfelsinen* und 90 % der *Zitronen* Italiens wachsen in dieser Region. Im Gebiet der Flüsse Simeto und Alcantara, außerdem in der Ebene von Catania wird durch großangelegte Entwässerungsmaßnahmen der *Getreide- und Flachsanbau* gefördert (besonders *Weizen* und *Gerste*). Neben dem immer mehr verschwindenden *Reis* wird in der Simeto-Ebene mit ihren guten Bewässerungsmöglichkeiten auch *Baumwolle* (ein Malvengewächs) angebaut; auf den Schwemmländern nördlich der Nebroden wird mit gutem Erfolg die *Sisal-Agave* kultiviert. Sehr bedeutend ist auch der *Weinbau*, außer um Marsala besonders am Etna. Da es an Stützholz mangelt, werden die Reben (wie auf der spanischen Meseta) niedrig gehalten und jedes Jahr auf den Strunk zurückgeschnitten oder durch die Halme des spanischen Rohrs (Arundo donax) gestützt; Mascali, Benedittino bianco, Etna bianco und Etna rosso sind berühmte, erdig (nach Lava) schmeckende Weinsorten. Jede Siedlung ist in einem Wald von Obstbäumen versteckt (*Aprikosen, Pfirsiche, Mandeln, Granatäpfel, Feigen,* um Bronte auch die echte *Pistazie*). In den unteren Lagen erheben sich hin und wieder einzeln oder auch in Gruppen stehende *Dattelpalmen, Zypressen* und die Schirme der *Pinien*. Auch *Bananen* werden in einigen Stellen gepflanzt. *Opuntien* und *Agaven* werden vielfach als lebende Zäune verwendet und verwildern. In den höheren Lagen werden die Obstbäume Mitteleuropas angebaut (*Äpfel, Birnen, Kirschen* und *Quitten*), die am Etna oft direkt auf Lava stocken. Spezialität von Linguaglossa und Castiglione am Etna sind ausgedehnte *Haselnußhaine*.

Die äußerst intensive Nutzung der unteren Zonen und der historisch bedingte Anbau so vieler fremdbürtiger Nutzpflanzen bringen es mit sich, daß der Anteil heimischer Pflanzen in der Kulturstufe bis auf 10 % sinken kann; selbst die Unkräuter sind oft aus fremden Ländern, wie der prächtig gelb blühende südafrikanische Sauerklee (Oxalis pes-caprae).

Flaumeichen-Gürtel – Getreide-Zone

Der *Flaumeichen*-Gürtel (Quercus pubescens) erstreckt sich auf den größten Teil des hügeligen Innern der Insel, in Höhen zwischen 300 und 1200 m. In erster Linie ist diese Vegetationszone charakterisiert durch Wälder von laubwerfenden Eichen (angepaßt an die bis zu viermonatige Trockenzeit) mit einem außerordentlich artenreichen Unterwuchs. Heute sind unveränderte Wälder dieses Typs sehr selten, denn ihr Gebiet ist weitgehend identisch mit den berühmten *Getreide*-Anbauflächen der ehemaligen ›Kornkammer Roms‹ (Farbt. XXXII). Die Entwaldung hat schon in prähistorischer Zeit begonnen; besonders in den Provinzen des Inneren (Caltanisetta, Enna und großen Teilen von Agrigent, Ragusa und Catania) verraten nur noch kleine Vegetationsreste an Waldecken und Steilhängen inmitten riesiger Weizenfelder die Zugehörigkeit dieser Gebiete zu diesem Vegetationstyp. Hier herrscht extensiv bewirtschafteter Großbesitz mit äußerst einseitigem Anbau und z. T. sehr geringen Hektarerträgen (mit weniger als 6 dz/ha die niedrigsten des Landes). Dennoch wachsen hier 9 % des *Weizens* und 10 % der *Oliven* ganz Italiens. Weder im intensivst genutzten Teil der Insel noch in den kargen zentralen Teilen findet sich genügend Futter für die Haltung von Großvieh; auf der Stoppel- und Brachfläche Innersiziliens wird daher ausgedehnte *Schaf- und Ziegenzucht* betrieben.

Natürliche Waldgesellschaften des Flaumeichen-Gürtels finden sich heute nur noch in manchen Gebieten der Gebirge. Am Etna und in der Madonie sind sie freilich oft unterbrochen durch Kulturen der *Manna-Esche* (Fraxinus ornus). Noch bis Anfang dieses Jahrhunderts wurde durch Ritzen der Stämme Manna gewonnen, was Grundlage einer lohnenden Ausfuhr war und den Reichtum vieler Städte (Castelbuono) mitbedingte.

Botanische Besonderheit dieses Vegetationsgürtels ist der *Etna-Ginster* (Genista aetnensis), der schon um Nicolosi (698 m) nicht selten ist; er wächst meist strauchig, kann aber auch baumförmig werden und wird gelegentlich für Aufforstungen benutzt.

Eichen-Ahorn-Gürtel – Eßkastanien

Dem Eichen-Ahorn-Gürtel fehlt die sommerliche, bis zu 4 Monaten dauernde Trockenzeit (Sommerruhe) des Flaumeichen-Gürtels. Er nimmt die Flächen zwischen etwa 1000 und 1400 m ein. Gut erhaltene Wälder dieses Typs finden sich nur noch am Etna und in der Madonie, kleinere, artenärmere Bestände kommen in den Monti Peloritani, in den Bergen im Hinterland Palermos und am Monte Lauro im Südosten der Insel vor; in den Nebroden finden sich nur noch verschwindene Reste der ursprünglichen Vegetation, meist ist sie ersetzt durch *Weizen*, ›*Fave*‹ (Saubohnen) und ›*Sulla*‹ (Hedysarum coronarium als Futterpflanze für das Vieh). Die natürlichen Bestände sind in der Regel *Laubmischwälder*, in denen neben der *Flaumeiche* besonders *Manna-Esche, Feldulme, Wildbirnen, Hopfenbuche* und verschiedene Ahorn-Arten am Aufbau der Baumschicht beteiligt sind. Im Unterwuchs auf Kräutern wachsen neben weitverbreiteten Arten auch solche, die sonst nur noch in Kalabrien vorkommen (ein Hinweis auf die Einwanderungsgeschichte der Pflanzen Siziliens).

Im Bereich des Eichen-Ahorn-Gürtels kommen auch ausgedehnte *Eßkastanien*-Wälder vor, besonders am Etna und in der Madonie; berühmt sind uralte Kastanienexemplare, die sogar besondere Namen erhalten haben, wie am Etna ›Castagno dei Cento Cavalli‹ oberhalb Giarre.

Buchen-Tannen-Gürtel

Der Buchen-Tannen-Gürtel nimmt nur einen geringen Raum in den Nordketten der

Insel von der Madonie bis zu den Monti Peloritani und am Etna ein; er steigt von 1400 m bis zur Waldgrenze. Heute wachsen hier hauptsächlich reine *Buchen*-Wälder. Nach den Angaben von Bonnanno und Gervasi im Pamphyton Siculum spielte bis zum 18. Jahrhundert auch die *Madonie-Tanne* (Abies nebrodensis) in diesen Wäldern eine bedeutende Rolle, heute ist sie fast ausgerottet und höchstens noch durch forstliche Maßnahmen zu retten. Die artenreichsten und ausgedehntesten Buchenbestände findet man in der Madonie und in den Nebroden (Lago Biviere, 1274 m); am Etna erreicht die Buche ihre absolute Südgrenze und zugleich auch ihre größte Meereshöhe (2124 m). Neben weitverbreiteten Buchenwald-Begleitern wie *Waldmeister, Nestwurz, Bärlauch* und *Sanikel* finden sich neu hinzukommende Arten wie die östliche *Gemswurz* (Doronicum orientale), die auch auf der Balkanhalbinsel und in der Türkei vorkommt. Als Sträucher treten, oft in durchgehender Schicht, *Lorbeer-Seidelbast* und *Stechpalme* auf. Als Besonderheit des Buchen-Tannen-Gürtels finden sich gegen die höchsten Gipfel der Madonie von ca. 1700–1900 m *Legbuchen*-Gebüsche (ähnlich unseren alpinen Latschengebüschen) mit zahlreichen botanischen Seltenheiten. Am Etna ist die *Etna-Birke,* eine Form unserer Hängebirke, am Aufbau der Wälder beteiligt. Die Buche und ihre Begleiter treten auch als Unterwuchs in den Wäldern der südlichen *Schwarzkiefer* (Pinus laricio) auf; sie bildet am Etna, besonders auf Süd-, Nord- und Nordostseite, noch prächtige Bestände, die entlang der Grate mit Erfolg gegen die Hochlagen vorstoßen.

Gebirgsstufe oberhalb der Waldgrenze
Über der Waldgrenze gelangen wir am Etna in eine Region, die ihm allein eigen ist und hauptsächlich durch vier verschiedene Sträucher charakterisiert ist. Zwei sind dem mitteleuropäischen Auge vertraut, ein *Wacholder* und eine *Berberitze,* während die anderen beiden mediterraner Verbreitung sind, nämlich *Adenocarpus complicatus* und *Astragalus siculus,* der ›Spino santo‹ der Sizilier. Dieser rosablütige Tragant bildet bis 70 cm hohe Kugelkissen, in deren Schutz die wenigen Begleitpflanzen wachsen. Zwischen den Dornpolstern findet sich eine Steppenvegetation, die zum mediterranen Gebirgssteppengürtel zu rechnen ist und zahlreiche Seltenheiten beherbergt.

Die interessanteste Pflanzengruppe sind aber die Pioniere, die sich in den schwer besiedelbaren Aschen- und Bimsgeröllhalden behaupten. Sie bilden eine eigene Pflanzengesellschaft von (nach ihrem Wuchstyp so bezeichneten) ›Schuttstauern‹, Schuttwanderern‹ und ›Schuttdurchwachsern‹. Es sind meist endemische, d. h. nur am Etna vorkommende Sippen, die sich von nördlicher vorkommenden Arten ableiten lassen. Sie sind die höchststeigenden Blütenpflanzen des Etna (bis über 2800 m blühend). Ab 2900 m findet man keine Blütenpflanzen mehr; dort beginnt die Stufe der Hochwüste, wo nur noch *Flechten* gedeihen. Aber auch diese erreichen den Kraterrand mit seinen vegetationsfeindlichen Ammoniak- und Schwefeldämpfen nicht.

Neben dem Etna weisen nur die Berge der Madonie eine gut entwickelte Gebirgsvegetation oberhalb der Baumgrenze auf, allerdings fehlt hier die so charakteristische Dornpolsterstufe des Etna.

Wem es an Zeit mangelt, der wahrhaft beachtenswerten Pflanzenwelt Siziliens auch nur einen Teil seines Aufenthaltes zu widmen, dem sei geraten, doch wenigstens den *Botanischen Garten in Palermo* zu besuchen. Neben dem schon von Goethe (s. S. 312) genannten Garten ›La Flora‹ oder ›Villa Giulia‹ gelegen, bietet er zwar sicherlich keinen ausreichenden Überblick über die einheimische Pflanzenwelt, gibt aber doch einen Eindruck der verwirrenden Fülle von Pflanzen, die auf der Insel gedeihen.

6 Landschaftlich orientierte Ausflüge

Im *Nordwesten Siziliens* hinterlassen die imposanten Kalklötze des *Monte Pellegrino* (600 m) bei Palermo, des *Monte San Giuiliano* (= Erice, 751 m) und besonders des nach Nordosten anschließenden Monte Cofano (653 m), beide bei Trápani gelegen, trotz relativ geringer Höhe mit ihren steilen, ins Meer abfallenden Wänden bei jedem Sizilienfahrer einen bleibenden Eindruck. Wer sich zu einer Besteigung verlocken läßt, hat es nicht zu bereuen. Bieten die schwach geneigten, grasigen Hänge wenig Neues, so ist um so eindrucksvoller die unglaubliche Farbenpracht der Pflanzen an den wenige besuchten, aber auf Ziegenpfaden zugänglichen steileren Wänden. Die Pflanzenwelt dieser Kalkmassive gehört zum Schönsten der sizilischen Gebirgsvegetation (April–Juni).

Monti le Madonie: Klassisches Standquartier aller Madonie-Besucher ist *Castelbuono* auf der Nordseite, vom Campofelice über Collesano und Imello zu erreichen. Auf der Südseite ist *Petralia Sottana* der günstigste Ausgangspunkt für Maultierritte in das Gebiet der Kalstöcke von *Monte San Salvatore, Quacella* und *Piz Antenna* (Juni bis August).
Die Monti le Madonie sind das botanisch weitaus reichste Gebiet Siziliens, auf 2 % der Fläche der Insel sind hier *mehr als 55 % aller sizilischen Pflanzenarten* vereint. Fast ein Zehntel aller in der Madonie vorkommenden Arten wurde in anderen Gebieten Siziliens bisher nicht nachgewiesen; es sind entweder endemische Arten oder solche aus anderen mediterranen Gebirgen, die auf Sizilien nur hier (Kalk!) zusagende Lebensbedingungen finden. In diesem Gebiet sind auch die ursprünglichen Pflanzengesellschaften (noch) am besten entwickelt; zusammen mit den benachbarten Monti Nebrodi enthalten sie die schönsten, oft nur wenig gestörten Wälder.

Monti Nebrodi: von San Tratello auf der Nordseite gelangt man auf guter Gebirgsstraße nach *Cesarò* im Süden. Maultierpfade führen zum *Monte Sori* (= Soro), zum *Lago Biviere* und zu den dort wachsenden, prächtigen *Buchenwäldern.* Für die Südseite ist *Randazzo* günstigster Ausgangspunkt (Mai–Juli/August).

Etna: in der Regel erfolgt die Besteigung, der Erschließung des Berges folgend, von Süden aus; botanisch interessanter und selten besucht sind die Ost-, Nord- und Westhänge mit ihren noch besser erhaltenen Wäldern, die man z. B. von *Bronte, Randazzo* oder *Linguaglossa* aus besuchen kann (Mai–August).

Alcantara: wer den Etna besucht, sollte keinesfalls versäumen, die Schluchten des Alcantara zu sehen. Dieser bei Randazzo entspringende Fluß änderte infolge von Lavaausbrüchen mehrmals seinen Lauf. Ein mächtiger Ausbruch des Moro, eines Nebenvulkans des Etna, verschüttete sein Bett mit einer Lavadecke von 10–20 m Mächtigkeit. Im Lauf der Jahrhunderte bahnte sich der Fluß einen neuen Weg, indem er sich in die Basaltfelsen eingrub und wunderschöne Schluchten schuf (Abb. 123, 124). Eingang dazu im Bezirk Lardera auf der Straße Francavilla–Giardini.

Raum für Ihre Reisenotizen

Anschriften neuer Freunde, Foto- und Filmvermerke, neuentdeckte gute Restaurants, etc.

Raum für Ihre Reisenotizen

Anschriften neuer Freunde, Foto- und Filmvermerke, neuentdeckte gute Restaurants, etc.

Register

(Die chronologische Übersicht der Seiten 257–269 und das Literaturverzeichnis der Seiten 277–279 wurden nicht ins Register aufgenommen)

Orte und Länder

DuMont Kunst-Reiseführer

DuMont Kunst-Reiseführer

Süd-England

Von Kent bis Cornwall. Architektur und Landschaft, Literatur und Geschichte. Von Peter Sager

Frankreich

Die Bretagne

Im Land der Dolmen, Menhire und Calvaires. Von Frank und Almut Rother

Burgund

Kunst, Geschichte, Landschaft. Burgen, Klöster und Kathedralen im Herzen Frankreichs: Das Land um Dijon, Auxerre, Nevers, Autun und Tournus. Von Klaus Bußmann

Das Elsaß

Wegzeichen europäischer Kultur und Geschichte zwischen Oberrhein und Vogesen. Von Karlheinz Ebert

Frankreichs gotische Kathedralen

Eine Reise zu den Höhepunkten mittelalterlicher Architektur in Frankreich. Von Werner Schäfke

Das Tal der Loire

Schlösser, Kirchen und Städte im ›Garten Frankreichs‹. Von Wilfried Hansmann

Die Provence

Ein Reisebegleiter durch eine der schönsten Kulturlandschaften Europas. Von Ingeborg Tetzlaff

Südwest-Frankreich

Vom Zentralmassiv zu den Pyrenäen – Kunst, Kultur und Geschichte. Von Rolf Legler

Griechenland

Athen

Geschichte, Kunst und Leben der ältesten europäischen Großstadt von der Antike bis zur Gegenwart. Von Evi Melas

Die griechischen Inseln

Ein Reisebegleiter zu den Inseln des Lichts. Kultur und Geschichte. Hrsg. von Evi Melas

Kreta – Kunst aus fünf Jahrtausenden

Minoische Paläste – Byzantinische Kirchen – Venezianische Kastelle. Von Klaus Gallas

Alte Kirchen und Klöster Griechenlands

Ein Begleiter zu den byzantinischen Stätten. Hrsg. von Evi Melas

Tempel und Stätten der Götter Griechenlands

Ein Reisebegleiter zu den antiken Kultzentren der Griechen. Hrsg. von Evi Melas

Guatemala

Honduras – Belize. Die versunkene Welt der Maya. Von Hans Helfritz

Holland

Kunst, Kultur und Landschaft. Ein Reisebegleiter durch Städte und Provinzen der Niederlande. Von Jutka Rona

Indien

Von den Klöstern im Himalaya zu den Tempelstädten Südindiens. Von Niels Gutschow und Jan Pieper

Indonesien

Ein Reisebegleiter nach Java, Sumatra, Bali und Sulawesi (Celebes). Von Hans Helfritz

DuMont Kunst-Reiseführer

Iran
Kulturstätten Persiens zwischen Wüsten, Steppen und Bergen. Von Klaus Gallas

Irland – Kunst, Kultur und Landschaft
Entdeckungsfahrten zu den Kunststätten der ›Grünen Insel‹. Von Wolfgang Ziegler

Italien

Apulien – Kathedralen und Kastelle
Ein Reisebegleiter durch das normannisch-staufische Apulien. Von Carl Arnold Willemsen

Das etruskische Italien
Entdeckungsfahrten zu den Kunststätten und Nekropolen der Etrusker. Von Robert Hess

Florenz und die Medici
Ein Begleiter durch das Florenz der Renaissance. Von My Heilmann

Ober-Italien
Kunst, Kultur und Landschaft zwischen den Oberitalienischen Seen und der Adria. Von Fritz Baumgart

Von Pavia nach Rom
Ein Reisebegleiter entlang der mittelalterlichen Kaiserstraße Italiens. Von Werner Goez

Rom
Kunst und Kultur der ›Ewigen Stadt‹ in mehr als 1000 Bildern. Von Leonard von Matt und Franco Barelli

Das antike Rom
Die Stadt der sieben Hügel: Plätze, Monumente und Kunstwerke. Geschichte und Leben im alten Rom. Von Herbert Alexander Stützer

Sardinien
Geschichte, Kultur und Landschaft – Entdeckungsreisen auf einer der schönsten Inseln im Mittelmeer. Feengrotten, Nuraghen und Kastelle. Von Rainer Pauli

Sizilien
Insel zwischen Morgenland und Abendland. Sikaner/Sikuler, Karthager/Phönizier, Griechen, Römer, Araber, Normannen und Staufer. Von Klaus Gallas

Venedig – Geschichte und Kunst
Erlebnis einer einzigartigen Stadt. Von Marianne Langewiesche

Japan – Tempel, Gärten und Paläste
Einführung in Geschichte und Kultur und Begleiter zu den Kunststätten Japans. Von Thomas Immoos und Erwin Halpern

Jugoslawien
Kunst, Geschichte und Landschaft zwischen Adria und Donau. Von Frank Rother

Malta und Gozo
Die goldenen Felseninseln – Urzeittempel und Malteserburgen. Von Ingeborg Tetzlaff

Marokko – Berberburgen und Königsstädte des Islam
Ein Reisebegleiter zur Kunst Marokkos. Von Hans Helfritz

Die Götterburgen Mexikos
Ein Reisebegleiter zur Kunst Alt-Mexikos. Von Hans Helfritz

DuMont Kunst-Reiseführer

Nepal – Königreich im Himalaya
Geschichte, Kunst und Kultur im Kathmandu-Tal. Von Ulrich Wiesner

Österreich

Salzburg, Salzkammergut, Oberösterreich
Kunst und Kultur auf einer Alpenreise vom Dachstein bis zum Böhmerwald. Von Werner Dettelbacher

Wien und Umgebung
Kunst, Kultur und Geschichte der Donaumetropole. Von Felix Czeike und Walther Brauneis

Portugal
Ein Begleiter zu den Kunststätten von Porto bis zur Algarve-Küste. Von Albert am Zehnhoff

Rumänien
Schwarzmeerküste – Donaudelta – Moldau – Walachei – Siebenbürgen: Kultur und Geschichte. Von Evi Melas

Kunst in Rußland
Ein Reisebegleiter zu russischen Kunststätten. Von Ewald Behrens

Die Schweiz
Zwischen Basel und Bodensee · Französische Schweiz · Das Tessin · Graubünden · Vierwaldstätter See · Berner Land · Die großen Städte. Von Gerhard Eckert

Skandinavien – Dänemark, Norwegen, Schweden, Finnland
Kultur, Geschichte, Landschaft. Von Reinhold Dey

Spanien

Die Kanarischen Inseln
Inseln des ewigen Frühlings: Teneriffa, Gomera, Hierro, La Palma, Gran Canaria, Fuerteventura, Lanzarote. Von Almut und Frank Rother (DuMont Landschaftsführer)

Zentral-Spanien
Kunst und Kultur in Madrid, El Escorial, Toledo und Aranjuez, Avila, Segovia, Alcalá de Henares. Von Anton Dieterich

Südamerika: präkolumbische Hochkulturen
Ein Reisebegleiter zu den indianischen Kunststätten in Peru, Bolivien und Kolumbien. Von Hans Helfritz

Tunesien
Karthager, Römer, Araber – Kunst, Kultur und Geschichte am Rande der Wüste. Von Hans Strelocke

Städte und Stätten der Türkei
Ein Begleiter zu den Kunstwerken Istanbuls und Kleinasiens. Von Kurt Wilhelm Blohm

USA – Der Südwesten
Indianerkulturen und Naturwunder zwischen Colorado und Rio Grande. Von Werner Rockstroh

Alle Bände mit vielen farbigen und schwarz-weißen Abbildungen; dazu Zeichnungen, Karten, Grundrisse, praktische Reisehinweise

»Richtig reisen«

»Richtig reisen«: Amsterdam
Von Eddy und Henriette Posthuma de Boer.
203 Seiten mit 50 farbigen und 130 einfarbigen
Abbildungen

»Richtig reisen«: Ferner Osten
Von Charlotte Peter und Margrit Sprecher. 302
Seiten mit 14 farbigen und 120 einfarbigen
Abbildungen

»Richtig reisen«: Großbritannien
England, Wales, Schottland
Von Rolf Breitenstein. 284 Seiten mit 58 farbigen, 140 einfarbigen Abbildungen

»Richtig reisen«: Ibiza/Formentera
Von Ursula von Kardorff und Helga Sittl. 248
Seiten mit 52 farbigen und 153 einfarbigen Abbildungen

»Richtig reisen«: Istanbul
Von Klaus und Lissi Barisch. 257 Seiten mit 28
farbigen und 173 einfarbigen Abbildungen

»Richtig reisen«: Kanada und Alaska
Von Ferdi Wenger. 325 Seiten mit 39 farbigen
und 118 einfarbigen Abbildungen

»Richtig reisen«: Kopenhagen
Von Karl-Richard Könnecke. 200 Seiten mit 32
farbigen und 118 einfarbigen Abbildungen

»Richtig reisen«: London
Von Klaus Barisch und Peter Sahla. 251 Seiten
mit 18 farbigen und 189 einfarbigen Abbildungen

»Richtig reisen«: Mexiko und Zentralamerika
Von Thomas Binder. 330 Seiten mit 32 farbigen
und 119 einfarbigen Abbildungen

»Richtig reisen«: Moskau
Von Wolfgang Kuballa. 268 Seiten mit 36 farbigen und 150 einfarbigen Abbildungen

»Richtig reisen«: Nepal
Kathmandu: Tor zum Nepal-Trekking
Von Dieter Bedenig. 288 Seiten mit 37 farbigen
und 97 einfarbigen Abbildungen

»Richtig reisen«: New York
Von Gabriele von Arnim und Bruni Mayor. 312
Seiten mit 61 farbigen und 178 einfarbigen Abbildungen

»Richtig reisen«: Paris
Von Ursula von Kardorff und Helga Sittl. 277
Seiten mit 34 farbigen und 178 einfarbigen Abbildungen

»Richtig reisen«: San Francisco
Von Hartmut Gerdes. 248 Seiten mit 33 farbigen
und 155 einfarbigen Abbildungen

»Richtig reisen«: Südamerika 1
Kolumbien, Ekuador, Peru, Bolivien
Von Thomas Binder. 252 Seiten mit 35 farbigen
und 121 einfarbigen Abbildungen

»Richtig reisen«: Südamerika 2
Argentinien, Chile, Uruguay, Paraguay
Von Thomas Binder. 330 Seiten mit 37 farbigen
und 110 einfarbigen Abbildungen

»Richtig reisen«: Südamerika 3
Brasilien, Venezuela, die Guayanas
Von Thomas Binder. 332 Seiten mit 38 farbigen
und 117 einfarbigen Abbildungen

»Richtig reisen«: Tokyo
Von Frank und Ceci Whitford. Etwa 280 Seiten
mit etwa 40 farbigen und etwa 120 einfarbigen
Abbildungen (Erscheint Herbst '79)

Alle Bände mit zahlreichen Karten, Plänen und praktischen Reisehinweisen

Von Klaus Gallas erschien in unserem Verlag

Kreta

Kultur, Landschaft, Menschen
148 Seiten mit 43 Farbtafeln und 102 einfarbigen Abbildungen, Leinen mit Schutzumschlag
»Ein Land von unvergleichlicher Schönheit und Ursprünglichkeit. Der Verlag hat in einem sehr schönen Bildband diesen Zauber eingefangen und bietet in knappem Text auch die Inselgeschichte.«   *Wochenpresse, Wien*

München

Von den Anfängen der Stadt bis zur Gegenwart. Kunst und Kultur in München und seiner Umgebung.
Etwa 350 Seiten mit etwa 30 farbigen und etwa 150 einfarbigen Abbildungen, vielen Plänen und Karten, praktischen Reisehinweisen, kartoniert (DuMont Kunst-Reiseführer)
Nach einleitenden Kapiteln zur Geschichte und Kunstgeschichte führt dieses Buch auf acht Spaziergängen, die der Stadtentwicklung folgen, zu den bekanntesten und auch zu den verborgenen Schönheiten der Isar-Metropole. Im Anhang geht der Autor auch auf die interessantesten Ausflugsziele rund um München ein und gibt alle, für einen Besuch unerläßlichen, praktischen Hinweise.

Kreta

Kunst aus fünf Jahrtausenden. Minoische Paläste – Byzantinische Kirchen – Venezianische Kastelle
288 Seiten mit 28 farbigen und 97 einfarbigen Abbildungen, 68 Zeichnungen und Plänen, 52 Seiten praktischen Reisehinweisen, kartoniert (DuMont Kunst-Reiseführer)
»Häufige Studienreisen gaben Gallas die Voraussetzung, in Text und Bild umfassende Informationen und Beschreibungen von Kunstdenkmälern und Landschaften in einem komprimierten Band zusammenzutragen. Auch dieses Buch enthält als praktischer Reiseführerteil Routenvorschläge, die ergänzt werden durch allgemeine Reisehinweise.«   *Artis*

Iran

Kulturstätten Persiens zwischen Wüsten, Steppen und Bergen.
328 Seiten mit 13 farbigen und 190 einfarbigen Abbildungen, 90 Zeichnungen, Karten, Plänen, 60 Seiten praktischen Reisehinweisen, kartoniert (DuMont Kunst-Reiseführer)
»Sie benötigen dieses Buch, wenn Sie sich mit dem geographischen Lebensraum Irans befassen müssen oder mit den verschiedenen Epochen vom 5. Jh. v. Chr. bis ins 20. Jahrhundert. Das Kultur- und Kunstgeschehen wird sorgfältig aufgezeigt. Hervorragende Bebilderung und mustergültige Erklärungen zu den architektonisch wertvollen Bauten und Stilen. Im Anhang befindet sich der praktische Reiseführer und eine Zusammenfassung der wichtigsten Sehenswürdigkeiten.«   *Die Tat*

Das antike Rom

Die Stadt der sieben Hügel: Plätze, Monumente und Kunstwerke, Geschichte und Leben im alten Rom

Von H. A. Stützer. 378 Seiten mit 159 Abbildungen und 39 Zeichnungen, 31 Seiten praktischen Reisehinweisen

»Das Buch schildert auf ebenso unterrichtende wie spannende Weise, wie es im alten Rom aussah und was dort geschah: auf den Marktplätzen, in den Tempeln und Heiligtümern, den Palästen und Basiliken, den Thermen, Theatern und Rennbahnen. So entsteht ein lebendiges Bild von Architektur und Kunst, von Kult und Kultur, von gesellschaftlicher und wirtschaftlicher Struktur der einstigen Hauptstadt der Welt.«   *Lingener Tagespost*

Apulien – Kathedralen und Kastelle

Ein Begleiter durch das normannisch-staufische Apulien

Von C. A. Willemsen. 323 Seiten mit 120 Abbildungen und 72 Zeichnungen

»Einem geschichtlichen Überblick und einer kunstgeschichtlichen Einführung folgen fünf Kapitel ›Reiseführung durch die fünf Provinzen Apuliens‹, wobei auch weniger bekannte Kunstdenkmäler erschlossen werden. Die Tatsache, daß die Texte von einem der besten Kenner der Geschichte und Kunst Süditaliens verfaßt wurden, zeichnet dieses Werk besonders aus. Streckenkarten, Stadtpläne sowie viele Grundrisse vereinfachen das Sich-zurecht-Finden und das Verständnis der Bauwerke.«   *Donau-Kurier*